MANUAL DE POLÍCIA JUDICIÁRIA
Doutrina e prática

O livro é a porta que se abre para a realização do homem.
Jair Lot Vieira

Carlos Alberto dos Rios
Christian Robert dos Rios

MANUAL DE POLÍCIA JUDICIÁRIA
Doutrina e prática

Atualizado com a Lei nº 12.850,
de 2 de agosto de 2013
(Organizações criminosas)

MANUAL DE POLÍCIA JUDICIÁRIA
DOUTRINA E PRÁTICA
Atualizado com a Lei nº 12.850, de 2 de agosto de 2013
(Organizações criminosas)

CARLOS ALBERTO DOS RIOS
CHRISTIAN ROBERT DOS RIOS

1ª Edição 2014

© desta edição: *Edipro Edições Profissionais Ltda. – CNPJ nº 47.640.982/0001-40*

Todos os direitos reservados. Nenhuma parte deste livro poderá ser reproduzida ou transmitida de qualquer forma ou por quaisquer meios, eletrônicos ou mecânicos, incluindo fotocópia, gravação ou qualquer sistema de armazenamento e recuperação de informações, sem permissão por escrito do Editor.

Editores: Jair Lot Vieira e Maíra Lot Vieira Micales
Coordenação editorial: Fernanda Godoy Tarcinalli
Editoração: Alexandre Rudyard Benevides
Revisão: Sandra Cristina Lopes
Arte: Karine Moreto Massoca

Dados Internacionais de Catalogação na Publicação (CIP)
(Câmara Brasileira do Livro, SP, Brasil)

Rios, Carlos Alberto dos
    Manual de polícia judiciária : doutrina e prática / Carlos Alberto dos Rios; Christian Robert dos Rios – São Paulo: Edipro, 2014.

    Bibliografia.
    ISBN 978-85-7283-721-7

    1. Crimes (Direito penal) 2. Direito penal – Brasil 3. Direito processual penal – Brasil 4. Inquérito policial – Brasil 5. Polícia judiciária I. Rios, Christian Robert dos. II. Título.

13-11272   CDD-343.123.12 (81)

Índices para catálogo sistemático:
1. Brasil : Polícia judiciária : Direito penal : 343.123.12 (81)

EDITORA AFILIADA

edições profissionais ltda.
São Paulo: Fone (11) 3107-4788 – Fax (11) 3107-0061
Bauru: Fone (14) 3234-4121 – Fax (14) 3234-4122
www.edipro.com.br

Todo o meu trabalho e empenho ofereço à memória dos meus queridos pais, que, mesmo não estando mais entre nós, continuam presentes em nossos corações: LUIZ DOS RIOS e ILLUZINA BENEDICTA DA CRUZ RIOS.

Agradecimentos a minha querida esposa, Maria Eurides da Silva Gonçalves dos Rios, e aos meus filhos, Christian Robert dos Rios, Louis Albert dos Rios, Carlos Alberto dos Rios Junior, Bruno Carlos dos Rios, Felipe Carlos dos Rios e Evandro Carlos dos Rios.

Agradecimento especial ao Professor Doutor Miguel Srougi, Professor Titular de Urologia da Faculdade de Medicina da Universidade de São Paulo, que, guiado por Deus, salvou e salva muitas vidas, com sua competência, espírito humanitário e simplicidade.

A todos os colegas e amigos que me incentivaram, cada um ao seu modo, à conclusão deste trabalho, ora publicado, consigno meus agradecimentos.

Carlos Alberto dos Rios

Ao final de mais um desafio agradeço a Deus que, com seu infinito amor e bondade, me sustentou e continua me amparando em todos os momentos de minha vida.

Minha singela contribuição a esta obra só foi possível graças à confiança em mim depositada pelo meu pai, Carlos Alberto dos Rios, hoje advogado militante insigne e sempre defensor tenaz das causas mais nobres, outrora o mais valoroso de todos os delegados de polícia de carreira e que, pelo seu brilho e vocação, me inspirou a seguir os seus passos.

Dedico o meu trabalho à minha querida mãe, aos meus saudosos avós, aos meus irmãos e, especialmente, à minha esposa e sempre companheira Kelly Cristina Martins dos Rios e à minha filha Ana Maria dos Rios, pelo incondicional amor – sem o qual eu nada seria ou faria.

Finalmente, faço justiça a todos os colegas que sempre souberam honrar a nobre carreira de Delegado de Polícia, com real abnegação e grandeza, com especial destaque: Dra. Rita Celeste Ladeira (*in memoriam*); Dr. Emídio Coutinho (*in memoriam*); Dr. Carlos Alberto Abrantes; Dr. Eron Veríssimo Gimenes; Dr. Ruchester Marreiros Barbosa; Dr. Enrique Solla; Dr. José Paulo Pires, devotado Presidente do Sindelpol/RJ; Dr. Rodolfo Queiroz Laterza, incansável na luta pelo resgate da dignidade da autoridade policial; Dr. Marcello Liberato de Macedo Monteiro e Dr. José Rafael Machado, parceiros incondicionais e amigos leais.

Christian Robert dos Rios

SUMÁRIO

PREFÁCIO 15
APRESENTAÇÃO 17

Capítulo 1. Resumo Histórico do Direito Processual Penal e do Direito Penal Brasileiro 19
    1.1. Práticas punitivas das tribos 19
    1.2. Legislação Penal de 1830 20
    1.3. Código Penal de 1890 20
    1.4. Código Penal brasileiro vigente 21
    1.5. A reforma da Parte Geral do Código Penal 22
    Quadro sinótico 23

Capítulo 2. Inquérito Policial 25
    2.1. Conceito 25
    2.2. Evolução histórica 26
    2.3. O Código de Processo Penal de 1941 29
    2.4. Finalidade do inquérito policial 29
    2.5. A Lei nº 12.403/2011 31
    Quadro sinótico 31

Capítulo 3. Polícia, Poder de Polícia e Coadjuvação Judiciária 33
    3.1. Conceito 33
    3.2. Poder de polícia 35
    3.3. Polícia e coadjuvação judiciária criminal 36
    Quadro sinótico 39

10 | Manual de polícia judiciária: doutrina e prática

Capítulo 4. A presidência do inquérito policial 41

    4.1. O sujeito ativo da investigação 41

    4.2. A direção do órgão investigativo 43

    4.3. Outros inquéritos 45

    Quadro sinótico 48

Capítulo 5. Início do inquérito policial 51

    5.1. A *notitia criminis* 51

    5.2. Crimes de ação penal pública condicionada, incondicionada e privada 52

    5.3. Omissão na comunicação de crime 54

    5.4. Portaria da autoridade policial 55

    Quadro sinótico 56

Capítulo 6. Instauração do inquérito policial 59

    6.1. Inquérito policial nos crimes de ação penal pública incondicionada 59

    6.2. Inquérito policial nos crimes de ação penal pública condicionada 60

    6.3. Crimes de ação penal pública condicionada à representação previstos no Código Penal 61

    6.4. Inquérito policial nos crimes de ação penal privada 63

    6.5. Crimes de ação penal privada previstos no Código Penal 64

    Quadro sinótico 64

Capítulo 7. Instrução preparatória 67

    7.1. Providências iniciais da autoridade policial 67

    7.2. Comparecimento do ofendido perante a autoridade policial 69

    7.3. Indiciamento, identificação criminal e interrogatório 70

    Quadro sinótico 76

Capítulo 8. Testemunhas e acareações 79

    8.1. Testemunhas que podem ser ouvidas na polícia 79

    8.2. Mandado de condução coercitiva de testemunhas 80

    8.3. Das acareações feitas na polícia 85

    Quadro sinótico 85

Capítulo 9. Busca e apreensão – Corpo de delito – Reconhecimento de pessoas e coisas ... 87

    9.1. Da busca e apreensão 87

9.2. Exame de corpo de delito 90

9.3. Reconhecimento de pessoas e coisas 93

Quadro sinótico 94

Capítulo 10. Conclusão do inquérito 97

10.1. Prazos para a conclusão do inquérito 97

10.2. Relatório final do inquérito 98

10.3. Arquivamento e desarquivamento do inquérito 100

Quadro sinótico 102

Capítulo 11. Prisão em flagrante – Liberdade provisória mediante fiança arbitrada pela autoridade policial – Prisão temporária – Prisão preventiva – Outras medidas cautelares 103

11.1. O princípio da proporcionalidade 103

11.2. Prisão em flagrante 105

11.2.1. Justificativa da prisão em flagrante 107

11.2.2. Hipóteses de flagrante 107

11.2.3. Dever e faculdade da prisão em flagrante 109

11.2.4. Prisão em flagrante nos crimes de ação penal pública condicionada e de ação penal privada 111

11.2.5. Formalização do auto de prisão em flagrante 112

11.2.6. Providências exigidas após a lavratura do auto 116

11.3. Concessão de liberdade provisória mediante fiança arbitrada pela autoridade policial 117

11.4. Prisão temporária 119

11.5. Prisão preventiva 122

11.6. Outras medidas cautelares 123

Quadro sinótico 124

Capítulo 12. A polícia judiciária e os atos infracionais 129

12.1. A criança e o adolescente 129

12.2. Proteção integral 129

12.3. Ato infracional praticado por criança 130

12.4. Garantias processuais dos adolescentes 131

12.5. Medidas impostas aos adolescentes infratores 133

12.6. Apuração de atos infracionais 134

Quadro sinótico 138

MANUAL DE POLÍCIA JUDICIÁRIA: DOUTRINA E PRÁTICA

Capítulo 13. Investigação de organizações criminosas 141

13.1. O conceito de organização criminosa 141

13.2. A atribuição para investigar organizações criminosas 143

13.3. A colaboração premiada 143

13.4. A colaboração premiada no inquérito policial 144

13.5. A colaboração premiada e o perdão judicial 149

13.6. Ação controlada 151

13.7. Acesso a dados, documentos e informações financeiras, fiscais e bancárias 153

13.8. Acesso a registros, dados cadastrais, documentos e informações 154

13.9. Interceptação telefônica 155

13.10. Interceptação ambiental 159

13.11. Infiltração de agentes 159

Quadro sinótico 162

PARTE PRÁTICA 167

Modelo 1. Termo de requerimento/representação 167

Modelo 2. Representação para instauração de inquérito policial 168

Modelo 3. Requerimento para instauração de inquérito policial 169

Modelo 4. Portaria 169

Modelo 5. Termo de Declarações 171

Modelo 6. Termo de Depoimento 172

Modelo 7. Termo de Interrogatório 173

Modelo 8. Mandado de Notificação 174

Modelo 9. Mandado de Condução Coercitiva 174

Modelo 10. Auto de Prisão em Flagrante Delito – Crime praticado em presença da autoridade 175

Modelo 11. Auto de Prisão em Flagrante Delito 177

Modelo 12 Auto de Prisão em Flagrante Delito (com despacho de relaxamento) 179

Modelo 13. Auto de Apreensão de Adolescente Infrator 181

Modelo 14. Nota de Culpa 183

Modelo 15. Nota de Pleno e Formal Conhecimento 184

Modelo 16. Decisão Fundamentada – Princípio da Proporcionalidade 185

Modelo 17. Decisão Fundamentada de Indiciamento 186

Modelo 18. Decisão Fundamentada de Não Indiciamento 188

Modelo 19. Laudo Provisório de Constatação de Substância Entorpecente.......... 190

Modelo 20. Laudo Provisório de Eficiência 191

Modelo 21. Termo de Fiança 192

Modelo 22. Certidão de Fiança 193

Modelo 23. Ofício Requisitando Militar 194

Modelo 24. Carta Precatória 194

Modelo 25. Termo de Informações Restritas 195

Modelo 26. Termo Circunstanciado 196

Modelo 27. Termo de Compromisso de Comparecimento (Lei nº 9.099/1995) 198

Modelo 28. Termo de Compromisso e Responsabilidade 198

Modelo 29. Relatório Final de Inquérito Policial 198

Modelo 30. Representação (Interceptação Telefônica e Quebra de Sigilo) 201

Modelo 31. Representação (Busca e Apreensão) 205

Modelo 32. Representação (Quebra de Sigilo) 208

Modelo 33. Representação (Prisão Preventiva) 210

Modelo 34. Representação (Prisão Temporária) 212

Modelo 35. Representação (Perícia Médico-legal de Sanidade Mental) 214

JURISPRUDÊNCIA 217

LEGISLAÇÃO 225

1. **Constituição da República Federativa do Brasil de 1988** (Excertos) 225

2. **Código Penal** (Excertos) – **Decreto-Lei nº 2.848, de 7 de dezembro de 1940** 230

3. **Código de Processo Penal** (Excertos) – **Decreto-Lei nº 3.689, de 3 de outubro de 1941** 238

4. **Lei nº 7.210, de 11 de julho de 1984** – *Institui a Lei de Execução Penal* 261

5. **Lei nº 7.960, de 21 de dezembro de 1989** – *Dispõe sobre prisão temporária* 263

6. **Lei nº 8.069, de 13 de julho de 1990** (Excertos) – *Dispõe sobre o Estatuto da Criança e do Adolescente e dá outras providências* 264

7. **Lei nº 8.072, de 25 de julho de 1990** – *Dispõe sobre os crimes hediondos, nos termos do art. 5º, inciso XLIII, da Constituição Federal, e determina outras providências* 272

8. **Lei nº 8.078, de 11 de setembro de 1990** (Excertos) – *Dispõe sobre a proteção do consumidor e dá outras providências* 274

9. **Lei nº 9.099, de 26 de setembro 1995** (Excertos) – *Dispõe sobre os Juizados Especiais Cíveis e Criminais e dá outras providências* 277

10. **Lei nº 9.296, de 24 de julho de 1996** – *Regulamenta o inciso XII, parte final, do art. 5º da Constituição Federal* 279

11. **Lei nº 9.503, de 23 de setembro de 1997** (Excertos) – *Institui o Código de Trânsito Brasileiro* 281

12. **Lei nº 9.605, de 12 de fevereiro de 1998** (Excertos) – *Dispõe sobre as sanções penais e administrativas derivadas de condutas e atividades lesivas ao meio ambiente, e dá outras providências* 284

14 | Manual de polícia judiciária: doutrina e prática

13. **Lei nº 9.613, de 3 de março de 1998** (Excertos) – *Dispõe sobre os crimes de "lavagem" ou ocultação de bens, direitos e valores; a prevenção da utilização do sistema financeiro para os ilícitos previstos nesta Lei; cria o Conselho de Controle de Atividades Financeiras – COAF, e dá outras providências* 292

14. **Lei nº 9.807, de 13 de julho de 1999** – *Estabelece normas para a organização e a manutenção de programas especiais de proteção a vítimas e a testemunhas ameaçadas, institui o Programa Federal de Assistência a Vítimas e a Testemunhas Ameaçadas e dispõe sobre a proteção de acusados ou condenados que tenham voluntariamente prestado efetiva colaboração à investigação policial e ao processo criminal* 297

15. **Lei Complementar nº 105, de 10 de janeiro de 2001** – *Dispõe sobre o sigilo das operações de instituições financeiras e dá outras providências* 301

16. **Lei nº 11.340, de 7 de agosto de 2006** (Excertos) – *Cria mecanismos para coibir a violência doméstica e familiar contra a mulher, nos termos do § 8º do art. 226 da Constituição Federal, da Convenção sobre a Eliminação de Todas as Formas de Discriminação contra as Mulheres e da Convenção Interamericana para Prevenir, Punir e Erradicar a Violência contra a Mulher; dispõe sobre a criação dos Juizados de Violência Doméstica e Familiar contra a Mulher; altera o Código de Processo Penal, o Código Penal e a Lei de Execução Penal; e dá outras providências* 305

17. **Lei nº 11.343, de 23 de agosto de 2006** (Excertos) – *Institui o Sistema Nacional de Políticas Públicas sobre Drogas – SISNAD; prescreve medidas para prevenção do uso indevido, atenção e reinserção social de usuários e dependentes de drogas; estabelece normas para repressão à produção não autorizada e ao tráfico ilícito de drogas; define crimes e dá outras providências* 311

18. **Lei nº 12.015, de 7 de agosto de 2009** – *Altera o Título VI da Parte Especial do Decreto-Lei nº 2.848, de 7 de dezembro de 1940 – Código Penal, e o art. 1º da Lei nº 8.072, de 25 de julho de 1990, que dispõe sobre os crimes hediondos, nos termos do inciso XLIII do art. 5º da Constituição Federal e revoga a Lei nº 2.252, de 1º de julho de 1954, que trata de corrupção de menores* ... 316

19. **Lei nº 12.037, de 1º de outubro de 2009** – *Dispõe sobre a identificação criminal do civilmente identificado, regulamentando o art. 5º, inciso LVIII, da Constituição Federal* 317

20. **Lei nº 12.527, de 18 de novembro de 2011** – *Regula o acesso a informações previsto no inciso XXXIII do art. 5º, no inciso II do § 3º do art. 37 e no § 2º do art. 216 da Constituição Federal; altera a Lei nº 8.112, de 11 de dezembro de 1990; revoga a Lei nº 11.111, de 5 de maio de 2005, e dispositivos da Lei nº 8.159, de 8 de janeiro de 1991; e dá outras providências* 318

21. **Lei nº 12.529, de 30 de novembro de 2011** (Excertos) – *Estrutura o Sistema Brasileiro de Defesa da Concorrência; dispõe sobre a prevenção e repressão às infrações contra a ordem econômica; altera a Lei nº 8.137, de 27 de dezembro de 1990, o Decreto-Lei nº 3.689, de 3 de outubro de 1941 – Código de Processo Penal, e a Lei nº 7.347, de 24 de julho de 1985; revoga dispositivos da Lei nº 8.884, de 11 de junho de 1994, e a Lei nº 9.781, de 19 de janeiro de 1999; e dá outras providências* 329

22. **Lei nº 12.830, de 20 de junho de 2013** – *Dispõe sobre a investigação criminal conduzida pelo delegado de polícia* 331

23. **Lei nº 12.850, de 2 de agosto de 2013** – *Define organização criminosa e dispõe sobre a investigação criminal, os meios de obtenção da prova, infrações penais correlatas e o procedimento criminal; altera o Decreto-Lei nº 2.848, de 7 de dezembro de 1940 (Código Penal); revoga a Lei nº 9.034, de 3 de maio de 1995; e dá outras providências* 332

GLOSSÁRIO DE EXPRESSÕES JURÍDICAS EM LATIM 339

REFERÊNCIAS 349

PREFÁCIO

Prefaciar este livro, em particular, é uma grande honra. Primeiro porque me é concedida a oportunidade de falar a respeito de uma obra de leitura agradável, instrutiva e precursora em qualidade no mundo jurídico. E, ainda, pelo fato de serem os autores – meu pai e meu irmão, respectivamente – expoentes na área abordada, em razão da vivência diária e do estudo incansável sobre o tema.

É fruto de tal experiência o aprofundamento temático detalhado da primeira fase da persecução penal, raramente visto na doutrina pátria, com um excepcional conteúdo científico e qualidade técnico-jurídica esplêndida. Por ser um dos poucos materiais do arsenal acadêmico que apresenta uma verdadeira união entre a primeira fase da persecução criminal e as demais etapas, torna-se fácil entender a importância da iniciativa dos autores em nos brindar com essa excelente referência. É este um opúsculo que, pelas suas características didáticas, se fazia necessário.

A meu ver, um dos traços marcantes do presente trabalho é a organização didática, que serve de consulta e aprendizado, por abordar com destacável eficiência conhecimentos teóricos e práticos importantes sobre inquérito policial e coadjuvação judiciária. A evolução prática do assunto jurídico exposto tem sido tão rápida, intensa e marcante que nos deixa pouco tempo para uma análise consciente e total compreensão de sua relevância para a persecução penal do Estado. A diversidade e a quantidade de informações e suas reflexões conferem, portanto, ao leitor, conhecimento e senso crítico a serem absorvidos e incorporados à prática diária. Tanto o profissional como o estudante de Direito terão a seu dispor, a partir desta leitura, um sustentáculo diante das constantes evoluções no arcabouço jurídico pátrio.

Envaidecido com o convite, é privilégio e encargo introduzir tal publicação que certamente constitui-se em um tratado técnico-científico da fase pré-processual. Não somente isso, mas trata-se especialmente de uma gama de conceitos desprovida de preconceitos e fantasias, que traz substrato prático e teórico ao exercício do direito com proficiência e responsabilidade.

Com absoluta certeza, este livro será de preciosa utilidade para todos os operadores do Direito e para toda a sociedade, bem como deverá fazer parte da bibliografia de todas as literaturas jurídicas – existentes e a existir – no Brasil e no mundo.

Desfrutem.

Bruno Carlos dos Rios
Defensor Público Federal

APRESENTAÇÃO

A conclusão de nossos estudos, pesquisas e vivência profissional no cotidiano da polícia judiciária são apresentadas a público nesta oportunidade. A nossa finalidade, ao concluir mais este trabalho, é ofertar aos acadêmicos, estagiários, advogados, defensores públicos, procuradores, delegados de polícia, juízes, promotores de justiça e aos que pretendem prestar concursos públicos para ingresso nas carreiras jurídicas uma análise sem emaranhamento e sem excessiva concisão, diante da problemática que a disciplina apresenta no cotidiano.

A forma prática do nosso Manual atende a todos os que militam na área criminal, frente aos incidentes da primeira fase da persecução penal.

O nosso escrito apresenta a prática do inquérito policial, abrangendo os seus mais importantes atos formais; a prisão em flagrante delito e as demais medidas cautelares, com enfoque nas recentes mudanças introduzidas no Código de Processo Penal pela novel Lei nº 12.403/2011; atuação contra a criminalidade organizada, incluindo os mais modernos instrumentos de investigação criminal; comentários sobre o Estatuto da Criança e do Adolescente, com legislação e jurisprudência sobre a matéria; os mais variados modelos utilizados pela polícia, submeter à levigação, assim, os caminhos complexos dos atos formais, de tal maneira que o leitor poderá enveredá-los com segurança e sem percalços.

A nossa monografia não tem a jactanciosidade de ser a melhor, mas foi preparada e organizada com rigorosa cautela e diligência, resultado de árduo e rigoroso trabalho, conjugado com a nossa vivência e experiência profissional.

Salientamos que o tema está aberto para receber sugestões e críticas construtivas que possibilitem reflexão e debates, pois assim acrescentaremos conhecimento e experiências que, esperamos, contribuirão, e muito, para o aprimoramento de tão amplo e ilimitado assunto.

Capítulo 1

RESUMO HISTÓRICO
DO DIREITO PROCESSUAL PENAL
E DO DIREITO PENAL BRASILEIRO

1.1. PRÁTICAS PUNITIVAS DAS TRIBOS

No marco inicial da colonização do Brasil, os dois grandes grupos de tribos indígenas aqui existentes revelavam diferentes estágios de desenvolvimento. Os tapuias apresentavam uma evolução inferior à dos tupinambás, sendo aqueles denominados bárbaros por estes.

Todo o juízo de direito penal que se possa atribuir aos indígenas está ligado ao direito costumeiro, encontrando-se nele a vingança privada, a vingança coletiva e o talião. Entretanto, como bem acentua Aníbal Bruno (1984, p. 169):

> As práticas punitivas das tribos selvagens que habitavam o Brasil em nada influíram, nem então, nem depois, sobre a nossa legislação penal. Em grau primário de cultura, esses povos, que os conquistadores subjugaram brutalmente, interrompendo o curso natural de seu desenvolvimento, não poderiam fazer pesar os seus costumes sobre as normas jurídicas dos invasores, que correspondiam a um estilo de vida política muito mais avançado.

Até o descobrimento do Brasil, a guerra entre as tribos jamais se movia por motivos econômicos. O móvel das hostilidades era capturar prisioneiros para ritos antropofágicos, para a conquista de troféus ou para vingar os parentes mortos. Jovens e crianças eram castigados para que aprendessem as tradições.

A história jurídica do Brasil teve início com leis e costumes transportados de Portugal na fase do Brasil Colônia. Juntamente com essas severas leis, que exprimiam o velho direito das nações europeias daquela época, vieram também outros elementos que marcaram a vida social e política do Brasil nos primeiros tempos. A ordem jurídica, política e econômica era apoiada nessa legislação que permitiu a formação de núcleos estáveis de vida civilizada, dando início à cultura pátria.

No Brasil, estiveram em vigor no período colonial as Ordenações Afonsinas, até 1512, e Manoelinas, com vigência até 1569, quando foram então substituídas pelas Ordenações Filipinas decretadas em 1603, vigorando até 1830 e que refletiam o direito penal dos tempos medievais. O crime era confundido com o pecado e com a ofensa moral, punindo-se severamente os hereges, apóstatas, feiticeiros e benzedores. Eram crimes e blasfêmia, a bênção de cães, a relação sexual de cristã com infiel etc. As penas severas e cruéis (açoites, degredos, mutilação, queimaduras etc.), visavam a infundir o temor pelo castigo. Além da larga utilização da pena de morte, executada pela forca, com tortura, pelo fogo etc., eram comuns as penas infamantes, o confisco e as galés (MIRABETE, 1989, p. 45).

Portanto, as ordenações que vigoraram como legislação no Brasil no mais longínquo tempo da colônia até os primeiros anos do Império foram as Filipinas, as quais perduraram por mais de dois séculos (ALMEIDA, 1870).

1.2. LEGISLAÇÃO PENAL DE 1830

Com a Proclamação da Independência, determinava a Constituição de 1824 que se elaborasse a nova legislação penal, "um código criminal, fundado nas sólidas bases da justiça e da equidade" – art. 179, § 18, da Carta Política do Império.

Os trabalhos de elaboração do novo Código passaram a ocupar a Câmara dos Deputados desde a sessão de 4 de maio de 1827, quando Bernardo Pereira de Vasconcelos apresentou o projeto que havia de servir de fundamento para a preparação do Código.

O projeto de Vasconcelos foi aprovado em 23 de outubro de 1830 e sancionado como Código Criminal do Império em 16 de dezembro do mesmo ano.

O Código Criminal do Império foi considerado uma obra legislativa realmente honrosa para a cultura jurídica nacional, como expressão avançada do pensamento penalista da sua época. Legislação liberal, baseada no princípio da utilidade pública, como havia de resultar naturalmente da influência de Bentham, já sentida no Código Francês de 1810. Deste, aliás, e do napolitano de 1819, é o que mais se deixou aproximar o nosso Código do Império. O Código de 1830 fixava um esboço da individualização da pena, previa a existência de atenuantes e agravantes e estabelecia um julgamento especial para os menores de quatorze anos. Deixou, entretanto, registrada uma vergonhosa e indelével mancha histórica: instituía como pena para os crimes praticados pelos escravos, a morte executada na forca.

1.3. CÓDIGO PENAL DE 1890

Com a Proclamação da República, o Governo Republicano, por meio do Ministro Campos Sales, incumbiu Batista Pereira da elaboração do novo código. Em curto espaço de tempo foi o projeto organizado e apresentado ao governo, que o submeteu a uma comissão presidida pelo Ministro da Justiça. No dia 11 de outubro de 1890 foi o projeto transformado em Código Penal (BRÁS, 1872).

O Código Penal de 1890 foi duramente criticado pelas falhas que apresentava e que decorriam, obviamente, da pressa com que foi elaborado. A pena de morte foi abolida e criou-se o regime penitenciário de caráter correcional, o que foi considerado um avanço na legislação penal. Porém, o Código Penal era mal sistematizado, e, por essa razão, foi modificado por várias leis esparsas ou complementares, o que dificultou não só o conhecimento, como a aplicação daquela lei penal.

O Desembargador Vicente Piragibe, Juiz da Corte da Apelação do Distrito Federal, com exercício em uma das câmaras criminais daquele alto tribunal judiciário, apresentou um trabalho consolidando toda a legislação esparsa, de modo a integrá-la ao Código Penal, que foi aprovado pelo Decreto nº 22.213, de 14 de dezembro de 1932, denominando-se Consolidação das Leis Penais.

1.4. O CÓDIGO PENAL BRASILEIRO VIGENTE

Em maio de 1938, o eminente professor paulista Alcântara Machado entregava ao Governo o Anteprojeto da Parte Geral do Código Criminal Brasileiro, e, em agosto do mesmo ano, o projeto estava concluído. Na realidade, aquele projeto foi o ponto de partida para o Código Penal vigente. A redação apresentada ainda não seria a definitiva. O projeto foi submetido a uma comissão revisora constituída por Nelson Hungria, Roberto Lira, Narcélio de Queiroz e Vieira Braga, com colaboração do insigne Costa e Silva. Em face aos reparos dessa comissão e às críticas que a redação primitiva do projeto provocara, o ilustre professor refez o seu trabalho, apresentando, em abril de 1940, uma nova redação (BRUNO, 1984, p. 48).

O Código Penal foi promulgado pelo Decreto-Lei nº 2.848, de 7 de dezembro de 1940, entrando em vigor em 1º de janeiro de 1942, sendo ainda a nossa legislação penal vigente.

Apesar das falhas que a doutrina não tem deixado de apontar, o Código Penal de 1940 é uma legislação eclética inspirada nos postulados das Escolas Clássica e Positivista, aproveitando-se, regra geral, do que de melhor havia na legislação moderna de orientação liberal, em especial nos códigos Italiano e Suíço. Seus princípios básicos, conforme assinala Heitor Costa Júnior, são: a adoção do dualismo culpabilidade-pena e periculosidade-medida de segurança; a consideração a respeito da personalidade do criminoso; e a aceitação excepcional da responsabilidade objetiva.

Tentou-se a substituição do Código Penal pelo Decreto-Lei nº 1.004, de 21 de outubro de 1969. As críticas a esse novo estudo, porém, foram tão acentuadas que foi ele modificado substancialmente pela Lei nº 6.016, de 31 de dezembro de 1973. Mesmo assim, após vários adiamentos da data em que passaria a viger, foi revogado pela Lei nº 6.578, de 11 de outubro de 1978 (MIRABETE, 1989, p. 46).

1.5. A REFORMA DA PARTE GERAL DO CÓDIGO PENAL

A reforma da Parte Geral do Código Penal e da Lei de Execução Penal efetivou-se por meio das Leis nºs 7.209 e 7.210, respectivamente, promulgadas no dia 11 de julho de 1984, com a vigência prevista para o dia 11 de janeiro de 1985.

Este diploma não se afastou muito do anterior código elaborado pelo Ministro Nelson Hungria, sendo resultado da influência liberal e de uma mentalidade humanista, em que se vislumbrou criar novas medidas penais para os crimes de pequena relevância, procurando não levar aos cárceres os autores de tais crimes ou mantê-los reclusos apenas por curto lapso de tempo.

A mudança respeitou a dignidade do delinquente, tratando-o como ser livre e responsável, enfatizando-se a culpabilidade como indispensável à responsabilidade penal.

As alterações mais radicais ocorreram na parte da aplicação da pena – numa tentativa de amenizar o problema carcerário – e na correção da terminologia imprópria do antigo diploma.

A crítica de Mirabete (1989, p. 47) é justa, *v. g.*:

> Em contrapartida, a insegurança resultante do progressivo aumento da violência urbana da criminalidade em geral não encontrou resposta na nova Lei que, nesse passo, apenas possibilitou ao juiz a aplicação das penas mais elevadas nos crimes continuados praticados com violência ou ameaça. Parece-nos criticável também o repúdio ao critério da periculosidade e a ausência da distinção entre criminosos perigosos e não perigosos como tema básico para a aplicação e execução das penas e medidas de segurança (a Lei praticamente não se refere à periculosidade do agente). Essa omissão, que só não ocorre quando o criminoso é reincidente, pode dificultar ainda mais a repressão penal como forma de defesa social. Não se assegurou assim a harmônica conciliação de defesa dos interesses sociais com a preservação dos direitos e das garantias individuais, que deviam presidir a reforma conforme a "Carta de Princípios" formulada pelo 1º Congresso Brasileiro de Política Criminal e Penitenciária realizado recentemente em Brasília.

No decorrer dos anos seguintes foram sendo criadas várias normas penais esparsas para a satisfação de necessidades pontuais, na maioria das vezes guiadas por demandas da opinião pública (ou publicada). Como consequência, temos, nos dias atuais, graves dificuldades de sistematização dos numerosos tipos penais.

Em 10 de outubro de 2011, o Senado aprovou a criação de uma comissão para a elaboração de um novo Código Penal, havendo, a partir de então, a expectativa de uma nova organização sistemática do Direito Penal Brasileiro.

QUADRO SINÓTICO

Capítulo 1 – Resumo histórico	
Das práticas punitivas às Ordenações Filipinas	• Os indígenas brasileiros pautavam a punição pelos costumes e pela vingança e não influenciaram a legislação penal da civilização então nascente. A colonização portuguesa trouxe as Ordenações Afonsinas (até 1512), Manoelinas (até 1569) e Filipinas (até 1830), todas com contornos do direito penal da era medieval.
O Código Criminal do Império – 1830	• Atendendo a imposição da Constituição de 1824, Bernardo Pereira de Vasconcelos apresenta o Código Criminal do Império, aprovado e sancionado em 1830. Obra legislativa utilitarista e liberal, influenciada pelo Código Francês de 1810 e pelo Código Napoleônico de 1819. Fixava pela primeira vez no Brasil a individualização da pena, as agravantes e atenuantes e procedimento especial para menores de quatorze anos, com pena de morte para escravos.
Código Penal de 1890	• Elaborado de forma precipitada, era mal sistematizado e foi modificado por leis esparsas. Aboliu a pena de morte e criou o regime penitenciário correcional.
Código Penal de 1940 (Vigente)	• Elaborado por Alcântara Machado e revisto por Nelson Hungria e outros juristas. Legislação eclética assentada em postulados da Escola Clássica e Positiva, de orientação liberal, inspirado nos códigos italiano e suíço. Princípios básicos: dualismo culpabilidade-pena e periculosidade-medida de segurança; considera a personalidade do criminoso; aceitação excepcional da responsabilidade objetiva.
A reforma da Parte Geral	• Código Penal e LEP. Influência liberal e humanista de Nelson Hungria. Novas medidas penais para crimes menores. Respeito à dignidade do delinquente, enfatizando-se a culpabilidade como pressuposto da responsabilidade penal. Mudanças radicais na aplicação da pena para reduzir a população carcerária.

Capítulo 2

INQUÉRITO POLICIAL

2.1. CONCEITO

É no Título II do Código de Processo Penal brasileiro que encontramos a designação *Inquérito Policial.*

No direito estrangeiro vamos encontrar denominações distintas para a investigação criminal formal levada a efeito por órgãos oficiais. A legislação italiana utiliza o termo *indagine preliminare*; na França, *l'enquête préliminaire et l'instruction*; em Portugal, inquérito preliminar; o direito inglês vale-se dos qualificativos *prosecution* e *preliminary inquiry*; e, na Espanha, encontraremos o termo *sumário*.

Embora não seja, a nosso ver, a denominação apropriada para designar o instituto em foco, o legislador brasileiro emprega o termo *inquérito policial* em alusão ao órgão encarregado da investigação: a polícia.

Considerando a amplitude e o alcance dessa crucial atividade estatal, o rigor metodológico impõe maior lealdade científica para denominá-la com a abrangência adequada.

Logo, para suprir a atual insuficiência terminológica, entendemos que seria mais adequado o emprego de **instrução preliminar**. "Instrução" na acepção latina da palavra – *instruere*: ensinar, informar, já que o inquérito é atividade pela qual se busca reunir o conhecimento (atendendo-se ao sentido jurídico de cognição) acerca da existência e autoria de um fato típico. "Preliminar" para diferenciá-la da instrução processual e para situá-la como fase prévia, primeira, em posição cronologicamente antecedente.

A doutrina brasileira tem utilizado comumente a expressão *investigação criminal*, sem atentar para o perigo e a insegurança jurídica que pode advir do emprego de terminologia linguística tão ampla e vaga.

Sem embargo, não encontramos em todo o ordenamento pátrio qualquer definição legal de tal instituto, sendo forçoso buscá-la no cotejo dos vários artigos do Código de Processo Penal que tratam do tema, em especial os arts. 4º e 6º.

Assim é que, sob seus aspectos funcional e formal, podemos dizer que inquérito policial é o **procedimento** (conjunto de peças concatenadas cronologicamente, logicamente dispostas e autuadas) **administrativo** (por ser levado a cabo por órgão da administração) **de instrução preliminar e complexa** (tem como uma de suas finalidades preparar a propositura de uma ação penal e em seu bojo são praticados não somente atos administrativos, mas também judiciais ante a eventual necessidade de medidas restritivas de direitos fundamentais) **que visa a descobrir e recolher provas, investigar a existência de ilícitos penais, evitar acusações infundadas, determinar agentes criminosos e a medida de responsabilidade de cada um deles.**

2.2. EVOLUÇÃO HISTÓRICA

A investigação criminal em Portugal era, inicialmente, desempenhada pelos magistrados judiciais, nomeadamente os corregedores do crime, os meirinhos-mores e os ouvidores do crime, os quais, desde a Idade Média, concentravam tal atividade.

No Brasil colonial, como já dito, as primeiras legislações que vigoraram foram as portuguesas, por meio das Ordenações Afonsinas, Manuelinas e Filipinas. Entretanto, as Ordenações do Reino não faziam menção ao inquérito policial, tampouco distinguiam a polícia administrativa da polícia judiciária.

Em 1500, época em que a história situa o início da colonização portuguesa no Brasil, vigoravam as Ordenações Afonsinas, escrita a mando de D. João I, inicialmente pelo cavalheiro e corregedor da Corte, Dr. João Mendes, depois sucedido pelo Dr. Rui Fernandes.

As Ordenações Afonsinas regulavam, em seu Livro V, o direito processual penal nos moldes do direito canônico e com os contornos odiosos do procedimento inquisitorial da época.

As malsinadas características inquisitoriais do Livro V das Ordenações Afonsinas permaneceram praticamente intocáveis nas ordenações sucessoras.

As *devassas*, investigações para conhecimento dos delitos, eram da competência dos juízes. A estes incumbia, nos territórios de sua jurisdição, logo que tivessem notícia do fato, "formar corpo de delito e abrir inquirição".

Em 1808, D. João VI chega ao Brasil e nomeia o Desembargador Paulo Fernandes Viana para o cargo de Intendente Geral de Polícia, instituindo a primeira Polícia Civil brasileira. Em sua estrutura, a Intendência contava com o *alcaide*, funcionário encarregado de realizar investigações.

Com a Proclamação da Independência, porém, nasceu a preocupação de construir a legislação local, o que originou a nossa Constituição de 1824.

As funções policiais e judicantes permaneceram acumuladas desde a criação da Intendência Geral de Polícia da Corte, em 1808, até 1827, quando então foi criado o Juizado de Paz, numa tentativa de desvincular a alçada judiciária da policial.

A primeira codificação processual penal levou algum tempo para ser elaborada e, somente em 1830, foi sancionado e aprovado o Código Criminal do Império.

Em 1832 passou a vigorar o Código de Processo Criminal, primeira nomenclatura da sistematização das normas processuais penais, o qual, no aspecto relativo ao nosso tema, ditava normas sobre as funções dos inspetores de quarteirões – embora tais agentes não desempenhassem investigação criminal. Tratava também, em vários dispositivos, sobre o procedimento de coleta de informações, porém sem a denominação "inquérito policial".

Assim, o Código de 1832, reconhecido como um dos mais expressivos avanços na marcha jurídica do desenvolvimento civilizatório nacional, estabeleceu regras de divisão territorial, criando um juiz de paz para cada distrito, inspetores de quarteirão, oficiais de justiça, conselho de jurados, juiz municipal, promotor público e o juiz de direito.

Os juízes de paz eram eleitos pelo povo, os inspetores de quarteirão eram nomeados pela Câmera Municipal, já os juízes municipais e os promotores da Corte eram nomeados pelo Governo, e, nas províncias, pelos respectivos presidentes, a partir de lista tríplice.

Os juízes de direito eram nomeados pelo Imperador entre os cidadãos de "bom senso e probidade".

Notando que o Código de 1832 era pouco eficaz para fazer frente às agitações políticas e revolucionárias que fervilhavam entre 1830 e 1840, os conservadores da época, sob o pretexto de garantir a tranquilidade e a ordem, instigaram uma mudança na legislação processual penal.

A Lei nº 261, de 3 de dezembro de 1841, começou a delinear o inquérito policial, dispondo, num de seus capítulos, sobre a *competência* das autoridades policiais – chefes de polícia, delegados e subdelegados. Tal diploma legal atribuía às autoridades policiais o encargo de "remeter, quando julgarem conveniente, todos os dados, provas e esclarecimentos que houverem obtido sobre um delito, com uma exposição do caso e de suas circunstâncias, aos juízes competentes, a fim de formarem a culpa".

A Lei de 3 de dezembro de 1841 criou a figura dos chefes de polícias ("escolhidos d'entre os Desembargadores e Juízes de Direito") e respectivos delegados e subdelegados, nomeados pelo Imperador ou pelos presidentes de província.

Segundo José Frederico Marques (2000, p. 106):

> Apesar do caráter autoritarista de que vinha revestida, a lei de 3 de dezembro não conseguiu atender aos reclamos da defesa social... Para suprir tais deficiências, o que propunha era fortalecer a justiça togada, ampliando-lhe a competência, não só em detrimento da polícia, como do Júri popular. Se o policiamento era fonte de arbitrariedade, constituía também fator de afrouxamento na punição, pois a justiça policial ficava à mercê da política para perseguir os adversários das situações governamentais e proteger seus apaniguados.

A Lei nº 2.033, de 20 de setembro de 1871, regulamentada pelo Decreto nº 4.824, de 22 de novembro do mesmo ano, estruturou formalmente a investigação criminal e introduziu a denominação "inquérito policial", chegando a defini-lo no art. 42: "O inquérito policial consiste em todas as diligências necessárias para o descobrimento dos fatos criminosos, de suas circunstâncias e dos seus autores e cúmplices; deve ser reduzido a instrumento escrito".

Comentando as modificações de 1871, José Frederico Marques (2000, p. 107) nos ensina que:

> A reforma de 1871, além de pôr cobro ao policialismo reacionário da lei de 3 de dezembro, separando justiça e polícia, ainda trouxe algumas inovações que até hoje perduram, como, *v. gratia*, a criação do inquérito policial, uma das instituições mais benéficas de nosso sistema processual, apesar de críticas infundadas contra ele feitas ou pela demagogia forense, ou pelo juízo apressado de alguns que não conhecem bem o problema da investigação criminal.

Em 1889, modificou-se o sistema político brasileiro. A Carta Magna de 1891 outorgou aos estados-membros a competência para legislarem sobre matéria processual penal e civil. A maioria dos estados elaborou seus estatutos processuais e outros continuaram sendo regidos pelas leis imperiais.

Em 1924, no Código do então Distrito Federal, a denominação *inquérito* foi substituída por *investigação*, sendo restabelecida a antiga nomenclatura pelo Decreto Legislativo nº 5.515, de 13 de agosto de 1928.

Em 1934 a Constituição estabeleceu que a competência para legislar sobre direito processual passou a ser da União, mesmo assim não foi elaborado de pronto um Código de Processo Penal.

Em 1936, quando se encontrava na pasta do Ministério da Justiça, o professor Vicente Ráo foi inicialmente encarregado de elaborar o projeto de um novo Código de Processo Penal. Preconizava o juizado de instrução, mas a ideia não foi aprovada, mantendo-se então o inquérito policial como *procedimento preliminar e preparatório da ação penal*.

Curiosamente, aquele projeto mantinha a polícia judiciária com a "função investigadora que lhe é inerente, posta em harmonia legalizada pela coparticipação do juiz".

Em 3 de outubro de 1941, foi promulgado, pelo Decreto-Lei nº 3.689, o atual Código de Processo Penal, encontrando-se ainda em vigor desde 1942.

O atual Código, apesar do projeto originário de Ráo, consolidou o procedimento preparatório da ação penal como o conhecemos até hoje, sendo oportuno destacar que já naquela época, apesar de sofrer graves influências autoritárias do Estado Novo, a visão sobre a instrução preliminar era de vanguarda, já que em sua concepção original o inquérito policial era tido como instrumento de proteção contra acusações "precipitadas ou infundadas".

Nota-se que a essência ideológica original sobre a real função e alcance da instrução preliminar, muito lucidamente transcrita na Exposição de Motivos do Código de Processo Penal, vem sendo distorcida de forma simplista e equivocada nas conceituações doutrinárias e jurisprudenciais irrefletidas, em especial no ponto ainda defendido por alguns segundo o qual o inquérito policial é *mero* procedimento administrativo inquisitorial *destinado a reunir elementos para a acusação*.

2.3. O CÓDIGO DE PROCESSO PENAL DE 1941

O Código de Processo Penal de 1941, obra de juristas ilustres e que, como já dito, ainda se encontra em vigor em nosso ordenamento jurídico, trata especialmente em seu Título II, do inquérito policial.

Destinado à homogeneidade do direito judiciário penal no Brasil, o atual Código de Processo Penal, Decreto-Lei nº 3.689, de 3 de outubro de 1941, entrou em vigor em 1º de janeiro de 1942 e manteve o inquérito policial como *medida preparatória da ação penal*. São do então Ministro Francisco Campos estas palavras que, a propósito, podem ser lidas na Exposição de Motivos da nossa legislação processual:

> Foi mantido o inquérito policial como processo preliminar ou preparatório da ação penal, guardadas as características atuais. O ponderado estudo da realidade brasileira, que não é apenas a dos centros urbanos, senão também a dos remotos distritos e comarcas do interior, desaconselha o repúdio do sistema vigente.

Mantendo o inquérito policial, e até mesmo ampliando a sua esfera de ação, conservou-se o legislador pátrio fiel à nossa tradição jurídica.

O Código de Processo Penal brasileiro é dividido em livros, estes em títulos, os títulos em capítulos e os capítulos, por sua vez, em artigos, com um total de 811.

São seis o livros: o primeiro, dispõe sobre processo em geral; o segundo, se refere aos processos em espécie; o terceiro, às nulidades e aos recursos em geral; o quarto, à execução; o quinto, às relações jurisdicionais com autoridades estrangeiras; e, por último, o sexto, aludindo às disposições gerais.

As normas que tocam a investigação criminal estão espalhadas por diversos capítulos do Código de Processo Penal e em leis esparsas elaboradas ao longo das últimas décadas.

2.4. FINALIDADE DO INQUÉRITO POLICIAL

Segundo Mazini (1951, p. 173), a investigação tem a finalidade característica de selecionar e recolher o material que haverá de servir para o juízo, eliminando tudo o que resulte confuso, supérfluo ou inatendível. *Com isso, evitar-se-iam os debates inúteis e separaria um material selecionado para os debates necessários.*

Aury Lopes Júnior (2003, p. 42) preleciona que o inquérito policial "tem como objetivo imediato garantir o eficaz pronunciamento da justiça".

Para o Prof. Paulo Rangel (2007, p. 62),

> [...] o inquérito policial, na verdade, tem uma função garantidora. A investigação tem o nítido caráter de evitar a instauração de uma persecução penal infundada por parte do Ministério Público diante do fundamento do processo penal, que é a instrumentalidade e o garantismo penal.

Eis então a primeira e mais importante finalidade do inquérito policial: garantir o *status dignitatis* de cidadãos contra acusações levianas, infundadas ou precipitadas. Assim, está ultrapassada a ideia segundo a qual o inquérito policial se destina tão somente a oferecer ao titular da ação penal os elementos suficientes para a denúncia ou queixa.

Cai por terra, ainda, diante da moderna tese que alça o inquérito policial a filtro processual, a tacanha concepção que rotula como arcaico e ultrapassado o instituto.

O Estado é o titular do *jus puniendi*, ou seja, pertence a ele o direito de punir. Mas o direito de punir não pode ser autoexecutado e, por isso, quando ocorre uma infração penal, o Estado desencadeia um procedimento por meio de órgãos próprios e que tem por objetivo acautelar provas e colher informações sobre o fato delituoso, assim como esclarecer o grau de responsabilidade dos eventuais agentes.

Nesse sentido, o inquérito visa a apurar a ocorrência de uma infração penal, esclarecer a autoria e colher vestígios deixados pela prática do delito, transformando a mera possibilidade (notícia-crime) em verossimilitude (indiciamento) e, finalmente, em probabilidade (indícios racionais).

Em seu curso podem ser adotadas medidas constritivas de natureza pessoal e patrimonial, além da arrecadação probatória, residindo aí as suas funções preparatória e acautelatória.

É filtro processual porque ao impedir acusações infundadas é apto a garantir que os cidadãos não sejam submetidos indevidamente ao *streptus judicii*.

A instrução preliminar assegura o eficaz funcionamento da Justiça porque em sua complexa atividade cognitiva garante a máxima autenticidade das provas, recolhe e seleciona o material que servirá efetivamente ao juízo.

Esse procedimento investigatório, como já vimos, em regra, é realizado pela policia judiciária e desenvolve-se por meio de várias diligências: exames de local de crime e de corpo de delito, reconhecimento de pessoas ou coisas, busca e apreensão, pesquisas, vigilância de suspeitos, coleta de documentos, depoimento, declarações, acareações, interceptação de comunicações, quebras de sigilo, que reduzidas a escrito ou digitadas num só processado constituem os autos do inquérito policial.

Se o inquérito policial informar sobre fato previsto como crime de ação privada, dará oportunidade ao ofendido ou ao seu representante legal para a apresentação de queixa-crime em juízo, dando início à ação penal.

Pode-se dizer ainda que o inquérito é a instrução extrajudicial destinada a reunir elementos acerca da infração penal cometida. Em sua amplitude, compreende também o flagrante ou auto de flagrante, que tem lugar quando o agente é surpreendido cometendo a infração penal ou acabando de cometê-la, ainda no caso de ser o agente perseguido logo após o delito, ou é encontrado logo depois, com instrumentos, armas, objetos ou papéis que façam presumir ser ele autor da infração. O auto de prisão em flagrante é considerado inquérito policial (art. 304, § 1º, do Código de Processo Penal – "prosseguirá nos autos do inquérito...").

2.5. A LEI Nº 12.403/2011

O atual Código de Processo Penal sofreu algumas alterações pontuais e, mais recentemente, a Lei nº 12.403/2011 trouxe significativas modificações quanto às prisões, medidas cautelares e liberdade provisória, modificando pontos importantes relacionados à fase de instrução preliminar, conforme discorreremos oportunamente nesta obra.

QUADRO SINÓTICO

Capítulo 2 – Inquérito policial	
Conceito	• Procedimento administrativo de instrução preliminar e complexa que visa a investigar a existência de ilícitos penais, determinar os seus agentes e a medida de responsabilidade de cada um deles e descobrir e recolher provas.
Evolução histórica	• Ausência de normas sobre inquérito nas ordenações portuguesas. Criação da Intendência Geral de Polícia da Corte, em 1808 até 1827, com acúmulo das funções de apurar e julgar no magistrado. Em 1832, surge a figura do inspetor de quarteirão. Em 1871, surge, formalmente, a denominação "inquérito policial". A Carta Magna de 1891 outorgou aos Estados-membros a competência para legislarem sobre matéria processual penal e civil. Em 1924, no Código do então Distrito Federal, a denominação *inquérito* foi substituída por *investigação*, sendo restabelecida a antiga nomenclatura pelo Decreto legislativo nº 5.515, de 1928. Em 1934, a Constituição estabeleceu que a competência para legislar sobre direito processual passou a ser da União. Em 1936, Vicente Ráo tentou, sem êxito, substituir o inquérito policial pelo juizado de instrução.
O Código de Processo Penal de 1941	• O Código de Processo Penal de 1941, ainda em vigor, trata especialmente do inquérito policial. O inquérito foi mantido como *medida preparatória da ação penal.* • As normas que tocam a investigação criminal estão espalhadas por diversos capítulos do Código de Processo Penal e em leis esparsas elaboradas ao longo das últimas décadas.
Finalidade do inquérito policial	• A primeira e mais importante finalidade do inquérito policial: garantir o *status dignitatis* de cidadãos contra acusações levianas, infundadas ou precipitadas.

(*continuação*)	• O inquérito visa a apurar a ocorrência de uma infração penal, esclarecer a autoria e colher vestígios deixados pela prática do delito, transformando a mera possibilidade (notícia-crime) em verossimilitude (indiciamento) e, finalmente, em probabilidade (indícios racionais).
	• É filtro processual porque ao impedir acusações infundadas é apto a garantir que os cidadãos não sejam submetidos indevidamente ao *streptus judicii*.
	• Assegura o eficaz funcionamento da Justiça porque em sua complexa atividade cognitiva garante a máxima autenticidade das provas, recolhe e seleciona o material que servirá efetivamente ao juízo.
A Lei nº 12.403/2011	• Alterou a disciplina referente às prisões, medidas cautelares e fiança.
	• Excepcionou ainda mais a prisão provisória, instituiu novas modalidades de medidas cautelares em contraposição às prisões cautelares e ampliou os casos em que o delegado de polícia pode conceder liberdade provisória mediante fiança.
	• Contemplou expressamente os princípios da necessidade e adequação.

Capítulo 3

POLÍCIA, PODER DE POLÍCIA E COADJUVAÇÃO JUDICIÁRIA

3.1. CONCEITO

A polícia foi criada pelo Estado para promover o bem comum, limitar coercitivamente o exercício da atividade individual e garantir o bem geral. Consiste a polícia, segundo Bielsa (1955), no "conjunto de serviços organizados pela Administração Pública, para assegurar a ordem pública e garantir a integridade física e moral das pessoas, mediante limitações impostas à atividade pessoal".

A Polícia de Segurança é dividida teórica e didaticamente em polícia administrativa e polícia judiciária. A primeira, age preventivamente, mantendo ordem pública e prevenindo a prática de delitos. A segunda, atua repressivamente e funciona após a prática do delito, elaborando o competente inquérito policial.

Alguns juristas têm sustentado a divisão de polícia de segurança em preventiva e repressiva, levando-se em conta a maneira de agir da autoridade no exercício do poder de polícia.

A Constituição Federal de 1988, prevê no art. 144, *caput*, que:

> Art. 144. *A segurança pública, dever do Estado e responsabilidade de todos, é exercida para a preservação da ordem pública e da incolumidade das pessoas e do patrimônio, através dos seguintes órgãos: I – Polícia Federal; II – Polícia Rodoviária Federal; III – Polícia Ferroviária Federal; IV – polícias civis; V – polícias militares e corpos de bombeiros militares.*

A Polícia Federal, instituída por lei (Lei nº 4.483/1964) como órgão permanente, estruturado em carreira, destina-se a: I – apurar infrações penais, contra a ordem política e social ou em detrimento de bens, serviços e interesses da União ou de suas entidades autárquicas e empresas públicas, assim como outras infrações cuja prática tenha repercussão interestadual ou internacional e exija repressão uniforme, segundo se dispuser em lei; II – prevenir e reprimir o tráfico ilícito de entorpecentes e drogas afins, o contrabando e o descaminho, sem prejuízo da ação fazendária e de outros órgãos públicos nas respectivas áreas de competência; III – exercer as funções de polícia marítima, aeroportuária e de fronteiras; IV – exercer, com exclusividade, as funções de polícia judiciária da União.

Manual de polícia judiciária: doutrina e prática

A Lei nº 10.446, de 8 de maio de 2002, regulamentou o inciso I do § 1º do art. 144 da Constituição Federal e dispôs sobre as infrações penais de repercussão interestadual ou internacional que exigem repressão uniforme. Ficou assim estabelecida a atribuição da polícia judiciária da União, *sem prejuízo da responsabilidade dos demais órgãos de segurança pública*, no tocante aos crimes: I – de sequestro, cárcere privado e extorsão mediante sequestro (se o agente foi impelido por motivação política ou quando praticado em razão da função pública exercida pela vítima); II – de formação de cartel (art. 4º, I, "a", II, III e VII, da Lei nº 8.137/1990); III – relativos à violação de direitos humanos, que o Brasil se comprometeu a reprimir em decorrência de tratados internacionais de que seja parte; IV – de furto, roubo ou receptação de cargas, inclusive bens e valores, transportadas em operação interestadual ou internacional, quando houver indícios da atuação de quadrilha ou bando em mais de um Estado da Federação.

O rol de ilícitos do art. 1º da Lei nº 10.446/2002 é exemplificativo (*numerus apertus*), e outras infrações penais da atribuição das polícias civis poderão ser objeto de atuação integrada da Polícia Federal, desde que, consoante regra expressa no parágrafo único daquele dispositivo, tal seja autorizada ou determinada pelo Ministro da Justiça e haja o atendimento de dois pressupostos: a) que as infrações penais investigadas sejam de repercussão interestadual ou internacional; b) seja imperiosa a repressão uniforme de tais infrações.

Inegavelmente, quis o legislador constitucional, ao estabelecer a regra contida na parte final do inciso I do § 1º do art. 144, regulamentada pela Lei nº 10.446/2002, instituir a atuação cooperativa e harmônica entre órgãos com idêntica dignidade constitucional – as polícias judiciárias dos estados e a polícia judiciária da União.

As polícias civis dos estados e a Polícia Federal estão sob o mesmo Título V da Constituição Federal e, a despeito da nossa peculiar tricotomia federalista, esses dois órgãos de coadjuvação judiciária são detentores da missão constitucional comum de defesa nacional do Estado e das instituições democráticas, num particular aspecto: investigação de infrações penais.

É correto dizer, destarte, que tanto à Polícia Federal como às polícias civis, ambas dirigidas por delegados de polícia de carreira, incumbem as funções de polícia judiciária e a apuração de infrações penais (art. 144, §§ 1º e 4º, da Constituição Federal).

O art. 144 da Constituição Federal separou, sem distinguir, as funções de polícia judiciária das de apuração de infrações penais, circunscrevendo-as às polícias civis e à Polícia Federal.

O art. 13 do Código de Processo Penal dá um sentido estrito às funções de polícia judiciária:

> *Art. 13. Incumbirá ainda à autoridade policial:*
>
> *I – fornecer às autoridades judiciárias as informações necessárias à instrução e julgamento dos processos;*
>
> *II – realizar as diligências requisitadas pelo juiz ou pelo Ministério Público;*

III – cumprir os mandados de prisão expedidos pelas autoridades judiciárias;

IV – representar acerca da prisão preventiva.

As funções de polícia judiciária tanto podem ser desempenhadas durante o inquérito policial como no curso do processo, junto aos juízos comuns ou especializados de todos os graus e instâncias.

A polícia rodoviária federal, órgão permanente, estruturado em carreira, destina-se, na forma da lei, ao patrulhamento ostensivo das rodovias federais (art. 144, § 2º, da CF).

A polícia ferroviária federal, órgão permanente estruturado em carreira, destina-se, na forma da Lei, ao patrulhamento ostensivo das ferrovias federais (art. 144, § 3º, da CF). A Lei nº 12.462/2011, que depende de regulamentação, garante a transferência dos policiais ferroviários federais para o Ministério da Justiça.

As polícias militares e os corpos de bombeiros militares, forças auxiliares e reserva do Exército, subordinam-se, juntamente com as polícias civis, aos governadores dos Estados, do Distrito Federal e dos Territórios.

Às polícias militares cabe a polícia ostensiva e a preservação da ordem pública; aos corpos de bombeiros militares, além das atribuições definidas em lei, incumbe a execução de atividade de defesa civil (art. 144, § 5º, da CF).

A Constituição Federal estabelece ainda, em seu art. 144, § 7º, que "a lei disciplinará a organização e o funcionamento dos órgãos responsáveis pela segurança pública, da maneira a garantir a eficiência de suas atividades".

O § 8º do mesmo dispositivo constitucional estabelece que "os municípios poderão constituir guardas municipais, destinadas à proteção de seus bens, serviços e instalações, conforme dispuser a lei".

3.2. PODER DE POLÍCIA

Poder de polícia é a faculdade de que dispõe a administração pública para condicionar e restringir o uso e gozo de bens, atividades e direitos individuais, em benefícios da coletividade ou do próprio Estado. Em linguagem menos técnica, podemos dizer que o poder de polícia é mecanismo de frenagem de que dispõe a Administração Pública para conter os abusos do direito individual. Por esse mecanismo, que faz parte de toda Administração, o Estado intervém sobre as atividades dos particulares que se revelarem contrárias, nocivas ou inconvenientes ao bem-estar social, ao desenvolvimento e à segurança nacional (MEIRELLES, 1986).

A polícia administrativa incide sobre bens, direitos e atividades, ao passo que a polícia judiciária e a de manutenção da ordem pública atuam sobre as pessoas individualmente. A polícia administrativa é inerente e se difunde por toda Administração Pública, enquanto as demais são privativas de determinados órgãos (polícia judiciária) ou corporações (polícias militares) (MEIRELLES, 1986, p. 93).

Ensina-nos Cooley (1903, p. 829) que:

> O poder de polícia (*police power*), em seu sentido amplo, compreende um sistema total de regulamentação interna, pelo qual o Estado busca não só preservar a ordem pública, senão também estabelecer para a vida de relações dos cidadãos aquelas regras de boa conduta e de boa vizinhança que se supõe necessárias para evitar conflitos de direitos e para garantir a cada um o gozo ininterrupto de seu próprio direito, até onde for razoavelmente compatível com os direitos dos demais.

O poder de polícia originário nasce com a entidade que o exerce. Já o poder de polícia delegado provém de outra entidade, por meio de transferência legal nos termos da delegação e se caracteriza por atos de execução.

3.3. POLÍCIA E COADJUVAÇÃO JUDICIÁRIA CRIMINAL

A linguagem tem o poder de direcionar o pensamento humano e atua decisivamente na criação da realidade.

A utilização equivocada e abrangente da palavra "polícia" fez surgir grave confusão na definição das instituições que atuam em áreas distintas, quais sejam na ordem pública e no sistema de justiça criminal.

Importa percorrermos o passado e identificar no tempo a origem da anomalia.

O início do processo de civilização organizada registrado na Grécia antiga deu origem às palavras *polis* e *civitas*, das quais posteriormente derivaram o termo "polícia".

Tanto *polis* como *civitas* serviram para denominar cidade, tendo, a primeira, a conotação de organização estatal enquanto, a segunda, seria uma variação daquela, com sentido político, para abranger os cidadãos romanos e suas prerrogativas como tais.

A palavra *polícia* sofreu transformações semânticas e, mais tarde, passou a denominar o Estado de tudo o que era organizado, limpo, em ordem, confortável e belo.

Surge daí a noção de "poder de polícia", para conferir ao órgão da autoridade central a função de manter a cidade organizada, limpa e em ordem.

Assim foi que em todo o mundo o termo *polícia* ficou definitivamente consagrado para definir o órgão estatal encarregado de salvaguardar a ordem pública, restringindo e condicionando direitos.

Entretanto, a histórica concentração do poder pela qual o mandatário absoluto reunia as funções de julgar e de organizar a força pública, cumulando às milícias a tarefa de patrulhar e fazer averiguações sobre eventuais transgressões e conspirações, deu causa a uma confusão de sentidos em relação à palavra *polícia,* ampliando indevidamente a abrangência de tal termo.

Nessa conformidade, a Inquisição medieval utilizou o mesmo corpo de inquisidores para as atividades de vigilância e coleta de informações. Assim também, o monarca utilizava o mesmo grupamento de guardas para a contenção de desordens e coleta de informações sobre atividades tidas como marginais.

É fora de dúvida também que a concentração das funções de magistratura e de comando de exércitos praticada pelos pretores romanos contribuiu para a confusão até hoje refletida nos ordenamentos jurídicos de todo o mundo, na medida em que aquela organização política serviu de modelo para as civilizações vindouras.

Essa histórica reunião de funções em um só corpo funcional fez surgir a ideia equivocada e desastrosa segundo a qual o termo *polícia* abrangeria as funções de manutenção da ordem e as de coleta de elementos de informação que fizessem conhecer o autor de supostas infrações aos códigos de conduta.

Esse desvio de linguagem é tão relevante e poderoso que, em razão dele, até hoje perdura em escala global a confusão que faz com que órgãos públicos com funções totalmente distintas sejam equivocadamente aglutinados conceitualmente numa só denominação de atividade estatal – policiamento.

O legislador constitucional pátrio caiu na armadilha semântica e prova disso é o texto do art. 144 da Constituição Federal, em que, sob o capítulo intitulado "Da Segurança Pública", foram dispostos órgãos com funções totalmente distintas, paradoxalmente reunidos sob a mesma denominação **polícia** e sob o mesmo enfoque de **preservação da ordem pública.**

Ora, é uma impropriedade gritante estabelecer que a preservação da ordem pública se confunde nas funções de policiamento e investigação, eis que a ideia de manutenção da ordem pública tem natureza completamente distinta da que se refere ao exercício da atividade apuratória preliminar coadjuvante.

A apuração preliminar coadjuvante está para o equilíbrio de tensão entre o *jus puniendi* e o *jus libertatis*, concentrando-se na reunião de provas da imputação (cargo) ou da não imputação (descargo).

Nesse contexto, a investigação criminal é atividade de coadjuvação judiciária na realização da justiça diante do caso concreto e não de policiamento.

Nem se diga que colocar a investigação no plano coadjuvante da jurisdição penal diminui-lhe a importância, mas, ao contrário, assoma-lhe o valor situando-a junto daquela que é a maior e mais nobre expressão da soberania do Estado Democrático.

O órgão de investigação não está sendo colocado aqui em condição de inferioridade e tampouco de subordinação em relação ao órgão judiciário ou ministerial, e sim em posição de cooperação mútua na intencionalidade final comum de realização de justiça.

A interpretação precipitada do termo "coadjuvação" ora utilizado poderia induzir o leitor incauto a pensar que estamos colocando o órgão de investigação em um papel secundário, de mero auxiliar.

A coadjuvação[1] aqui é recíproca, e vale para todos os atores envolvidos, no exato sentido da palavra.

---

1. Remetemos o leitor ao significado do termo "coadjuvar": auxiliar-se, ajudar-se *mutuamente*.

A coadjuvação enfocada é via de mão dupla em que as diversas engrenagens do sistema de justiça criminal interagem numa relação de necessidades recíprocas, com independência e sem subordinação.

Essa abordagem é realçada quando constatamos que o presidente da investigação atua com autonomia e desenvoltura, sem relação de hierarquia diante do juiz ou de qualquer outro ator de quaisquer dos poderes, havendo uma recíproca influenciação na necessária interação entre delegado de polícia, juiz, defesa técnica e Ministério Público, mas sempre com o fim precípuo de cognição.

A complexa atividade desenvolvida pela hoje denominada *polícia judiciária* não está para a segurança pública e sim para a eficácia prática do processo penal. Tanto assim que os destinatários diretos do inquérito policial são o Ministério Público, a defesa técnica do indigitado autor do ilícito e o juiz, enquanto os destinatários imediatos da atividade policial, na pretendida manutenção da ordem pública, são os cidadãos de um determinado grupamento social postos sob a vigilância da polícia ostensiva ou dos órgãos de fiscalização.

O que decide a natureza de um órgão é o seu plano de atuação e seus fins, e a polícia judiciária age precipuamente numa relação de necessidade com a atuação do poder jurisdicional, na aplicação da lei ao caso concreto, tendo como escopo a realização da justiça penal.

Sob outro enfoque, embora as atividades do órgão de investigação não materializem atividade jurisdicional, ao coletar indícios de autoria e prova da materialidade delitiva, a polícia judiciária apresenta a imprescindível justa causa para instauração da ação penal.

A deflagração de uma ação penal configura verdadeira violência estatal que constrange o cidadão, colocando-o na incômoda condição de réu e, tanto por isso, não se permite no Brasil a instauração da instância penal sem que haja um coeficiente mínimo de viabilidade (verossimilitude/probabilidade) para o desiderato, sob pena de trancamento da ação por meio do *habeas corpus* (art. 648, I, do Código de Processo Penal).

Portanto, a atividade estatal investigativa está necessária e diretamente conectada ao exercício da jurisdição penal e não se confunde nem de longe com os poderes administrativos que têm por escopo a restrição ou condicionamento de direitos a bem da ordem pública.

Esta concepção é reafirmada quando se constata que o substrato da investigação, muitas vezes constituído de provas irrepetíveis (exame de corpo de delito e busca e apreensão, por exemplo), é apto a embasar eventual condenação ou absolvição, uma vez submetido o conjunto de tudo que foi carreado pelo inquérito, em juízo, ao contraditório e à ampla defesa.

Ousamos defender, portanto, que a atividade investigatória não pode ser confundida com a função de polícia, mas deve ser reconhecida como atividade estatal de coadjuvação judiciária e instrumental necessária de jurisdição penal.

A partir de tal compreensão, deve ser rechaçada a percepção segundo a qual a atividade investigatória tem como único destinatário o titular do *jus persequendi* e visa tão somente a subsidiar a acusação para a propositura da ação penal.

É que, no processo penal, o Ministério Público e o querelante figuram na condição de partes, impondo-se serem mantidos em pé de igualdade com a defesa técnica, devendo a investigação criminal estar disposta imparcialmente para subsidiar tanto o processo como, se for o caso, o não processo. Ao contrário, ao defendermos que a investigação é instrumento ao alvedrio exclusivo da acusação, ferida de morte estará a isonomia processual com consequências funestas para o direito de liberdade e o *status dignitatis* de todos os cidadãos.

A investigação busca a verdade real e não pode ser confundida como ferramenta disposta ao arbítrio de um carrasco que anseia a todo custo uma condenação.

Com muito mais razão, não podemos confundir a atividade investigatória com a atividade *policial*, uma vez demonstrada a impropriedade da concepção abrangente do termo "polícia", até hoje equivocadamente adotada não só no Brasil, mas em diversos países.

O Poder Executivo deve ser responsável pela gestão do policiamento, mas não pode ter sob seu comando direto o órgão investigatório, já que este deve atuar norteado pela justa aplicação do direito material, coadjuvando para garantir o eficaz funcionamento da justiça criminal, ainda que em prejuízo dos interesses inconfessáveis de agentes públicos mal-intencionados.

Por via de conclusão, a partir de uma nova reflexão sobre a questão proposta, a atividade investigatória deve ser objeto de profunda remodelação legal para que seja reconhecida como emanação do poder político estatal soberano, imunizando-a das ingerências do Poder Executivo e conferindo ao órgão investigativo garantias que lhe assegurem imparcialidade e independência na necessária coadjuvação com o Poder Judiciário, Ministério Público e defesa técnica.

QUADRO SINÓTICO

Capítulo 3 – Polícia, poder de polícia e coadjuvação judiciária	
Conceito	• "Conjunto de serviços organizados pela administração pública para assegurar a ordem pública e garantir a integridade física e moral das pessoas, mediante limitações impostas à atividade pessoal".
Poder de polícia	• Faculdade de que dispõe a administração pública para condicionar e restringir o uso e gozo de bens, atividades e direitos individuais, em benefício da coletividade ou do próprio Estado.

Polícia e coadjuvação judiciária	• É um erro fundir as atividades de preservação da ordem pública e apuração de infrações penais no termo "polícia". A polícia judiciária não exerce função de preservação da ordem pública e não é órgão policial. As funções de apuração de crime se identificam com as de coadjuvação judiciária. O órgão encarregado da apuração de ilícitos deve atuar com imparcialidade, autonomia e independência, sem vínculos de subordinação com quaisquer outros órgãos, realizando cognição supra partes.

Capítulo 4

A PRESIDÊNCIA
DO INQUÉRITO POLICIAL

4.1. O SUJEITO ATIVO DA INVESTIGAÇÃO

Dispõe o Código de Processo Penal em seu art. 4º que: "A polícia judiciária será exercida pelas autoridades policiais no território de suas respectivas circunscrições e terá por fim a apuração das infrações penais e da sua autoria", sendo o inquérito policial a base preparatória da ação penal e com **competência** para elaborá-lo deferida ao órgão de polícia judiciária – o **delegado de polícia**. A regra, porém, não exclui outras autoridades administrativas quando, por lei, lhes seja cometida a mesma função. Como bem assinala Tornaghi (1989, p. 29), se, por exemplo, uma lei atribuir às autoridades alfandegárias o poder de investigar contrabandos ou descaminho, elas poderão realizar inquéritos. Se outra lei cometer aos serviços de fiscalização do exercício da medicina a função de investigar os crimes contra a saúde pública, elas terão também esse poder.

A Constituição Federal, de em 5 de outubro de 1988, estabelece em seu art. 144, § 4º, que: "às polícias civis, dirigidas por delegados de polícia de carreira, incumbem, ressalvada a competência da União, as funções de polícia judiciária e a apuração de infrações penais, exceto as militares". Sendo assim, **o inquérito policial deverá ser sempre presidido por delegado de polícia de carreira.**

Parcela considerável da doutrina tem defendido a direção da investigação pelo Ministério Público, argumentando que o inquérito policial é voltado exclusivamente para a formação da *opinio delicti* por parte do órgão da acusação.

Outros defendem a instituição do juizado de instrução, sustentando que a outorga da atividade investigatória a um magistrado instrutor daria maior qualidade ao material probatório, propiciaria o exercício imparcial da investigação e elidiria o cometimento de abusos.

As duas posições, amparadas por discursos vagos e inconsistentes, deparam-se com uma realidade inarredável: a fragilidade humana que precipita a maioria dos homens à prepotência.

Como pressupor uma parte ilogicamente imparcial, se o Ministério Público é o contraditor natural do imputado?

Por outro lado, como atenderemos aos requisitos do sistema acusatório a partir do improvável enquadramento orgânico de juízes em uma atividade inquisitiva que não corresponde ao estrito sentido de jurisdição?

Werner Goldschmidt, em 1950, em seu exílio no Uruguai, afirmou se tratar de uma "ingenuidade" do legislador acreditar na possível imparcialidade das partes, afirmando que *a exigência de imparcialidade da parte acusadora cai no mesmo erro psicológico que desacreditou o processo inquisitivo* (1935, p. 29).

É do consagrado mestre Aury Lopes Júnior (2003, p. 92) a seguinte lição:

> [...] se no plano do dever ser o promotor poderia ser uma parte imparcial, no plano do ser isso é impossível. Como ser humano, é facilmente suscetível de sofrer a paixão pelo poder, pela investigação e, principalmente, pela posição acusadora no processo penal. A argumentação teórica não é suficiente para explicar esse fenômeno, porque a alma do ser humano é frágil, muito mais frágil que supõe a construção técnica artificial.

O juizado de instrução passa por grave crise nos países em que foi adotado e em todos eles se pensa na reformulação do sistema, eis que apresentou-se como entrave à plena consolidação do sistema acusatório, pois a sua adoção deu conotação inquisitiva ao judiciário, além de resultar numa lentidão maior ainda da administração da justiça.

De tudo se conclui que o sistema adotado atualmente no Brasil, uma vez guindado ao patamar instrumental garantista que o revisite a partir de hodiernos e mais acertados paradigmas e conceitos (coadjuvação judiciária, filtro contra acusações infundadas, direção supra partes para torná-lo elemento de cargo e descargo, garantia de autenticidade das provas e do funcionamento eficaz da justiça), tende a ser reconhecido como modelo de sistema de instrução preparatória para todos os países onde se pretende a consolidação do Estado Democrático de Direito.

A investigação criminal é atividade sensível desenvolvida pelo Estado porque toca nos direitos fundamentais do cidadão (liberdade, intimidade etc.), não podendo ser exercitada senão nos exatos limites da lei.

Muito por isso, entre os órgãos estatais a polícia judiciária sem dúvida é um dos mais fiscalizados: sobre ela recai o controle externo do Ministério Público e o controle interno das corregedorias, além da permanente e necessária análise judicial prévia de eventuais medidas constritivas.

Ademais, as ações da polícia judiciária estão sob constante supervisão das secretarias de segurança pública nos estados e do Ministério da Justiça na esfera federal, sem contar a atuação das ouvidorias, da Ordem dos Advogados do Brasil, do Conselho Nacional de Justiça, dos conselhos comunitários, ONGs etc.

Aqueles que defendem a atribuição investigativa a outros órgãos públicos desprezam a Constituição Federal e fazem pouco do alto custo pago por muitos para que o Brasil exsurgisse das trevas do arbítrio para consolidar-se como nação livre em que o povo pudesse contar, senão com a sonhada justiça social, ao menos com um mínimo necessário de segurança jurídica.

Muitos dos nossos heróis que ousaram sonhar com a transformação da ditadura em democracia, certamente se horrorizariam diante das defesas públicas acaloradas em favor da investigação pelas polícias ostensivas e pelo Ministério Público.

Por certo, muito mais pungente ainda é a dor de assistir a covardia (dissimulada por falsos discursos de vanguarda em suposta defesa do *interesse público*) de quem, ao contrário de honrar a toga heroica de guardião da legalidade e da justiça, ratifica a usurpação por meio da concessão de ordens judiciais de busca e apreensão, interceptação telefônica e até prisão, a órgãos sem atribuição legal para investigar.

4.2. A DIREÇÃO DO ÓRGÃO INVESTIGATIVO

São abundantes as notícias que nos dão conta de influenciações deletérias junto aos órgãos oficiais encarregados da investigação criminal.

Quem nunca ouviu falar de represálias, normalmente em forma de transferências arbitrárias ou supressão de condições estruturais de trabalho, covardemente impostas a agentes e autoridades da polícia judiciária que atuaram em investigações "sensíveis".

Ninguém em perfeito juízo se arriscaria a negar a penúria e o desprestígio a que estão submetidos os órgãos de polícia judiciária por todo esse vasto Brasil, como evidente estratégia de enfraquecimento de suas funções.

É imprescindível, a partir de uma postura mais crítica dos operadores jurídicos, uma mobilização articulada para reverter o quadro atualmente favorável à impunidade.

Diante da evidente falta de interesse político em promover mudanças no arcabouço legal aptas a minimizar a permeabilidade funesta sobre os órgãos de investigação, poderíamos nos valer de uma exegese mais audaciosa sobre os atuais dispositivos reguladores da matéria.

Nesse diapasão, cabe destacar o imperativo constitucional expresso no art. 144, § 4º, da Constituição Federal, segundo o qual "às polícias civis, dirigidas por delegados de polícia de carreira, incumbem, ressalvada a competência da União, as funções de polícia judiciária e a apuração de infrações penais, exceto as militares".

Parece-nos oportuno enfrentar tal norma constitucional no ponto em que determina que as polícias civis sejam **dirigidas por delegados de polícia**.

Koontz e O'Donnel (1989, p. 176) ensinam que:

> a direção está relacionada à ação e tem a ver com as pessoas. Ela está diretamente relacionada à atuação sobre as pessoas. As pessoas precisam ser dinamizadas em seus cargos e funções, treinadas, guiadas e motivadas para alcançarem os resultados que delas se espera. A função

de direção se relaciona à maneira pela qual os objetivos devem ser alcançados por meio da atividade das pessoas que compõem a organização. A direção é a função administrativa que se refere às relações interpessoais dos administradores e seus subordinados.

Com efeito, quando a Constituição Federal estabelece caber aos delegados de polícia a direção das polícias civis, está impondo a esses profissionais o mister de administrar as instituições policiais civis, em especial o capital humano que compõe aquelas organizações.

O § 4º do art. 144 da Constituição Federal é norma preceptiva e proibitiva, porque impõe a ação de dirigir as polícias civis aos delegados de polícia e ao mesmo tempo estabelece a abstenção de dirigir a mesma instituição a quaisquer outros agentes públicos ou particulares.

Acrescente-se que aquele dispositivo constitucional é *self-executing* (autoexecutável, autoaplicável, bastante em si), revestindo-se, portanto, de plena eficácia jurídica.

Importa confrontar agora a atuação dos ministros, governadores dos estados, secretários estaduais de segurança pública e outros agentes políticos frente ao imperativo constitucional ora em comento.

Na realidade, não deveria haver confusão ou sobreposição de atribuições. A missão do chefe do Executivo e seus ministros e secretários é distinta da dos delegados de polícia dirigentes das polícias judiciárias: àqueles agentes políticos cabe promover a integração entre os organismos policiais e propiciar, por meio do estabelecimento de diretrizes, a implementação da política de segurança pública, respeitando a autonomia institucional das polícias.

Os secretários de segurança figuram como elos entre o governador e os comandantes das organizações policiais locais, no sentido de sintonizar as ações das polícias judiciárias estaduais à política de segurança pública idealizada pelos chefes do Executivo dos estados.

Destarte, não encontraria apoio na ordem jurídica a tese que permitisse ao ocupante de qualquer cargo político *dirigir* as polícias civis.

Não há que se defender, entretanto, a gestão das polícias civis de forma absolutamente distante das secretarias estaduais de segurança pública. Ao contrário, as ações das secretarias e das organizações policiais são interdependentes, na justa medida em que incumbe aos secretários estaduais de segurança pública, obedecidos os canais hierárquicos, atuar no nível estratégico e em harmonia com os chefes das polícias.

Dessa forma, a atuação dos governadores e secretários estaduais de segurança frente aos delegados de polícia deve circunscrever-se ao nível estratégico, sendo inadmissível que tais ocupantes de cargos políticos possam imiscuir-se na direção da polícia judiciária.

Nesse sentido, os governadores e secretários estaduais devem se limitar a regular as relações entre as organizações policiais, traçar diretrizes a serem implementadas pelos comandantes das polícias e propiciar condições estruturais para o êxito de tais objetivos.

Ao contrário, ao ignorarmos que aos delegados de polícia, e somente a eles, deve ser atribuída a direção da polícia judiciária, permitindo dessa forma a usurpação das funções gerenciais que lhes foram conferidas pela Carta Magna, estaremos promovendo a desconsideração de norma constitucional e, bem assim, de premissas administrativas inafastáveis e que são essenciais à própria existência das organizações públicas.

Inegável é que a ingerência indevida nos comandos da polícia judiciária e a sobreposição dos fluxos gerenciais internos, mormente quando neste caldo se insere um elemento instável e estranho aos quadros da organização – um ocupante de cargo de confiança demissível *ad nutum* – expõe os delegados de polícia ao desprestígio, contaminando a isenção e a independência funcional que devem marcar a presidência dos inquéritos policiais. Por via oblíqua, todo o sistema de justiça criminal resta fragilizado e a impunidade comemora.

Não será possível evoluirmos para um modelo gerencial eficaz se persistirem as posturas usurpadoras e centralizadoras que aviltam profissionais, ferem de morte a unidade institucional e contrariam o ideal constitucional expresso no § 4º do art. 144 da Constituição Federal de 1988.

4.3. OUTROS INQUÉRITOS

O inquérito, via de regra, é *policial*, ou seja, elaborado pela *polícia judiciária*. Porém, o parágrafo único do art. 4º do Código de Processo Penal instituiu que "a *competência* definida neste artigo não excluirá a de autoridades administrativas, a quem por lei seja cometida a mesma função". Nota-se, dessa forma, que o dispositivo invocado deixa prevista a existência de inquéritos extra policiais, ou seja, elaborado por autoridades diversas das policiais.

Portanto, além do inquérito policial, temos ainda outros instrumentos apuratórios cabalmente regulados em nosso ordenamento jurídico. Senão vejamos:

a) Inquérito judicial, disciplinado na antiga Lei de Falências (arts. 103 a 108 do Decreto-Lei nº 7.661/1945) que tinha lugar nos casos de crimes falimentares. Com base nesse inquérito é que o Ministério Público oferecia denúncia por crime falimentar. A nova Lei de Falências (Lei nº 11.101/2005), entretanto, revogou o estatuto anterior e não tratou do inquérito judicial falimentar, pelo que somos do entendimento de que tal instituto foi abolido.

A atuação do juiz investigador prevista na antiga Lei de Falências não deu bons frutos e sempre foi alvo de críticas vorazes dos operadores das ciências jurídicas, já que, além de configurar contraposição ao sistema acusatório, não se apresentou eficaz, circunstâncias que endossam ainda mais a corrente que rechaça a figura do juizado de instrução.

A partir da entrada em vigor da Lei nº 11.101/2005, a apuração de crimes falimentares passou a ser atribuição da polícia judiciária, demandando a instauração de inquérito policial sob a presidência de delegado de polícia de carreira.

Importa destacar que o art. 180 da nova Lei de Falências condiciona a atuação do Estado no âmbito criminal à ocorrência da condição objetiva de punibilidade prevista naquele dispositivo.

46 | MANUAL DE POLÍCIA JUDICIÁRIA: DOUTRINA E PRÁTICA

Entendemos que seria medida apropriada comunicar o delegado de polícia com atribuição para apurar crimes falimentares uma vez decretada, pelo juiz competente, a falência ou concedida a recuperação judicial ou extrajudicial, já que é a partir de tais momentos que o órgão de polícia judiciária pode atuar.

b) Inquéritos policiais militares, conhecidos pela sigla IPM. O inquérito policial militar nada mais é do que o conjunto das investigações realizadas pelas autoridades militares para apurar a existência de crimes militares, bem como elucidar sua autoria. Todavia, se ao fim das investigações a autoridade militar que preside o inquérito entender tratar-se de infração da competência da justiça comum, determinará a remessa do inquérito militar ao órgão do Ministério Público, que, se for o caso, oferecerá denúncia com base nas informações constantes nos autos do inquérito policial militar.

A definição de inquérito policial militar é dada pelo o art. 9º do Decreto-Lei nº 1.002, de 21 de outubro de 1969: "O inquérito policial militar é a apuração sumária de fato, que nos termos legais, configure o crime militar, e de sua autoria. Tem o caráter de instrução provisória, cuja finalidade é a de ministrar elementos necessários à propositura da ação penal".

O inquérito policial militar é iniciado por meio de portaria; de ofício, pela autoridade militar em cujo âmbito de atribuição ou comando haja ocorrido a infração penal, atendida a hierarquia do infrator por determinação ou delegação da autoridade militar superior, que, em caso de urgência, poderá ser feita por via telegráfica ou radiotelefônica e confirmada, posteriormente, por ofício; e em virtude de representação devidamente subscrita de quem tenha conhecimento de infração penal cuja repressão caiba à Justiça Militar.

Em caso de crimes militares, bem como os que, por lei especial estão sujeitos à jurisdição militar, poderá o ofendido, pessoalmente ou por meio de advogado constituído, requerer à autoridade militar competente a instauração do inquérito policial, nos termos do art. 10, letra "e", do Código de Processo de Penal Militar.

O inquérito policial militar é sigiloso, mas ao advogado é permitido o seu exame, não podendo ser impedido, sob pretexto algum, o seu acesso aos referidos autos, inobstante o texto do art. 16 do Código de Processo Penal Militar ("O inquérito é sigiloso, mas seu encarregado pode permitir que dele tome conhecimento o advogado do indiciado"), conter os termos "pode permitir", tal não ficará ao talante da autoridade que preside o inquérito, face ao disposto na Lei Federal nº 8.906, de 4 de julho de 1994. Entendemos, portanto, que a faculdade estabelecida no mencionado art. 16 nada mais é que um dever da autoridade militar diante de uma prerrogativa legal do advogado. Vejamos a jurisprudência:

> É direito do defensor, no interesse do representado, ter acesso amplo aos elementos de prova que, já documentados em procedimento investigatório realizado por órgão com competência de polícia judiciária, digam respeito ao exercício do direito de defesa. (STF, Súmula Vinculante nº 14).

> O art. 7º, XIII, da Lei nº 8.906/1994 estabelece que é direito do advogado examinar, em qualquer órgão dos Poderes Judiciário e Legislativo, ou da Administração Pública em geral, autos de processos findos ou em andamento, mesmo sem procuração, quando não estejam

sujeitos a sigilo, assegurada a obtenção de cópias, podendo tomar apontamentos. Observo, no entanto, que o advogado que subscreveu a petição não representa nenhuma das partes do presente processo, o que impede seja deferida vista dos autos fora de cartório ou secretaria de Tribunal (art. 40, I, do CPC). (RE 562.980, Relator Ministro Ricardo Lewandowski, decisão monocrática, j. em 28.5.2009, *DJE* de 4.6.2009).

No mesmo sentido:

> [...] observo que os elementos produzidos na presente sede reclamatória parecem evidenciar a alegada transgressão ao enunciado da Súmula Vinculante n° 14/STF, revelando-se suficientes para justificar, na espécie, o acolhimento da pretensão cautelar deduzida pelo reclamante. Com efeito, e como tenho salientado em muitas decisões proferidas no Supremo Tribunal Federal, o presente caso põe em evidência, uma vez mais, situação impregnada de alto relevo jurídico-constitucional, consideradas as graves implicações que resultam de injustas restrições impostas ao exercício, em plenitude, do direito de defesa e à prática, pelo Advogado, das prerrogativas profissionais que lhe são inerentes (Lei n° 8.906/1994, art. 7°, incisos XIII e XIV). [...] O que não se revela constitucionalmente lícito, segundo entendo, é impedir que o indiciado tenha pleno acesso aos dados probatórios, que, já documentados nos autos (porque a estes formalmente incorporados), veiculam informações que possam revelar-se úteis ao conhecimento da verdade real e à condução da defesa da pessoa investigada (como no caso) ou processada pelo Estado, ainda que o procedimento de persecução penal esteja submetido a regime de sigilo. Sendo assim, em face das razões expostas, e considerando, ainda, os fundamentos que venho de mencionar, defiro o pedido de medida liminar, em ordem a garantir, ao ora reclamante, por intermédio de seu Advogado regularmente constituído [...] o direito de acesso aos autos de inquérito policial no qual figura como investigado [...]. (Rcl. 8.225-MC, Relator Ministro Celso de Mello, decisão monocrática, j. em 26.5.2009, *DJE* de 1°.6.2009).

Dispõe ainda a Lei n° 8.906/1994, em seu art. 7°:

> [...] XIV – examinar em qualquer repartição policial, mesmo sem procuração, autos de flagrante e de inquérito, findos ou em andamento, ainda que conclusos à autoridade, podendo copiar peças e tomar apontamentos; XV – ter vista dos processos judiciais ou administrativos de qualquer natureza, em cartório ou na repartição competente, ou retirá-los pelos prazos legais; XVI – retirar autos de processo findos, mesmo sem procuração, pelo prazo de dez dias. [...]

Assim também, a Constituição Federal vigente assegurou esse direito ao indiciado e ao advogado, nos termos dos arts. 5°, LV, e 133, elidindo dessa forma os posicionamentos contrários adotados por algumas autoridades e que implicavam em absurdo cerceamento de defesa.

As normas previstas no Código de Processo Penal Militar serão aplicadas à Justiça Militar Estadual. É o que dispõe o art. 6° do referido Código:

> Obedecerão às normas processuais previstas nesse Código, no que forem aplicáveis, salvo quanto à organização de Justiça, aos recursos e à execução de sentença, os processos da Justiça Militar Estadual, nos crimes previstos na Lei Penal Militar, a que responderem os oficiais e praças das polícias e dos corpos de bombeiros, militares.

MANUAL DE POLÍCIA JUDICIÁRIA: DOUTRINA E PRÁTICA

A atual Carta Magna contém disciplina acerca da instituição, nos estados, da Justiça Militar, *v. g.*:

> A lei estadual poderá criar, mediante proposta do Tribunal de Justiça, a Justiça Militar estadual, constituída, em primeiro grau, pelos juízes de direito e pelos Conselhos de Justiça e, em segundo grau, pelo próprio Tribunal de Justiça, ou por Tribunal de Justiça Militar nos Estados em que o efetivo militar seja superior a vinte mil integrantes. (art. 125, § 3º)

É também na Constituição Federal que encontraremos a regra geral de competência da justiça castrense:

> Compete à Justiça Militar estadual processar e julgar os militares dos Estados, nos crimes militares definidos em lei e as ações judiciais contra atos disciplinares militares, ressalvada a competência do júri quando a vítima for civil, cabendo ao tribunal competente decidir sobre a perda do posto e da patente dos oficiais e da graduação das praças. (art. 125, § 4º)

c) Inquérito civil, previsto nos arts. 129, III, da Constituição Federal; 8º, § 1º, da Lei nº 7.347/1985 (Lei da Ação Civil Pública); e 25, IV, da Lei nº 8.625/1993 (Lei Orgânica Nacional do Ministério Público), presidido pelo Ministério Público com vistas a reunir elementos suficientes à propositura de ação civil pública.

d) Inquéritos parlamentares, conduzidos pelas Comissões Parlamentares de Inquérito (CPIs), disciplinadas na Lei nº 1.579/1952 e art. 58, § 3º, da Constituição Federal.

Curioso notar que o Supremo Tribunal Federal reconheceu o exercício da atividade de polícia judiciária parlamentar ao dispor, na Súmula 397, que "o poder de polícia da Câmara dos Deputados e do Senado Federal, em caso de crime cometido nas suas dependências, compreende, consoante o regimento, a prisão em flagrante do acusado e a realização do inquérito".

e) Inquéritos originários para apurar crimes praticados por magistrados ou promotores, por meio dos quais as investigações são presididas pelos órgãos de cúpula de cada carreira, a rigor do que dispõe o art. 33, parágrafo único, da Lei Orgânica da Magistratura Nacional (Lei Complementar nº 35/1979), e art. 41, parágrafo único, da Lei Orgânica Nacional do Ministério Público (Lei nº 8.625/1993).

QUADRO SINÓTICO

Capítulo 4 – Inquérito policial	
O sujeito ativo da investigação	• O inquérito policial é instrução preparatória e a *competência* para elaborá-lo foi deferida pelo Código de Processo Penal ao órgão de polícia judiciária – delegado de polícia.
	• O inquérito policial deverá ser sempre presidido por delegado de polícia de carreira.

(*continuação*)	• O sistema adotado atualmente no Brasil, uma vez guindado ao patamar instrumental garantista que o revisite a partir de uma hodierna e mais acertada visão (coadjuvação judiciária, filtro contra acusações infundadas, direção supra partes para torná--lo elemento de cargo e descargo, garantia de autenticidade das provas e do funcionamento eficaz da justiça), tende a ser reconhecido como modelo de sistema de investigação para todos os países onde se pretende a consolidação do Estado Democrático de Direito.
A direção do órgão investigativo	• Quando a Constituição Federal estabelece caber aos delegados de polícia a direção das polícias civis, está impondo a esses profissionais o mister de administrar as instituições policiais civis, em especial o capital humano que compõe aquelas organizações. • O § 4º do art. 144 da Constituição Federal é norma preceptiva e proibitiva, porque impõe a ação de dirigir as polícias civis aos delegados de polícia e ao mesmo tempo estabelece a abstenção de dirigir a mesma instituição a quaisquer outros agentes públicos ou particulares. • Não encontraria apoio na ordem jurídica a tese que permitisse ao ocupante de qualquer cargo político *dirigir* as polícias civis. • A atuação dos governadores e secretários estaduais de segurança frente aos delegados de polícia deve circunscrever-se ao nível estratégico, sendo inadmissível que tais ocupantes de cargos políticos possam imiscuir-se na direção da polícia judiciária.
Outros inquéritos	a) Inquérito judicial, disciplinado na antiga Lei de Falências (arts. 103 a 108 do Decreto-Lei nº 7.661/1945) que tinha lugar nos casos de crimes falimentares. Com base nesse inquérito é que o Ministério Público oferecia denúncia por crime falimentar. A partir da entrada em vigor da Lei nº 11.101/2005, a apuração de crimes falimentares passou a ser atribuição da polícia judiciária, demandando a instauração de inquérito policial sob a presidência de delegado de polícia de carreira. b) Inquérito policial militar é o conjunto das investigações realizadas pelas autoridades militares para apurar a existência de um crime militar, bem como elucidar sua autoria. O inquérito policial militar é sigiloso, mas ao advogado é permitido o seu exame, não podendo ser impedido, sob pretexto algum, o seu acesso aos referidos autos.

(*continuação*)	c) Inquérito civil, previsto nos arts. 129, III, da Constituição Federal; 8º, § 1º, da Lei nº 7.347/1985 (Lei da Ação Civil Pública); e 25, IV, da Lei nº 8.625/1993 (Lei Orgânica Nacional do Ministério Público), é presidido pelo Ministério Público com vistas a reunir elementos suficientes à propositura de ação civil pública. d) Inquéritos parlamentares, conduzidos pelas Comissões Parlamentares de Inquérito (CPIs), disciplinadas na Lei nº 1.579/1952 e art. 58, § 3º, da Constituição Federal. e) Inquéritos originários para apurar crimes praticados por magistrados ou promotores.

Capítulo 5

INÍCIO DO INQUÉRITO POLICIAL

5.1. A *NOTITIA CRIMINIS*

O inquérito policial tem início com a comunicação da infração penal levada ao conhecimento do delegado de polícia, comunicação essa denominada *notitia criminis* (notícia do crime).

A *notitia criminis* é o conhecimento, espontâneo ou provocado, auferido pela autoridade policial, acerca de uma infração penal, podendo se dar por meio da imprensa, dos agentes da autoridade, por intermédio da vítima etc. A *notitia criminis* pode ser de "cognição imediata", de "cognição mediata", e até mesmo de "cognição coercitiva".

A *notitia criminis* de cognição imediata ou espontânea, se dá quando a autoridade policial toma conhecimento do fato infringente da norma pelas suas atividades rotineiras: ou porque o jornal publicou a respeito, ou porque um dos seus agentes lhe levou ao conhecimento ou porque soube por intermédio da vítima. Diz-se que há *notitia crimins* de cognição mediata ou provocada, quando a autoridade policial sabe do fato por meio de requerimento da vítima de crime de ação penal privada ou de quem possa representá-la, ou de requisição da autoridade judiciária ou órgão do Ministério Público, ou mediante representação nos casos de ação penal pública condicionada. Finalmente, será de cognição coerciva no caso de prisão em flagrante, pois, em tal situação, junto com a *notitia criminis* é apresentado à Autoridade Policial o autor do fato (TOURINHO FILHO, 1990, p. 215).

A delação apócrifa, também denominada *notitia criminis inqualificada* e comumente conhecida como denúncia anônima, é espécie de cognição imediata.

A *delatio criminis* é espécie do gênero *notitia criminis* e ocorre quando a vítima ou qualquer indivíduo dentre o povo comunica a ocorrência de ilícito penal, podendo ser de cognição imediata, nos casos em que é comunicada diretamente à autoridade policial, ou de cognição mediata, quando tal comunicação é feita por meio de documento escrito encaminhado ao delegado de polícia.

5.2. CRIMES DE AÇÃO PENAL PÚBLICA CONDICIONADA, INCONDICIONADA E PRIVADA

A autoridade policial, tendo conhecimento do fato delituoso por meio da *notitia criminis*, verificará a procedência das informações e a seguir iniciará oficialmente a investigação policial, com a instauração do competente inquérito policial. Com a comunicação do crime, a autoridade policial entra em ação para verificar, preliminarmente, a procedência do informe, consoante determinação expressa no art. 5º, § 3º, do Código de Processo Penal e, em seguida, instaura o inquérito policial. É evidente que essa verificação preliminar deve ser breve, para ser transferida ao inquérito policial propriamente dito a apuração.

Com muito mais razão, nos casos em que as informações contidas na *notitia criminis* são insubsistentes, como sói ocorre nas hipóteses de delação apócrifa ou de fatos relatados pela imprensa ou pela própria vítima, faz-se necessária uma cautela maior da autoridade policial antes da instauração de inquérito policial, pelo que deverá mandar verificar a procedência das informações, conforme regra que se pode extrair da leitura atenta da parte final do art. 5º, § 3º, do Código de Processo Penal: "Qualquer pessoa do povo que tiver conhecimento da existência de infração penal em que caiba ação pública poderá, verbalmente ou por escrito, comunicá-la à autoridade policial, e esta, **verificada a procedência das informações**, mandará instaurar inquérito".

No mesmo sentido, o mestre Amintas Vidal Gomes (2011, p. 75), na consagrada obra *Manual do Delegado*, atualizada e revisada pelo insigne Professor e Delegado de Polícia Rodolfo Queiroz Laterza, preleciona que "[...] o interesse da sociedade em impulsionar o aparato repressivo estatal colide com a necessária e irrenunciável primazia dos direitos fundamentais, o que exige a imprescindível previdência da autoridade policial na imputação de um crime a alguém [...]".

Se, diante de qualquer das espécies de *notitia criminis,* o delegado de polícia constatar que o fato objeto da comunicação é atípico, não poderá mandar instaurar inquérito policial.

Sobre tal hipótese, a doutrina é assente ao reconhecer que

> [...] a autoridade policial, ao analisar os fatos que lhe são trazidos, deve exercer um juízo de tipicidade para aferir o enquadramento legal da possível infração. Se o fato não é previsto em lei como crime, com muito mais razão não há de falar em instauração de inquérito policial, devendo a autoridade negar-se a iniciá-lo (TÁVORA; ALENCAR, 2012, p. 118).

A decisão da autoridade policial pela instauração de inquérito policial não exclui a responsabilidade de quem faz a comunicação do ilícito, porque se o fizer movido por espírito de vingança ou com o objetivo de causar prejuízo a alguém, incorrerá nas sanções previstas para o crime de "denunciação caluniosa", previsto no art. 339 do Código Penal, *v .g.*: "Dar causa a instauração de investigação policial ou de processo judicial, instauração de investigação administrativa, inquérito civil ou ação de improbidade administrativa contra alguém, imputando-lhe crime de que o sabe inocente". Outras capitulações delituosas podem surgir, atendendo as necessidades de reprimir abusivas apresentações de *notitia criminis*, *v. g.* art. 340 do Código Penal: "Provocar a ação da autoridade, comunicando-lhe a ocorrência de crime ou contravenção que sabe não ter verificado". Veja-se também o art. 341 do Código Penal: "Acusar-se, perante a autoridade, de crime inexistente ou praticado por outrem".

Não se exige forma especial para que seja formulada a *notitia criminis*, podendo ser oral ou escrita, por qualquer pessoa do povo que tiver conhecido a existência de infração penal em que caiba ação penal pública incondicionada.

No caso de crime de ação penal pública condicionada à representação, a autoridade policial não poderá iniciar o inquérito policial por iniciativa própria; dependerá sempre de manifestação da vítima ou de quem tenha qualidade para reapresentá-la.

Se o crime for de ação penal privada, a autoridade policial somente instaurará o inquérito policial se a vítima ou seu representante legal o requerer; trataremos mais adiante nesta obra sobre crimes de ação pública incondicionada, condicionada e de ação privada.

Porém, como já vimos, se o crime for de ação pública incondicionada – e via de regra a ação penal é pública incondicionada, salvo se a lei expressamente a declara privada –, deverá a autoridade policial instaurar o inquérito policial, havendo ou não concordância da vítima ou de quem legalmente a represente.

Importa não olvidar que o inquérito policial cede lugar ao termo circunstanciado em se tratando de infrações penais de menor potencial ofensivo, quais sejam todos os ilícitos cuja pena em abstrato não seja superior a dois anos, conforme o disposto no art. 61 da Lei nº 9.099/1995.

As infrações penais de menor potencial ofensivo foram remetidas pelo legislador a procedimento especial de competência dos juizados especiais criminais, havendo, desde o tratamento da *notitia criminis* pela autoridade policial até a sentença pelo juiz, toda uma gama de especificidades a serem consideradas.

Em tal hipótese, o inquérito será substituído pelo termo circunstanciado, documento conciso em que são reunidos todos os dados acerca do fato (quando, onde e como) e das pessoas envolvidas (vítima, autor dos fatos e testemunhas).

Portanto, diante dos delitos cuja pena máxima em abstrato não ultrapasse o limite de dois anos, não haverá que se falar em instauração de inquérito policial e tampouco em auto de prisão em flagrante, consoante dispõe o art. 69 da Lei nº 9.099/1995, permanecendo, entretanto, exigível a representação ou o requerimento para a lavratura do termo circunstanciado, em se tratando de infrações de menor potencial ofensivo de ação penal pública condicionada ou ação penal privada.

O autor do fato que configura infração de menor potencial ofensivo surpreendido em flagrante deverá ser conduzido à presença do delegado de polícia e será liberado mediante assinatura de termo de compromisso no qual assuma o ônus de comparecer em juízo sempre que convocado. Caso recuse firmar o compromisso, será autuado em flagrante, seguindo-se então o procedimento de polícia judiciária previsto para as infrações penais comuns.

Em casos de conexão ou continência (arts. 76 e 77 do CPP) entre crimes da competência do juizado especial criminal e outros da competência do juízo comum, deverá haver a separação dos processos, já que, conforme entendimento majoritário, a competência dos juizados especiais criminais é absoluta, uma vez tratar-se de competência *ratione materiae* e estar prevista no art. 98, I, da Constituição Federal, prevalecendo, portanto, a separação dos processos em detrimento da unidade disciplinada nos arts. 76 e 77 do Código de Processo Penal.

Nesse aspecto, tem se questionado a constitucionalidade da Lei nº 11.313/2006 no ponto em que acrescentou, aos arts. 60 da Lei nº 9.099/1995 e 2º da Lei nº 10.259/2001, a expressão "respeitadas as regras de conexão e continência".

Embora a Lei nº 11.313/2006 tenha excepcionado a competência dos juizados especiais criminais nos casos de conexão ou continência entre infrações penais de menor potencial ofensivo e infrações comuns, prevalece o entendimento segundo o qual deverá haver a separação dos processos, dada a natureza material e constitucional da competência especial.

Destarte, diante da *notitia criminis* de crimes diversos, sendo, por exemplo, um deles da competência do juizado especial criminal e o outro ou os outros da competência do juízo comum, a autoridade policial deve lavrar termo circunstanciado em relação ao primeiro e baixar portaria instauradora de inquérito policial ou auto de prisão em flagrante em relação aos demais ilícitos.

Vale lembrar que a jurisprudência pacificou entendimento segundo o qual, em casos de concurso material ou formal entre infrações de menor potencial ofensivo, as majorantes devem ser consideradas para excluir a competência do juizado especial criminal, uma vez ultrapassado, com a soma ou o acréscimo de pena, o limite máximo abstrato de dois anos (STJ – Processo CC 101.274/PR; Conflito de Competência 2008/0261931-6; Relator Ministro Napoleão Nunes Maia Filho, *DJE* de 20.3.2009).

5.3. OMISSÃO NA COMUNICAÇÃO DE CRIME

O art. 66 e incisos I e II da Lei das Contravenções Penais (Decreto-Lei nº 3.688/1941) refere-se à omissão de comunicação da ocorrência de crimes de ação pública à autoridade competente, de que teve conhecimento no exercício de função pública, no exercício da medicina ou de outra profissão sanitária. O alcance do art. 66 da Lei das Contravenções Penais não se restringe apenas aos crimes previstos no Código Penal, mas a todo e qualquer delito tipificado em lei, desde que a ação penal não dependa do requerimento ou representação, vale dizer, seja de ação penal pública incondicionada.

A autoridade *competente* é aquela encarregada pela Administração Pública, com poderes para agir na esfera criminal. No caso, a autoridade policial, representada pelo delegado de polícia; a autoridade judiciária, representada pelo juiz; o poder de fiscalização da lei, representado pelo Ministério Público.

Não sendo tomadas as providências exigidas por lei diante de uma conduta delituosa, por quem tenha o dever, este pode incidir também em crime de prevaricação, *v. g.*: "Retardar ou deixar de praticar, indevidamente, ato de ofício, ou praticá-lo contra disposição expressa em lei, para satisfazer interesse ou sentimento pessoal" (art. 319 do CP).

5.4. PORTARIA DA AUTORIDADE POLICIAL

A *notitia criminis* pode ser oral ou escrita. Na primeira hipótese, quando for feita pela própria vítima ou outra pessoa, por cautela, costumam as autoridades policiais ordenar, liminarmente, que as declarações de quem fez a comunicação do crime sejam tomadas por termo.

Na segunda hipótese, fica a critério da autoridade policial baixar portaria ou despachar na petição, determinando que seja a mesma registrada e autuada, dando assim início ao inquérito policial. O signatário da *notitia criminis* é, nesses casos, sempre que possível, chamado a ratificá-la ou retificá-la.

Nos crimes de ação pública incondicionada o inquérito policial será iniciado de ofício, "mediante requisição da autoridade judiciária ou do Ministério Público, ou a requerimento do ofendido ou de quem tiver qualidade para representá-lo" (art. 5º, II, do CPP).[2]

A portaria é peça exordial simples na qual a autoridade policial expressa haver tido conhecimento da prática de um crime, exarando seu juízo preliminar de subsunção, declinando, se possível, o dia, lugar e hora em que a infração foi cometida, o prenome e o nome do indiciado, o prenome e o nome da vítima, e conclui instaurando o inquérito policial. Uma vez ordenado o registro e autuação da portaria e as providências preliminares que deverão ser cumpridas, e após executadas, com certidão do cumprimento pelo escrivão de polícia, devem os autos do inquérito retornar às mãos da autoridade para outras determinações que julgar convenientes.

Desse modo, quando, por exemplo, na portaria, a autoridade policial determinar: "autuada e registrada esta", quer dizer que o escrivão de polícia, que é seu agente, deve registrá-la, encapá-la, de maneira a ser dada a forma de processo e, à medida que as diligências forem sendo realizadas e reduzidas a ato, tais peças serão incorporadas aos "autos do inquérito".

Já sabemos que autuar expressa a ideia de reduzir a auto, vale dizer, reduzir a ato. Porém, como o inquérito policial é eminentemente escrito, nos termos do art. 9º do Código de Processo Penal, todas as diligências realizadas no decorrer de uma investigação devem ser autuadas, ou seja, reduzidas a atos.

Usa-se também as expressões "autuada", "conclusos". Isso significa que, reduzida a ato, ou cumpridas as providências preliminares determinada na portaria pela autoridade policial que preside as investigações, deverão os autos voltar às suas mãos para apreciação e outras

---

2. Ver modelos de Portarias, na Parte Prática desta obra.

determinações. Logo, quando a autoridade determina "a seguir conclusos", quer dizer que o escrivão de polícia, após o cumprimento daquilo que foi determinado pela autoridade, deverá fazer retornar os autos do inquérito policial ao delegado para que este, examinando as diligências e investigações já realizadas, determine o que entender necessário para o efetivo esclarecimento dos fatos.

Como se vê, nos crimes de ação penal pública incondicionada, como regra geral, o inquérito policial terá o seu início por meio de portaria expedida pela autoridade policial, inaugurando-se a primeira fase da persecução penal na busca da verdade.

QUADRO SINÓTICO

Capítulo 5 – Início do inquérito policial	
Notitia criminis	• O inquérito policial tem início com a comunicação da infração penal levada ao conhecimento do delegado de polícia, comunicação essa denominada *notitia criminis* (notícia do crime). • A *notitia criminis* pode ser de "cognição imediata", de "cognição mediata", e até mesmo de "cognição coercitiva". • A delação apócrifa, também denominada *notitia criminis inqualificada* e comumente conhecida como denúncia anônima, é espécie de cognição imediata.
Crimes de ação penal pública condicionada, incondicionada e privada	• A autoridade policial, tendo conhecimento do fato delituoso por meio da *notitia criminis*, verificará a procedência das informações e a seguir iniciará oficialmente a investigação policial, com a instauração do competente inquérito policial. • Nos crimes de ação penal privada e nos de ação penal pública condicionada, o inquérito policial não poderá ser iniciado sem o requerimento ou a representação da vítima. • O inquérito policial cede lugar ao termo circunstanciado em se tratando de infrações penais de menor potencial ofensivo, quais sejam todos os ilícitos cuja pena em abstrato não seja superior a dois anos, conforme o disposto no art. 61 da Lei nº 9.099/1995.
Omissão a comunicação do crime	• O art. 66 e incisos I e II da Lei Contravenções Penais refere-se à omissão de comunicação da ocorrência de crimes de ação pública à autoridade competente, de que teve conhecimento no exercício de função pública, no exercício da medicina ou de outra profissão sanitária.

(*continuação*)	• Não sendo tomadas as providências exigidas por lei diante de uma conduta delituosa, por quem tem o dever, este pode incidir também em crime de prevaricação.
Portaria da autoridade policial	• A portaria é peça exordial simples na qual a autoridade policial expressa haver tido conhecimento da prática de um crime, declinando, se possível, o dia, lugar e hora em que a infração foi cometida, o prenome e o nome do suspeito, o prenome e o nome da vítima, e conclui instaurando o inquérito policial.

Capítulo 6

INSTAURAÇÃO
DO INQUÉRITO POLICIAL

6.1. INQUÉRITO POLICIAL
NOS CRIMES DE AÇÃO PENAL PÚBLICA INCONDICIONADA

Quando tiver conhecimento de uma infração penal por meio de suas funções de rotina, competirá à autoridade policial verificar de imediato se a *notitia criminis* trata de crime de ação pública incondicionada. Confirmando-o, a autoridade policial terá a obrigação legal de mandar verificar a procedência das informações e, em seguida, instaurar o inquérito policial ordenando que sejam realizadas investigações para se apurar a conduta infringente da lei penal e sua autoria, por iniciativa própria, sem necessidade de qualquer pedido nesse sentido, isto é, *de ofício*.

Como é que se sabe se o crime é ou não é de ação penal pública incondicionada? Diz o art. 100 do Código Penal que "a ação penal é pública, salvo quando a lei penal a declara privativa do ofendido". Então, a regra é essa: ação penal pública incondicionada. Exceptivamente, a ação penal será condicionada a representação ou privada, mas, para tanto, é necessário que a própria lei assim o declare.

O § 1º do art. 100 do Código Penal, no entanto, prevê que "a ação penal pública é promovida pelo Ministério Público, dependendo, quando a lei o exige, de representação do ofendido ou de requisição do Ministro da Justiça". Mas, nessas hipóteses, a lei consignará a exigência de representação ou de requisição.

Tourinho Filho (1990, p. 232) ensina:

> Desse modo, se a lei não disser que a ação penal depende de iniciativa do ofendido, temos, então, que a ação penal será pública. Mesmo sendo pública, resta indagar se sua propositura fica ou não subordinada à representação ou requisição do Ministério da Justiça. Se a lei não fizer tal exigência, pode-se afirmar que a ação penal é pública incondicionada, isto é, para ser promovida não depende de quaisquer condições.

É imprescindível saber se o crime é ou não de ação pública incondicionada, para que a autoridade policial que teve conhecimento do fato por meio de suas atividades normais, por iniciativa própria, ou seja, *de ofício*, instaure o competente inquérito policial.

6.2. INQUÉRITO POLICIAL NOS CRIMES DE AÇÃO PENAL PÚBLICA CONDICIONADA

Nos crimes de ação penal pública condicionada, a autoridade policial somente poderá instaurar inquérito policial mediante representação do ofendido, ou de quem tenha qualidade para representá-lo, ou das pessoas indicadas no § 1º do art. 24 do Código de Processo Penal. A representação é condição de procedibilidade. Sem ela não se dará a persecução penal, conforme estabelece o § 4º do art. 5º do Código de Processo Penal: "O inquérito, nos crimes em que a ação pública depender de representação não poderá sem ela ser iniciado".

É preciso que não se confunda representação com queixa. Esta é peça inicial da ação penal privada, aquela é condição de propositura da ação penal pública. A representação tem por objetivo provocar a iniciativa da polícia judiciária e do Ministério Público, a fim de que aquele investigue e este ofereça a denúncia (peça inaugural da ação penal pública), por isso, o inquérito policial não poderá ser iniciado sem a representação.

A representação pode ser feita pessoalmente pelo ofendido ou por seu procurador com poderes especiais, verbalmente ou por escrito. Em caso de ser feita a representação oralmente, esta deverá ser reduzida a termo pela autoridade policial.

Uma vez oferecida a representação ou reduzida a termo a manifestação e vontade da vítima no sentido de desencadear a persecução penal em relação ao suposto autor da infração, a autoridade policial procederá a instauração do inquérito policial (art. 39, § 3º, do CPP).

Nada impede que a representação seja feita ao promotor de justiça ou ao juiz, nos termos do *caput* do art. 39 do CPP.

O prazo para exercer o direito de representação é de seis meses a contar da data em que a pessoa que estiver investida do direito de representação tiver conhecimento de quem foi o autor do crime, *v. g.* o art. 103 do Código Penal: "Salvo disposição expressa em contrário, o ofendido decai do direito de queixa ou representação, se não o exerce dentro do prazo de 6 meses, contado do dia em que veio a saber quem é o autor do crime [...]". O prazo de representação também está regulamentado pelo art. 38 do Código de Processo Penal.

O prazo decadencial é comum, uno e improrrogável, por essa razão, caso a vítima ou quem legalmente a represente não exerça o direito de representação no prazo de 6 meses fixado pela lei, ocorrerá uma causa extintiva de punibilidade – decadência (art. 107, IV, do CP).

A lei, em determinados casos, subordina a ação pública à requisição do Ministro da Justiça, como bem ensina Tourinho Filho (1990, p. 232):

Na verdade, em pouquíssimas hipóteses a nossa lei condiciona a propositura da ação penal à requisição ministerial. De fato. Ao crime cometido por estrangeiro contra brasileiro fora do Brasil, a instauração de processo fica subordinada, além de outras condições previstas em lei, à requisição ministerial, nos termos do art. 7º, § 3º, letra 'b', do Código Penal. Os crimes contra a honra contra chefes de governos estrangeiros são, também, de ação pública condicionada à requisição do Ministro da Justiça, como se constata pela leitura do art. 145, parágrafo único, do Código Penal.

Durante a fase do inquérito policial, a qualquer momento antes do oferecimento da denúncia, a representação é retratável, tornando-se irretratável depois de iniciada a ação Penal (art. 102 do CP), *v. g.* os ensinamentos de Magalhães Noronha (1968, p. 356):

> A iniciativa do Ministério Público depende, pois, dela (representação); mas, efetiva que seja, não se vincula o órgão da acusação ao ofendido: age com inteira independência e, não só a representação é irretratável depois de oferecida a denúncia, como também qualquer procedimento do ofendido durante a *persecutio criminis*, não influirá na atuação do representante do Ministério Público.

6.3. CRIMES DE AÇÃO PENAL PÚBLICA CONDICIONADA À REPRESENTAÇÃO PREVISTOS NO CÓDIGO PENAL

a) Lesão corporal simples (art. 129, *caput*, c/c art. 88, da Lei nº 9.099/1995);

b) lesão corporal culposa (art. 129, § 6º, c/c art. 88, da Lei nº 9.099/1995);

c) lesão corporal leve praticada contra ascendente, descendente, irmão, cônjuge ou companheiro, ou com quem conviva ou tenha convivido, ou, ainda, prevalecendo-se o agente das relações domésticas, de coabitação ou de hospitalidade (art. 129, § 9º, c/c art. 88, da Lei nº 9.099/1995);[3]

d) perigo de contágio venéreo (art. 130, § 2º);

e) calúnia, difamação e injúria, quando praticados contra funcionário público em razão de suas funções (arts. 138, 139 e 140, c/c art. 145, parágrafo único, parte final);

f) injúria qualificada pela utilização de elementos referentes à raça, cor, etnia, religião, origem ou a condição de pessoa idosa ou portadora de deficiência (arts. 140, § 3º, e 145, parágrafo único);

g) ameaça (art. 147);

h) contra a inviolabilidade de correspondência (art. 151), exceto quando consistem na instalação ou utilização de estação ou aparelho radioelétrico, sem observância de disposição legal (art. 151, § 1º, IV), ou se o agente comete o crime com abuso de

---

3. A Lei nº 11.340/2006, em seu art. 41, afastou a incidência da Lei nº 9.099/1995 aos crimes praticados com violência familiar ou doméstica contra a mulher, e o STF, na ADI 4.424/DF, em 9.2.2012, decidiu que a ação penal é pública incondicionada para os crimes de lesões corporais leves sofridas por mulher em situação de violência doméstica, permanecendo exigível a condição de procedibilidade para outros crimes de ação penal pública condicionada ainda que ocorridos nas mesmas condições.

função, em serviço postal, telegráfico, radioelétrico ou telefônico, casos em que cabe a ação penal pública incondicionada (art. 151, § 3º);

i) desvio, sonegação, subtração ou supressão de correspondência comercial ou de revelação de seu conteúdo, quando praticados por sócio ou empregado de estabelecimento comercial ou industrial (art. 152);

j) divulgação de segredo, sem justa causa, pelo destinatário ou detentor do documento particular ou correspondência confidencial, e de cuja divulgação possa advir dano a outrem (art. 153, *caput*);

k) divulgação, sem justa causa, de informações sigilosas ou reservadas, assim definidas em lei, contidas ou não nos sistemas de informações ou bancos de dados da Administração Pública (art. 153, § 1º-A), salvo se resultar prejuízo para a Administração Pública, quando a ação será pública incondicionada (art. 153, § 2º);

l) violação, sem justa causa, de segredo, cuja revelação possa produzir dano a outrem, por quem dele tenha ciência em razão de função, ministério, ofício ou profissão (art. 154, parágrafo único);

m) furto de coisa comum pelo condômino, coerdeiros ou sócio (art. 156, § 1º);

n) tomar refeição em restaurante, alojar-se em hotel ou utilizar-se de meio de transporte sem dispor de recursos para efetuar o pagamento (art. 176, parágrafo único);

o) crime contra o patrimônio cometidos contra cônjuge desquitado ou separado, de irmão, de tio ou sobrinho com quem o agente coabita (art. 182, I, II, e III);

p) violação de direito autoral se a violação consistir no oferecimento ao público, mediante cabo, fibra ótica, satélite, ondas ou qualquer outro sistema que permita ao usuário realizar a seleção da obra ou produção para recebê-la em um tempo e lugar previamente determinados por quem formula a demanda, com intuito de lucro, direto ou indireto, sem autorização expressa, conforme o caso, do autor, do artista intérprete ou executante, do produtor de fonograma, ou de quem os represente (art. 184, § 3º, c/c art. 186, IV);

q) os crimes contra a dignidade sexual previstos nos capítulos I e II do Título IV (arts. 213 a 218-B, c/c 225), exceto se sobrevier resultado morte ou lesão corporal grave (Súmula nº 608 do STF), ou se a vítima for menor de dezoito anos ou estiver em situação de vulnerabilidade (art. 225, parágrafo único), casos em que a ação penal será pública incondicionada.

É sempre oportuno lembrar que a Súmula nº 608 do Supremo Tribunal Federal, plenamente aplicável, nos remete à regra contida no art. 101 do Código Penal. Assim, a ação será pública quando a lei considerar como elemento ou circunstância do tipo legal fatos que, por si mesmos, constituem crimes de ação pública. Por isso, havendo resultado lesões graves ou morte, por exemplo, em relação a eventual crime contra a dignidade sexual, a ação penal será pública incondicionada.

6.4. INQUÉRITO POLICIAL NOS CRIMES DE AÇÃO PENAL PRIVADA

Quando o crime praticado for de ação penal privada, o inquérito policial somente poderá ser instaurado mediante requerimento do ofendido ou por quem tenha qualidade para representá-lo (art. 5º do CPP). Por isso, se o crime for de alçada privada, não poderá a autoridade policial iniciar o inquérito de ofício, nem mediante requisição da autoridade judiciária ou do representante do Ministério Público, a não ser que a requisição venha acompanhada de requerimento da pessoa com titularidade para desencadear a ação penal privada.

Nos crimes de ação penal privada, depois de concluído o inquérito policial, serão os autos remetidos ao juiz competente, que determinará seja ouvido o representante do Ministério Público, este por sua vez, notando tratar-se de crime de ação privada, requererá ao juiz que aguarde a iniciativa do ofendido ou de seu representante legal. Ficarão assim os autos, em cartório, aguardando por parte do titular da ação, o oferecimento da queixa dentro do prazo estabelecido pela lei, sob pena de decair o seu direito.

O prazo de decadência, via de regra, é de seis meses nas ações exclusivamente privadas, a contar da data do conhecimento da autoria do crime. Esse prazo não se interrompe com a instauração do inquérito policial.

O titular da ação penal privada é o ofendido, dependendo sempre da conveniência do mesmo; isto porque a investigação criminal e a ação penal poderão causar alaridos negativos para o sujeito passivo, em função do escândalo ou divulgação do delito, quase sempre não pretendidos pela vítima. Por isso, cabe ao ofendido ou ao seu representante legal aquilatar a oportunidade de oferecer ou não a queixa contra o agente do crime da ação privada.

Havendo a necessidade de inquérito policial para a apuração da autoria e materialidade, o ofendido deverá requerê-lo em tempo hábil, para que o referido inquérito se encerre antes do interregno de seis meses, de maneira que haja prazo suficiente para o ofendido ingressar em juízo com a queixa dentro do lapso legal.

A queixa-crime deverá conter a exposição do fato criminoso com todas as suas circunstâncias; qualificação do querelado ou esclarecimento pelos quais possa ser identificado; classificação do crime; e, quando necessário, o rol de testemunhas. A queixa-crime é a exordial da ação penal privada, peça técnica que deverá ser subscrita por advogado, acompanhada de instrumento de procuração com poderes para essa finalidade.

O requerimento solicitando a instauração do inquérito policial é uma peça singela, podendo ser confeccionada e assinada pelo próprio ofendido, devendo, porém, conter a qualificação do requerente; a exposição do fato ou fatos considerados delituosos; a qualificação do agente que em tese tenha cometido o delito ou circunstância que o identifique e, por último, elementos complementares para que a investigação possa ser iniciada, como, por exemplo, a indicação de testemunhas que poderão ser ouvidas para o esclarecimento dos fatos.

Por conseguinte, nos crimes de ação penal privada, o *requerimento* para instauração do inquérito policial será feito pela parte ofendida e dirigida à autoridade policial; a petição inicial, nos casos de crimes de ação penal privada, ou seja, a *queixa-crime*, será proposta por intermédio de advogado e deverá ser dirigida ao juízo competente.

6.5. CRIMES DE AÇÃO PENAL PRIVADA PREVISTOS NO CÓDIGO PENAL

a) Calúnia (art. 138), difamação (art. 139) e injúria (art. 140), exceto no caso de injúria violenta da qual resulte lesão corporal (art. 145, *caput*); quando a injúria é cometida com elementos referentes a raça, cor, etnia, religião, origem ou a condição de pessoa idosa ou portadora de deficiência (art. 140, § 3°); crimes contra a honra praticados contra o Presidente da República ou chefe de governo estrangeiro, ou contra funcionário público em razão de suas funções (art. 145, parágrafo único);

b) alteração de limites, usurpação de águas e esbulho possessório (art. 161), se a propriedade é particular e não houver emprego de violência;

c) dano simples (art. 163, *caput*) e dano qualificado por motivo egoístico ou com prejuízo considerável para a vítima (art. 163, parágrafo único, IV);

d) introdução ou abandono de animais em propriedade alheia, sem consentimento de quem de direito, desde que do fato resulte prejuízo (art. 164);

e) fraude à execução (art. 179);

f) violação de direito autoral e dos que lhe são conexos (art. 184, *caput*);

g) induzimento a erro essencial e ocultação de impedimento ao contrair casamento (art. 236);

h) exercício arbitrário das próprias razões, desde que não haja emprego de violência (art. 345, parágrafo único).

QUADRO SINÓTICO

Capítulo 6 – Instauração do inquérito policial	
Inquérito policial nos crimes de ação penal pública incondicionada	• Nos crimes de ação penal pública incondicionada, verificada a procedência das informações, deve a autoridade policial instaurar inquérito. • É imprescindível verificar se o crime é ou não de ação pública incondicionada, para que a autoridade policial que teve conhecimento do fato por meio de suas atividades normais, por iniciativa própria, ou seja, de ofício, instaure o competente inquérito policial.

Inquérito policial nos crimes de ação penal pública condicionada	• Nos crimes de ação penal pública condicionada, a autoridade policial somente poderá instaurar inquérito policial mediante representação do ofendido, ou de quem tenha qualidade para representá-lo, ou das pessoas indicadas no § 1º do art. 24 do Código de Processo Penal. A representação é condição de procedibilidade. • Prazo para a representação: seis meses contados da data em que a vítima tomou conhecimento da identidade do autor do crime – prazo comum, uno e improrrogável. • Durante a fase do inquérito policial, a qualquer momento antes do oferecimento da denúncia, a representação é retratável, tornando-se irretratável depois de iniciada a ação penal.
Inquérito policial nos crimes de ação penal privada	• Em casos de crimes de ação penal privada, a parte ofendida não representa à autoridade policial, e sim *requer* a instauração de inquérito. • O inquérito policial somente poderá ser instaurado mediante requerimento do ofendido ou por quem tenha qualidade para representá-lo (art. 5º do CPP). • Não poderá a autoridade policial iniciar o inquérito de ofício, nem mediante requisição da autoridade judiciária ou representante do Ministério Público, a não ser que a requisição venha acompanhada de requerimento da pessoa com titularidade para desencadear a ação penal privada. • O prazo de decadência, via de regra, é de seis meses nas ações exclusivamente privadas, a contar da data do conhecimento da autoria do crime; esse prazo não se interrompe com a instauração do inquérito policial. • Nos crimes de ação penal privada, o *requerimento* para instauração do inquérito policial será feito pela parte ofendida e dirigida à autoridade policial; a petição inicial, nos casos de crimes de ação penal privada, ou seja, a *queixa-crime*, será proposta por intermédio do advogado e deverá ser dirigida ao juízo competente.

Capítulo 7

INSTRUÇÃO PREPARATÓRIA

7.1. PROVIDÊNCIAS INICIAIS DA AUTORIDADE POLICIAL

Embora não exista rito procedimental rígido a ser obedecido durante as apurações, o delegado de polícia deve conduzir o inquérito policial levando em conta o seu papel central na coordenação da investigação, já que a lei processual penal incumbiu esta autoridade estatal de impulsionar o procedimento investigatório e dirimir todas as controvérsias que surgirem no decorrer do inquérito.

Muito embora o Código de Processo Penal não tenha classificado os atos praticados pela autoridade policial presidente da instrução preparatória como o fez em relação aos atos jurisdicionais (despachos, decisões interlocutórias e sentença), certo é que na condução do inquérito policial o delegado de polícia pratica atos instrutórios e decisórios, valorando elementos de informação, avaliando requerimentos, decidindo incidentes, deliberando sobre a oportunidade da realização de diligências e acautelamento de elementos informativos ou probatórios, aferindo a conveniência da juntada de documentos, resolvendo sobre a necessidade de representar por medidas constritivas de direito, optando pela identificação criminal etc.

Inobstante, muito costumeiramente se emprega o termo *despacho* para designar todos os atos praticados pelo delegado de polícia.

Entretanto, é impossível negar o caráter essencialmente decisório de vários provimentos da autoridade policial no curso do inquérito, ou mesmo antes que se fale da instauração do procedimento, por exemplo, em se tratando de decisão que defere ou indefere a instauração de inquérito policial, a autuação em flagrante, a requisição de perícias, o indiciamento, a apreensão de instrumentos ou coisas, a condução coercitiva etc.

Não olvidemos, portanto, que a melhor técnica recomenda o uso do termo *despacho* para denominar os atos de mero impulso do inquérito, e *decisão* para os atos com caráter decisório levados a efeito pelo delegado de polícia, aplicando-se, por analogia e como consequência lógica, nesta fase da persecução penal, o princípio da motivação e o seu correlato princípio do livre convencimento motivado ou da persuasão racional.

68 | Manual de polícia judiciária: doutrina e prática

A partir da mais moderna formatação garantista demandada ao Estado pelos cidadãos, a exigir das autoridades uma atuação mais conforme aos princípios do Estado Democrático de Direito, deve o delegado de polícia fundamentar todos os atos revestidos de caráter decisório, dispensando-se, entretanto, a motivação, para os despachos de mero impulso do inquérito.

A autoridade policial, ao tomar conhecimento da prática de infração penal e verificar a procedência das informações, deve decidir se instaura ou não o inquérito. Mas vale reafirmar que é preciso que se observe certas peculiaridades: se o delito for de ação penal privada, a autoridade policial somente poderá realizar as investigações se a vítima ou seu representante legal o *requerer* (art. 5º, § 5º, do CPP). Se for crime de ação penal pública, condicionada à representação, a autoridade policial também somente poderá realizar as investigações se a vítima ou seu representante legal *representar*, nos termos do § 4º do art. 5º do Código de Processo Penal. Mas, se o delito for de ação penal pública incondicionada, deverá a autoridade policial, uma vez verificada a procedência das informações, instaurar o inquérito policial, haja ou não a manifestação da vontade da vítima ou de quem legalmente a represente.

Sendo instaurado o procedimento investigatório *ex officio*, ou por requerimento ou representação da vítima, deve a autoridade policial cumprir o disposto nos arts. 6º e 7º do Código de Processo Penal, providenciando o seguinte:

1) dirigir-se *in loco* (local do crime), providenciando para que não se altere o estado e a conservação das coisas, enquanto necessário;

2) apreender os instrumentos e todos os objetos que tiverem relação com o fato;

3) colher todas as provas que servirem para o esclarecimento do fato e suas circunstâncias;

4) ouvir o ofendido;

5) ouvir o indiciado, com observância, no que for aplicável, do disposto no Capítulo III do Título VII do Código de Processo Penal, devendo o respectivo termo ser assinado por 2 (duas) pessoas que tenham ouvido a leitura;

6) proceder o reconhecimento de pessoas e coisas e a acareações;

7) determinar, se for o caso, que se proceda exame de corpo de delito ou quaisquer outras perícias;

8) ordenar a identificação do indiciado pelo processo datiloscópico, se possível, e fazer juntar aos autos a sua folha de antecedentes;

9) reunir informações sobre a vida pregressa do indiciado, sob o ponto de vista individual, familiar e social, sua condição econômica, sua atitude e estado de ânimo antes e depois do delito e durante ele, assim como quaisquer outros elementos que contribuírem para apreciação de seu temperamento e caráter;

10) para verificar a possibilidade de haver a infração sido praticada de determinado modo, proceder-se-á a reprodução simulada dos fatos.

O local onde ocorre o crime deve ser sempre preservado, mas, muitas vezes, não o é, face ao despreparo ou falta de compromisso do primeiro policial que chega para atender a ocorrência.

Os policiais que primeiro chegam à cena do crime devem aguardar a presença da autoridade policial com seus agentes e relatar todos os incidentes até então ocorridos. Denomina-se local do crime, do ponto de vista do interesse de investigações policiais, o espaço físico em que haja ocorrido o crime com violência à pessoa ou coisa ou daqueles delitos que deixam ou possam deixar vestígios no entorno do acontecimento, bem como o núcleo espacial de preparo dos meios materiais para a ação delituosa ou o esconderijo do produto desta.

A presença da autoridade policial no local da ocorrência é de suma importância, mesmo que se trate de delito cujo autor já esteja identificado, encontrando-se foragido ou mesmo preso, eis que o presidente do inquérito manterá na memória tudo o que viu e assim poderá fazer perguntas pertinentes às testemunhas e, no momento oportuno, ao indiciado, habilitando-se ainda a suprir dúvidas e omissões deliberadas das partes interessadas. Ademais, a presença da autoridade no local faz com que todas as providências sejam tomadas de imediato, pois ela se faz acompanhar de escrivão e dos agentes de que dispõe para as investigações de rotina e, se for caso de morte, requisitará a presença do médico-legista, e em qualquer caso que julgar conveniente, requisitará a polícia técnica para a elaboração de laudos com fotografias e outras perícias necessárias à elucidação dos fatos e acautelamento de provas.

7.2. COMPARECIMENTO DO OFENDIDO PERANTE A AUTORIDADE POLICIAL

Geralmente, o ofendido é ouvido pela autoridade policial logo que o inquérito é instaurado. Ocorre que, normalmente, é o próprio ofendido quem leva a *notitia criminis* à autoridade.

A relevância da oitiva do ofendido vem expressa no art. 6º, IV, do Código de Processo Penal, que dispõe: "logo que tiver conhecimento da prática de infração penal, a autoridade policial deverá ouvir o ofendido". O *caput* do art. 201 do mesmo estatuto completa: "o ofendido será qualificado e perguntado sobre as circunstâncias da infração, quem seja ou presuma ser o seu autor, as provas que possa indicar, tomando-se por termo as suas declarações".

Nota-se, pois, que é de grande importância a oitiva do ofendido. Tanto assim que, se intimado para prestar esclarecimentos e não comparecer sem justo motivo, poderá ser conduzido coercitivamente à presença da autoridade policial. É que o ofendido, normalmente, é quem tem melhores condições de oferecer subsídios sobre o delito e outras informações úteis para orientar a autoridade na coordenação das diligências iniciais.

Muitos delitos são praticados na ausência de testemunhas presenciais, caso em que a palavra da vítima se reveste de especial importância e normalmente compõe valioso elemento de informação, indispensável ao conjunto probatório.

Emblemáticos e muito a propósito os seguintes posicionamentos: "a despeito da inexistência de testemunhas presenciais, não há como decretar-se a absolvição do réu em caso de estupro porque esse crime geralmente é praticado clandestinamente, revestindo-se, por isso mesmo, de significativa importância probatória as declarações da ofendida" (*RT* 593/412). "A palavra da vítima, aliada aos elementos circunstanciais, é suficiente para a prova do crime de estupro" (*RT* 605/374).

Submetendo a vítima, se for o caso, a exame de corpo de delito, ou mesmo sem este, indagará a autoridade policial sobre as circunstâncias da infração, quem seja ou presuma ser o autor, as provas que possa indicar, tomando-se por termo as suas declarações, conforme prevê o *caput* do art. 201 do Código de Processo Penal.

Ademais, prevendo a possibilidade de o ofendido causar embaraços ao desenvolvimento do inquérito policial, dispõe o § 1º do art. 201 do CPP que: "Se, intimado para esse fim, deixar de comparecer sem motivo justo, o ofendido poderá ser conduzido à presença da autoridade".

Em seguida, a autoridade policial ouvirá as pessoas indicadas pelo ofendido, reduzindo a termo as informações que entender pertinentes.

A pessoa inquirida será qualificada e depois de lido o termo passará a assiná-lo juntamente com a autoridade policial e o escrivão que digitou.

7.3. INDICIAMENTO, IDENTIFICAÇÃO CRIMINAL E INTERROGATÓRIO

O indiciamento é ato de polícia judiciária por meio do qual o delegado de polícia declara formalmente a convergência de indícios razoáveis de autoria sobre determinada pessoa antes investigada.

O indiciamento sujeita o cidadão às cargas decorrentes da alteração de seu *status* jurídico, transformando-o em sujeito passivo da investigação.

Além de representar danos à imagem e à reputação social do cidadão, atingindo gravemente o seu patrimônio moral, o indiciamento aproxima o indiciado de medidas constritivas severas (prisão provisória, busca domiciliar, sequestro de bens, quebras de sigilo, proibição de frequentar determinados lugares e de exercer profissão ou atividade etc.).

Não por acaso, o consenso da jurisprudência e também da doutrina no sentido de que o indiciamento desprovido de justa causa representa constrangimento ilegal sanável por meio de *habeas corpus*.

Embora seja o indiciamento ato privativo da autoridade policial e resultante do livre convencimento do presidente do inquérito, somente haverá justa causa para o indiciamento se demonstrada a presença de elementos de convicção consistentes a justificar o *strepitus*. Enquanto não existir um mínimo de indícios que autorize a formação de um juízo de verossimilhança (verossimilitude) quanto à autoria do crime objeto da investigação, o sujeito não poderá migrar da situação de *investigado* para indiciado.

A mera possibilidade de ser o sujeito autor de um ilícito penal tem força para torná-lo, no máximo, investigado, nunca indiciado.

A verossimilitude autorizadora do indiciamento constitui o nível de convencimento calcado na percepção lógico-jurídica e empírica do delegado de polícia sobre as hipóteses testadas durante a investigação.

A nosso sentir, o inquérito policial deve ser tido como uma investigação científica, exigindo-se a definição do problema de pesquisa, formulação de hipóteses possíveis de serem testadas empiricamente e passíveis de inferências de relações que levem o investigador à descoberta da verdade pelo processamento do resultado das pesquisas (identificação do problema, formulação de hipóteses, mensuração, coleta e análise de dados).

Superior à possibilidade, mas inferior à probabilidade, a verossimilitude será suficiente para o indiciamento no momento em que preponderar a convergência de elementos suficientes para a aceitação da proposição da autoria em relação a determinada pessoa, mais que a divergência na mesma direção, muito embora ainda não se tenha atingido um juízo de certeza.

Embora o Código de Processo Penal não regule a sua forma e o seu momento, o indiciamento não poderá ser validamente admitido sem prévia formalidade. É que, como ato de polícia judiciária dos mais relevantes e com graves reflexos sobre os direitos fundamentais do cidadão, o indiciamento precisa ser devidamente fundamentado.

O § 6º, do art. 2º, da Lei nº 12.830/2013 estabeleceu a obrigatoriedade de fundamentação da decisão de indiciamento pelo delegado de polícia, determinando que tal ato de polícia judiciária seja fundamentado por critérios técnicos e jurídicos, os quais deverão ser expressamente demonstrados pelo presidente da investigação.

Aqui também vigora o princípio do livre convencimento motivado, sendo plausível a aplicação analógica do art. 131 do Código de Processo Civil brasileiro: "O juiz apreciará livremente a prova, atendendo aos fatos e circunstâncias constantes dos autos, ainda que não alegados pelas partes; mas deverá indicar, na sentença, os motivos que lhe formaram o convencimento".

De fato, entendemos que não somente os magistrados, mas todas as autoridades da administração pública, incluindo-se aí os órgãos de polícia judiciária, estão vinculadas ao dever constitucional de motivar seus atos (art. 93, IX, da CF).

É por meio da decisão fundamentada de indiciamento que o delegado de polícia presidente do inquérito policial deve declarar formalmente, segundo critérios críticos e racionais, os motivos de fato e de direito em que se assentam o seu convencimento, mencionando os elementos de informação que convergem para formar o juízo de verossimilitude quanto à autoria.

Denotando amadurecimento institucional, a Polícia Civil do Estado de São Paulo, por meio da Portaria DGP nº 18, de 25 de novembro de 1998, regulou o indiciamento:

> Art. 5º. Logo que reúna, no curso das investigações, elementos suficientes acerca da autoria da infração penal, a autoridade policial procederá ao formal indiciamento do suspeito, decidindo, outrossim, em sendo o caso, pela realização da sua identificação pelo processo datiloscópico.

Parágrafo único. O ato aludido neste artigo deverá ser precedido de despacho fundamentado, no qual a autoridade policial pormenorizará, com base nos elementos probatórios objetivos e subjetivos coligidos na investigação, os motivos de sua convicção quanto à autoria delitiva e a classificação infracional atribuída ao fato, bem assim, com relação à identificação referida, acerca da indispensabilidade da sua promoção, com a demonstração de insuficiência de identificação civil, nos termos da Portaria DGP nº 18, de 31.1.1992.

Na decisão fundamentada de indiciamento, a autoridade policial externará os resultados do exercício de seu juízo de subsunção sobre os fatos pelos quais indicia o cidadão, declarando expressamente em que tipos legais incriminadores concluiu estar incurso o indiciado, sendo de boa técnica pontuar a presença das elementares do tipo.

Ainda no corpo da mesma decisão fundamentada, designará data para a realização do interrogatório e a coleta dos dados qualificativos do indiciado (qualificação), além de mandar sejam reunidas as informações sobre a vida pregressa do sujeito (sob os aspectos individual, social, familiar e econômico).

Deverá a autoridade policial decidir também sobre a identificação criminal do indiciado, levando em conta os seguintes dispositivos na Lei nº 12.037/2009:

Art. 1º. O civilmente identificado não será submetido a identificação criminal, salvo nos casos previstos nesta Lei. [...]

Art. 3º. Embora apresentado documento de identificação, poderá ocorrer identificação criminal quando:

I – o documento apresentar rasura ou tiver indício de falsificação;

II – o documento apresentado for insuficiente para identificar cabalmente o indiciado;

III – o indiciado portar documentos de identidade distintos, com informações conflitantes entre si;

IV – a identificação criminal for essencial às investigações policiais, segundo despacho da autoridade judiciária competente, que decidirá de ofício ou mediante representação da autoridade policial, do Ministério Público ou da defesa;

V – constar de registros policiais o uso de outros nomes ou diferentes qualificações;

VI – o estado de conservação ou a distância temporal ou da localidade da expedição do documento apresentado impossibilite a completa identificação dos caracteres essenciais.

Parágrafo único. As cópias dos documentos apresentados deverão ser juntadas aos autos do inquérito, ou outra forma de investigação, ainda que consideradas insuficientes para identificar o indiciado.

Art. 4º. Quando houver necessidade de identificação criminal, a autoridade encarregada tomará as providências necessárias para evitar o constrangimento do identificado.

Art. 5º. A identificação criminal incluirá o processo datiloscópico e o fotográfico, que serão juntados aos autos da comunicação da prisão em flagrante, ou do inquérito policial ou outra forma de investigação.

Parágrafo único. Na hipótese do inciso IV do art. 3º, a identificação criminal poderá incluir a coleta de material biológico para a obtenção do perfil genético. [...]

Dispõe o art. 9º-A da Lei nº 7.210, de 11 de julho de 1984 (LEP), acrescido pela Lei nº 12.654/2012:

> *Art. 9º-A. Os condenados por crime praticado, dolosamente, com violência de natureza grave contra pessoa, ou por qualquer dos crimes previstos no art. 1º da Lei nº 8.072, de 25 de julho de 1990, serão submetidos, obrigatoriamente, à identificação do perfil genético, mediante extração de DNA – ácido desoxirribonucleico, por técnica adequada e indolor.*
>
> *§ 1º. A identificação do perfil genético será armazenada em banco de dados sigiloso, conforme regulamento a ser expedido pelo Poder Executivo.*
>
> *§ 2º. A autoridade policial, federal ou estadual, poderá requerer ao juiz competente, no caso de inquérito instaurado, o acesso ao banco de dados de identificação de perfil genético.*

A Lei nº 12.654, de 28 de maio de 2012, ao acrescentar o art. 9º-A à LEP, inovou ao incrementar a identificação criminal com a revelação do perfil genético, oportunizando, além dos meios já utilizados, a coleta de material biológico para a realização do preciso exame de DNA.

De acordo com a Lei nº 12.654, a autoridade policial agora deverá representar à autoridade judiciária pela autorização de coleta de material biológico do indiciado, sempre que o delegado entender que a identificação criminal por meio da revelação do perfil genético daquele cidadão for imprescindível para as investigações.

A despeito do direito de defesa negativo, do *nemo tenetur se detegere,* do direito de não se autoincriminar, certo é que, de acordo com o novo diploma legal, a extração de saliva, sangue ou outro material genético será forçosa. Enquanto não for declarada a inconstitucionalidade de tal norma, vale a compulsoriedade disciplinada na Lei nº 12.654/2012.

Ao fundamentar o indiciamento, o delegado de polícia indicará o grau de idoneidade dos elementos que afluem contra o indiciado, revelando a matriz convergente de sua convicção pessoal, mas sem olvidar de esposar-se muito mais à lógica que a subjetivismos.

A partir do indiciamento, a autoridade policial concentrará as investigações no sentido de reunir elementos que produzam um grau de convencimento ainda maior sobre a autoria – probabilidade.

Quando a afirmação da autoria em relação ao indiciado puder ser testada validamente, subsistindo ao cotejo de todas as proposições resultantes dos elementos de informação produzidos no inquérito, teremos a probabilidade suficiente para o oferecimento da denúncia.

O indiciamento poderá ser revogado ou modificado pela autoridade policial a qualquer tempo até o relatório final do inquérito, desde que se alterem as bases daquele ato formal de polícia judiciária.

Em razão da autuação em flagrante resultar da convicção pessoal do delegado de polícia sobre a existência de infração penal e de quem seja o seu autor, o ato formal de indiciamento com todos os elementos inerentes deverá estar contido no mesmo despacho em que o delegado de polícia fundamentar a sua decisão pela autuação do conduzido.

Comparecendo o indiciado perante a autoridade policial, espontaneamente, em virtude de intimação ou por ter sido preso, será qualificado, pregressado e interrogado na forma da lei.

A jurisprudência pacificou entendimento segundo o qual a autoridade policial poderá determinar a condução coercitiva do indiciado em caso de desatendimento à ordem de comparecimento (*RT* 482/357).

O interrogatório tem dúplice caráter: é elemento de prova e de defesa.

Como meio de prova, poderá a autoridade policial se valer do interrogatório para demonstrar a verdade.

Como meio de autodefesa, é oportunidade em que o indiciado pode resistir pessoalmente à persecução estatal, defendendo-se a si mesmo, fazendo valer seus interesses, apresentando os seus motivos, suas justificativas ou mesmo a negativa de autoria do fato que lhe é imputado.

O art. 5º, inciso LXIII, da Constituição Federal, prevê o direito do réu em permanecer calado, sendo lícito ao investigado deixar de responder às perguntas formuladas pela autoridade policial sem que isso possa lhe acarretar qualquer ônus.

As regras alusivas ao interrogatório judicial tem aplicabilidade por ocasião do interrogatório policial no que forem compatíveis com a instrução preliminar, a rigor do que dispõe o inciso V do art. 6º do Código de Processo Penal.

Antes de iniciar o interrogatório, a autoridade policial oportunizará a presença de defensor e a entrevista reservada deste com o indiciado.

Aury Lopes Jr. (2003, p. 338) entende que: "a presença do defensor no momento das declarações do suspeito frente à autoridade policial é imprescindível".

No mesmo sentido, Amintas Vidal Gomes e Rodolfo Queiroz Laterza (2011, p. 249) defendem ser obrigatória a presença de advogado para o interrogatório extrajudicial do investigado, acrescentando que

> a presença de advogado, atuando no inquérito policial, é o reconhecimento do contraditório neste procedimento, porque assegura ao indiciado conhecimento das provas produzidas na investigação preliminar, o direito de contrariá-las, arrolar testemunhas e promover perguntas, direito a não ser indiciado com base em provas ilícitas e o privilégio contra a autoincriminação.

Assegurada a presença de defensor e a sua prévia entrevista com o indiciado, a autoridade policial dará início ao interrogatório formal, mas não sem antes cumprir o que determina o inciso LXIII do art. 5º da Constituição Federal, ou seja, informar ao indiciado de seus direitos, entre os quais o de permanecer calado.

Conforme preceitua o inciso LXIV do art. 5º da Constituição Federal, "o preso tem direito à identificação dos responsáveis por sua prisão ou por seu interrogatório policial".

Com efeito, deve o delegado de polícia identificar-se ao investigado e cientificá-lo de seus direitos, antes mesmo de dar início ao interrogatório, consignando no respectivo termo o cumprimento de tal dever.

Deverá ainda, a autoridade policial, conforme já dito, observar todo o disposto nos arts. 185 e seguintes do Código de Processo Penal, ou seja, as mesmas regras e garantias estabelecidas para o interrogatório em juízo. Assim sendo, estando o indiciado devidamente qualificado e cientificado do teor da imputação e, uma vez cientificado dos direitos a que se refere o art. 186 do Código de Processo Penal, prosseguir-se-á de acordo com o disposto no art. 187 do mesmo *codex*. Lembrando que o direito do indiciado em permanecer calado não poderá ser interpretado em prejuízo de sua defesa (parágrafo único do art. 186 do Código de Processo Penal). O indiciado será perguntado sobre a residência, meios de vida ou profissão, oportunidades sociais, lugar onde exerce a sua atividade, vida pregressa, notadamente se foi preso ou processado alguma vez e, em caso afirmativo, qual o juízo do processo, se houve suspensão condicional ou condenação, qual a pena imposta, se a cumpriu e outros dados familiares e sociais.

Na continuidade, o indiciado será interrogado sobre:

a) ser verdadeira a acusação que lhe é feita;

b) não sendo verdadeira a acusação, se tem algum motivo particular a que atribuí-la, se conhece a pessoa ou pessoas a quem deva ser imputada a prática do crime, e quais sejam, e se com elas esteve antes da prática da infração ou depois dela;

c) onde estava ao tempo em que foi cometida a infração e se teve notícia desta;

d) as provas já apuradas;

e) se conhece as vítimas e testemunhas já inquiridas ou por inquirir, e desde quando, e se tem o que alegar contra elas;

f) se conhece o instrumento com que foi praticada a infração, ou qualquer objeto que com esta se relacione e tenha sido apreendido;

g) todos os demais fatos e pormenores que conduzam à elucidação dos antecedentes e circunstâncias da infração;

h) se tem algo mais a alegar em sua defesa.

Se o indiciado negar a imputação no todo ou em parte, será convidado a indicar as provas da verdade de suas declarações. Se o indiciado confessar a autoria, será especialmente perguntado sobre o motivo e as circunstâncias da ação e se outras pessoas concorreram para a infração e quais sejam.

Segundo Nestor Távora e Rosmar Rodrigues Alencar (2012, p. 431), confessar é reconhecer a autoria da imputação ou dos fatos, objeto da investigação preliminar, por aquele que está no polo passivo da persecução penal.

Os celebrados processualistas também ensinam que o reconhecimento da autoria de infração por parte de quem ainda não é indiciado não é tecnicamente confissão e sim autoacusação.

Mirabete (2003, p. 539) faz a classificação da confissão em:

simples, com o reconhecimento da imputação, sem qualquer modificação; complexa, quando se refere a vários fatos; e qualificada, quando, confirmando o fato, procura qualificá-lo ju-

MANUAL DE POLÍCIA JUDICIÁRIA: DOUTRINA E PRÁTICA

ridicamente, com acréscimos e limitações em sua defesa (alegação de excludente de ilicitude, da culpabilidade etc.).

A confissão ainda pode ser divisível porque aproveitável apenas em parte, e retratável porque aquele que confessou pode desdizer-se.

Se qualquer pessoa atribuir a si própria a autoria de crime que não ocorreu ou que foi praticado por outrem, incorrerá no delito de autoacusação falsa (art. 341 do Código Penal).

A confissão espontânea do indiciado perante a autoridade é circunstância atenuante, conforme prevê o art. 65, inciso III, alínea "d", do Código Penal.

Durante o interrogatório policial, ao defensor do indiciado não será permitido intervir ou influir de qualquer modo nas perguntas e nas respostas, porém, caberá a ele fiscalizar a legalidade do ato, e, se ao reduzir a termo o interrogatório, a autoridade policial o está fazendo em conformidade com as respostas do indiciado. A autoridade policial fará constar do termo a presença do advogado durante o interrogatório do indiciado.

Encerrado o interrogatório, deverá o respectivo termo ser lido em voz alta na presença de duas testemunhas e, estando conforme, todos assinarão o auto lavrado. Não há necessidade das testemunhas assistirem ao interrogatório, mas sim, a sua leitura. Se o indiciado não quiser assinar, tal fato será consignado no termo.[4]

QUADRO SINÓTICO

Capítulo 7 – Instrução preparatória	
Providências iniciais da autoridade policial	• A autoridade policial deve fundamentar todos os atos com caráter decisório, aplicando-se ao inquérito policial o princípio da motivação e o princípio do livre convencimento motivado. • Se o delito for de ação penal privada, a autoridade policial somente poderá realizar as investigações se a vítima ou seu representante legal o *requerer* (art. 5º, § 5º, do CPP). Se for crime de ação penal pública, condicionada à representação, a autoridade policial também somente poderá realizar as investigações se a vítima ou seu representante legal *representar*, nos termos do § 4º do art. 5º do Código de Processo Penal. Se o delito for de ação penal pública incondicionada, deverá a autoridade policial, uma vez verificada a procedência das informações, instaurar o inquérito policial, haja ou não a manifestação da vontade da vítima ou de quem legalmente a represente.

4. O Código Civil, que entrou em vigor em 2003, instituiu a maioridade absoluta aos dezoito anos, razão pela qual não há necessidade da presença de curador no interrogatório de pessoa que já conte com tal idade.

(continuação)	• Instaurado o inquérito ou mesmo antes da instauração, deve a autoridade policial cumprir o disposto nos arts. 6º e 7º do Código de Processo Penal, providenciando o seguinte: 1) dirigir-se ao local do crime; 2) apreender os instrumentos e objetos que tiverem relação com o fato; 3) colher todas as provas que servirem para o esclarecimento do fato e suas circunstâncias; 4) ouvir o ofendido; 5) ouvir o indiciado; 6) proceder o reconhecimento de pessoas e coisas e a acareações; 7) determinar, se for o caso, que se proceda exame de corpo de delito ou quaisquer outras perícias; 8) ordenar a identificação do indiciado pelo processo datiloscópico e, se possível, fazer juntar aos autos a sua folha de antecedentes; 9) reunir informações sobre a vida pregressa do indiciado, sob o ponto de vista individual, familiar e social, sua condição econômica, sua atitude e estado de ânimo antes e depois do delito e durante ele, assim como quaisquer outros elementos que contribuírem para apreciação de seu temperamento e caráter; 10) para verificar a possibilidade de a infração haver sido praticada de determinado modo, a autoridade policial poderá proceder a reprodução simulada dos fatos.
Comparecimento do ofendido perante a autoridade policial	• É de grande importância a oitiva do ofendido. Tanto assim que, se intimado para prestar esclarecimento e não comparecer sem justo motivo, poderá ser conduzido coercitivamente à presença da autoridade policial. • Submetendo a vítima, se for o caso, a exame de corpo de delito, ou mesmo sem este, indagará a autoridade policial sobre as circunstâncias da infração, quem seja ou presuma ser o autor, as provas que possa indicar, tomando-se por termo as suas declarações, conforme prevê o art. 201 do CPP.
Indiciamento, identificação criminal e interrogatório	• O indiciamento é ato de polícia judiciária pelo qual o delegado de polícia declara formalmente a convergência de indícios razoáveis de autoria sobre determinada pessoa. • É por meio da decisão fundamentada de indiciamento que o delegado de polícia presidente do inquérito policial deve declarar formalmente os motivos de fato e de direito em que se assentam o seu convencimento, mencionando os elementos de informação que convergem para formar o juízo de verossimilitude da autoria. • Na decisão fundamentada de indiciamento, a autoridade policial externará os resultados do exercício de seu juízo de subsunção sobre os fatos pelos quais indicia o cidadão, designará data para a realização do interrogatório e decidirá sobre a identificação criminal do indiciado.

(continuação)	• O indiciamento poderá ser revogado ou modificado pela autoridade policial a qualquer tempo até o relatório final do inquérito, desde que se alterem as bases que alicerçaram aquele ato formal de polícia judiciária.
	• Na mesma decisão fundamentada em que resolve pela autuação em flagrante, o delegado de polícia deve proceder ao formal indiciamento.
	• A identificação criminal deverá obedecer as regras da Lei nº 12.037/ 2009.
	• A autoridade policial poderá determinar a condução coercitiva do indiciado, das testemunhas e até mesmo da vítima.
	• O interrogatório tem dúplice caráter: é elemento de prova e de defesa.
	• As regras alusivas do interrogatório judicial tem aplicabilidade por ocasião do interrogatório policial.

Capítulo 8

TESTEMUNHAS E ACAREAÇÕES

8.1. TESTEMUNHAS QUE PODEM SER OUVIDAS NA POLÍCIA

Testemunha é a pessoa convocada a depor durante a instrução preparatória ou processual, para informar os registros de suas percepções sensoriais sobre o evento delitivo ou circunstâncias relacionadas.

Toda pessoa poderá ser testemunha, e esta fará, sob compromisso legal, a promessa de dizer a verdade do que souber e lhe for perguntado.

A testemunha deve declarar o seu nome, sua idade, seu estado civil, sua residência, sua profissão, lugar onde exerce sua atividade, se é parente, e em que grau, de alguma das partes, ou quais suas relações com qualquer delas, e relatar o que souber, explicando sempre as razões de sua ciência ou as circunstância pelas quais possa ser avaliada a sua credibilidade.

A testemunha não poderá eximir-se da obrigação de depor. Poderão, entretanto, recusar-se a fazê-lo o ascendente ou descendente, o afim em linha reta, o cônjuge, ainda que separado ou divorciado, o irmão, o pai e a mãe do investigado, salvo quando não for possível, por outro modo, obter-se ou integrar-se a prova do fato e de suas circunstâncias (art. 206 do CPP).

São proibidas de depor as pessoas que, em razão da função, ministério, ofício ou profissão, devam guardar segredo, salvo se, desobrigadas pela parte interessada, quiserem dar seu testemunho (art. 207 do CPP).

Não se deferirá o compromisso a que alude o art. 203 do CPP aos doentes e deficientes mentais e aos menores de 14 anos, nem aos ascendentes ou descendentes, ao afim em linha reta, ao cônjuge, ainda que desquitado e ao irmão do investigado (art. 208 do CPP). Tais pessoas serão ouvidas em declarações na condição de *informantes*.

Ao iniciar a inquirição, a autoridade policial deferirá o compromisso legal à testemunha, ou seja, fará esta prometer, sob palavra de honra, que dirá a verdade do que souber e lhe for perguntado, advertindo-a de que incidirá nas penas do delito de falso testemunho se fizer afirmação falsa, negar ou calar a verdade.

Antes de ser ouvida, à testemunha não é permitido conhecer o depoimento de outra que está sendo ou foi inquirida. Também não é permitido, a não ser em caso de acareação, ler a autoridade policial ou o escrivão, para a testemunha que estiver prestando depoimento ou tenha que ser inquirida, depoimento prestado por outra testemunha.

Compete à autoridade policial, privativamente, ditar ao escrivão o depoimento da testemunha, devendo restringir-se, tanto quanto for possível, às expressões usadas pela pessoa ouvida, reproduzindo fielmente as suas frases (art. 215 do CPP).

A regra geral é que todas as testemunhas sejam ouvidas no lugar onde residem. Quando a testemunha residir em outra circunscrição, a autoridade policial deverá deprecar a oitiva à autoridade do local onde reside aquela testemunha, mencionando na carta precatória o fato investigado e instruindo-a com cópias da portaria, dos depoimentos já prestados e outras peças que julgar convenientes para subsidiar a autoridade deprecada.

Oportuno lembrar que o servidor público não é requisitado e sim notificado pessoalmente, com a peculiaridade de que será dada ciência da notificação do servidor público ao seu chefe, com a indicação do dia e da hora marcados para a inquirição. Essa comunicação será feita para que o servidor não sofra desconto em seu salário e para que não haja prejuízo ao normal funcionamento da repartição pública. Os militares das Forças Armadas, bem como os policiais militares, são requisitados às autoridades superiores (art. 221, § 2º do CPP). Se não houver a apresentação do militar pela autoridade competente no dia e hora requisitados, sem motivo justificado, haverá responsabilização penal e administrativa daquele que ensejou o desatendimento.

8.2. MANDADO DE CONDUÇÃO COERCITIVA DE TESTEMUNHAS

O dever de depor obriga a testemunha a comparecer em dia, hora e local designados pela autoridade competente, para prestar seu juramento e depoimento.

A obrigação de comparecimento pressupõe regular notificação, e esta se fará de acordo com o disposto no art. 370 do Código de Processo Penal.

O Código de Processo Penal não diferencia adequadamente os termos "notificação" e "intimação". Tecnicamente, o que se denomina comumente de "intimação" na realidade é "notificação", eis que intimação é a comunicação de ato já efetuado, enquanto que a notificação comunica ato ainda a ser realizado. Portanto, intima-se de algo já realizado e notifica-se para algo a ser cumprido. A intimação está para o passado, enquanto que a notificação está para o futuro.

Destarte, o chamamento para comparecer perante a autoridade deve ser denominado "notificação".

Se regularmente notificada, a testemunha deixar de comparecer sem motivo justificado, a autoridade policial determinará seja conduzida por seus agentes (art. 218 do CPP).

No caso de prisão em flagrante, a testemunha será notificada verbalmente e deverá atender incondicionalmente ao chamamento, dispensando-se qualquer formalidade.

A rigor do que dispõe o art. 219 do Código de Processo Penal, plenamente aplicável na fase de instrução preparatória, a testemunha que descumprir a ordem de comparecimento responderá por crime de desobediência.

Repise-se que as pessoas impossibilitadas, por enfermidade ou por velhice, de comparecerem para depor, serão inquiridas onde estiverem; os militares deverão ser requisitados à autoridade superior. Aos servidores públicos, aplicar-se-á o disposto no art. 218 do CPP, devendo, porém, a expedição do mandado, ser imediatamente comunicada ao chefe da repartição em que servirem, com indicação do dia e da hora do depoimento.

Recomenda-se preservar, ao máximo, as vítimas e as testemunhas, especialmente nas investigações de crimes violentos. Nesse sentido, necessária uma exegese mais abrangente do Código de Processo Penal em seus arts. 201, § 6º (*o juiz tomará as providências necessárias à preservação da intimidade, vida privada, honra e imagem do ofendido, podendo, inclusive, determinar o segredo de justiça em relação aos dados, depoimentos e outras informações constantes dos autos a seu respeito para evitar sua exposição aos meios de comunicação*), e 217 (*se o juiz verificar que a presença do réu poderá causar humilhação, temor, ou sério constrangimento à testemunha ou ao ofendido, de modo que prejudique a verdade do depoimento, fará a inquirição por videoconferência e, somente na impossibilidade dessa forma, determinará a retirada do réu, prosseguindo na inquirição, com a presença do seu defensor*). Com fulcro nesses dispositivos, recomendamos ao delegado de polícia omitir, no corpo do termo de declarações da vítima ou do termo de depoimento da testemunha, os dados qualificativos (nome, filiação, endereço etc.), fazendo-os constar em termo de informações restritas (modelo anexo na parte prática) que seguirá lacrado em envelope anexado à contracapa do inquérito, para que permaneça sob segredo de justiça.

No tocante ao descumprimento, por parte de qualquer pessoa, da notificação da autoridade policial para comparecimento à delegacia de polícia, vale transcrever o parecer da Procuradoria Geral da República (Processo PRG 4182/89-11-CCA-DPF) versando sobre a consulta formulada pelo Departamento da Polícia Federal quanto à possibilidade de condução coercitiva de testemunhas recalcitrantes no curso do inquérito, *v. g*:

MINISTÉRIO PÚBLICO FEDERAL

Ref. Prot.: nº 4182/89-11-CCA/DPF

EMENTA

— Consulta formulada pelo Departamento de Polícia Federal.

— Condução coercitiva de Testemunhas no curso de inquérito policial. Competência da autoridade policial. Questionamento em face da Constituição.

— Considerações preliminares pertinentes às funções do Ministério Público.

— Inexistência de identidade entre prisão e a condução coercitiva, embora sejam ambas modalidades de coerção legal. Subsistência do poder-dever da autoridade policial para, no curso do inquérito regular e observadas as condições e os fins legalmente estipulados, determinar a condução da testemunha faltosa.

Excelentíssimo Senhor Doutor Procurador-Geral da República.

Cuida-se de expediente iniciado mediante ofício (nº 054/89 – SCOR/CRJ/SR/DPF/RJ, de 7.3.1889) dirigido ao chefe de Estudos e Legislação da Coordenação Central Judiciária do Departamento de Polícia Federal – pelo Substituto Eventual do SCOR/CRJ/SR/DPF/RJ –, solicitando manifestação "quanto à legalidade, aplicabilidade e vigência do mandado de condução coercitiva, diligência que diz respeito à atividade de Polícia Judiciária..." (*sic*, v. fls . 02).

A solicitação teria sido motivada, segundo a autoridade solicitante – pela divergência verificada no âmbito da Polícia Federal no Rio de Janeiro, bem como entre o entendimento externado no IPL nº 3.930/86 pela Juíza da 13ª Vara Federal da Circunscrição Judiciária do Rio de Janeiro, de um lado, e, "oficiosamente" (*sic*), pelo Procurador da República, Dr. Juarez Tavares, em contrário, no tocante à subsistência do mandado de condução coercitiva, em face da nova Lei Maior.

O noticiado dissídio residiria em que, para alguns – ai incluindo o mencionado membro do Ministério Público Federal –, sendo o mandado de condução coercitiva "uma forma de prisão" (*sic*), não poderia prescindir de determinação judicial. Para os que assim não entendem todavia – ai incluída a referida magistrada –, a medida coercitiva subsiste, mesmo quando editada somente por autoridade policial, sendo que, "havendo recalcitração da parte a ser conduzida, caberá prisão em flagrante pelo crime de desobediência" (*sic*).

Tendo em vista a atuação do Departamento de Polícia Federal em respeito aos termos da vigente Carta Magna, foi sugerida e solicitada a manifestação dos destinatários do aludido ofício, bem como da Procuradoria Geral da República, sobre assunto em pauta.

O órgão policial destinatário da solicitação emitiu parecer (v. fls. 08/13); depois disso, foi o expediente enviado à Procuradoria Geral da República, onde nos veio as mãos, por força do despacho exarado pelo chefe do Ministério Público Federal às fls. 18.

Preliminarmente, impõe-se lembrar que, embora não caiba ao Ministério Público, em princípio, exercer a consultoria jurídica de entidades públicas (v. art. 129, IX, *in fine*, da CF/1988), incumbe-lhe o controle externo da atividade policial (*idem*, art. 129, VII), tendo em vista, dentro outros aspectos, o respeito aos fundamentos dos Estados Democráticos de Direitos, aos objetivos fundamentais da República, aos princípios informadores das relações internacionais, bem como aos direitos assegurados na Constituição Federal e na lei: bem assim, a preservação da incolumidade das pessoas, a prevenção ou a correção de ilegalidade ou de abuso de poder, a indisponibilidade da persecução penal e a competência dos órgãos incumbidos da segurança pública (v. arts. 127, *caput*, e 129, II e VII, c/c o art. 144 da CF/1988).

Estando em discussão, nestes autos, os limites e condições do exército da atividade policial federal, em face da vigente Lei Maior, dos fundamentos do Estado Democrático de Direito e dos direitos e garantias fundamentais nela assegurados, bem como considerado caráter preventivo da atuação do Ministério Público Federal, parece-nos oportuno e conveniente o exame da questão suscitada nos presentes autos.

Daí, o nosso pronunciamento, como se segue:

Origina-se, a controvérsia aqui notificada, do ofício de fls. 05, dirigido por Delegado de Policia Federal à Juíza da 13ª Vara Federal da Seção Judiciária do Rio de Janeiro, solicitando fosse determinada a condução coercitiva de Antonio Carlos dos Santos Gregório, para fins de instrução de inquérito policial, tendo em vista preceitos da nova Constituição Federal.

No rosto do aludido expediente, a referida autoridade judicial exarou despacho, afirmando, *verbis*: "A nova Constituição não revogou o art. 330 do Código Penal. Deve a A. Policial expedir mandado para que o jurisdicionado compareça a Cartório Policial, sob pena de desobediência." (v. fls. 05/06).

O cerne da questão, a nosso ver, situa-se na definição da natureza jurídica da condução coercitiva. É que, se ela – como alvitrado às fls. 03 – "não deixa de ser uma forma de prisão" (*sic*), necessariamente estará submetida às condições pertinentes a esta, definidas na Carta Magna em vigor.

Examinando o tema em face da Constituição, porém, verificamos, inicialmente, que os dispositivos da Lei Maior pertinentes à prisão – art. 5º, XLIX (respeito a integridade física e moral do preso), L (presidiária com filho lactante), LXI (prisão em flagrante delito ou por ordem escrita e fundamentada de autoridade judiciária competente), LXII (comunicação imediata ao juiz competente e à família do preso ou à pessoa por ele indicada), LXIII (informação, ao preso dos seus direitos, entre os quais o de permanecer calado, sendo-lhe assegurada a assistência da família e de advogado), LXIV (identificação dos responsáveis pela prisão ou por seu interrogatório), LXV (relaxamento imediato da prisão ilegal, pela autoridade judiciária), LXVI (liberdade provisória, com ou sem fiança), LXVII (prisão por dívida, ou do depositário infiel), LXXV (indenização ao condenado preso, além do tempo fixado na sentença), art. 136, § 3º, I, II, III, e IV, e 139, II (prisão por crime contra o Estado) – dizem respeito às situações de flagrante delito ou de ordem escrita de autoridade competente (judiciária ou não), mas sempre tendo como fato gerador um delito – comum político ou militar.

Não se vislumbra, nesses dispositivos, e equivalência das situações subjacentes à prisão neles cogitada e das demais modalidades de coerção legal.

Posta a questão em face da Lei processual penal, cumpre lembrar, de logo, que o art. 6º, III, do Código de Processo Penal, impões à autoridade policial, "logo que tiver conhecimento da prática da infração penal", "colher todas as provas que servirem para o esclarecimento do fato e suas circunstâncias".

Doutra parte, também é certo que a inquirição de testemunhas é espécie de prova alcançada pelo âmbito daquelas a serem colhidas, por força da lei (art. 6º, III, do CPP), pela polícia judiciária.

Tanto é assim, que, tratando-se de inquérito policial, o inciso VI do referido dispositivo prevê acareações – que, nos termos do art. 229, é cabível entre testemunhas; e o § 2º do art. 10 do mesmo estatuto faz menção às testemunhas que não tiverem sido inquiridas.

Induvidosos, outrossim, é que, salvo nas situações legalmente excepcionadas, a testemunha não pode eximir-se da obrigação de depor (v. art. 206 do CPP).

Consoante o art. 218 do CPP, ademais, "se, regularmente intimada, a testemunha deixa de comparecer sem motivos justificados, o juiz poderá requisitar à autoridade policial a sua apresentação ou determinar seja conduzida por oficial de justiça, que poderá solicitar o auxílio da força pública". O art. 219 desse diploma, por sua vez, prevê "processo penal por crime de desobediência" contra a "testemunha faltosa".

Em face da lei processual, destarte, a condução coercitiva também não se confunde, nem por ser tida como modalidade de prisão, tendo, como se viu, fato gerador distinto do que enseja a prisão em flagrante ou em caráter preventivo.

Bem lembrou, aliás, o parecer de fls. 8/13, que, "se o legislador ordinário quisesse atribuir à condução coercitiva efeito de prisão, o faria expressamente, o que não se vislumbra em qualquer dispositivo do CPP" (v. fls. 12).

Cumpre observar, a propósito, que, no tocante à prisão – exemplo da disciplina instituída quanto a outras providências pertinentes ao inquérito policial – *v. g.*, incomunicabilidade do indiciado (art. 21) e arquivamento do inquérito (arts. 17 e 28) –, do CPP expressamente atribuiu à autoridade judicial decretá-la. Não fez o mesmo, todavia quanto à condução coercitiva, donde se infere que tal providência se contém na esfera daquelas que a autoridade policial, no exercício do poder-dever de colher provas, está autorizada a ordenar, independentemente de determinação judicial.

No particular, confira-se ainda a lição de Tourinho Filho (cit. às fls. 13), para quem "o que a Autoridade Policial não pode é determinar a prisão da testemunha faltosa [...]. Mas, quanto a determinar a condução coercitiva da testemunha faltosa e também do ofendido, parece-nos não haver dúvidas".

A prisão e a condução coercitiva, por conseguinte, constituem-se em espécie de coação física de fundo legal; no entanto, distinguem-se nitidamente quanto aos respectivos fatos geradores, formas e formalidades.

Sendo assim, parece-nos impróprio equiparar ambas as espécies de cação legal de que se cuida, para, daí, inferir-se a igualdade de condições para a efetivação das mesmas.

Em arremate, podemos afirmar que a condução coercitiva prevista na lei processual anterior ao advento da nova constituição subsiste em face dela, como providência a ser determinada pela autoridade policial, no curso do devido inquérito, observadas as condições e para os fins legalmente estipulados.

Óbvio, outrossim, é que eventual desvirtuamento dessa medida, convertê-lo-á em modalidade disfarçada de prisão, importa responsabilidade por abuso de autoridade, incorrendo o agente nas sanções penais, civis e administrativa cabíveis.

É o parecer, que submetemos à elevada consideração de Vossa Excelência.

Brasília-DF, 1º de agosto de 1989.

Álvaro Augusto Ribeiro Costa – Subprocurador-Geral da República

DESPACHO

1. De acordo com o lúcido parecer do eminente Subprocurador-Geral da República, Dr. Álvaro Augusto Ribeiro Costa, adotando-o integralmente.

2. Dê-se ciência, através do Aviso do Diretor Geral do Departamento de Polícia Federal.

3. Remeta-se cópia do parecer a todas as Procuradorias da República, para conhecimento de todos os Procuradores da República.

Brasília, 14 de agosto de 1989.

Aristides Junqueira Alvarenga – Procurador-Geral da República

Ouvidas as testemunhas na fase policial, a autoridade policial determinará que sejam os depoimentos reduzidos a termo, conforme o modelo que apresentamos na *Parte Prática* deste livro. Veja também, na parte prática desta obra, os modelos de mandado de condução coercitiva de testemunha, carta precatória, de notificação de testemunha e requisição de militar para depor.

8.3. DAS ACAREAÇÕES FEITAS NA POLÍCIA

A acareação será permitida entre acusados, entre acusado e testemunha, entre testemunhas, entre acusado ou testemunha e a pessoa ofendida, e entre as pessoas ofendidas, sempre que divergirem, em suas declarações, sobre os fatos ou circunstâncias relevantes (art. 229 do Código de Processo Penal).

A acareação, portanto, poderá ser realizada para confrontar interrogatórios, depoimentos e declarações.

Os acareados serão reperguntados para que expliquem os pontos de divergência, reduzindo-se a termo o ato de acareação. Caberá à autoridade policial apontar aos acareados a discordância contida em suas versões, convocando-os a explicarem a conflitância.

Ou seja, existindo notória contradição entre as pessoas ouvidas na fase de instrução preparatória, a autoridade policial, de ofício ou a requerimento das partes, determinará que seja feita a acareação das mesmas, reperguntando uma em face da outra, e lavrando-se em seguida o termo de acareação, conforme o modelo constante da parte prática deste Manual.

QUADRO SINÓTICO

Capítulo 8 – Testemunhas e acareações	
Testemunhas que podem ser ouvidas na polícia	• Testemunha é o terceiro que depõe sobre os fatos objeto da apuração ou outros relacionados. • A testemunha não poderá eximir-se da obrigação de depor, exceto o ascendente ou descendente, o afim em linha reta, o cônjuge, ainda que separado ou divorciado, o irmão, o pai, a mãe, ou filho adotivo do investigado, salvo quando não for possível, por outro modo, obter-se a prova (art. 206 do CPP). • São proibidas de depor as pessoas que, em razão da função, ministério, ofício ou profissão, devam guardar segredo, salvo se, desobrigadas pela parte interessada, quiserem dar seu testemunho (art. 207 do CPP).

(*continuação*)	• Não se deferirá o compromisso a que alude o art. 203 do CPP aos doentes e deficientes mentais e aos menores de 14 anos, nem aos ascendentes ou descendentes, o afim em linha reta, o cônjuge, ainda que desquitado e ao irmão do investigado (art. 208 do CPP). • Quando a testemunha residir em outra circunscrição, a autoridade policial deverá deprecar a oitiva. • O servidor público é notificado pessoalmente, com ciência ao chefe.
Mandado de condução coercitiva de testemunhas	• O dever de depor obriga a testemunha a comparecer em dia, hora e local designados. • A obrigação de comparecimento pressupõe regular notificação, e esta se fará de acordo com o disposto no art. 370 do Código de Processo Penal. • Se regularmente notificada, a testemunha deixar de comparecer sem motivo justificado, a autoridade policial determinará seja conduzida por seus agentes (art. 218 do CPP). • No caso de prisão em flagrante, a testemunha será notificada verbalmente e deverá atender incondicionalmente ao chamamento, dispensando-se qualquer formalidade. • A testemunha que descumprir a ordem de comparecimento responderá por crime de desobediência.
Das acareações feitas na polícia	• A acareação será permitida entre acusados, entre acusado e testemunha, entre testemunhas, entre acusado ou testemunha e a pessoa ofendida, e entre as pessoas ofendidas, sempre que divergirem, em suas declarações, sobre os fatos ou circunstâncias relevantes (art. 229 do Código de Processo Penal). • A acareação, portanto, poderá ser realizada para confrontar interrogatórios, depoimentos e declarações.

Capítulo 9

BUSCA E APREENSÃO
CORPO DE DELITO
RECONHECIMENTO
DE PESSOAS E DE COISAS

9.1. DA BUSCA E APREENSÃO

No sentido de acautelar as provas do ilícito, evitando que desapareçam os elementos de convicção, o delegado de polícia deve dirigir pesquisas que o leve a descobrir a localização para então apreender os instrumentos e todos os objetos que tiverem relação com o delito (art. 6º, II, do Código de Processo Penal).

A apreensão dos instrumentos da infração e de todos os objetos que tiveram relação com o fato poderá se dar em qualquer fase do inquérito policial ou do processo e até mesmo antes da instauração do apuratório, logo que o delegado de polícia tomar conhecimento da ocorrência de fato típico.

A apreensão, via de regra, ocorre no próprio local do delito, ou em domicílio, ou até mesmo junto à pessoa investigada.

É óbvio que, se a autoridade policial tem por finalidade investigar a existência de um delito, assim como a sua autoria, deverá apreender os instrumentos que interessarem à prova, ainda porque tais instrumentos estarão sujeitos a exame, a fim de lhes verificar a natureza e eficiência, conforme dispõe o art. 175 do Código de Processo Penal.

Com referência à busca domiciliar ou mesmo pessoal, a matéria merece maior exame: "a casa é asilo inviolável do indivíduo, ninguém nela podendo penetrar sem consentimento do morador, salvo em caso de flagrante delito ou desastre, ou para prestar socorro, ou, durante o dia, por determinação judicial" (art. 5º XI, da Constituição Federal).

O Código de Processo Penal enumera, em seu art. 240, § 1º, as hipóteses em que poderá ser determinada a busca domiciliar, *v. g.*:

§ 1º. Proceder-se-á à busca domiciliar, quando fundadas razões a autorizarem, para: a) prender criminosos; b) apreender coisas achadas ou obtidas por meios criminosos; c) apreender instrumentos de falsificação ou de contrafação e objetos falsificados ou contrafeitos; d) apreender armas e munições, instrumentos utilizados na prática de crime ou destinados a fim delituoso; e) descobrir objetos necessários à prova de infração ou à defesa do réu; f) apreender cartas, abertas ou não, destinadas ao acusado ou em seu poder, quando haja suspeita de que o conhecimento do seu conteúdo possa ser útil à elucidação do fato; g) apreender pessoas vítimas de crimes; e, h) colher qualquer elemento de convicção.

No curso do inquérito policial, é comum o delegado de polícia representar pela expedição de mandados judiciais. Não quer dizer que a autoridade policial esteja solicitando, pedindo ou requerendo qualquer medida judicial. Representar significar expor razões, demonstrar a necessidade.

O delegado de polícia é o Estado em atuação na fase primeira da *persecutio criminis* e age na defesa dos interesses da justiça e da sociedade. Nessa condição é que apresenta ao juiz as razões de necessidade de eventuais medidas judiciais cautelares.

O delegado de polícia nada *pede, requer, postula ou solicita* ao juiz, e sim **representa**, na condição de autoridade estatal, expondo os fundamentos de fato e de direito de que está convicto.

Tanto por isso, não há que se falar em recurso diante de decisão judicial destoante da representação da autoridade policial.

Se, entretanto, o juiz, a despeito de não haver expressa disposição legal, oportunizar vista dos autos ao Ministério Público antes de decidir sobre a representação da autoridade policial, e o promotor apresentar manifestação, será possível, havendo previsão legal (por exemplo, art. 581, V, do Código de Processo Penal), a interposição de recurso pelo *parquet*. É somente nessa hipótese que eventual decisão judicial dissonante da representação do delegado de polícia pode ensejar reexame por meio de recurso.

Cabe ao juiz competente para conhecer do inquérito policial avaliar as razões da representação do delegado de polícia pela busca domiciliar e outras tantas medidas cautelares.

No caso específico da busca, pode acontecer de a diligência resultar infrutífera e revelar, *a posteriori*, não corresponder aquela avaliação à realidade.

No entanto, a lei exige a preexistência de fundadas razões. Essas razões devem justificar a suspeita grave, séria, confortadas pelo que a autoridade judiciária sabe, pelo que teme, pelo que deve prevenir ou remediar, e não na realidade que só por meio de busca vai ser conhecida. Fundadas razões são as que se estribam em indícios de que as pessoas ou coisa procurada se encontram no local em que a busca deve ser feita. Por tudo isso, para avaliar se é legítima a ação, deve o juiz colocar-se na situação e no tempo em que a autoridade policial vai desencadear as busca. Seria errado afirmar a inexistência de fundadas razões situando-se na posição de quem já conhece e pondera o que só depois veio a ser conhecido (TORNAGHI, 1989, p. 463).

A busca domiciliar, inexistindo quaisquer das hipóteses de flagrante enumeradas nos incisos do art. 302 do Código de Processo Penal, será sempre determinada pelo juiz, de ofício, mediante representação do delegado de polícia ou por provocação de qualquer das partes.

Com referência ao Ministério Público, Tornaghi (1989, p. 464) destaca não haver qualquer dispositivo legal que lhe permita direcionar o inquérito ainda não relatado, sobrepondo-se à presidência do delegado de polícia. Deve aguardar que os autos respectivos cheguem a juízo para então requerer ao juiz que determine novas diligências indispensáveis ao oferecimento da denúncia. Ao juiz é que compete ordenar a realização de tais diligências (art. 16 do CPP). O poder de requisitar diretamente esclarecimentos, documentos ou quaisquer elementos de convicção conferidos pelo art. 47 do Código de Processo Penal, somente pode ser exercido no curso da ação penal.

Anteriormente à Constituição em vigor, a autoridade policial podia, ela própria, realizar a busca domiciliar. Não precisava mandar que outras pessoas a efetuasse por ela. E se não mandava, evidentemente não necessitava expedir mandado. Se, porém, ela não realizasse a busca diretamente, a ordem de diligência tinha de ser consignada em documento que, por isso mesmo, é conhecido como mandado (art. 241 do CPP). Atualmente, a não ser nos casos de flagrante, desastre ou prestação de socorro, o ingresso em casa alheia exige mandado judicial.

Sobre o domicílio e os limites de sua inviolabilidade, trata muito bem do assunto Manoel Gonçalves Ferreira Filho (1990, p. 37), *v. g.*:

> O domicílio, constitucionalmente falando, não é a residência apenas nem reclama estabelecimento com intenção definitiva. É todo local, delimitado e separado, que alguém ocupa com direito exclusivo e próprio, a qualquer título. O ponto essencial da caracterização está na exclusividade em relação ao público em geral. Assim, é inviolável como domicílio tanto a moradia quanto o estabelecimento de trabalho, desde que este não esteja aberto a qualquer um do povo, como um bar ou restaurante. A inviolabilidade, porém, não pode ser absoluta, quer em razão do interesse público, quer em razão do interesse próprio do morador. Assim, admite a Constituição que, durante a noite, se possa penetrar em casa alheia nos casos de flagrante delito, de desastre, ou genericamente para prestar socorro ao morador. Durante o dia, cabe o ingresso nas hipóteses acima e numa outra: a de determinação judicial. O direito anterior deixava à lei definir os casos em que o ingresso no domicílio alheio durante o dia era admissível, ainda que sem o consentimento do morador. A Constituição vigente é clara: mesmo durante o dia, apenas uma hipótese é admitida: a determinação judicial. Apenas o juiz, portanto, pode autorizar o ingresso no domicílio de quem quer que seja. Ademais, tal determinação pressupõe lei que defina os casos em que caiba.

Excepcionando a exigência de mandado judicial, o que foi dito sobre a busca domiciliar aplica-se à busca pessoal. A busca pessoal não é apenas a pesquisa junto ao corpo de alguém, mas também nos bolsos, bolsas, malas, pastas, embrulhos etc., que a pessoa traz consigo ou que estão sob sua guarda, dentro da esfera de sua custódia.

> De acordo com o art. 240, § 2º, do Código de Processo Penal, procede-se a busca pessoal quando há fundada suspeita de que alguém oculte consigo, isto é, no próprio corpo, nos

bolsos, em veículo etc., instrumentos de crime (armas, gazuas, pés-de-cabra, guitarras e assim por diante), produtos do crime (a *res furtiva*, a nota falsa, o selo adulterado e outras coisas) ou elementos de prova (documentos, objetos ligados à infração e tudo mais que seja meio de formar a convicção do juiz). A fundada suspeita é a *probable cause* do direito americano. A suspeita é fundada quando os elementos de que a autoridade dispõe antes da busca estão a indicar que a pessoa oculta qualquer daqueles objetos. Pouco importa se depois da diligência fica patente que a suposição não correspondia à realidade. A partir daquele momento ela seria infundada, porque novos elementos teriam mostrado que os antigos fundamentos não subsistiam. Mas antes da busca a desconfiança era fundada, pois se baseava em fatos que permitiam supor, conjecturar, recear estivesse o indivíduo a esconder armas, entorpecentes, venenos etc., e foi exatamente a busca que propiciou subsídio para a mais correta avaliação dos fatos (TORNAGHI, 1989, p. 467-8).

A busca pessoal independe de mandado judicial e caberá em caso de prisão, para apreensão de armas proibidas ou de objetos ou papéis que constituam o corpo de delito, assim também no curso de busca domiciliar.

Repise-se: as buscas pessoais e em locais não protegidos pela inviolabilidade de domicílio podem ser realizadas diretamente pela autoridade policial ou qualquer de seus agentes, independentemente de mandado judicial.

O art. 244 do CPP prevê a hipótese de o próprio juiz conduzir diretamente a diligência de busca e apreensão, dispensando-se, neste caso, a expedição de mandado.

Não se pode confundir a apreensão com o sequestro de bens disciplinado nos arts. 125 a 132 do Código de Processo Penal. Apesar de incluir-se entre as medidas assecuratórias do processo penal, o sequestro de bens somente se procede mediante ordem judicial e pode recair sobre bens móveis e imóveis adquiridos com os proventos do crime.

Difere, portanto, o sequestro da apreensão, eis que esta tem lugar para acautelar coisas achadas ou obtidas diretamente por meios criminosos, instrumentos do crime e elementos de prova, enquanto o sequestro tem lugar quando demonstrada a presença de indícios veementes da proveniência ilícita dos bens, tendo como escopo principal a reparação dos prejuízos causados pelo crime. Portanto, o sequestro visa a atingir bens móveis e imóveis indiretamente relacionados à infração penal – adquiridos com a utilização dos ganhos obtidos com a prática criminosa.

Quando feita a apreensão dos instrumentos do crime e de objetos que tiverem relação com o delito, a autoridade policial procederá a lavratura do auto de exibição e apreensão. Sendo *res furtiva*, será avaliada, entregue ou depositada, conforme modelos contidos na parte prática desta obra.

9.2. EXAME DE CORPO DE DELITO

O inciso VII do art. 6º do Código de Processo Penal atribui ao Delegado de Polícia o poder-dever de requisitar exames periciais.

Importa destacar a parte final do referido inciso VII: o delegado de polícia pode requisitar exame de corpo de delito e *quaisquer outras perícias*.

No entanto, prevê o art. 149 do CPP: "Quando houver dúvida sobre a integridade mental do acusado, o juiz ordenará, de ofício ou a requerimento do Ministério Público, do defensor, do curador, do ascendente, descendente, irmão ou cônjuge do acusado, seja este submetido a exame médico-legal".

Quanto à realização de tal exame pericial na fase da instrução preparatória, leia-se o § 1º do comentado art. 149: "O exame poderá ser ordenado ainda na fase do inquérito, mediante representação da autoridade policial ao juiz competente".

Pode-se afirmar então, a partir do cotejo dos arts. 6º e 149, que a lei processual penal atribuiu ao delegado de polícia o poder requisitório em relação a todas as perícias, **com uma única exceção**: exame de sanidade mental.

O exame de corpo de delito, entre todos os exames periciais, é o de maior relevância no procedimento criminal, quando se tratar de delito que deixa vestígios, a tal ponto de redundar em nulidade processual absoluta a sua falta.

A nomeação dos peritos é ato privativo da autoridade, judiciária ou policial, conforme dispõe o art. 276 do Código de Processo Penal.

O exame de corpo de delito e outras perícias são feitos, via de regra, por perito oficial, funcionário público portador de curso superior com autonomia funcional e científica, a rigor do disposto no art. 2º da Lei nº 12.030/2009.

Com a edição da Lei nº 12.030/2009, a Súmula nº 361 do STF ("no processo penal, é nulo o exame realizado por um só perito, considerando-se impedido o que tiver funcionado, anteriormente, na diligência de apreensão"), aplica-se agora apenas aos casos de perícias realizadas por peritos não oficiais.

Na falta de perito oficial, o exame será realizado por duas pessoas idôneas, portadoras de diploma de curso superior preferencialmente na área específica, dentre as que tiverem habilitação técnica relacionada com a natureza do exame (art. 159, § 1º, do CPP). O perito oficial não presta compromisso a cada perícia porque é compromissado ao assumir o cargo público. Porém, tratando-se de perito não oficial, o compromisso é formalidade indispensável como se nota pela leitura do § 2º do art. 159 do Código de Processo Penal.

O perito nomeado não pode recusar o encargo, sob pena de multa, salvo escusa atendível (art. 277 do CPP). Nessa mesma multa incorrerá o perito que, sem justa causa: a) deixar de acudir intimação ou chamado da autoridade; b) não comparecer no dia e local designados para o exame; c) não der o laudo ou concorrer para que a perícia não seja feita nos prazos estabelecidos. No caso de perito oficial, poderá ainda responder pelo crime de prevaricação, além de ser responsabilizado administrativamente. A autoridade (juiz e delegado) não requer, requisita, por essa razão, não compete ao perito questionar a conveniência ou não da perícia, mas sim cumprir a ordem da autoridade (art. 160 do CPP).

Fazendo afirmação falsa, o perito responderá pelo crime previsto art. 342 do Código Penal.

O particular que oferecer dinheiro ou qualquer outra vantagem ao perito, para fazer afirmação falsa, negar ou calar a verdade em perícia, ainda que a oferta não seja aceita, estará incurso no art. 343 do Código Penal.

Para que seja comprovada a materialidade do delito, torna-se indispensável o exame de corpo de delito, direto ou indireto, não podendo supri-lo a confissão do acusado quando a infração deixar vestígios.

O corpo de delito nada mais é que o conjunto de vestígios materiais ou físicos deixados pelo fato delituoso.

Tudo aquilo que se relacionou ou se vinculou intimamente com a infração constitui elemento do corpo de delito: o cadáver, no homicídio; as lesões corporais, nas agressões; os documentos, nas falsificações; e, inclusive, os objetos, papéis, instrumentos, armas que se relacionem de perto com a prática do delito.

Existem delitos, ao contrário, que embora causem lesão a um bem penalmente tutelado, não deixam qualquer vestígio material. É o caso, por exemplo, da calúnia, difamação e injúria, quando praticadas verbalmente.

Quando for o caso de se proceder a exame de corpo de delito ou qualquer outra perícia, a autoridade deverá determiná-las de acordo com o art. 158 *usque* 184 do CPP.

Quando não for possível o exame de corpo de delito por haverem desaparecido os vestígios, o depoimento de testemunhas poderá suprir-lhes a falta. Segundo Espínola Filho, a prova testemunhal é meramente supletiva. Só é possível prescindir do exame de corpo de delito direto quando restou impossibilitado. O impedimento comum obstando a realização do exame direito é o desaparecimento dos vestígios, antes de levar-se a efeito. É o caso contemplado expressamente pelo art. 167 do Código de Processo Penal (apud BARBOSA, 1990, p. 83).

O exame de corpo de delito indireto não dispensa o trabalho dos peritos, fazendo-se necessário reunir tudo quanto possa bem informá-los.

No exame de corpo de delito indireto os peritos baseiam-se em depoimentos, informações, boletins de atendimento médico e prontuários.

Amintas Vidal Gomes e Rodolfo Queiroz Laterza (2011, p. 117) prelecionam que:

> Se a vítima se ocultar para não ser submetida a corpo de delito, pode para tal ser aprendida. Acontecendo, entretanto, que burle todas as diligências policiais, não sendo encontrada, ou que viaje logo para lugar desconhecido, caberá também o corpo de delito indireto, pois tratando-se de crime de ação pública, não é admissível que a vítima, ocultando-se ou fugindo, anule a ação da Justiça, empenhada na punição do criminoso.

Em todos os exames periciais e assim tanto nos casos de exame de corpo de delito direto como indireto, cabe à autoridade policial que preside o inquérito a formulação de quesitos aos peritos.

9.3. RECONHECIMENTO DE PESSOAS E COISAS

O reconhecimento de pessoas ou de coisas poderá auxiliar e muito as investigações na busca da verdade pretendida, sendo necessária a obediência a um rigorismo técnico e formal indeclinável.

O detalhe do reconhecimento está na essência física da pessoa ou coisa a ser reconhecida, com aptidão para fortalecer o pressuposto e a aquilatar a credibilidade de um elemento de prova.

Presenciando a um delito, a pessoa não fixa apenas os traços fisionômicos dos envolvidos que dele participam. Pode fixar, também, outros detalhes que, depois, aguçados no ato de reconhecimento, constituirão relevantes elementos de informação. Assim, por exemplo, a voz, a postura, o andar, vestes, características faciais, certos estigmas congênitos ou supervenientes, poderão impressionar mais claramente a testemunha e colaborar no contexto de maneira decisiva para a apuração da autoria e materialidade do delito. Isso, evidentemente, em relação à pessoa. Com referência a coisas, a natureza destas, sua forma, dimensão, utilidade, cor etc., de tal modo que podem estimular a percepção da testemunha, a qual, oportunamente, será capaz de identificá-las mesmo quando em meio a outras parecidas.

Quando existir necessidade de fazer o reconhecimento de pessoa, deverá ser lavrado auto detalhado, subscrito pela autoridade, pela pessoa solicitada para proceder ao reconhecimento e por duas testemunhas presenciais.

Para o reconhecimento de pessoas, o art. 226 do Código de Processo Penal, prevê a seguintes providências:

> *I – a pessoa que tiver de fazer o reconhecimento será convidada a descrever a pessoa que deva ser reconhecida;*
>
> *II – a pessoa cujo reconhecimento se pretender, será colocada, se possível, ao lado de outras que com ela tiverem qualquer semelhança, convidando-se quem tiver de fazer o reconhecimento a apontá-la;*
>
> *III – se houver razão para recear que a pessoa chamada para o reconhecimento, por efeito de intimidação ou outra influência, não diga a verdade em face da pessoa que deve ser reconhecida, a autoridade providenciará para que esta não veja aquela;*
>
> *IV – do ato de reconhecimento lavrar-se-á auto pormenorizado, subscrito pela autoridade, pela pessoa chamada para proceder ao reconhecimento e por duas testemunhas presenciais.*

Quando várias pessoas forem chamadas para efetuar o reconhecimento de pessoa ou objeto, cada uma fará a prova em separado, evitando-se qualquer comunicação entre elas (art. 228 do Código de Processo Penal).

Quando houver necessidade de reconhecimento de objeto, proceder-se-á com as cautelas estabelecidas para o reconhecimento de pessoas, no que for aplicável.

Embora não previsto expressamente no Código de Processo Penal, é admissível o reconhecimento fotográfico. Necessária à sua validade, entretanto, ser a diligência investida de cuidados ainda maiores que as cautelas para identificação de pessoas ou coisas. Importa considerar a demora e as circunstâncias do contato visual com o suspeito e o tempo em que foi colhida a fotografia.

O reconhecimento fotográfico deve servir, primordialmente, para que a autoridade policial localize o suspeito e o submeta ao reconhecimento direto.

As fotografias podem e devem ser usadas como meio auxiliar de investigação policial. Porém, o valor probatório do reconhecimento fotográfico é muito relativo, principalmente, quando o reconhecimento for feito por meio de consulta de álbum fotográfico, sem elaboração de auto formal.

Como consequência da regra segundo a qual ninguém pode ser obrigado a fazer prova contra si mesmo, prevalece o entendimento no sentido de que a autoridade não pode compelir o suspeito a colaborar nas sessões de reconhecimento. Aqueles que defendem tal entendimento costumam ancorar-se nos incisos II e LXIII do art. 5º da Constituição Federal.

Procuramos abranger nesta obra as modalidades de diligências e provas mais rotineiramente relacionadas ao inquérito policial. Entrementes, o rol de diligências listadas no art. 6º do Código de Processo Penal e as várias modalidades de provas elencadas no mesmo estatuto não são exaurientes, o que vale dizer que a autoridade policial poderá se valer de tantos quantos forem os meios necessários para conhecer e atestar a verdade dos fatos, desde que, evidentemente, observe os princípios do Estado Democrático de Direito.

QUADRO SINÓTICO

Capítulo 9
Busca e apreensão – Corpo de delito – Reconhecimento de pessoas e de coisas

Da busca e apreensão	• A apreensão dos instrumentos da infração e de todos os objetos que tiveram relação com o fato poderá se dar em qualquer fase do inquérito policial ou do processo e até mesmo antes da instauração do apuratório, logo que o delegado de polícia tomar conhecimento da ocorrência de fato típico.
	• A apreensão, via de regra, ocorre no próprio local do delito, ou em domicílio, ou até mesmo junto à pessoa investigada.
	• A busca domiciliar, inexistindo quaisquer das hipóteses de flagrante enumeradas nos incisos do art. 302 do Código de Processo Penal, será sempre determinada pelo juiz, de ofício, mediante representação do delegado de polícia ou por provocação de qualquer das partes.

(*continuação*)	• Haverá suspeita fundada autorizadora da busca pessoal quando os elementos de que a autoridade dispõe antes da busca estão a indicar que a pessoa oculta armas, entorpecentes, venenos etc. A busca pessoal independe de mandado judicial e caberá em caso de prisão, para apreensão de armas proibidas ou de objetos ou papéis que constituam o corpo de delito, quando determinada no curso de busca domiciliar.
Exame de corpo de delito	• O delegado de polícia tem poder requisitório em relação a todas as perícias, com uma única exceção: exame de sanidade mental. • O exame de corpo de delito e outras perícias são feitos, via de regra, por peritos oficiais. Na falta de peritos oficiais, o exame será realizado por duas pessoas idôneas, portadoras de diploma de curso superior. • Para que seja comprovada a materialidade do delito, torna-se indispensável o exame de corpo de delito, direto ou indireto, não podendo supri-lo a confissão do acusado quando a infração deixar vestígios. • Quando não for possível o exame de corpo de delito por haverem desaparecido os vestígios, o depoimento de testemunhas poderá suprir-lhes a falta. • O exame de corpo de delito indireto não dispensa o trabalho dos peritos. No exame de corpo de delito indireto os peritos baseiam-se em depoimentos, informações, boletins de atendimento médico e prontuários. • Em todos os exames periciais e assim tanto nos casos de exame de corpo de delito direto como indireto, cabe à autoridade policial que preside o inquérito a formulação de quesitos aos peritos.
Reconhecimento de pessoas e coisas	• Quando várias pessoas forem chamadas para efetuar o reconhecimento de pessoa ou objeto, cada uma fará a prova em separado, evitando-se qualquer comunicação entre elas (art. 228 do CPP). • Quando houver necessidades de reconhecimento de objeto, proceder-se-á com as cautelas estabelecidas para o reconhecimento de pessoas, no que for aplicável. • É, ainda, admissível o reconhecimento fotográfico do agente; necessária à sua validade, ser a diligência investida de cuidados ainda maiores que as cautelas para identificação de pessoas ou coisas.

(continuação)	• As fotografias podem e devem ser usadas como meio auxiliar de investigação policial. Porém, o valor probatório do reconhecimento fotográfico é muito relativo. • Como consequência da regra segundo a qual ninguém pode ser obrigado a fazer prova contra si mesmo, prevalece o entendimento no sentido de que a autoridade não pode compelir o suspeito a colaborar nas sessões de reconhecimento.

Capítulo 10

CONCLUSÃO DO INQUÉRITO

10.1. PRAZOS PARA A CONCLUSÃO DO INQUÉRITO

O prazo estabelecido para conclusão do inquérito policial depende, basicamente, da condição de estar o indiciado preso ou solto.

Eis a regra geral contida no Código de Processo Penal:

> *Art. 10. O inquérito deverá terminar no prazo de 10 dias, se o indiciado tiver sido preso em flagrante, ou estiver preso preventivamente, contado o prazo, nesta hipótese, a partir do dia em que se executar a ordem de prisão, ou no prazo de 30 dias, quando estiver solto, mediante fiança ou sem ela.*

Destarte, estando o indiciado preso em flagrante ou preventivamente, o inquérito policial deverá ser encerrado dentro do prazo de dez dias. Este prazo é peremptório e não sendo o inquérito concluído dentro deste lapso a prisão transmuda-se em constrangimento ilegal sanável por meio da ordem de *habeas corpus*, ou seja, o indiciado, em razão do atraso, poderá ser colocado em liberdade pelo juiz competente para conceder o *writ*.

É importante observar que se o indiciado for preso em flagrante por infração prevista na Lei Antidrogas, o inquérito deverá ser encerrado e encaminhado ao fórum dentro de trinta dias (art. 51 da Lei nº 11.343, de 23 de agosto de 2006). Se o delegado de polícia presidente do inquérito necessitar de prorrogação desse prazo, deverá dirigir representação ao juiz expondo as razões que justifiquem a dilação. O juiz, diante de tal situação, ouvirá o Ministério Público e decidirá, podendo duplicar o prazo inicial (art. 51, parágrafo único, Lei nº 11.343/2006). Tratando-se de indiciado solto, o prazo para conclusão é de noventa dias, podendo este ser duplicado pelo juiz, conforme a mesma regra do art. 51, parágrafo único.

Assim, quando o prazo estiver vencendo, compete à autoridade policial remeter ao juiz os autos do inquérito no estado em que se encontram, expondo a necessidade de concessão de novo prazo. O juiz, por sua vez, abrirá vista dos autos ao Ministério Público, que verificará a necessidade da volta dos autos à delegacia, ou se já dispõe de elementos suficientes para o oferecimento da denúncia. Neste caso, será proposta a ação penal e os autos não voltarão à delegacia, caso contrário, a autoridade judiciária devolverá os autos à autoridade policial concedendo prazo suficiente para a realização de outras diligências imprescindíveis ao oferecimento da denúncia.

Outra regra especial quanto ao prazo para a conclusão do inquérito policial encontra-se na Lei de Organização da Justiça Federal (Lei nº 5.010/1966) e refere-se apenas à situação de indiciado preso:

> *Art. 66. O prazo para conclusão do inquérito policial será de quinze dias, quando o indicia-do estiver preso, podendo ser prorrogado por mais quinze dias, a pedido, devidamente funda-mentado, da autoridade policial e deferido pelo Juiz a que competir o conhecimento do processo.*
>
> *Parágrafo único. Ao requerer a prorrogação do prazo para conclusão do inquérito, a autori-dade policial deverá apresentar o preso ao Juiz.*

Assim também, a Lei dos Crimes Contra a Economia Popular (Lei nº 1.521/1951), es-tabelece que o prazo de conclusão de inquérito é, sempre, de 10 (dez) dias, improrrogáveis, esteja o investigado preso ou solto:

> *Art. 10. Terá forma sumária, nos termos do Capítulo V, Título II, Livro II, do Código de Processo Penal, o processo das contravenções e dos crimes contra a economia popular, não subme-tidos ao julgamento pelo júri.*
>
> *§ 1º. Os atos policiais (inquérito ou processo iniciado por portaria) deverão terminar no prazo de 10 (dez) dias.*

Tratando-se de inquérito militar, o prazo previsto no Código de Processo Penal Militar (Decreto-Lei nº 1.002/1969), será de 20 (vinte) dias para conclusão no caso de investigado preso e 40 dias quando estiver solto, prorrogáveis por mais 20 (vinte) dias:

> *Art. 20. O inquérito deverá terminar dentro em 20 (vinte) dias, se o indiciado estiver preso, contado esse prazo a partir do dia em que se executar a ordem de prisão; ou no prazo de quarenta dias, quando o indiciado estiver solto, contados a partir da data em que se instaurar o inquérito.*
>
> *§ 1º. Este último prazo poderá ser prorrogado por mais vinte dias pela autoridade militar superior, desde que não estejam concluídos exames ou perícias já iniciados, ou haja necessidade de diligência, indispensáveis à elucidação do fato. O pedido de prorrogação deve ser feito em tempo oportuno, de modo a ser atendido antes da terminação do prazo.*

Em todos os casos acima listados, estando o indiciado solto, a contagem do prazo segue a regra contida no art. 798, § 1º, do CPP, deixando de ser computado o dia do começo, incluin-do-se o do vencimento. Tratando-se de inquérito policial em que o indiciado esteja preso, há que invocar a ótica do direito material, já que agora estamos lidando com o direito de liber-dade, donde se conclui que a autoridade policial deverá seguir a regra contida no art. 10 do CP (considera-se o dia do começo da contagem do prazo, excluindo-se o do vencimento).

10.2. RELATÓRIO FINAL DO INQUÉRITO

Realizadas todas as diligências, deverá a autoridade policial concluir o inquérito, elabo-rando o relatório e remetendo os autos ao Juiz competente.

O relatório é a síntese da investigação. É no corpo do relatório que o delegado de polícia informa o método de investigação aplicado, as diversas linhas de pesquisa percorridas e o resultado de cada uma delas, os incidentes importantes e as impressões que teve no contato com as pessoas por ele ouvidas.

Na conclusão do inquérito policial, o delegado de polícia deve demonstrar que a investigação foi desenvolvida como um processo científico, delineando o problema (fato aparentemente ilícito) e explicitando como se deu a formulação das hipóteses preliminares (conjecturais) e definitivas (validadas e aptas a demonstrar a verdade) e como a análise dos dados então coligidos permitiu testá-las.

O relatório do inquérito policial deve reunir o resultado de todo um conjunto de atos produzidos de forma interdisciplinar sob a coordenação do delegado de polícia presidente.

À autoridade policial incumbe listar no relatório as diligências desenvolvidas sob seu controle técnico direto no âmbito cartorário (investigação cartorária).

Deve, ainda, constar no relatório o resultado da investigação técnico-científica desfechada pelos peritos sob a coordenação técnico-profissional do delegado de polícia.

Não tendo sido possível ouvir todas as testemunhas na fase preparatória, a autoridade policial deverá nominá-las no relatório, mencionando o lugar onde possam ser encontradas (art. 10, § 2º, do Código de Processo Penal).

Se não tiver proferido o seu juízo de subsunção provisória nos curso do inquérito policial, a autoridade policial deverá indicar no relatório final a classificação do delito, mencionando a presença das elementares do tipo.

No curso do inquérito policial, assim como também na ocasião do relatório final, a autoridade policial poderá representar pela produção antecipada de provas, inserção de testemunhas e vítimas em programas de proteção, acesso a dados sigilosos, decretação de medidas protetivas e de medidas cautelares (prisão preventiva, prisão domiciliar, internação provisória, sequestro de bens, proibições, recolhimento domiciliar, suspensão do exercício de função pública ou atividade, suspensão de direitos, monitoração eletrônica).

Sob um enfoque mais abrangente e garantista, admitindo-se agora que na ocasião do relatório final, mesmo em qualquer fase do inquérito, inclusive antes da instauração do apuratório, fique patenteado que eventual medida cautelar antes imposta ao investigado não deva subsistir por ter se revelado desproporcional ou desnecessária, cumpre ao delegado de polícia representar pela revogação da ordem judicial.

Nesse mesmo sentido, cumpre à autoridade policial, ainda, seja na ocasião de relatar o inquérito ou em qualquer fase da instrução preparatória, uma vez constatando que a prisão imposta ao investigado é desnecessária e inadequada, representar pela imediata soltura do indiciado e, se for o caso, pela substituição da prisão preventiva por outra ou outras medidas cautelares cabíveis.

Inobstante serem as cautelares, especialmente a prisão processual, medidas excepcionais a terem lugar apenas em situações extremas, em havendo imposição arbitrária ou abusiva, deve o delegado de polícia apresentar-se como a primeira trincheira do cidadão na defesa dos direitos mais sagrados.

Não constatando, de forma segura, a necessária justa causa para a manutenção de medida excepcional antes imposta ao investigado, deve o delegado de polícia procurar obstar junto ao juiz a continuidade do constrangimento.

Isto porque o delegado de polícia não é um carrasco, tampouco um burocrata autômato a serviço da acusação, mas deve assumir a postura de um operador do direito, crítico e imparcial, inspirando-se nos valores mais sagrados do Estado Democrático, em especial na dignidade da pessoa humana – princípio erigido a fundamento da República Federativa do Brasil (art. 1º, inciso III, da Constituição Federal) e que se reflete sobre todo o arcabouço jurídico e vincula todo o sistema e seus atores.

Se é verdade que o delegado de polícia não deve registrar qualquer subjetivismo no corpo do relatório do inquérito, não menos verdadeiro é que o delegado de polícia deve expor, com argumentos técnicos e objetivos, tudo quanto possa nortear a boa realização da justiça.

Encerrado o inquérito policial, elaborado o relatório, o delegado de polícia determinará a remessa dos autos ao juiz competente juntamente com os objetos e instrumentos referentes ao crime.

Ao remeter os autos do inquérito concluído, não deve a autoridade policial deslembrar de oficiar o órgão de identificação e estatística criminal, informando o juízo para o qual o procedimento foi encaminhado e todos os dados relativos à infração penal e ao indiciado.

10.3. ARQUIVAMENTO E DESARQUIVAMENTO DO INQUÉRITO

Como já vimos, uma das finalidades do inquérito é apurar a infração penal em sua autoria e materialidade.

Compete à polícia judiciária, por meio do delegado de polícia e seus auxiliares, formalizar os atos de investigação.

É pelo inquérito policial que a autoridade estatal procura elucidar a autoria e materialidade do delito, promovendo as investigações e diligências necessárias.

Se o Ministério Público, ao receber os autos de inquérito policial que tenha como objeto um crime de ação pública, constatar que a autoria foi apurada mesmo que indiciariamente (nesta fase prepondera o princípio *in dubio pro societate*) e que a autoridade policial obteve êxito em reunir a prova da materialidade delitiva, deverá oferecer denúncia. Mas, se os autos não fornecerem elementos de convicção suficientes, o Ministério Público não poderá oferecer denúncia, cumprindo-lhe requerer ao juiz, fundamentadamente, o retorno dos autos à delegacia para a realização de diligências complementares. Não havendo diligências complementares possíveis de serem realizadas por terem se esgotado todos os meios possíveis de apuração, o Ministério Público deverá requerer o arquivamento do inquérito.

Somente ao juiz compete determinar o retorno dos autos à delegacia ou arquivar o inquérito. É função anômala conferida pelo Código de Processo Penal ao magistrado e tem como objetivo evitar procrastinações manifestamente descabidas ou omissões do órgão acusador.

Diante do caráter mais garantidor dos direitos do investigado ou indiciado conferido à defesa técnica nas últimas leis modificadoras da regras da persecução penal (*v. g.* art. 306, § 1º, do CPP), pode-se afirmar que a atual sistemática impõe ao juiz, diante da manifestação do Ministério Público pelo retorno da instrução preparatória, antes de decidir sobre a devolução do inquérito à delegacia, conceder vista dos autos ao advogado constituído ou ao defensor púbico.

É o juiz quem determina o arquivamento dos autos. Tal decisão, entretanto, está sujeita a modificação diante de novos elementos probatórios.

A maioria da doutrina reconhece que a decisão que determina o arquivamento do inquérito policial não faz coisa julgada, pois o art. 18 do Código de Processo Penal, ao instituir a *cláusula rebus sic stantibus*, viabiliza que a autoridade policial possa proceder a novas pesquisas, se de outras provas tiver notícia.

Portanto, a decisão de arquivamento dos autos de inquérito não faz a chamada "coisa julgada material", até porque não se pode falar em coisa julgada se nem processo há ainda.

Significa que mesmo depois de determinado o arquivamento do inquérito policial pelo magistrado por falta de base para a denúncia, a autoridade policial poderá proceder a novas diligências, se de outras provas tiver notícia (art. 18 do CPP).

Deixemos bem claro que a autoridade policial não poderá, em hipótese alguma, determinar o arquivamento do inquérito policial. Assim também, se o Ministério Público desejar que seja o inquérito arquivado, deverá requerê-lo ao juiz, fundamentando o seu pedido.

O pedido de arquivamento dos autos de inquérito policial passa pelo controle estabelecido no art. 28 do Código de Processo Penal. Assim sendo, o juiz não pode obrigar o Ministério Público a oferecer denúncia. Mas não está o magistrado compelido a aceitar de imediato o pedido de arquivamento, até porque cumpre-lhe fiscalizar a efetividade do princípio da obrigatoriedade da ação penal pública. Em não aceitando o pedido de arquivamento apresentado pelo promotor, o juiz fará remessa dos autos ao Procurador-Geral de Justiça, órgão hierarquicamente superior ao representante local do Ministério Público. Se o chefe do *parquet* insistir no pedido de arquivamento, o juiz estará obrigado a atendê-lo, caso contrário, o Procurador-Geral de Justiça oferecerá a denúncia ou designará outro representante do Ministério Público para oferecê-la.

QUADRO SINÓTICO

Capítulo 10 – Conclusão do inquérito	
Prazos para a conclusão do inquérito	• Regra geral: 10 (dez) dias, se o indiciado estiver preso, e 30 (trinta) dias, se o indiciado estiver solto. • Regras especiais: a) Lei de Tóxicos (Lei nº 11.343/2006) – 30 (trinta) dias, se o indiciado estiver preso e 90 (noventa) dias, se o indiciado estiver solto, podendo ser duplicados; b) Inquérito que apurar crimes da competência da Justiça Federal (Lei nº 5.010/1966) –15 (quinze) dias, se o indiciado estiver preso, prorrogável por igual tempo; c) Crimes contra a economia popular (Lei nº 1.521/1951) – 10 (dez) dias, estando o indiciado solto ou preso; d) Inquérito policial militar – 20 (vinte) dias, se o indiciado estiver preso, e 40 (quarenta) dias, se estiver solto, prorrogáveis por mais 20 (vinte) dias.
Relatório final do inquérito	• O relatório é a síntese da investigação. • O relatório do inquérito policial deve descrever as diligências desenvolvidas no âmbito cartorário (investigação cartorária) e os resultados da investigação técnico-científica. • Se não tiver proferido o seu juízo de subsunção provisória nos curso do inquérito policial, a autoridade policial deverá indicar no relatório final a classificação do delito, mencionando a presença das elementares do tipo. • Na ocasião do relatório final, a autoridade policial poderá representar ao juiz pela produção antecipada de provas e pela decretação ou mesmo revogação de medidas constritivas de direitos. • Encerrado o inquérito policial, elaborado o relatório, o delegado de polícia determinará a remessa dos autos ao juiz competente juntamente com os objetos e instrumentos do crime.
Arquivamento e desarquivamento do inquérito	• Não havendo diligências complementares possíveis de serem realizadas por terem se esgotado todos os meios possíveis de apuração, o Ministério Público deverá requerer o arquivamento do inquérito. • Somente ao juiz compete arquivar o inquérito, por meio de despacho. Tal decisão, entretanto, está sujeita a modificação diante de novos elementos probatórios. • O despacho que determina o arquivamento dos autos de inquérito não faz a chamada "coisa julgada material". • Mesmo depois de arquivado o inquérito, a autoridade policial poderá proceder novas diligências, se de outras provas tiver notícia.

Capítulo 11

PRISÃO EM FLAGRANTE
LIBERDADE PROVISÓRIA MEDIANTE FIANÇA ARBITRADA PELA AUTORIDADE POLICIAL
PRISÃO TEMPORÁRIA
PRISÃO PREVENTIVA
OUTRAS MEDIDAS CAUTELARES

11.1. O PRINCÍPIO DA PROPORCIONALIDADE

O Título IX do Código de Processo Penal, alterado pela Lei nº 12.403/2011, regula, nos arts. 282 a 350, a liberdade provisória, a prisão em flagrante, a prisão preventiva, a prisão domiciliar e outras medidas cautelares.

O art. 282 abre o capítulo das disposições gerais do Título IX estabelecendo dois parâmetros a serem obrigatoriamente observados em relação a todas as medidas cautelares:

> Art. 282. As medidas cautelares previstas neste Título deverão ser aplicadas observando-se a:
>
> I – necessidade para aplicação da lei penal, para a investigação ou a instrução criminal e, nos casos expressamente previstos, para evitar a prática de infrações penais;
>
> II – adequação da medida à gravidade do crime, circunstâncias do fato e condições pessoais do indiciado ou acusado.

A necessidade e a adequação são tidas, doutrinariamente, ao lado da proporcionalidade estrita, como elementos ou subprincípios do princípio da proporcionalidade.

Temos, então, que a partir das alterações trazidas ao Código de Processo Penal pela Lei nº 12.403/2011, o princípio da proporcionalidade passou a constituir parâmetro obrigatório para a decisão do delegado de polícia, na hipótese de prisão em flagrante, e do juiz, na decretação da prisão preventiva e das demais medidas cautelares, incluindo-se aí a prisão temporária disciplinada na Lei nº 7.960/1989.

Corolário do estado de direito e do devido processo legal substantivo, o princípio da proporcionalidade, também denominado princípio da proibição do excesso ou princípio da adequação dos meios aos fins, vem sendo utilizado na jurisprudência do Supremo Tribunal Federal na solução de lides que envolvem conflitos entre direitos fundamentais.

Na realidade, o princípio da proporcionalidade não é novidade no Brasil e há algum tempo já vem orientando decisões judiciais e administrativas e, embora não conste expressamente na Constituição Federal, a sua justificação dogmática decorre de variadas cláusulas constitucionais.

Em contraposição ao positivismo extremo, o princípio da proporcionalidade permite a ponderação de valores fundamentais conflitantes, evitando resultados injustos e desproporcionais.

A aplicação do princípio da proporcionalidade evita intervenções excessivas e desnecessárias do Estado, indicando a medida justa entre os fins visados e os meios pelos quais se busca atingi-los.

Assim, na aplicação das medidas cautelares previstas no Código de Processo Penal (e na Lei nº 7.960/1989), a concretização do princípio da proporcionalidade representa a racionalidade prática das intervenções possíveis de serem impostas na esfera dos direitos individuais do investigado ou acusado antes da solução definitiva da lide penal.

Ao decidir pela prisão em flagrante ou representar ao juiz pela decretação de medidas cautelares, o delegado de polícia deve seguir a pauta axiológica do princípio da proporcionalidade, guiando-se pela prudência, moderação, equidade, justiça e bom senso.

Os incisos I e II do art. 282 do Código de Processo Penal consubstanciam o princípio da proporcionalidade por meio de dois de seus subprincípios ou elementos: necessidade e adequação.

Pelo princípio da necessidade, por vezes denominado "princípio da exigibilidade", ao restringir direitos, o Estado deverá escolher a medida menos gravosa e estritamente indispensável aos resultados que se pretende atingir.

É nesse sentido a lição de Canotilho (1999, p. 263):

> o princípio da exigibilidade, também conhecido como o princípio da *necessidade* ou da *menor ingerência possível,* coloca a tônica na *ideia de que o cidadão tem o direito à menor desvantagem possível.* Assim, exigir-se-ia sempre a prova de que, para a obtenção de determinados fins, não era possível adotar outro meio menos oneroso para o cidadão.

Quanto às medidas cautelares do processo penal, os fins estão expressos no inciso I: aplicação da lei penal; investigação criminal; e instrução criminal.

Portanto, as medidas cautelares próprias da persecução penal somente terão lugar quando se apresentarem estritamente indispensáveis à aplicação da lei penal ou à investigação criminal ou à instrução processual, vale dizer, na hipótese de não ser possível o atingimento dos fins da persecução sem lançar mãos de tais medidas.

A parte final do inciso I do citado art. 282 do Código de Processo Penal – "e, nos casos expressamente previstos, para evitar a prática de infrações penais" – parece ter admitido o uso preventivo das cautelares nos casos previstos em lei, pelo que será possível a decretação de tais medidas antes mesmo da prática de ilícitos penais, mas quando indispensáveis para evitar o cometimento.

O princípio da necessidade indica que as medidas cautelares deverão ser sopesadas entre elas quanto ao grau de lesividade aos direitos e liberdades individuais, impondo-se ao poder público eleger aquela que possa conduzi-lo aos fins pretendidos, atingindo, o menos gravosamente possível, o investigado ou acusado. Assim é que a legitimação da medida cautelar dependerá da demonstração de que entre as demais cautelares disponíveis para o alcance dos objetivos visados pelo poder público, o Estado elegeu a menos danosa ao cidadão.

Numa relação de meios e fins, conflitando-se os objetivos da persecução penal com os direitos fundamentais do cidadão objeto da investigação ou do processo, o delegado de polícia e o juiz devem atentar para o dever de demonstrar que a cautelar: 1) é a que se afigura realmente indispensável aos fins da persecução e, 2) é a menos gravosa dentre todas as disponíveis.

Já pela adequação, outro subprincípio do princípio da proporcionalidade, o poder público deverá adotar a medida finalisticamente apropriada, incumbindo, nesse sentido, ao delegado de polícia e ao juiz, a demonstração da compatibilidade entre a medida cautelar escolhida e a *gravidade do crime, as circunstâncias do fato e as condições pessoais do indiciado ou acusado.*

11.2. PRISÃO EM FLAGRANTE

O inquérito, *in genere*, é todo o procedimento legal destinado à reunião de elementos acerca de uma infração penal. É a instrução extrajudicial. Esse conceito, em sua amplitude, compreende também o auto de prisão em flagrante, que assim se denomina por resultar da circunstância de surpreender-se o agente na prática de ilícito penal, mas que nem por isto deixa de equiparar-se ao inquérito policial. Como elemento informativo, o auto de prisão em flagrante é, pois, genericamente inquérito policial (leia-se o art. 304, § 1º, do CPP: "[...] prosseguirá nos autos do inquérito [...]").

O inquérito policial *in specie* tem o sentido restrito de "inquérito propriamente dito", isto é, indica os autos da investigação que se originam de simples representação, de notícia ou de mera informação, e que por isso mesmo por vezes é até menos eficiente que o flagrante para reunir elementos de convicção (ACOSTA, 1979, p. 30).

A Constituição Federal vigente estabelece no art. 5º, inciso LXI:

> *LXI – ninguém será preso senão em flagrante delito ou por ordem escrita e fundamentada de autoridade judiciária competente, salvo nos casos de transgressão militar ou crime propriamente militar, definidos em lei.*

No Código de Processo Penal, estão as regras que sempre nortearam esse tipo de prisão:

> *Art. 301. Qualquer do povo poderá e as autoridade policiais e seus agentes deverão prender quem quer que seja encontrado em flagrante delito.*
>
> *Art. 302. Considera-se em flagrante delito quem:*
>
> *I – está cometendo a infração penal;*
>
> *II – acaba de cometê-la;*
>
> *III – é perseguido, logo após, pela autoridade, pelo ofendido ou por qualquer pessoa, em situação que faça presumir ser autor da infração;*
>
> *IV – é encontrado, logo depois, com instrumentos, armas, objetos ou papéis que façam presumir ser ele autor da infração.*

Flagrante, derivado do latim *flagrans* (ardente, abrasador), é empregado para significar o que é claro, o que é evidente ou patente. Ou para designar tudo o que é registrado ou anotado no próprio momento em que se dá a ação (DE PLÁCIDO E SILVA, 2006, p. 705).

A prisão em flagrante é autodefesa estatal diante das hipóteses em que é necessário fazer cessar de pronto a prática de delitos, acautelar de imediato provas sensíveis do delito e evitar a fuga dos autores de infrações penais.

A Constituição Federal vigente exige ordem escrita da autoridade judiciária competente para a prisão de quem quer que seja, salvo no caso de flagrante, o que é evidente, pois não teria sentido que fosse exigida a ordem escrita no momento em que o agente é surpreendido praticando o delito.

A Carta Magna prevê a exceção, dispensando o flagrante delito ou a ordem escrita e fundamentada da autoridade competente, nos casos de transgressão militar ou crime propriamente militar, definidos em lei. Isso significa que a autoridade militar pode prender o subordinado, evidentemente sempre de acordo com a legislação aplicável, pois este é o sentido da exceção prevista no texto legal.

Como medida cautelar de autodefesa social, a prisão em flagrante somente se justifica se presente os seguintes requisitos: *fumus commissi delicti* (*fumus boni iuris*), consistente em fazer cessar a continuidade de ato aparentemente delituoso ou se o ato já se consumou, na necessidade de assegurar a plena eficácia da lei penal com o acautelamento da prova da materialidade e respectiva autoria e o *periculum libertatis* (*periculum in mora*) podendo ser expresso no risco de fuga daquele que atentou contra a segurança da sociedade.

11.2.1. Justificativa da prisão em flagrante

Na legislação e na doutrina não existe discrepância quanto à necessária medida de prender alguém no momento em que estiver praticando o delito. A sociedade, para se defender, precisa cercear a liberdade física dos que atentam contra as normas de conduta essenciais para a convivência, prendendo-os diante da certeza visual do crime.

Tourinho Filho (1990, p. 35) preleciona:

> Justifica-se, ainda, a prisão em flagrante, pelo seu tríplice efeito: a) exemplaridade (serve de advertência aos maus); b) satisfação (restitui a tranquilidade aos bons); e c) o prestígio (restaurar a confiança na lei, na ordem jurídica e na autoridade). Justifica a conveniência de obstar o comportamento delituoso, evitando a consumação do crime ou, se já se consumou, de assegurar a plena eficácia da lei penal, evitando-se o *periculum in mora*, isto é, evitando-se a tardia aplicação da pena ou sua total insatisfação.

Para que sejam atendidas essas exigências, cumpre não desvestir o cidadão de sua segurança jurídica. Por essa razão, a prisão somente pode ocorrer em duas hipóteses: a do flagrante delito e a da ordem escrita da autoridade competente.

11.2.2. Hipóteses de flagrante

Flagrante delito é, como já vimos, a certeza visual do crime. Segundo o Código de Processo Penal, temos três hipóteses de flagrante:

1ª) flagrante próprio, real ou verdadeiro;

2ª) flagrante impróprio, irreal ou quase-flagrante;

3ª) flagrante presumido, ficto ou assimilado.

O flagrante próprio está previsto nos incisos I e II do art. 302: quando o agente está cometendo a infração ou acaba de cometê-la. Ou seja, há flagrância clara e precisa, sem qualquer dúvida quanto à configuração do flagrante. São hipóteses em que existe a certeza visual do crime: ou o sujeito é surpreendido ainda no cometimento do crime ou imediatamente após a consumação.

As dúvidas surgem quanto ao flagrante impróprio e ao flagrante presumido, no que se refere ao sentido das expressões "logo após" e "logo depois". O inciso III do art. 302 do Código de Processo Penal diz, quando o agente "é perseguido, logo após, pela autoridade, pelo ofendido ou por qualquer pessoa, em situação que faça presumir ser autor da infração", tratando-se, neste caso, do flagrante impróprio. Por derradeiro, o flagrante presumido está previsto no inciso IV: "é encontrado, logo depois, com instrumentos, armas, objetos ou papéis que façam presumir ser ele autor da infração".

O direito francês usa de expressão semelhante: *dans temps voisin*. No direito italiano usa-se a expressão *immediatamente dopo*. Emprega-se, no direito argentino, a frase *immediatamente después*. O Código alemão fala em *unmittelbar nach der tat* (imediatamente após o fato).

Tais expressões "logo após" e "logo depois" são, de um modo geral, um tanto vagas e, assim, há possibilidade de interpretar com maior flexibilidade o elemento cronológico. Temos para nós que o legislador, com tais expressões, quis estabelecer entre prática da infração e a circunstância de ser o agente encontrado com instrumentos, armas, objetos ou papéis em situações que faça presumir ser ele o autor da infração, uma relação de imediatidade. Não de absoluta imediatidade, porque senão a hipótese seria aquela prevista no item II do art. 302 (TOURINHO FILHO, 1990, p. 36).

Quanto à expressão "logo após", é o tempo necessário para que a polícia seja acionada e desencadeie as diligências iniciais de coleta das primeiras informações. Esse tempo não pode ser maior que algumas poucas horas entre o tempo do crime e o início da perseguição, variando de acordo com as condições do local, em especial a extensão territorial e o tráfego.

Ainda no caso da prisão em perseguição hipoteticamente elencada no inciso III, importa destacar que o "logo após" refere-se ao início da perseguição, não importando o tempo de duração da diligência, conquanto seja constante e ininterrupta (art. 290, § 1º, "a" e "b", do Código de Processo Penal). O que importa é que a perseguição se inicie assim que o perseguidor seja avisado ainda no calor dos acontecimentos e realize logo os primeiros levantamentos. Iniciada a perseguição, se esta for constante e dela resultar a captura, haverá flagrante, ainda que a prisão ocorra semanas depois do fato.

Já quanto à expressão "logo depois", na hipótese do inciso IV, embora não haja rigorismos a estabelecer limites objetivos, o elemento cronológico também não pode ultrapassar lapso maior que algumas poucas horas a separar o tempo do fato e o momento em que o sujeito é surpreendido em situação ou em poder de coisas que o vinculem ao crime. Neste aspecto, há certo consenso em atribuir alguma margem de discricionariedade na aferição do elemento cronológico, devendo haver a confrontação do lapso compreendido entre o fato e a prisão com outros elementos objetivos verificados no caso concreto.

A doutrina, ainda, apresenta outras conceituações, a saber:

— Flagrante esperado: ocorre quando um particular, a autoridade policial ou seus agentes, sabendo com antecedência da intenção delitiva, sem induzir ou instigar o agente, aguardam o início dos atos executórios para prender o autor da infração. É espécie de flagrante válido.

— Flagrante preparado: ocorre quando o autor da infração atua com vontade viciada pelo induzimento ou instigação de quem, criando deliberadamente todas as condições para a prática delitiva, surpreende o sujeito do delito em situação de flagrante. Aplica-se, nesta hipótese, a Súmula nº 145 do Supremo Tribunal Federal: "Não há crime quando a preparação do flagrante pela polícia torna impossível a sua consumação".

— Flagrante forjado: ocorre com base em falsas provas, apresentadas dissimuladamente, como forma de incriminar injustamente alguém. Neste caso, o suposto preso não praticou crime algum, pois o flagrante é uma fraude.

— Flagrante diferido, estratégico, retardado ou ação controlada: tem sustentação nas Leis nºs 11.343/2006 e 12.850/2013 e consiste em adiar a execução da prisão em flagrante para o momento mais favorável à coleta do material probante.

11.2.3. Dever e faculdade da prisão em flagrante

O estado de flagrância por infração da norma penal enseja que no ato de delinquência seja o autor do ilícito imediatamente contido pela autoridade ou pelos agentes desta, pelo ofendido ou por qualquer pessoa do povo.

As autoridades policiais e seus agentes tem o dever de prender quem quer que seja em caso de flagrante delito. É o que impõe o art. 301 do Código de Processo Penal. Ao dispor também que qualquer do povo poderá prender quem quer que seja encontrado em flagrante delito, estabelece uma faculdade e não uma obrigatoriedade ao cidadão.

É preciso entender bem a diferença entre a prisão objeto de disciplina pelo art. 301 do Código de Processo Penal e a prisão formal.

O art. 301 do Código de Processo Penal quis referir-se à contenção física (prisão material) de qualquer pessoa surpreendida em uma das situações descritas no art. 302.

Não podemos confundir a "prisão" material prevista no art. 301 com a prisão formal decorrente da decisão administrativa proferida pelo delegado de polícia (art. 304) e com aquela decorrente de ordem judicial proferida pelo juízo ordinário (art. 282).

Quis o legislador que a prisão descrita no art. 301 (que na realidade é contenção, imobilização física), fosse realizada contra qualquer um que fosse surpreendido nas situações do art. 302, seja o autor do ilícito uma autoridade com imunidade e prerrogativa funcional, seja ele qualquer pessoa.

O que o ordenamento jurídico proíbe, ao estabelecer a prerrogativa da não prisão pela prática de crimes afiançáveis em relação a alguns agentes políticos, é a autuação em flagrante pelo delegado de polícia ou a expedição de mandado judicial de prisão por autoridade judiciária sem competência originária (prisão formal). Não quer dizer, com isso, que tais agentes públicos estejam imunes à ação física (prisão material) da autoridade policial, seus agentes e mesmo de qualquer pessoa, se surpreendidos em uma das situações descritas no art. 302 do Código de Processo Penal, ainda que se tratando de crimes afiançáveis.

Ora, seria tão absurdo quanto irracional exigir que um policial, de qualquer graduação, assistisse impassível ao cometimento de ilícito penal, ainda que evidentemente afiançável, por uma autoridade pública, seja tal autoridade um magistrado, um membro do Ministério Público, um deputado, um senador e até o Presidente da República. Sendo tais agentes públicos surpreendidos em situação de flagrante delito, deve a autoridade policial e seus agentes fazer cessar a prática delitiva, conter o autor do crime, imobilizá-lo mesmo, inclusive com uso de algemas, se necessário, para evitar sem demora a continuidade da ofensa a bens jurídicos tutelados pela norma penal.

Ademais, não é no calor dos fatos e no tumulto da rua que se poderá bem avaliar se a infração penal é daquelas afiançáveis ou inafiançáveis, se o tal sujeito surpreendido em situação criminosa é mesmo uma autoridade, se o seu documento de identificação é autêntico (e são muito comuns os casos de documentos funcionais falsos ou falsificados), se ainda está investido na função ou se já não foi demitido a bem do serviço público (tal desconfiança, inclusive, pode ser bem plausível nos casos de condutas incompatíveis com a dignidade do cargo).

Deve o autor da infração, na hipótese de ter sido surpreendido em situação de flagrante, **seja ele quem for,** ser conduzido (prisão material) à delegacia para que o delegado de polícia bem avalie se é o caso ou não de autuação (prisão formal).

É somente na repartição pública apropriada, diante de uma autoridade pública capacitada para realizar as pesquisas sobre a condição verdadeira do sujeito surpreendido em flagrante e avaliar de forma segura a adequação típica dos fatos, que se poderá bem aferir se tal pessoa deve ou não ser autuada.

A "carteirada" não deve impedir a pronta e precisa intervenção física sobre **quem quer que seja** surpreendido em situação de flagrância.

Aliás, é por meio das providências imediatas no local dos fatos e sobre o autor da infração que se poderá acautelar mais eficientemente as provas do delito, apreendendo instrumentos, armas, objetos e tudo quanto possa servir para o esclarecimento do fato e suas circunstâncias.

Repise-se: nas situações descritas no art. 302 do Código de Processo Penal, como consequência da aparente ofensa a um bem jurídico tutelado penalmente e do risco de fuga (*fumus commissi delicti e periculum libertatis*), sempre será o caso de contenção física do autor (imobilização e condução à delegacia, inclusive com o uso de algemas, se houver necessidade de preservar a segurança da equipe de policiais ou da própria pessoa contida), consoante determinação legal expressa no art. 301 do Código de Processo Penal.

Aliás, nesse sentido, foi bem categórico o legislador ao fazer constar no art. 301 a expressão "prender **quem quer que seja**".

Frise-se que, em relação aos crimes inafiançáveis (*racismo*, tortura, tráfico de entorpecentes, terrorismo e os definidos como crimes hediondos, crimes cometidos por grupos armados, civis ou militares, contra a ordem constitucional e o Estado Democrático) qualquer pessoa deverá não somente ser objeto da imediata prisão material, mas também devidamente autuada em flagrante pelo delegado de polícia da circunscrição, não havendo, neste caso, que se falar em imunidade em relação à prisão formal e muito menos em relação à prisão descrita no art. 301.

Em ocorrendo a autuação em flagrante de autoridade com prerrogativa funcional, o delegado de polícia deverá comunicar a casa legislativa ou o chefe do poder a que pertencer a autoridade autuada no prazo máximo de vinte e quatro horas, encaminhando os autos da prisão em flagrante para avaliação quanto às providências subsequentes.

Cabe ressalvar que por força do disposto no § 3º do art. 86 da Constituição Federal, não poderá haver a prisão formal do Presidente da República, independentemente de ser o crime afiançável ou inafiançável.

Quanto aos diplomatas, o art. 29 da Convenção de Viena sobre Relações Diplomáticas, aprovada no Brasil pelo Decreto Legislativo nº 103/1964 e ratificada e promulgada pelo Decreto nº 56.435/1965, estabelece de forma bastante clara a impossibilidade de qualquer tipo de restrição ambulatorial em relação a tais agentes: "A pessoa do agente diplomático é inviolável. Não poderá ser objeto de nenhuma forma de detenção ou prisão".

A prisão em flagrante de qualquer pessoa pode ser cumprida por qualquer cidadão, mesmo que se trate da vítima. Como vimos, tratando-se de autoridade policial ou seus agentes, não há faculdade, e sim dever.

11.2.4. Prisão em flagrante nos crimes de ação penal pública condicionada e de ação penal privada

Não se pode negar a admissibilidade da prisão em flagrante delito nos crimes de ação penal privada e nos crimes de ação penal pública condicionada. Embora o Código de Processo Penal seja omisso, a doutrina e a jurisprudência admitem a prisão em flagrante sem divergência, e certamente não há motivos para não admiti-la.

Porém, nesses casos, para que a persecução estatal tenha início, a vítima ou o seu representante deverá manifestar desejo nesse sentido. É óbvio que, se nos crimes de ação privada e nos crimes de ação pública condicionada, a autoridade policial não pode dar início ao inquérito sem o requerimento ou representação da vítima ou de seu representante legal, não teríamos razão para admitir que o delegado de polícia pudesse autuar alguém em flagrante que cometesse um desses delitos sem a mesma manifestação.

Aliás, como já dito, até mesmo a vítima pode prender o delinquente em flagrante e conduzi-lo à presença da autoridade policial.

Para a validade do auto de prisão em flagrante, nos casos de crimes de ação penal privada e nos crimes de ação penal pública condicionada, é imperioso que autoridade policial, antes da lavratura do auto de prisão, tome por termo a declaração expressa do titular do direito de queixa ou de representação no sentido de ser iniciada a persecução penal.

Se o autuado ficar preso após o término do inquérito (art. 10 do Código de Processo Penal), remetidos os autos ao juiz competente, a vítima ou quem de direito, terá 5 (cinco) dias de prazo para oferecer a queixa quando o crime for de alçada privada. Em se tratando

Manual de polícia judiciária: doutrina e prática

de crime de ação penal pública condicionada, o Ministério Público poderá desde logo oferecer denúncia, já que a condição de procedibilidade (representação) já foi satisfeita na fase da instrução preparatória.

11.2.5. Formalização do auto de prisão em flagrante

Efetuada a prisão-captura, o preso, ou, segundo a terminologia do nosso Código, o conduzido, deve ser apresentado à autoridade competente, que, de regra, é a autoridade policial do lugar onde se efetivou a prisão (arts. 290 e 308 do Código de Processo Penal).

Como já dito, mas sempre oportuno relembrar, de acordo com a atual sistemática do Código de Processo Penal, só existe uma autoridade policial: o delegado de polícia. A despeito das diferentes concepções que podem ser buscadas no Direito Administrativo, para o Direito Processual Penal as demais categorias de policiais são *consideradas agentes da autoridade policial*.

De qualquer sorte, a autoridade policial, diga-se, delegado de polícia, é quem decide, diante do que lhe for apresentado, se será lavrado ou não o auto de prisão em flagrante, sendo inadmissível qualquer espécie de pressão externa sobre o juízo de adequação típica privativo da autoridade policial.

O delegado de polícia é o primeiro juiz dos fatos e cabe a ele decidir sobre a adequação típica da conduta noticiada, por meio de um juízo lógico-formal de subsunção (tipicidade formal). Mas não é só isso. Deve a autoridade policial ainda avaliar o desvalor (tipicidade material) da conduta para concebê-la sob um olhar mais abrangente, consoante o caráter fragmentário do Direito Penal.

Também oportuno ratificar o que antes dissemos: a partir da reconfiguração das regras gerais disciplinadoras das medidas cautelares, especialmente em razão do que passou a dispor o art. 282 do Código de Processo Penal, alterado pela Lei nº 12.403/2011, o delegado de polícia somente poderá impor a prisão em flagrante se restar demonstrada a necessidade e a adequação daquela modalidade de medida cautelar.

Mais atuais e apropriados do que nunca, os termos da decisão proferida em 29 de outubro de 1991, pelo Desembargador Passos de Freiras, da 4ª Câmara Criminal do Tribunal de Alçada Criminal do Estado de São Paulo, no julgamento do *Habeas Corpus* nº 215.540-01:

> A determinação da lavratura do auto de prisão em flagrante pelo delegado de polícia não se constitui em um ato automático, a ser por ele praticado diante da simples notícia do ilícito penal pelo condutor. Em face do sistema processual vigente, o Delegado de Polícia tem o poder de decidir da oportunidade ou não de lavrar o flagrante. (*RT* 679/351).

Resta evidenciada a perfeita aplicação do princípio do livre convencimento motivado no tocante ao *decisum* do delegado de polícia pela lavratura ou não do auto de prisão em flagrante, exigindo-se, sempre, que a autoridade policial declare motivadamente em decisão fundamentada a sua íntima convicção, seja ela qual for.

Exarada a decisão fundamentada pelo delegado de polícia acerca da autuação ou não autuação, cabe ao escrivão de polícia executar prontamente tudo quanto foi motivadamente ordenado pela autoridade policial.

Aquele que apresenta o conduzido à autoridade é chamado de condutor. Devem também estar presentes as pessoas que testemunharam a prática da infração. Caso não haja testemunha presencial, exige-se, no mínimo, duas testemunhas que tenham presenciado a apresentação do conduzido à autoridade (TOURINHO FILHO, 1990, p. 39).

Para que o condutor sirva também como testemunha não basta ter efetuado a prisão do conduzido, é necessário que tenha presenciado qualquer circunstância relacionada ao fato delituoso.

Apresentado o preso à autoridade competente, esta deve, antes de qualquer providência, certificar-se de que o cidadão conduzido encontra-se incólume ou se existem indicativos de que sofreu abusos.

Em seguida, o delegado de polícia e seus agentes devem realizar, junto ao condutor, testemunhas e pessoa conduzida, uma investigação prévia, sobretudo por meio de entrevista pessoal direta, visando a conhecer todas as nuanças do fato e da prisão. Somente assim estará o delegado de polícia habilitado a decidir sobre a prisão e conduzir as oitivas que se iniciarão em seguida, formulando as perguntas que mais efetivamente possam resultar na descoberta da verdade sobre os fatos e todas as suas circunstâncias.

Na sequência, o delegado de polícia ouvirá o condutor, lavrando-se o termo de depoimento respectivo, dispensando-o mediante entrega de recibo do preso (art. 304).

As demais testemunhas serão ouvidas na continuidade, lavrando-se termos de depoimento em que conste tudo quanto informarem.

Ato contínuo, se for o caso, a vítima será ouvida sobre tudo que puder informar sobre o fato, registrando-se sua versão em termo de declarações.

Por último, o delegado de polícia interrogará o acusado sobre a imputação que lhe é feita, lavrando-se o termo de interrogatório que será assinado pela autoridade que o presidiu, pelo interrogado e pelo escrivão que o digitou.

O delegado de polícia, após cada oitiva, colherá suas respectivas assinaturas, lavrando a autoridade, afinal, o auto (art. 304 do CPP).

Caso seja determinada, inicialmente, a lavratura do auto de prisão em flagrante, após ouvidos o condutor, testemunhas e conduzido, resultando das respostas **infundada** a suspeita contra o autuado, deve o delegado de polícia que presidiu o auto, por meio de novo despacho fundamentado, relaxar a prisão (art. 304, § 1º, *contrario sensu*), encaminhando, porém, a comunicação ao juiz competente com cópia de todos os documentos então produzidos.

Da mesma forma, mantendo o autuado preso, a prisão e o local onde se encontre recolhido serão comunicados imediatamente ao juiz competente, ao Ministério Público, à defesa técnica, à família do preso ou à pessoa por ele indicada (art. 306, do CPP).

Em até vinte e quatro horas após a realização da prisão, será encaminhado ao juiz competente o auto de prisão em flagrante e, caso o autuado não informe o nome de seu advogado, cópia integral para a Defensoria Pública (art. 306, § 1º, do Código de Processo Penal com redação alterada pela Lei nº 12.403, de 4.5.2011).

A Constituição vigente também garante ao conduzido o direito de fazer comunicar a prisão à família, ou à pessoa por ele indicada, para que seu paradeiro seja conhecido, o que facultará maior possibilidade de assistência – é o que prevê o art. 5º, LXII, da CF.

O conduzido não está obrigado a responder às perguntas que lhe forem formuladas e deverá ser informado de seus direitos, entre os quais de permanecer calado. Ao preso será assegurada a assistência da família e de advogado (art. 5º, LXIII, da CF).

O preso tem direito à identificação dos responsáveis por sua prisão e por seu interrogatório policial. É uma exigência constitucional inarredável que objetiva inibir abusos.

Tudo quanto ocorra durante a lavratura deverá ser consignado no auto de prisão em flagrante que será lavrado ao término das oitivas e demais providências prementes, principalmente a circunstância de que o autuado foi informado de seus direitos e quais as diligências realizadas diante da manifestação do conduzido. Concluída a lavratura do auto, o autuado receberá a nota de culpa e a sua prisão será comunicada imediatamente ao juiz competente.[5]

Recebendo os autos, o juiz deve adotar uma entre três medidas determinadas no Código de Processo Penal: a) relaxar a prisão ilegal; b) converter a prisão em flagrante em prisão preventiva ou outra medida cautelar se esta se revelar adequada e suficiente; ou c) conceder liberdade provisória:

> Art. 310. Ao receber o auto de prisão em flagrante, o juiz deverá fundamentadamente:
>
> I – relaxar a prisão ilegal; ou
>
> II – converter a prisão em flagrante em preventiva, quando presentes os requisitos constantes do art. 312 deste Código, e se revelarem inadequadas ou insuficientes as medidas cautelares diversas da prisão; ou
>
> III – conceder liberdade provisória, com ou sem fiança.
>
> Parágrafo único. Se o juiz verificar, pelo auto de prisão em flagrante, que o agente praticou o fato nas condições constantes dos incisos I a III do caput do art. 23 do Decreto-Lei nº 2.848, de 7 de dezembro de 1940 – Código Penal, poderá, fundamentadamente, conceder ao acusado liberdade provisória, mediante termo de comparecimento a todos os atos processuais, sob pena de revogação.

Ante a vigência do sistema acusatório, que afastou a figura do juiz inquisidor, surge a polêmica sobre a decretação da prisão preventiva, de ofício, pelo juiz que receber o auto de prisão em flagrante.

---

5. Na Parte Prática desta obra, encontram-se modelos de auto de prisão em flagrante.

Nestor Távora e Rosmar Rodrigues Alencar (2012, p. 578), assim se manifestam:

> Ressalte-se que a segunda hipótese (conversão da prisão preventiva) dependerá da representação da autoridade policial ou de requerimento do Ministério Público, já que a Lei nº 12.403/2011 vedou a decretação *ex officio* da prisão preventiva na fase de investigação.

Ocorre que o *caput* do art. 306 determina a *comunicação* da prisão ao juiz competente, ao Ministério Público, à família do preso ou à pessoa por ele indicada.

Além do mais, o Código de Processo Penal não obriga a autoridade judiciária a dar vistas do auto de prisão em flagrante ao Ministério Público, como previsto no art. 50 da Lei de Tóxicos.

O antigo art. 311 do Código de Processo Penal, assim disciplinava a decretação da prisão preventiva:

> *Art. 311. Em qualquer fase do inquérito ou da instrução criminal, caberá a prisão preventiva, decretada pelo juiz, de ofício, a requerimento do Ministério Público, ou do querelante, ou mediante representação da autoridade policial, quando houver prova da existência do crime e indícios suficientes da autoria.*

O atual art. 311 do Código de Processo Penal passou a ter a seguinte redação, dada pela Lei nº 12.403/2011:

> *Art. 311. Em qualquer fase da investigação policial ou do processo penal, caberá a prisão preventiva decretada pelo juiz, de ofício, se no curso da ação penal, ou a requerimento do Ministério Público, do querelante ou do assistente, ou por representação da autoridade policial.*

Assim, face ao novo texto do art. 311, a autoridade judiciária somente poderá decretar a prisão preventiva *ex officio* durante a fase processual, não podendo converter a prisão em flagrante em prisão preventiva sem provocação do delegado de polícia.

Diante desse quadro, fica evidenciado que o legislador reconheceu mais uma vez que o único órgão habilitado a alcançar a percepção segura sobre a conveniência da prisão durante as investigações, pelo contato mais próximo e imediato que tem com os fatos, é o delegado de polícia, cabendo a este, se considerar necessária e adequada a manutenção da restrição ambulatorial do autuado, demonstrar ao juiz a presença dos fundamentos jurídicos e dos pressupostos legais da prisão preventiva, por meio de representação que seguirá anexada ao auto de prisão em flagrante remetido ao fórum.

Desse modo, se o delegado de polícia não provocar a autoridade judiciária na ocasião da remessa dos autos de prisão em flagrante, ao juiz não será facultado converter a prisão em flagrante em prisão preventiva, até porque os autos de prisão em flagrante normalmente não oferecem suporte necessário para a avaliação sobre a presença dos pressupostos e fundamentos da medida excepcional.

Oportuno comentar que o § 1º do art. 306 do Código de Processo Penal determina a remessa de cópia dos autos do flagrante à Defensoria Pública, sempre que o autuado não contar com advogado. A nosso sentir, tal regra deve ser observada, por analogia, em todos os casos de prisão provisória, já que as razões que justificam tal comunicação são as mesmas nas hipóteses de prisão preventiva e prisão temporária – propiciar o imediato exercício de defesa técnica a quem não dispõe de defensor.

Referindo-se aos beneficiários da intervenção da Defensoria Pública, muito sensato o posicionamento de Nestor Távora e Rosmar Rodrigues Alencar (2012, p. 579):

> Percebe-se que a lei não fala em preso pobre, e sim naquele que não tem advogado. Desta forma, atuando a Defensoria Pública e apurando-se posteriormente que o preso tem condição financeira, deve o juiz arbitrar honorários, a serem depositados em fundos em favor da Instituição.

11.2.6. Providências exigidas após a lavratura do auto

Concluída a lavratura do auto de prisão em flagrante, devem ser tomadas as seguintes providências antes determinadas no próprio corpo do documento:

I – comunicação ao juiz (com ou sem representação pela prisão preventiva, a depender da necessidade e adequação da medida extrema, a critério do delegado de polícia) por meio de ofício, juntando-se cópia dos termos das oitivas, do auto de prisão e da nota de culpa. É o que determina o art. 5º, LXII, da Constituição Federal e o *caput* do art. 306 do Código de Processo Penal. Todo cerceamento da liberdade há de ser comunicado ao juiz competente para que seja apreciado o seu fundamento;

II – mera comunicação da prisão ao Ministério Público, à família do preso ou à pessoa por ele indicada e remessa de cópia integral do auto e das peças respectivas ao advogado constituído ou à Defensoria Pública (art. 306, § 1º, do CPP);

III – expedição da nota da culpa, dentro de vinte quatro horas subsequentes à prisão. Será dada ao preso nota de culpa assinada pela autoridade, com o motivo da prisão, o nome do condutor e os das testemunha (§ 2º do art. 306 do CPP);

IV – cumprimento do disposto no inciso VIII do art. 6º do CPP, observando-se o preceito constitucional segundo o qual o civilmente identificado não será submetido a identificação criminal, salvo nas hipóteses previstas na Lei nº 12.037/2009;

V – sendo a infração daquelas em que o conduzido livrar-se-á solto, conforme prevê o art. 309 do CPP, "[...] deverá ser posto em liberdade, depois de lavrado o auto de prisão em flagrante"; e

VI – tratando-se de infração punida com pena máxima de prisão não superior a quatro anos, cumpre à autoridade, após a lavratura do auto – sempre por meio de despacho fundamentado em que demonstre ter considerado tudo quanto determina o art. 326 do Código de Processo Penal –, arbitrar o valor da fiança.

Observe-se que a fiança tomada por termo obrigará o afiançado a comparecer perante a autoridade policial e judiciária todas as vezes em que for intimado para atos do inquérito e da instrução criminal e para julgamento. Quando não comparecer para os atos do inquérito ou do processo, a fiança será havida como quebrada.

Nos juízos criminais e delegacias de polícia, haverá um livro especial, com termos de abertura e de encerramento, numerado e rubricado em todas as suas folhas pela autoridade, destinado especialmente aos termos da fiança e, dele extrair-se-á certidão para juntar-se aos autos.

Não será concedida fiança: a) nos crimes de racismo; b) nos crimes de tortura, tráfico ilícito de entorpecentes e drogas afins, terrorismo e nos definidos como crimes hediondos; c) nos crimes cometidos por grupos armados, civis ou militares, contra a ordem constitucional e o Estado Democrático; d) aos que, no mesmo processo, tiverem quebrado fiança anteriormente concedida ou infringido, sem motivo justo, qualquer das obrigações a que se referem os arts. 327 e 328 do Código de Processo Penal; e) em caso de prisão civil ou militar; e f) quando presentes os motivos que autorizam a decretação da prisão preventiva (arts. 323 e 324 do Código de Processo Penal).

11.3. CONCESSÃO DE LIBERDADE PROVISÓRIA MEDIANTE FIANÇA ARBITRADA PELA AUTORIDADE POLICIAL

A fiança é a garantia real do cumprimento de obrigações pelo afiançado. É uma caução, a apresentação de certo valor no sentido de acautelar o cumprimento das obrigações por parte do afiançado.

Pode-se afirmar ainda que a fiança é contracautela da prisão em flagrante, surgindo em forma de prestamento financeiro e assunção de algumas obrigações.

A partir da entrada em vigor da Lei nº 12.403/2011, a fiança passou a figurar no Código de Processo Penal também entre as medidas cautelares diversas da prisão:

> Art. 319. São medidas cautelares diversas da prisão: [...]
>
> VIII – fiança, nas infrações que a admitem, para assegurar o comparecimento a atos do processo, evitar a obstrução do seu andamento ou em caso de resistência injustificada à ordem judicial; [...].

Nesse caso, a fiança apresenta-se como alternativa à prisão preventiva, sendo utilizável pela autoridade judiciária encarregada de avaliar, diante do caso concreto, qual a medida cautelar necessária e adequada.

Já na ocasião da prisão em flagrante, no que se refere à caução arbitrada pelo delegado de polícia, atendidos os requisitos legais, é direito subjetivo de o autuado receber o benefício da liberdade provisória mediante fiança, desde que apresente o valor arbitrado e assuma o compromisso de cumprir as obrigações decorrentes do favor legal.

Por meio da fiança evitam-se os efeitos nocivos do encarceramento daquele sobre o qual ainda paira o estado de inocência e garante-se, em tese, a futura execução da pena.

Havendo condenação, o valor prestado antes a título de fiança poderá servir para indenizar a vítima, saldar as custas do processo e quitar eventual multa aplicada na sentença (art. 336 do Código de Processo Penal).

Se houver arquivamento do inquérito ou o afiançado for absolvido, o valor prestado a título de fiança será restituído integralmente, com atualização monetária.

A Lei nº 12.403/2011 alterou o art. 322 do Código de Processo Penal, estendendo ao delegado de polícia a possibilidade de conceder liberdade provisória mediante fiança em favor daquele que for autuado por crime cuja pena máxima em abstrato não ultrapasse o limite de quatro anos, não importando tratar-se de detenção ou reclusão.

Para a fixação do *quantum* da fiança, o delegado de polícia deverá observar os limites do art. 325 do CPP. A autoridade policial não pode arbitrar valor excessivamente alto como manobra encoberta para impedir, por via indireta, o direito subjetivo de liberdade provisória do autuado. Também não poderá fixar valor irrisório diante do poder econômico do autuado, sob risco de condenar o sistema de justiça criminal ao descrédito.

O valor justo será encontrado pelo delegado de polícia que considerar prudentemente os critérios elencados no art. 326 do Código de Processo Penal. É assim que deve o delegado de polícia declarar objetivamente em despacho devidamente fundamentado como sopesou a fixação do valor da fiança para conceder a liberdade provisória ao autuado.

Ainda sobre o mesmo tema, questão relevante surge a partir das alterações trazidas pela Lei nº 12.403/2011 no que tange à possibilidade de o delegado de polícia reduzir ou aumentar o valor da fiança para aquém ou além dos limites estabelecidos no art. 325. Vejamos:

ANTES DA LEI Nº 12.403/2011	REDAÇÃO ATUAL DO ART. 325
Art. 325. O valor da fiança será fixado pela autoridade que a conceder nos seguintes limites:	Art. 325. O valor da fiança será fixado pela autoridade que a conceder nos seguintes limites:
a) de 1 (um) a 5 (cinco) salários mínimos de referência, quando se tratar de infração punida, no grau máximo, com pena privativa da liberdade, até 2 (dois) anos;	I – de 1 (um) a 100 (cem) salários mínimos, quando se tratar de infração cuja pena privativa de liberdade, no grau máximo, não for superior a 4 (quatro) anos;
b) de 5 (cinco) a 20 (vinte) salários mínimos de referência, quando se tratar de infração punida com pena privativa da liberdade, no grau máximo, até 4 (quatro) anos;	II – de 10 (dez) a 200 (duzentos) salários mínimos, quando o máximo da pena privativa de liberdade cominada for superior a 4 (quatro) anos.
c) de 20 (vinte) a 100 (cem) salários mínimos de referência, quando o máximo da pena cominada for superior a 4 (quatro) anos.	

§ 1º. Se assim o recomendar a situação econômica do réu, a fiança poderá ser: I – reduzida até o máximo de dois terços; II – aumentada, **pelo juiz**, até o décuplo. (*grifo nosso*)	§ 1º. Se assim recomendar a situação econômica do preso, a fiança poderá ser: I – dispensada, na forma do art. 350 deste Código; II – reduzida até o máximo de 2/3 (dois terços); ou III – **aumentada em até 1.000 (mil) vezes.** (*grifo nosso*)

Nota-se que a redação antiga restringia à autoridade judiciária a possibilidade de majorar até o décuplo o valor da fiança além dos limites estabelecidos no mesmo artigo, eis que se lia a ressalva "aumentada, **pelo juiz**" no inciso II. Portanto, de acordo com o antigo texto do parágrafo primeiro do art. 325, somente o juiz podia aumentar a fiança além dos limites impostos.

Quanto à redução para aquém dos limites fixados no artigo, o mesmo parágrafo primeiro do art. 325 revogado, em seu inciso I, não restringia à autoridade judiciária a faculdade de reduzir até o máximo de dois terços o valor da caução. Esse silêncio da lei era interpretado como autorização ampla à autoridade policial e à autoridade judiciária para a redução da fiança aquém dos limites.

Os novos incisos I e II do § 1º do art. 325 do Código de Processo Penal, instituídos pela Lei nº 12.403/2011, nada mencionam acerca de qual autoridade pode agora reduzir ou aumentar os limites dos valores da fiança trazidos no mesmo artigo.

Portanto, de acordo com a sistemática do Código de Processo Penal ("autoridade" – juiz e delegado), não havendo mais restrição explícita quanto à faculdade de aumentar a fiança, tanto o delegado de polícia quanto o juiz poderão majorar o valor da caução além dos limites máximos, até o teto de mil vezes. Assim, também, poderão diminuí-la para aquém dos limites, até o máximo de dois terços.

Já quanto à dispensa da fiança, somente ao juiz cabe deferir tal benesse ao autuado, consoante o art. 325, § 1º, I, combinado com o art. 350, ambos do Código de Processo Penal.

Frise-se que os casos de inafiançabilidade estão previstos, em sua maioria, nos arts. 323 e 324 do Código de Processo Penal.

11.4. PRISÃO TEMPORÁRIA

A prisão temporária, disciplinada pela Lei nº 7.960/1989, é medida excepcional de natureza cautelar, tendo cabimento somente na fase do inquérito policial (art. 1º, inciso I, Lei nº 7.960/1989).

Nestor Távora e Rosmar Rodrigues Alencar (2012, p. 593-5) entendem que a prisão temporária, de natureza cautelar, é cabível exclusivamente na fase da investigação policial, a despeito de o Código de Processo Penal ter contemplado a decretação de tal medida no curso da *investigação preliminar*, consoante art. 283, com redação dada pela Lei nº 12.403/2011.

Contrariando respeitáveis posições em contrário, a jurisprudência já se consolidou no sentido de reconhecer a constitucionalidade dessa modalidade de medida cautelar (STF – ADIN 162/DF).

A prisão temporária será decretada pelo juiz competente quando for imprescindível para as investigações do inquérito policial, quando o indiciado não tiver residência fixa ou não fornecer elementos necessários ao esclarecimento de sua identidade; ou, ainda, quando houver fundadas razões, de acordo com qualquer prova admitida na legislação penal, de autoria ou participação do indiciado nos seguintes crimes, conforme art. 1º, III, da Lei nº 7.960, de 21.12.1989:

a) homicídio doloso (art. 121, *caput*, e seu § 2º);

b) sequestro ou cárcere privado (art. 148, *caput*, e seus §§ 1º e 2º);

c) roubo (art. 157, *caput*, e seus §§ 1º, 2º e 3º);

d) extorsão (art. 158, *caput*, e seus §§ 1º e 2º);

e) extorsão mediante sequestro (art. 159, *caput*, e seus §§ 1º, 2º e 3º);

f) estupro (art. 213, *caput*, e sua combinação com o art. 223, *caput*, e parágrafo único. A Lei nº 12.015, de 7.8.2009, alterou a redação do art. 213 e revogou o art. 223 do CP);

g) atentado violento ao pudor (art. 214, *caput*, e sua combinação com o art. 223, *caput*, e parágrafo único. A Lei nº 12.015, de 7.8.2009, revogou os arts. 214 e 223 do CP, passando a matéria a ser tratada pelo art. 213 do CP, mas os crimes subsistem por força do princípio da continuidade normativa típica);

h) rapto violento (art. 219, e sua combinação com o art. 223, *caput* e parágrafo único. O art. 219 do CP foi revogado pela Lei nº 11.106, de 28.3.2005, e o art. 223 foi revogado pela Lei nº 12.015, de 7.8.2009)

i) epidemia com resultado de morte (art. 267, § 1º);

j) envenenamento de água potável ou substância alimentícia ou medicinal qualificado pela morte (art. 270, *caput*, combinado com art. 285);

l) quadrilha ou bando (art. 288), todos do Código Penal;

m) genocídio (arts. 1º, 2º e 3º da Lei nº 2.889, de 1º.10.1956), em qualquer de sua formas típicas;

n) tráfico de drogas (art. 12 da Lei nº 6.368, de 21.10.1976. A Lei nº 6.368, de 21.10.1976, foi revogada pela Lei nº 11.343, de 23.8.2006, que dispõe sobre a matéria no art. 33);

o) crimes contra o sistema financeiro (Lei nº 7.492, de 16.6.1986).

O rol dos crimes elencados no inciso III, do art. 1º da Lei nº 7.960/1989, é taxativo, não sendo admitida a prisão temporária em relação a qualquer outro ilícito, mesmo que presentes as circunstâncias dos incisos I e II do mesmo artigo.[6]

O inciso III apresenta-se como a fumaça do delito cometido (*fumus commissi delict*) indispensável e necessária para a admissão da cautelar, enquanto que os incisos I e II materializam o *periculum libertatis*.

Prevalece o entendimento segundo o qual os incisos I e II são alternativos, não sendo necessária a coexistência de ambos para a decretação da prisão temporária. Demonstrando-se a presença de qualquer um dos dois primeiros incisos em relação ao caso concreto, restará necessário conjugá-lo com o inciso III, para então poder falar-se em prisão temporária.

A rigor do que dispõe o art. 2º da Lei nº 7.960/1989, a prisão temporária terá prazo de cinco dias prorrogáveis por mais cinco em caso de extrema e comprovada necessidade. A Lei nº 8.072/1990 estabelece prazo muito mais estendido:

> *Art. 2º. Os crimes hediondos, a prática da tortura, o tráfico ilícito de entorpecentes e drogas afins e o terrorismo são insuscetíveis de: [...]*
>
> *§ 4º. A prisão temporária, sobre a qual dispõe a Lei nº 7.960, de 21 de dezembro de 1989, nos crimes previstos neste artigo, terá o prazo de 30 (trinta) dias, prorrogável por igual período em caso de extrema e comprovada necessidade.*

A Lei nº 12.403/2011, mencionando, expressamente, a prisão temporária, impôs textualmente em relação às medidas cautelares a observância dos princípios da necessidade e adequação (subprincípios do princípio da proporcionalidade), o que certamente deve ser aplicado à medida excepcional disciplinada na Lei nº 7.960/1989. Portanto, o decreto de prisão temporária deve, antes de qualquer análise quanto ao seu cabimento, cingir-se aos casos em que a medida revele-se necessária e adequada (art. 282, I e II, do Código de Processo Penal).

Destarte, ao representar pela expedição de mandado de prisão temporária, deve a autoridade policial demonstrar que tal medida excepcional é necessária e adequada ao escopo investigatório. Mas não só isso. O delegado de polícia deve demonstrar à autoridade judiciária a impossibilidade de alcançar o fim almejado por meio de outros instrumentos legais postos a disposição dos órgãos de persecução penal.

No mesmo sentido, o juiz, ao analisar a representação, deve julgar fundamentando a sua decisão com base na aferição da adequação e necessidade, justificando no *decisum* a viabilidade ou inviabilidade de outra medida menos gravosa.

---

6. STJ, 5ª Turma, HC 35.557, Relator Ministro Felix Fischer, *DJ* de 30.9.2004, p. 31.

11.5. PRISÃO PREVENTIVA

A prisão preventiva é constrição de liberdade cabível tanto na fase de instrução preparatória como na fase processual, mas sempre antes do trânsito em julgado de sentença condenatória. Situa-se entre as medidas cautelares pessoais e está prevista nos arts. 311 a 316 do Código de Processo Penal.

A Lei nº 12.403/2011 trouxe importantes modificações no tocante à prisão preventiva, tornando-a a *ultima ratio* entre todas as demais medidas cautelares. Nesse sentido, apresenta-se o § 6º do art. 282 com a redação dada pela Lei nº 12.403/2011: "a prisão preventiva será determinada quando não for cabível a sua substituição por outra medida cautelar".

Ao inovar com a previsão de outras cautelares menos danosas aos direitos do indiciado ou acusado, a Lei nº 12.403/2011 passou a prescrever a prisão preventiva somente quando outra medida cautelar não se revelar cabível.

Isto quer dizer que a partir das mudanças impostas por aquela lei, o juiz deverá demonstrar fundamentadamente, ao decretar a prisão preventiva, que a segregação da liberdade é tão necessária e adequada aos fins colimados pela persecução penal quanto não são suficientemente necessárias e adequadas ao mesmo escopo as demais cautelares (proibição de frequentar lugares, prisão domiciliar, fiança etc.).

Ao delegado de polícia, por seu turno, na representação dirigida ao magistrado, cabe demonstrar que, dentre as medidas cautelares, a prisão preventiva é a necessária e adequada, buscando sempre concretizar nas demandas da investigação o princípio da proporcionalidade.

A prisão preventiva deverá perdurar apenas enquanto adequada e necessária (*rebus sic stantibus*), impondo-se a sua revogação ou substituição por outra medida cautelar que no curso da persecução se apresentar mais conforme ao princípio da proporcionalidade.

A prova da existência do crime e os indícios de autoria permanecem como pressupostos da prisão preventiva e consubstanciam o *fumus commissi delicti*.

A Lei nº 12.403/2011 restringiu, em regra, a prisão preventiva para os crimes dolosos cuja pena seja superior a quatro anos (art. 313, I, do CPP).

Excepcionalmente, a prisão preventiva poderá ser decretada em relação a qualquer crime, tratando-se de infrator reincidente em crime doloso; quando houver dúvida sobre a identidade civil do investigado; quando o crime envolver violência doméstica e familiar e a constrição ambulatorial for necessária para garantir a execução das medidas protetivas de urgência.

A prova delitiva se faz normalmente por meio de laudo de exame de corpo de delito, documentos (aí incluídos fotografias, transcrições e gravações) declarações da vítima, depoimento de testemunhas etc.

Não é preciso que haja prova plena da autoria do crime para a decretação da prisão preventiva, bastando indícios razoáveis que autorizem a apontar a autoria dos fatos a determinado sujeito, mesmo que tais indícios não produzam a certeza absoluta (princípio *in dubio pro societate*).

Com as alterações recentes a prisão preventiva será decretada nas seguintes hipóteses: a) crimes dolosos com pena máxima em abstrato superior a quatro anos (313, I) ou, b) qualquer crime doloso praticado de forma reincidente, ressalvada a regra do inciso I, do art. 64, do Código Penal (313, II) ou, c) qualquer crime violento praticado em circunstância doméstica ou familiar contra a mulher, criança, adolescente, idoso, enfermo ou pessoa com deficiência, para garantir a execução de medidas protetivas de urgência (313, III) ou, d) se houver dúvida sobre a identidade civil da pessoa e esta não fornecer elementos suficientes para esclarecê-la (313, parágrafo único) (todos do CPP).

Além dos fundamentos legais previstos no *caput* do art. 312 do CPP, consubstanciadores do *periculum libertatis* (garantia da ordem pública, garantia da ordem econômica, conveniência da instrução criminal, para assegurar a aplicação da lei penal) agora também será cabível a prisão preventiva em caso de descumprimento de qualquer das obrigações impostas por força de outras medidas cautelares (312, parágrafo único).

A prisão preventiva será substituída pela prisão domiciliar se comprovados os requisitos do art. 318 do Código de Processo Penal. Uma vez satisfeitos os requisitos, é direito subjetivo daquele que está em prisão preventiva ser preso domiciliarmente, não ficando a substituição ao alvedrio da autoridade judiciária.

11.6. OUTRAS MEDIDAS CAUTELARES

Com as alterações do Código de Processo Penal trazidas pelas Lei nº 12.403/2011, surge uma série de novas medidas cautelares pelas quais a autoridade policial poderá representar, impondo-se agora ao presidente da instrução preparatória demonstrar a congruência entre a providência pela qual representa e o princípio da proporcionalidade.

Incumbe ao delegado de polícia, pela nova sistemática das cautelares, fundamentar a representação com a indicação motivada de qual, entre todas as medidas cautelares, é a mais adequada e necessária no caso concreto.

A autoridade policial não fica adstrita a apenas uma entre todas as medidas cautelares, podendo também representar por duas ou mais delas, conforme se pode abstrair da leitura do § 1º do art. 282 do Código de Processo Penal: "As medidas cautelares poderão ser aplicadas isolada ou cumulativamente".

Ao lado da prisão preventiva, o juiz poderá decretar, também, as medidas cautelares previstas nos arts. 317 e 319 do Código de Processo Penal, quais sejam: a prisão domiciliar (em substituição à prisão preventiva, quando o agente contar com mais de oitenta anos; estiver debilitado em razão de doença grave; for imprescindível aos cuidados especiais de pessoa menor de seis anos de idade ou com deficiência; for gestante a partir do sétimo mês de gestação ou a gravidez for de risco – rol exemplificativo do art. 318 do CPP); o comparecimento periódico em juízo, no prazo e nas condições fixadas pela autoridade judiciária, para informar e justificar atividades; proibição de acesso ou frequência a determinados lugares quando, por circunstâncias relacionadas ao fato, deva o indiciado ou acusado permanecer distante desses locais para evitar o risco de novas infrações; proibição de manter contato com pessoa determinada quando, por circunstâncias relacionadas ao fato, deva o indiciado ou acusado dela permanecer distante; proibição de ausentar-se da comarca quando a permanência seja conveniente ou necessária para a investigação ou instrução; recolhimento domiciliar no período noturno e nos dias de folga quando o investigado ou acusado tenha residência e trabalho fixos; suspensão do exercício de função pública ou de atividade de natureza econômica ou financeira quando houver justo receio de sua utilização para a prática de infrações penais; internação provisória do acusado nas hipóteses de crimes praticados com violência ou grave ameaça, quando os peritos concluírem ser inimputável ou semi-imputável (art. 26 do Código Penal) e houver risco de reiteração; fiança, nas infrações que a admitem, para assegurar o comparecimento a atos do processo, evitar a obstrução do seu andamento ou em caso de resistência injustificada à ordem judicial; monitoração eletrônica.

Ainda que o legislador mereça o reconhecimento por apresentar novas opções de acautelamento para a segurança social, buscando vias alternativas em relação aos deletérios efeitos da prisão preventiva, o sucesso da implantação dessas novas medidas cautelares ainda não é certo, sendo necessário avaliar como se dará a sua aplicação na prática e como o Estado se adequará para fiscalizar o efetivo cumprimento.

QUADRO SINÓTICO

Capítulo 11 Prisão em flagrante Liberdade provisória mediante fiança arbitrada pela autoridade policial Prisão temporária – Prisão preventiva – Outras medidas cautelares	
Princípio da proporcionalidade	• O art. 282 do Código de Processo Penal, com a redação dada pela Lei nº 12.403/2011, passou a dispor que as medidas cautelares somente serão decretadas se necessárias e adequadas. • A necessidade reside na aferição da indispensabilidade da medida para a aplicação da lei penal, para instrução processual ou para as investigações do inquérito e, ainda, para evitar a prática de infrações penais; enquanto a adequação reside na compatibilidade da cautelar em face da gravidade do crime, as circunstâncias do fato e as condições pessoais do indiciado ou acusado.

Prisão em flagrante	
Noções introdutórias	• O auto de prisão em flagrante também é inquérito *in genere*. • A prisão em flagrante é forma de autodefesa do Estado.
Legitimidade ativa da prisão em flagrante	• O art. 301 do Código de Processo Penal estabelece a prisão material de *quem quer que seja* surpreendido em flagrante delito. • A prisão decorrente da autuação em flagrante e do mandado de prisão é prisão formal, distinta da prisão estabelecida no art. 301. • A imunidade conferida a certas autoridades refere-se à prisão formal, jamais à contenção física estabelecida no art. 301. • As autoridades com imunidade serão autuadas em flagrante pelo delegado de polícia, se praticarem crimes inafiançáveis. • O Presidente da República não poderá ser autuado em flagrante, mesmo que praticar crime inafiançável. • Aos diplomatas não se imporá qualquer forma de restrição ambulatorial (Convenção de Viena).
Flagrante nos crimes de ação penal pública condicionada e de ação penal privada	• Dependerá de manifestação da vítima: – representação, nos crimes de ação penal pública condicionada; e – requerimento, nos crimes de ação penal privada. • Antes de iniciar a lavratura do auto de prisão em flagrante, a autoridade policial deve reduzir a termo a manifestação da vítima.
O auto de prisão em flagrante	• A atribuição para a lavratura do auto de prisão em flagrante é do delegado de polícia da circunscrição onde se efetuou a prisão (arts. 290 e 308 do Código de Processo Penal). • O delegado de polícia deve decidir sobre a adequação típica dos fatos sob os aspectos formal e material. • Sobre a decisão do delegado de polícia, em autuar ou não autuar em flagrante, vigora o princípio do livre convencimento motivado. • A decisão de autuação ou não autuação em flagrante deve ser sempre proferida por meio de despacho fundamentado da autoridade policial. • Para a lavratura do auto de prisão em flagrante deverão estar presentes duas testemunhas ou, na ausência delas, duas testemunhas que presenciaram a apresentação do conduzido à autoridade policial.

(*continuação*)	• Se, ouvidos o condutor, testemunhas, vítima e conduzido, a autoridade policial não se convencer de que os fatos adequam-se a uma das hipóteses do art. 302 do Código de Processo Penal, deverá o delegado de polícia relaxar a prisão em flagrante. • Ao receber a comunicação da prisão em flagrante o juiz deverá: relaxar a prisão ilegal; decretar a prisão preventiva; ou conceder liberdade provisória.
Providências exigidas após a lavratura do auto	• Expedição de nota de culpa no prazo de vinte e quatro horas contadas do momento da prisão. • Comunicação da prisão aos familiares do preso ou pessoa por ele indicada, à autoridade judiciária, ao Ministério Público e à Defensoria Pública, se o autuado não contar com defensor constituído.
Liberdade provisória mediante fiança arbitrada pela autoridade policial	• Fiança é caução e contracautela em face da prisão em flagrante. • A partir das modificações implementadas pela Lei nº 12.403/2011 a fiança passou a figurar também entre as medidas cautelares, em contraposição à prisão preventiva. • A liberdade provisória é direito subjetivo do autuado em flagrante por crime afiançável. • A autoridade policial poderá conceder liberdade provisória mediante fiança em relação aos crimes cuja pena máxima não seja superior a quatro anos. • O delegado de polícia deve fixar valor da fiança por meio de despacho fundamentado em que demonstre ter considerado tudo quanto determina o art. 326 do Código de Processo Penal. • A faculdade de aumentar ou diminuir os valores da fiança para além ou aquém dos limites legais pode ser exercida tanto pelo juiz quanto pelo delegado de polícia. • Somente o juiz pode dispensar a prestação da fiança.
Prisão temporária	
Natureza jurídica, regras, prazos, requisitos	• É medida cautelar destinada a assegurar a efetividade do inquérito policial. • Poderá ser decretada apenas em relação aos crimes taxativamente elencados na Lei nº 7.960/1989. • Poderá ser decretada por cinco dias prorrogáveis por mais cinco.

(continuação)	• Em relação aos crimes hediondos e assemelhados, o prazo será de trinta dias prorrogáveis por mais trinta. • Exige-se a demonstração do *periculum in mora* e *fumus boni juris*. • Deve ser pautada pelo princípio da proporcionalidade (necessidade e adequação).

Prisão preventiva

Natureza jurídica regras, prazos, pressupostos, fundamentos, substituição	• É medida cautelar pessoal excepcionalíssima. • É *ultima ratio*, somente podendo ser decretada se outra medida cautelar não se mostrar necessária e adequada. • Não tem prazo certo, perdurando enquanto necessária e adequada. • Exige-se a prova da materialidade e indícios razoáveis de autoria. • Aplicável antes da sentença condenatória definitiva: a) aos crimes elencados no Código de Processo Penal (art. 313); b) para o cumprimento de medidas protetivas de urgência. • Fundamentos para a decretação da prisão preventiva: a) garantia da ordem pública; b) garantia da ordem econômica; c) conveniência da instrução criminal; d) para assegurar a aplicação da lei penal; e) descumprimento de outra medida cautelar antes imposta. • A prisão preventiva poderá ser substituída pela prisão domiciliar uma vez comprovados os requisitos do art. 318 do Código de Processo Penal.

Outras medidas cautelares

Arts. 317 e 319 do Código de Processo Penal	• Poderão ser objeto de representação pela autoridade policial, demonstrada proporcionalidade (necessidade e adequação). • Poderão ser aplicadas isolada e cumulativamente. • Prisão domiciliar, o comparecimento periódico em juízo; proibição de acesso ou frequência a determinados lugares; proibição de manter contato com pessoa determinada; proibição de ausentar-se da comarca; recolhimento domiciliar no período noturno e nos dias de folga; suspensão do exercício de função pública ou de atividade de natureza econômica ou financeira; internação provisória do acusado; fiança; monitoração eletrônica.

Capítulo 12

A POLÍCIA JUDICIÁRIA E OS ATOS INFRACIONAIS

12.1. A CRIANÇA E O ADOLESCENTE

Nos termos do que estabelece o art. 27 do Código Penal, os menores de 18 (dezoito) anos são absolutamente inimputáveis, *v. g.*: "os menores de 18 (dezoito) anos são penalmente inimputáveis, ficando sujeito às normas estabelecidas na legislação especial".

Praticando um fato tipificado em norma penal, os adolescentes não respondem pelo ilícito por ausência de imputabilidade, que exclui a culpabilidade (JESUS, 2003, p. 506).

A menoridade penal constitui, também, causa de exclusão da imputabilidade, pelo que dispõe o *caput* do art. 26 do CP, *v. g.*: "[...] desenvolvimento mental incompleto [...]".

O Estatuto da Criança e do Adolescente (Lei nº 8.609, de 13 de julho de 1990), dispõe sobre as medidas socioeducativas aplicáveis aos menores de 18 (dezoito) anos de idade pela prática de fatos definidos como infrações penais.

O adolescente que pratica fato descrito como crime ou contravenção comete ato infracional (ECA arts. 225 a 258-B).

Assim como os crimes e contravenções devem ser apurados por meio da coadjuvação judiciária entre autoridade judiciária, delegado de polícia, Ministério Público e defesa técnica, também nos casos de atos infracionais deve a polícia judiciária atuar na busca da verdade para a boa realização da justiça.

Passemos a fazer um estudo sucinto sobre o Estatuto da Criança e do Adolescente no que for aplicável aos procedimentos de Polícia Judiciária.

12.2. PROTEÇÃO INTEGRAL

Considera-se criança, para os efeitos do ECA, a pessoa de até doze anos de idade incompletos. E o adolescente aquela que tem entre doze e dezoito anos.

A criança e o adolescente gozam de todos os direitos fundamentais inerentes à pessoa humana, sem prejuízo da proteção integral de que trata o Estatuto da Criança e do Adolescente.

Ao adotar a doutrina da proteção integral, o direito brasileiro passou a reconhecer a criança e o adolescente como pessoa humana em desenvolvimento sobre a qual a sociedade deve não somente abster-se de transgredir seus direitos, mas também protegê-los contra qualquer tipo de violação.

Em razão da vulnerabilidade inerente ao desenvolvimento incompleto, não somente o Estatuto, mas outras leis, devem assegurar ao adolescente e à criança, além do direito à vida, o desenvolvimento físico, mental, moral, espiritual e social, em condições de liberdade e dignidade.

É dever da família, da comunidade, da sociedade em geral e do Poder Público assegurar, com absoluta prioridade, a efetivação dos direitos referentes à vida, à saúde, à alimentação, à educação, ao esporte, ao lazer, à profissionalização, à cultura, à dignidade, ao respeito, à liberdade e à convivência familiar e comunitária. A garantia de prioridade compreende:

a) primazia de receber proteção e socorro em quaisquer circunstâncias;

b) precedência de atendimento nos serviços públicos ou de relevância pública;

c) preferência na formulação e na execução das políticas sociais públicas;

d) destinação privilegiada de recursos públicos nas áreas relacionadas com a proteção à infância e à juventude (art. 4º).

Nenhuma criança ou adolescente será objeto de qualquer forma de negligência, discriminação, exploração, violência, crueldade e opressão, punidos na forma da lei qualquer atentado, por ação ou omissão, aos seus direitos fundamentais (art. 5º).

As autoridades a que se refere o ECA em vários de seus artigos são: a) o juiz da vara especializada da infância e da juventude, ou o juiz que exerce essa função na forma da lei de organização judiciária local e, b) o delegado de polícia especializado no trato de atos infracionais ou, não havendo delegacia especializada, a autoridade policial a quem competir apreciar as situações envolvendo adolescentes infratores (arts. 146 e 172).

12.3. ATO INFRACIONAL PRATICADO POR CRIANÇA

Considera-se ato infracional a conduta descrita como crime ou contravenção penal, praticada por criança ou adolescente.

Ao ato infracional praticado por criança, a autoridade competente poderá determinar, dentre outras, as seguintes medidas (art. 101):

I – encaminhamento aos pais ou responsável, mediante termo de responsabilidade;

II – orientação, apoio e acompanhamento temporários;

III – matrícula e frequência obrigatórias em estabelecimento oficial de ensino fundamental;

IV – inclusão em programa comunitário ou oficial de auxílio à família, à criança e ao adolescente;

V – requisição de tratamento médico, psicológico ou psiquiátrico, em regime hospitalar ou ambulatorial;

VI – inclusão em programa oficial ou comunitário de auxílio, orientação e tratamento a alcoólatras e toxicômanos;

VII – acolhimento institucional;

VIII – inclusão em programa de acolhimento familiar;

IX – colocação em família substituta.

O acolhimento institucional e a inclusão em programa de acolhimento familiar são medidas provisórias e excepcionais, utilizáveis como forma de transição para a colocação em família substituta, não implicando privação de liberdade (parágrafo único do art. 101). Ficou assim coibida a internação da criança ou qualquer forma de privação de sua liberdade.

Portanto, a criança implicada em ato infracional não será objeto de atuação por parte da polícia judiciária, devendo ser encaminhada de pronto aos conselhos tutelares.

12.4. GARANTIAS PROCESSUAIS DOS ADOLESCENTES

O adolescente civilmente identificado não será privado de sua liberdade sem o devido processo legal (art. 110), sendo assegurado ao mesmo, entre outras, as seguintes garantias (art. 111):

I – pleno e formal conhecimento da atribuição de ato infracional, mediante citação ou meio equivalente;

II – igualdade na relação processual, podendo confrontar-se com vítima e testemunha e produzir todas as provas necessárias à sua defesa;

III – defesa técnica por advogado;

IV – assistência judiciária gratuita e integral aos necessitados, na forma da lei;

V – direito de ser ouvido pessoalmente pela autoridade competente;

VI – direito de solicitar a presença de seus pais ou responsável em qualquer fase do procedimento.

Quando do ato infracional praticado pelo adolescente, deve ser considerada a idade do mesmo à data do fato (teoria da atividade).

Nenhum adolescente será privado de sua liberdade senão em flagrante de ato infracional ou por ordem escrita e fundamentada da autoridade judiciária competente.

Estando presentes os requisitos da medida cautelar e sendo necessária e adequada a internação provisória, a autoridade policial poderá determiná-la nos casos de flagrante de ato infracional ou representar ao juiz pela medida, nos demais casos.

Em qualquer caso, o adolescente tem direito à identificação dos responsáveis pela sua apreensão, devendo ser informado acerca de seus direitos (art. 106, parágrafo único).

O adolescente, além das medidas protetivas específicas instituídas pelo Estatuto, tem os mesmos direitos e garantias conferidos na persecução penal aos imputáveis, destacando-se o direito de ser informado sobre a o ato infracional que lhe é atribuído e a identidade dos responsáveis pela sua apreensão, o que se dá por meio da expedição da nota de pleno e formal conhecimento (arts. 106, parágrafo único, e 111, I, do Estatuto da Criança e do Adolescente).

O adolescente não será preso, mas sim apreendido para que duas finalidades sejam alcançadas: 1) proteção e cuidado em relação ao vulnerável; 2) acautelamento da sociedade em face do ataque perpetrado pelo adolescente a bens jurídicos protegidos.

A apreensão de qualquer adolescente e o local onde se encontra recolhido serão *incontinenti* comunicados à autoridade judiciária competente e à família do apreendido ou à pessoa por ele indicada. Será examinada, desde logo e sob pena de responsabilidade, a possibilidade de liberação imediata do adolescente infrator.

O Estatuto procurou estabelecer o controle imediato sobre os atos de constrição ambulatorial impostos ao adolescente infrator, determinando ao delegado de polícia a comunicação rápida da apreensão tanto à autoridade judiciária competente quanto aos familiares do inimputável ou à pessoa que o adolescente optar por avisar.

Nos finais de semana e feriados, o delegado de polícia deve dirigir a comunicação ao plantão judiciário, nos dias úteis ao juízo especializado ou, não havendo vara especializada, à autoridade judiciária a quem competir conhecer do ato infracional.

Quanto à comunicação aos familiares ou à pessoa indicada pelo adolescente, deve a autoridade policial ter especial cuidado para não expor o inimputável a situações ainda maiores de risco. A nosso ver, o legislador pretendeu que os familiares ou responsáveis fossem prontamente avisados da situação de constrição imposta ao adolescente infrator, não havendo espaço para o atendimento dos apelos do autuado no sentido de avisar pessoas dadas ao cometimento de ilícitos e que mantenham ascendência sobre ele, como normalmente se dá nos casos em que o ato infracional é daqueles em que se verifica a cooptação do adolescente por uma rede criminosa. Nesses casos, cientificada a autoridade judiciária, o Ministério Público e, se possível, um familiar, não há que se falar em avisar qualquer pessoa estranha indicada pelo adolescente.

A internação, antes da sentença pode ser determinada pelo prazo máximo de quarenta e cinco dias. A decisão deverá ser fundamentada e basear-se em indícios suficientes de autoria e materialidade, demonstrada a necessidade imperiosa da medida (art. 108 da Lei nº 8.069/1990).

Da mesma forma que no inquérito policial incumbe à autoridade policial demonstrar o *fumus commissi delicti* e o *periculum libertatis* para a decretação de medidas cautelares, na apuração de ato infracional cabe ao delegado de polícia, ao representar pela internação provisória do adolescente infrator, apresentar ao juiz a prova da existência do ato infracional e indícios razoáveis da autoria, sem descurar de justificar a medida constritiva sob os aspectos necessidade e adequação.

12.5. MEDIDAS IMPOSTAS AOS ADOLESCENTES INFRATORES

Constatada a prática do ato infracional, a autoridade competente poderá aplicar ao adolescente as seguintes medidas:

I – ADVERTÊNCIA. Que consistirá em admoestação verbal, que será reduzida a termo e assinada.

II – OBRIGAÇÃO DE REPARAR O DANO. Ocorrerá quando se tratar de ato infracional com reflexos patrimoniais, quando então a autoridade poderá determinar, se for o caso, que o adolescente restitua a coisa, promova o ressarcimento do dano, eis que havendo manifesta impossibilidade, a medida poderá ser substituída por outra adequada.

III – PRESTAÇÃO DE SERVIÇO À COMUNIDADE. Consiste na realização de tarefas gratuitas de interesse geral, por período não excedente a seis meses, junto a entidades assistenciais, hospitais, escolas e outros estabelecimento congêneres, bem como, em programas comunitários governamentais. As tarefas serão atribuídas conforme as aptidões do adolescente, devendo ser cumpridas durante jornada máxima de oito horas semanais, aos sábados, domingos e feriados ou dias úteis, de modo a não prejudicar a frequência à escola ou à jornada normal de trabalho.

IV – LIBERDADE ASSISTIDA. A autoridade designará pessoa capacitada para acompanhar o caso, a qual poderá ser recomendada por entidade ou programa de atendimento. A liberdade assistida será adotada sempre que se figurar a medida mais adequada para o fim de acompanhar, auxiliar e orientar o adolescente, que será fixada pelo prazo mínimo de seis meses, podendo a qualquer tempo ser prorrogada, revogada ou substituída por outra medida, ouvido o orientador, o Ministério Público e o defensor.

V – INSERÇÃO EM REGIME DE SEMILIBERDADE. O regime de semiliberdade pode ser determinado desde o início, ou como forma de transição para regime aberto, possibilitada a realização de atividades externas, independentemente de autorização judicial.

VI – INTERNAÇÃO EM ESTABELECIMENTO EDUCACIONAL. A internação constitui medida privativa de liberdade, sujeita aos princípios de brevidade, excepcionalidade e respeito à condição peculiar de pessoa em desenvolvimento.

Será permitida a realização de atividades externas, a critério da equipe técnica da entidade, salvo expressa determinação judicial em contrário. A medida não comporta prazo determinado, devendo sua manutenção ser reavaliada, mediante decisão fundamentada, no máximo a cada seis meses. Em nenhuma hipótese o período máximo de internação excederá três anos; após esse limite, o adolescente deverá ser liberado, colocado em regime de semiliberdade ou liberdade assistida. A liberação será compulsória aos vinte e um anos de idade. Sendo que, em qualquer hipótese, a desinternação será precedida de autorização judicial, ouvido o Ministério Público (§ 6º do art. 121).

VII – QUALQUER UMA DAS MEDIDAS PREVISTAS NO ART. 101, I AO VI, DO ESTATUTO DA CRIANÇA E DO ADOLESCENTE.

O Estatuto da Criança e do Adolescente exige, para a aplicação de medidas socioeducativas, estejam provadas a autoria e a existência do ato infracional, exceto em caso de remissão.

Para a aplicação da advertência, entretanto, contenta-se o Estatuto com o juízo de probabilidade: indícios razoáveis de autoria e prova da existência do ato infracional.

Como ressalvado, dada a natureza transacional da remissão, para que ela ocorra não se exige prova da existência do ato infracional e sequer indícios razoáveis de autoria, embora possa resultar na aplicação de medida socioeducativa diversa da internação.

12.6. APURAÇÃO DE ATOS INFRACIONAIS

A apuração de ato infracional envolve toda uma série de providências a cargo da autoridade policial e configura o exercício da coadjuvação judiciária.

O adolescente apreendido por força de ordem judicial será encaminhado à autoridade judiciária; sendo apreendido em flagrante de ato infracional será, desde logo, encaminhado à autoridade policial competente. Havendo repartição policial especializada para o atendimento de adolescente e em se tratando de ato infracional praticado em coautoria com maior, prevalecerá a atribuição da repartição especializada, que após as providências necessárias e conforme o caso, encaminhará o adulto à repartição policial própria.

A delegacia especializada no atendimento de adolescentes atrai a atribuição para as primeiras providências também em relação aos maiores implicados nas mesmas circunstâncias criminosas em que o adolescente venha a ser surpreendido, de tal forma que, em caso de flagrante, deverá o delegado especializado lavrar o auto de apreensão em relação ao adolescente e, se for o caso, o auto de prisão em flagrante em desfavor do imputável. Se embora houver notícia de crime ou contravenção envolvendo adolescentes e maiores, não for o caso de autuação em flagrante, deve o delegado especializado proceder a tudo quanto possa para acautelar os primeiros elementos de informação sobre a responsabilidade dos imputáveis, para somente então remeter o expediente à autoridade policial com atribuição para a instrução preparatória, diga-se inquérito policial ou termo circunstanciado.

Ao estabelecer a regra da atração de atribuição, quis o legislador não só proteger o adolescente dos efeitos nocivos de se ver submetido a procedimentos e ambientes próprios ao trato de criminosos experientes. Por certo, o legislador objetivou também acautelar tudo quanto pudesse servir para o esclarecimento da verdade, evitando a diluição das informações que poderia decorrer do desmembramento das providências iniciais de polícia judiciária.

O art. 173 do ECA prevê:

> *Art. 173. Em caso de flagrante de ato infracional cometido mediante violência ou grave ameaça à pessoa, a autoridade policial, sem prejuízo do disposto nos arts. 106, parágrafo único, e 107 do Estatuto, deverá:*
>
> *a) lavrar auto de apreensão, ouvidas as testemunhas e o adolescente;*
>
> *b) apreender o produto e os instrumentos da infração;*
>
> *c) requisitar os exames periciais necessários à comprovação da materialidade e autoria da infração.*

As providências de persecução penal descritas no art. 6º do Código de Processo Penal servem também, no que forem aplicáveis, como roteiro para a autoridade policial incumbida de apurar atos infracionais.

Em caso de flagrante de ato infracional, em que não houver violência ou grave ameaça, a lavratura do auto de apreensão poderá ser substituída por boletim de ocorrência circunstanciada.

Mutatis mutandis, o auto de prisão em flagrante e o termo circunstanciado podem bem servir de parâmetros para a elaboração do auto de apreensão de adolescente infrator e do boletim de ocorrência circunstanciada, respectivamente.

Afastada a hipótese de flagrante, o delegado de polícia que tiver notícia da prática de ato infracional deverá proceder a minuciosa investigação e elaborar relatório sobre tudo quanto apurar, encaminhando o expediente respectivo à autoridade judiciária competente.

Importa destacar que o Estatuto da Criança e do Adolescente, no art. 121, declara textualmente ser a internação medida restritiva de liberdade, sujeita aos princípios da brevidade e excepcionalidade.

Na esteira dessa regra, a internação provisória decorrente de decisão judicial ou flagrante de ato infracional é medida cautelar excepcional somente cabível nas hipóteses previstas (atos infracionais praticados com violência ou grave ameaça e atos infracionais graves que pelas consequências exponham a risco o próprio adolescente infrator ou a ordem pública).

Comparecendo qualquer dos pais ou responsável, o adolescente será prontamente liberado pela autoridade policial, sob termo de compromisso e responsabilidade de sua apresentação ao representante do Ministério Público, no mesmo dia ou, sendo impossível, no primeiro dia útil imediato, exceto quando, pela gravidade do ato infracional e sua repercussão social, deva o adolescente permanecer sob internação para garantia de sua segurança pessoal ou manutenção da ordem pública.

Tanto nos casos de flagrante de atos infracionais praticados com violência ou grave ameaça quanto nos demais casos de flagrante, ou mesmo afastada a hipótese de flagrante em relação ao adolescente infrator apresentado à polícia judiciária, entendendo a autoridade policial que a restrição ambulatorial do adolescente é necessária – levando sempre em consideração a proteção do vulnerável e da sociedade – deverá o delegado de polícia determinar, fundamentadamente, a contenção do inimputável.

Nas hipóteses de lavratura de auto de apreensão e assim também nas de boletim de ocorrência circunstanciada, deve o delegado de polícia expedir nota de pleno e formal conhecimento para fazer conhecer ao adolescente todos os seus direitos e o ato infracional que lhe é atribuído.

Em caso de não liberação do adolescente, a autoridade policial encaminhará, desde logo, o adolescente ao representante do Ministério Público, juntamente com cópia do auto de apreensão ou boletim de ocorrência.

Sendo impossível a apresentação imediata do adolescente, a autoridade policial encaminhará o adolescente a entidade de atendimento, que fará a apresentação ao representante do Ministério Público no prazo de 24 (vinte e quatro) horas.

Nas localidades onde não houver entidade de atendimento, a apresentação far-se-á pela autoridade policial. À falta de repartição policial especializada, o adolescente aguardará a apresentação em dependência separada das destinada a maiores, não podendo, em qualquer hipótese, exceder o prazo de 24 (vinte e quatro) horas.

Sendo o adolescente liberado, a autoridade policial encaminhará imediatamente ao representante do Ministério Público relatório das investigações e demais documentos.

Assim, cumpre à autoridade policial encaminhar comunicação com cópia de tudo quanto registrou ao Ministério Público.

O adolescente a quem se atribua autoria de ato infracional não poderá ser conduzido ou transportado em compartimento fechado de veículo policial, em condições atentatórias à sua dignidade, ou que implique risco à sua integridade física ou mental, sob pena de responsabilidade.

É sempre medida de boa previdência que o delegado de polícia ouça as pessoas que apresentaram o adolescente infrator, fazendo constar em que condições o adolescente foi surpreendido e transportado, mencionando as razões da não observância eventual da regra que determina a separação de compartimentos e veículos.

Apresentado o adolescente, o representante do Ministério Público, no mesmo dia e à vista do auto de apreensão, boletim de ocorrência ou relatório policial, devidamente autuados pelo cartório judicial e com informações sobre os antecedentes do adolescente, procederá imediata e informalmente à sua oitiva e, em sendo possível, de seus pais ou responsável, vítima e testemunhas. Em caso de não apresentação, o representante do Ministério Público notificará os pais ou responsável para apresentação do adolescente, podendo requisitar o concurso das Polícias Civil e Militar.

O representante do Ministério Público poderá:

I – promover o arquivamento dos autos;

II – conceder remissão;

III – representar à autoridade judiciária para aplicação de medidas socioeducativas.

Se o Ministério Público entender que a polícia judiciária deve realizar alguma diligência complementar, não poderá requisitá-la diretamente à autoridade policial, mas propô-la à autoridade judiciária. Ao juiz caberá avaliar se as providências indicadas pelo Ministério Público são pertinentes ou redundarão tão somente em procrastinação que prejudique ou agrave injustificadamente os direitos do adolescente.

É que o art. 180 do Estatuto prevê taxativamente as três providências possíveis ao Ministério Público, quando do recebimento de procedimento apuratório de ato infracional: 1) requerer o arquivamento; 2) conceder a remissão; 3) representar pela aplicação de medida socioeducativa.

Não contemplou o legislador a hipótese de retorno dos autos à autoridade policial para diligências complementares ao talante de qualquer das partes envolvidas, certamente pretendendo vedar manobras procrastinatórias em prejuízo da solução rápida para o inimputável.

Em outra direção, o inciso I do art. 148 estabeleceu caber ao juízo da infância e da juventude conhecer de representações promovidas pelo Ministério Público, para apuração de ato infracional atribuído a adolescente, aplicando as medidas cabíveis.

O poder de promover diligências e requisitar documentos, exames, informações e perícias, expressos no inciso VI do art. 201 do Estatuto da Criança e do Adolescente, relaciona-se a procedimentos administrativos que o próprio Ministério Público instaurar.

Já a possibilidade de requisição ministerial de diligência mencionado no inciso VII daquele mesmo art. 201, tem lugar tão somente para instruir a apuração de infração às normas de proteção à criança e ao adolescente, não sendo cabível invocar tal dispositivo em relação ao procedimento de apuração de ato infracional.

A posição central do juiz regulando e fiscalizando a movimentação do procedimento que apura ato infracional não resulta em prejuízo ao sistema acusatório, eis que os objetivos aqui são outros diversos da punição: cuidado, proteção e socioeducação.

O prazo máximo e improrrogável para a conclusão do procedimento para aplicação de medida socioeducativa, estando o adolescente internado provisoriamente, será de quarenta e cinco dias (princípio da brevidade).

Por fim, especial cautela deve observar o delegado de polícia em relação à comunicação da apreensão de adolescente infrator à autoridade judiciária, já que o Estatuto da Criança e do Adolescente prevê crime próprio para autoridade policial, em seu art. 231:

> *Art. 231. Deixar a autoridade policial responsável pela apreensão de criança ou adolescente de fazer imediata comunicação à autoridade judiciária competente e à família do apreendido ou à pessoa por ele indicada.*

Na parte prática, veja os modelos de auto de apreensão de adolescente infrator, boletim de ocorrência circunstanciada, nota de pleno e formal conhecimento, termo de compromisso e ofício de apresentação do adolescente ao Promotor de Justiça.

QUADRO SINÓTICO

Capítulo 12 – A polícia judiciária e os atos infracionais	
Noções introdutórias	• Os menores de dezoito anos são inimputáveis, estando sujeitos a medidas socioeducativas. • Cometem atos infracionais quando praticarem fatos descritos como crime ou contravenção.
Proteção integral	• Criança: até doze anos incompletos. • Adolescente: entre doze e dezoito anos. • Crianças e adolescentes: são sujeitos dos direitos e garantias inerentes à condição humana mais a proteção integral estatuída pela Lei nº 8.069/1990 – direitos fundamentais específicos. • É dever da família, da comunidade, da sociedade em geral e do Poder Público assegurar, com absoluta prioridade, a efetivação dos direitos referentes à vida, à saúde, à alimentação, à educação, ao esporte, ao lazer, à profissionalização, à cultura, à dignidade, ao respeito, à liberdade e à convivência familiar e comunitária.
A prática de ato infracional por criança	• Às crianças aplicam-se as medidas de proteção específica previstas no art. 101 do Estatuto da Criança e do Adolescente, não sendo passíveis de internação provisória e tampouco podem ser objeto de atuação por parte da polícia judiciária. • Cabe aos conselhos tutelares tratar dos casos de atos infracionais praticados por crianças.
Garantias do adolescente infrator	• Arts. 110 e 111 do Estatuto da Criança e do Adolescente. • O Estatuto da Criança e do Adolescente adotou a teoria da atividade, interessando a idade do agente na data da ação ou omissão, independentemente do momento em que se der o resultado. • O adolescente tem direito a defesa técnica e ao pleno conhecimento sobre a identidade dos responsáveis por sua prisão e o ato infracional que lhe é atribuído.

(*continuação*)	• O adolescente apreendido tem direito de avisar um familiar ou pessoa por ele indicada.
	• A internação provisória somente poderá perdurar quarenta e cinco dias e dependerá da existência da prova da existência do ato infracional e indícios razoáveis da autoria.
	• Assim como nas prisões provisórias, a internação provisória do adolescente infrator somente poderá perdurar enquanto necessária e adequada.
Medidas impostas aos adolescentes infratores	• Art. 112 do Estatuto da Criança e do Adolescente.
	• Excetuando-se a remissão, para as demais medidas há que restar comprovada a existência do crime e da autoria.
	• Para a advertência, basta o juízo de probabilidade: prova da materialidade e indícios razoáveis da autoria.
Apuração de ato infracional	• Na apuração de ato infracional, o delegado de polícia exerce a coadjuvação judiciária.
	• A delegacia especializada, onde houver, atrai a atribuição para as primeiras providências de polícia judiciária, no caso de concurso entre imputáveis e adolescentes .
	• O ato infracional praticado mediante violência ou grave ameaça será objeto de auto de apreensão e adolescente infrator, enquanto que os demais atos infracionais serão registrados em boletim de ocorrência circunstanciada.
	• O roteiro previsto no art. 6º do Código de Processo Penal pode guiar a apuração de ato infracional, no que for aplicável.
	• O auto de apreensão de adolescente pode seguir a sistemática formal do auto de prisão em flagrante, enquanto que o boletim de ocorrência circunstanciada pode conter os mesmos tópicos do termo circunstanciado.
	• O Ministério Público não pode determinar o retorno dos autos de apuração de ato infracional ao delegado de polícia para diligências complementares.
	• A autoridade policial deve comunicar a apreensão de adolescente infrator à autoridade judiciária, caso contrário incidirá em crime próprio.

Capítulo 13

INVESTIGAÇÃO DE ORGANIZAÇÕES CRIMINOSAS

13.1. O CONCEITO DE ORGANIZAÇÃO CRIMINOSA

A ofensa à paz social, resultante das ações perpetradas pelas organizações criminosas, pode ser muito mais devastadora que aquela advinda da criminalidade difusa, principalmente em razão das características peculiares que assinalam essa espécie de falange ilícita.

Apesar de existir, desde 1995, uma lei especial a regular a utilização de instrumentos específicos de investigação para o crime organizado no Brasil, ainda não temos uma definição legal segura para conceituar "organização criminosa".

A Convenção das Nações Unidas contra o Crime Organizado Transnacional, conhecida como Convenção de Palermo, ratificada pelo Brasil em 29 de janeiro de 2004 e promulgada pelo Decreto nº 5.015/2004, apresenta um conceito de organização criminosa:

> *Artigo 2. Terminologia*
>
> *Para efeitos da presente Convenção, entende-se por:*
>
> *a) "Grupo criminoso organizado" – grupo estruturado de três ou mais pessoas, existente há algum tempo e atuando concertadamente com o propósito de cometer uma ou mais infrações graves ou enunciadas na presente Convenção, com a intenção de obter, direta ou indiretamente, um benefício econômico ou outro benefício material; [...].*

Note-se, entretanto, que a Convenção de Palermo trata do crime organizado transnacional, delineado em seus elementos no Artigo 3 daquele mesmo diploma:

> *Artigo 3. Âmbito de aplicação [...]*
>
> *2. Para efeitos do parágrafo 1 do presente Artigo, a infração será de caráter transnacional se:*
>
> *a) For cometida em mais de um Estado;*
>
> *b) For cometida num só Estado, mas uma parte substancial da sua preparação, planejamento, direção e controle tenha lugar em outro Estado;*

c) For cometida num só Estado, mas envolva a participação de um grupo criminoso organizado que pratique atividades criminosas em mais de um Estado; ou

d) For cometida num só Estado, mas produza efeitos substanciais noutro Estado.

Portanto, a Convenção de Palermo, integrada ao ordenamento jurídico brasileiro com caráter de lei ordinária, nos apresenta apenas a definição de organização criminosa com atuação ou reflexos em mais de um país.

Em 2012, foi introduzido em nosso ordenamento jurídico um conceito legal de organização criminosa por meio do texto contido no art. 2º da Lei nº 12.694/2012:

Art. 2º. Para os efeitos desta Lei, considera-se organização criminosa a associação, de 3 (três) ou mais pessoas, estruturalmente ordenada e caracterizada pela divisão de tarefas, ainda que informalmente, com objetivo de obter, direta ou indiretamente, vantagem de qualquer natureza, mediante a prática de crimes cuja pena máxima seja igual ou superior a 4 (quatro) anos ou que sejam de caráter transnacional.

Em mais recentemente, a Lei nº 12.850/2013 revogou tacitamente o conceito de organização criminosa antes previsto na Lei nº 12.694/2012, elevando o número mínimo de integrantes:

Art. 1º. [...]

§ 1º. Considera-se organização criminosa a associação de 4 (quatro) ou mais pessoas estruturalmente ordenada e caracterizada pela divisão de tarefas, ainda que informalmente, com objetivo de obter, direta ou indiretamente, vantagem de qualquer natureza, mediante a prática de infrações penais cujas penas máximas sejam superiores a 4 (quatro) anos, ou que sejam de caráter transnacional.

Os demais dispositivos da Lei nº 12.694/2012 permanecem em pleno vigor, disciplinando questões periféricas relativas ao processo e julgamento de crimes praticados por organizações criminosas, destinação de bens e valores, porte de arma aos servidores das instituições públicas que atuam na repressão desse tipo de criminalidade, utilização de veículos apreendidos e proteção pessoal de autoridades.

Nesses dois recentes textos legais, o termo amplo "estruturalmente ordenada" impossibilita a interpretação exata do conceito de organização criminosa, em prejuízo da necessária observância das garantias decorrentes do já mencionado princípio da taxatividade (*lex certa*).

Bem a propósito, colacionamos a clássica lição do consagrado Francisco de Assis Toledo (1994, p. 29): "A exigência de lei certa diz com a clareza dos tipos, que não devem deixar margens a dúvidas nem abusar do emprego de normas muito gerais ou tipos incriminadores genéricos, vazios".

A despeito da imprecisão apontada, o art. 2º da Lei nº 12.850/2013, tipificou a conduta de participação em organização criminosa:

Art. 2º. Promover, constituir, financiar ou integrar, pessoalmente ou por interposta pessoa, organização criminosa:

Pena – reclusão, de 3 (três) a 8 (oito) anos, e multa, sem prejuízo das penas correspondentes às demais infrações penais praticadas.

Até então inexistia, no ordenamento pátrio, um tipo incriminador específico que descrevesse, de forma direta, a conduta de participação em organização criminosa, o que, na prática, fazia com que os seus integrantes fossem processados pelo crime de formação de quadrilha (art. 288 do Código Penal) ou associação para o tráfico de drogas (art. 35 da Lei nº 11.343/2006), dependendo dos objetivos visados pelos delinquentes.

13.2. A ATRIBUIÇÃO PARA INVESTIGAR ORGANIZAÇÕES CRIMINOSAS

Cabe à polícia judiciária a investigação dos ilícitos penais praticados pelas organizações criminosas, valendo-se, para tanto, das regras de *coadjuvação judiciária* previstas no Código de Processo Penal, na Lei nº 12.850/2013 e em outras leis esparsas.

Tudo quanto dissemos antes sobre ser a apuração de infrações penais tarefa privativa da polícia judiciária, reafirmamos agora para pôr em relevo o monopólio da investigação de crimes praticados por organizações criminosas.

As investigações sobre as ações praticadas pelas organizações criminosas revestem-se de grande complexidade porque encontram, nas estruturas de autoproteção invariavelmente erguidas para assegurar a impunidade dos criminosos, obstáculos quase intransponíveis. Nesse passo, a investigação das ações praticadas pelas organizações criminosas demanda a utilização de mecanismos de apuração e coleta de provas aptas a otimizar a capacidade de demonstração do fato oculto por parte dos órgãos de polícia judiciária.

Desse modo, tudo quanto dissemos sobre o inquérito policial aplica-se à instrução preliminar desencadeada para apurar infrações penais perpetradas por organizações criminosas, destacando-se agora os meios extraordinários utilizados neste tipo de investigação: colaboração premiada, ação controlada, acesso a dados e quebra de sigilo, interceptação telefônica e telemática, interceptação ambiental e infiltração de agentes.

13.3. A COLABORAÇÃO PREMIADA

Entre todas as inovações trazidas pela Lei nº 12.850/2013, é fora de dúvida que a colaboração premiada representa a mais importante delas.

Não podendo ser confundida com a delação premiada, já constante em diversos outros diplomas legais brasileiros, tampouco com o *plea bargaining*, largamente utilizado nos Estados Unidos, a colaboração agora regulada na nova lei do crime organizado é espécie de justiça consensuada que apresenta características bem específicas.

De início, observa-se que a colaboração premiada não pressupõe, obrigatoriamente a participação do colaborador na organização criminosa investigada, podendo ser aplicada em benefício daquele que tenha, por exemplo, praticado eventual infração isolada conexa.

Assim, a título de ilustração, se o colaborador foi recrutado pela organização criminosa especialmente para a prática de um homicídio ou tenha receptado uma única vez o produto de um dos vários roubos praticados, poderá ser beneficiado pela colaboração premiada, presentes os requisitos previstos no art. 4º da Lei nº 12.850/2013.

Por óbvio, com muito mais razão, a colaboração premiada também poderá ser utilizada em benefício de um ou mais integrantes da organização criminosa que optarem por colaborar com a investigação ou com o processo.

Note-se ainda que a Lei não impõe a confissão ou reconhecimento de culpa (*plea guilty*) para que o colaborador possa se beneficiar, como ocorre no *plea bargaining* estadunidense. O que se pretende, além do desmantelamento da organização criminosa, é a coleta de material informativo e probatório que possibilite ao Estado a mais acertada administração da justiça penal.

O *caput* do art. 4º dispõe que a colaboração deverá se efetiva e voluntária, ou seja, deverá haver real contribuição para a investigação e o colaborador deverá atuar por vontade própria, com autêntica disposição de colaborar, sem coação ou qualquer outra espécie de vício de vontade.

Além da efetividade e voluntariedade, a colaboração deverá gerar, ao menos, um dos resultados elencados nos incisos do art. 4º da Lei nº 12.850/2013: a identificação dos demais integrantes da organização criminosas e dos ilícitos perpetrados; a revelação da estrutura hierárquica e da divisão de tarefas; a prevenção de outras infrações penais; a recuperação de, ao menos, parte do produto ou do proveito dos ilícitos praticados; o resgate de eventual vítima.

A colaboração premiada poderá favorecer o colaborador com uma das seguintes benesses: a redução da pena imposta na condenação, a substituição de eventual pena de prisão por pena restritiva de direitos e, finalmente, o perdão judicial, cujo efeito é a extinção da punibilidade.

Inobstante o art. 4º da Lei nº 12.850/2013 estabelecer que o juiz *poderá* conceder os benefícios decorrentes da colaboração premiada, havendo requerimento e satisfeitos os requisitos legais, surge para o colaborador um direito subjetivo, impondo-se ao julgador a concessão de uma daquelas vantagens.

13.4. A COLABORAÇÃO PREMIADA NO INQUÉRITO POLICIAL

A efetividade da investigação depende, e muito, da desenvoltura possibilitada aos responsáveis pelas diligências apuratórias, já que, se em dado momento uma providência pode levar a resultados favoráveis, em oportunidade posterior, tal medida pode se afigurar inócua.

Partindo dessa realidade, a colaboração poderá ser efetiva apenas se aproveitada de pronto na fase investigatória, apresentando-se oportuna ainda antes da fase processual. Daí o legislador ter possibilitado muito sabiamente a sua utilização e amplo manejo pelo delegado de polícia presidente da investigação.

A negociação entre colaboradores e o Estado já na fase preliminar da persecução penal vai ao encontro do princípio da oportunidade, possibilitando o desencadeamento de medidas no momento mais adequado sob a perspectiva da efetividade.

Portanto, andou bem o legislador ao permitir à autoridade policial (delegado de polícia) a direção da negociação entre o colaborador e o Estado, sem condicionar o acordo de colaboração a prévia análise judicial ou manifestação antecipada do Ministério Público.

Limitações de ordem burocrática, adiamentos impostos pelos trâmites forenses ou administrativos nos diversos setores dos órgãos do sistema de justiça criminal ou condicionamentos outros, podem pôr a perder a coleta de dados, dificultar o acautelamento de material probatório e, até mesmo, impedir a rápida ação no sentido de salvar uma vida em risco.

O delegado de polícia presidente do inquérito atua em contato direto e imediato com as pessoas investigadas e, mais que qualquer outro ator da persecução penal, é quem está apto a conduzir o acordo de colaboração visando ao maior êxito da investigação.

O legislador, ao possibilitar a condução do acordo de colaboração e, inclusive, a representação do delegado de polícia pelo perdão judicial, levou em conta o domínio da realidade que detêm a autoridade policial que atua de forma imediata em seu contato epidérmico com os fatos apurados e pessoas investigadas.

Evidencia-se, mais uma vez, a tendência de mudança de perspectiva do papel do órgão de investigação, conforme discorremos alhures no capítulo em que tratamos da *coadjuvação judiciária*.

Certamente surgirão discussões infindáveis sobre a constitucionalidade da legitimidade do delegado de polícia para conduzir o acordo de colaboração premiada e representar pela concessão de perdão judicial em favor do colaborador.

É previsível que os partidários da inconstitucionalidade vinculem a condução de qualquer acordo que reflita no ajuizamento da ação penal e na aplicação da pena à regra contida no art. 129, I, da Constituição Federal.

É preciso desconstruir paradigmas equivocados antes de qualquer discussão honesta a respeito da suposta inconstitucionalidade da nova abordagem proposta pela Lei nº 12.850/2013 sobre o papel do delegado de polícia.

Dito isso, a noção de instrumentalidade do processo penal, conforme a acertadíssima lição de Aury Lopes Jr. (2012, p. 90), deve ter "por conteúdo a máxima eficácia dos direitos e garantias fundamentais da Constituição, pautando-se pelo valor da dignidade da pessoa humana submetida à violência do ritual judiciário".

É do mesmo autor a advertência de que "o processo não pode ser visto como um simples instrumento a serviço do poder punitivo (Direito Penal), senão que desempenha o papel limitador do poder e garantidor do indivíduo a ele submetido" (LOPES Jr., 2012, p. 28).

É desse ângulo que deve partir qualquer discussão acerca da possibilidade de se conferir ao delegado de polícia a condução do acordo de colaboração premiada e a representação pelo perdão judicial.

A despeito do papel garantidor do processo, é inegável que transportar alguém à condição de réu constitui uma *violência estatal* infamante, na exata medida em que se produz um etiquetamento com alto grau de estigmatização social do cidadão.

Nessa linha de argumentação, se o perdão judicial é causa de extinção da punibilidade (art. 107, IX, do Código Penal) e entre as condições da ação situa-se a punibilidade concreta, qual ofensa constitucional poderíamos apontar na hipótese de um órgão estatal que desempenha funções auxiliares da justiça (polícia judiciária) expor ao juiz de forma arrazoada (representação) a ocorrência em favor do cidadão de uma causa limitadora do poder estatal de processar e impor pena?

E qual a dificuldade em aceitar, sob o viés constitucional, que um órgão estatal encarregado pela própria Constituição Federal (art. 144, § 1º, I, e § 4º) de realizar investigações, possa conduzir um acordo que proporcione a descoberta da verdade pelo Estado, ainda mais quando essa expressão da coadjuvação judiciária possibilita menor rigor punitivo, representando um *plus* de proteção da dignidade humana em prol do cidadão investigado que prestou relevante colaboração ao órgão investigador na revelação do fato oculto.

A Lei nº 12.850/2013, ao atribuir ao delegado de polícia a condução do acordo de colaboração premiada e a representação consistente na exposição fundamentada de razões que afirmem a limitação do poder estatal de processar e de impor pena (extinção da punibilidade), acrescenta em nosso sistema jurídico uma via de defesa do direito de liberdade, consectário lógico da dignidade da pessoa humana.

Convém ainda destacar o que antes afirmamos no capítulo em que discorremos acerca da coadjuvação judiciária, especialmente sobre ser o delegado de polícia um órgão estatal incumbido da realização da justiça e da proteção dos direitos individuais, atuando para a concretização desses objetivos em colaboração com o juiz, com o Ministério Público e com a defesa.

Note-se, para além disso, que em todos os casos em que o delegado de polícia conduz o acordo de colaboração premiada ou representa ao juiz pela concessão de perdão judicial, é obrigatória a manifestação do Ministério Público (art. 4º da Lei nº 12.850/2013).

Ademais, a condução do acordo de colaboração premiada pelo delegado de polícia e a representação dessa autoridade estatal pela concessão de perdão judicial não vinculam o Ministério Público. Não se pode olvidar, também, que diante de eventuais impropriedades na condução do acordo ou na representação pelo perdão judicial, nada acontecerá sem prévia homologação ou decisão judicial.

Só mesmo por forçados artifícios retóricos se pode estender a abrangência da regra constitucional, que atribui privativamente ao Ministério Público o exercício da ação penal pública à faculdade de conduzir o acordo de colaboração premiada ou à possibilidade de se representar pela concessão de perdão judicial.

Tentar refrear a proteção à direitos fundamentais sob falsos pretextos pode denunciar a manipulação discursiva que encobre um corporativismo nefasto, cujo único objetivo é assegurar o poder de clãs institucionais em detrimento dos valores basilares do estado democrático.

Muito a propósito, a advertência de Aury Lopes Jr. (2012, p. 90):

> Ainda mais danosas são as viragens linguísticas, os giros discursivos, pregados por lobos, que em pele de cordeiro (e alguns ainda dizem falar em nome da Constituição...) seduzem e mantêm em crença urha multidão de ingênuos, cuja frágil base teórica faz com que sejam presas fáceis, iludidos pelo discurso pseudoerudito desses ilusionistas. Cuidado, leitor, mais perigosos do que os inimigos assumidos (e por essa assunção, até mereceriam algum respeito) são os que, falando em nome da Constituição, operam num mundo de ilusão, de aparência, para seduzir os incautos.

Em suma, o art. 129, I, da Constituição Federal reserva ao Ministério Público o exercício privativo da ação penal pública, mas não impede que o delegado de polícia atue em sede de coadjuvação judiciária na defesa da dignidade da pessoa humana.

E mais: o colaborador deverá ser assistido por advogado em todos os atos da colaboração premiada, desde a negociação até a execução do acordo firmado entre ele e o Estado, caso contrário, serão ilícitas todas as provas dela derivadas em decorrência da inobservância dessa inexorável exigência.

Isso é gravíssimo. Sem assistência de defensor técnico, o colaborador não estará apto a negociar com o Estado, vez que o acordo refletirá em diversos aspectos da imputação e poderá constituir material probatório autoincriminador.

Se o colaborador não contar com advogado constituído ou não dispuser de recursos para contratar um causídico, o delegado de polícia ou o Ministério Público deverão acionar a defensoria pública ou nomear um defensor para prestar a assistência jurídica exigida na Lei.

A obrigatoriedade da presença do defensor técnico assistindo o colaborador em todos os momentos da colaboração premiada, inclusive na fase preliminar da persecução penal, reflete a tendência moderna segundo a qual o art. 5º, LV, da Constituição Brasileira tem aplicabilidade também no inquérito policial. Como aponta Aury Lopes Jr. (2012, p. 347), "não há como afastar o sujeito passivo da investigação preliminar da abrangência da proteção, pois é inegável que ele encaixa na situação de 'acusados em geral', pois a imputação e o indiciamento são formas de acusação em sentido amplo".

Em contexto similar, o princípio *nemo tenetur se detegere* que se extrai do direito constitucional de permanecer em silêncio positivado no inciso LXIII do art. 5º da Constituição Federal, não teve a sua aplicação mitigada pela Lei nº 12.850/2013, mas a sua utilização pelo colaborador caracteriza retratação do acordo de colaboração.

Outra não pode ser a interpretação. Embora a nova lei contenha a previsão de que o colaborador deverá renunciar ao direito de permanecer em silêncio (art. 4º, § 14, da Lei nº 12.850/2013), a melhor exegese é no sentido de que se o cooperador invocar esse direito constitucional, recusando fornecer outras informações relacionadas sem as quais a efetividade da colaboração resta prejudicada, a única consequência possível de se extrair é o rompimento do acordo de colaboração.

Aliás, a rigor do que dispõe o § 10 do art. 4º da Lei nº 12.850/2013, o colaborador poderá retratar-se do acordo, hipótese em que as provas decorrentes da colaboração continuarão servíveis, vedando-se a sua utilização isolada para condenar aquele que antes colaborou mas que depois retratou-se. A colaboração tem valor probatório a ser aferido pelo juiz, mas, no caso de haver retratação, o resultado dela não poderá servir com *exclusividade* para a sentença condenatória, devendo estar em harmonia com outras provas que indiquem a culpabilidade do colaborador.

Assim também, independentemente de haver retratação, está vedada a condenação tão somente com base na confissão do colaborador, exigindo-se a integração com outras provas lícitas (art. 4º, § 16, da Lei nº 12.850/2013).

Portanto, na fase do inquérito policial, o delegado de polícia conduzirá o acordo de colaboração, que será celebrado entre o Estado e o cidadão colaborador assistido por defensor técnico constituído ou nomeado.

Na negociação que regerá o acordo de colaboração premiada, o colaborador exporá sua proposta de colaboração indicando os possíveis resultados. Julgando viáveis os termos apresentados pelo colaborador, o delegado de polícia estipulará as condições, ou seja, em que bases a colaboração deverá ser efetivada pelo colaborador até o atingimento dos resultados, bem como as obrigações a que ficará vinculado o colaborador até a execução final do acordo e sob a dependência de quais resultados a colaboração será válida. Na mesma ocasião, o colaborador poderá indicar quais medidas de proteção – para ele próprio e para seus familiares – deseja ver executadas pelo Estado, de tudo lavrando-se o termo de colaboração.

Formalizado o acordo de colaboração, o termo respectivo deverá ser imediatamente encaminhado ao juiz para homologação. Antes de decidir pela homologação ou não do acordo de colaboração, o juiz deverá colher a manifestação do Ministério Público.

Durante a fase da investigação, o termo de acordo de colaboração deverá tramitar diretamente entre o delegado, o juiz e o promotor de justiça estadual ou o procurador da república, a rigor do que dispõe o § 2º do art. 7º da Lei nº 12.850/2013, vedando-se qualquer movimentação que fragilize o sigilo.

Assim, inicialmente, a polícia judiciária ou o Ministério Público encaminham uma petição de homologação, sem qualquer informação sobre os dados do colaborador e os termos do acordo. Distribuído o pedido, o termo de acordo de colaboração deve então ser apresentado diretamente ao juiz para o qual recaiu a distribuição e este terá que decidir sobre a homologação no prazo máximo de quarenta e oito horas (art. 7º, § 1º, da Lei nº 12.850/2013).

O § 7º do art. 4º da referida norma, na parte em que consta "realizado o acordo", deve ser interpretado como *formalizado o acordo*. Destacamos isso para afirmar que o delegado de polícia não poderá aguardar a efetivação dos resultados do acordo para, somente após a realização prática da colaboração, provocar a homologação judicial.

Atento aos postulados do sistema acusatório, o legislador vedou a participação do juiz no processo de negociação entre o Estado e o colaborador (art. 4º, § 6º, da Lei nº 12.850/2013). No entanto, o magistrado fiscalizará a regularidade da negociação por meio da necessária homologação prévia, de tal sorte que ao delegado de polícia e ao Ministério Público cabe submeter o termo de acordo de colaboração à homologação judicial antes da efetivação das diligências decorrentes, ressalvadas, por óbvio, eventuais providências urgentes como, por exemplo, o resgate da vítima de sequestro cuja localização tenha sido informada pelo colaborador.

13.5. A COLABORAÇÃO PREMIADA E O PERDÃO JUDICIAL

Ao disciplinar a colaboração premiada, a Lei nº 12.850/2013 previu a representação do delegado de polícia pela concessão do perdão judicial ao colaborador, possibilitando à autoridade policial, quando da conclusão das investigações, no corpo do relatório final, propor ao magistrado a extinção da punibilidade pela aplicação do referido instituto.

O § 2º do art. 4º ratificou o entendimento de parte da doutrina e da jurisprudência no sentido de que o perdão judicial pode ser objeto de decisão proferida antes mesmo da instância processual, na fase preliminar da persecução penal, subsidiando o arquivamento do inquérito policial.

Na síntese de Fernando de Almeida Pedroso (*RT* 708/277, out. 1994. DTR/1994/438);

> [...] a decisão concessiva do perdão judicial, que constitui causa de extinção da punibilidade, enverga natureza declaratória ou inculpatória e, em face dos efeitos que projeta, torna possível a concessão da mercê em qualquer fase da *persecutio criminis*, inclusive no decreto de arquivamento de inquérito policial.

Em sentido idêntico, a Sexta Turma do Tribunal Regional Federal da 2ª Região decidiu que "o perdão judicial derivado da colaboração processual, instituto introduzido pela Lei nº 10.409, não encontra óbice quanto à sua aplicação na fase pré-processual, desde que resulte de sentença" (TRF2 – ACR 200251015068712).

É nessa direção que o delegado de polícia poderá representar pela concessão de perdão judicial em favor do colaborador, a depender do preenchimento dos requisitos legais da colaboração e da relevância dos resultados alcançados.

Assim, findo o inquérito policial em que houve colaboração voluntária e efetiva, culminante em um ou mais dos resultados enumerados nos incisos do art. 4º da Lei em questão, o delegado de polícia, considerando a relevância da contribuição prestada, poderá representar pela concessão do perdão judicial ao colaborador.

Os autos do inquérito então devem ser encaminhados ao juiz (arts. 10,§ 1º, do CPP; e 4º, § 2º, da Lei nº 12.850/2013) e este, antes de decidir sobre a representação do delegado de polícia pela concessão do perdão judicial ao investigado, deve oportunizar a manifestação do *dominus litis*.

Deve-se especial atenção à tramitação do inquérito policial neste momento, vez que a representação do delegado de polícia pela concessão de perdão judicial assume um caráter de prejudicialidade.

Não haverá para o Ministério Público, a esta altura, oportunidade para oferecimento da denúncia, requerimento de diligências, ou qualquer outra providência que não a de manifestação específica quanto ao teor da representação do delegado e a imediata conclusão dos autos ao juiz natural para que este decida quanto ao perdão judicial.

Recordemos que na atual sistemática jurídica, tanto o delegado de polícia como o promotor de justiça ou o procurador da república são agentes políticos que desempenham suas funções com autonomia e independência, não existindo, entre tais atores da persecução penal, qualquer relação de hierarquia e tampouco subordinação, detendo cada um deles inalienável liberdade de consciência.

Nessa dimensão, não se pode vincular o Ministério Público às conclusões do delegado de polícia que presidiu o inquérito policial.

Assim, diante da representação do delegado de polícia pela concessão do perdão judicial ao colaborador, o Ministério Público poderá discordar das razões contidas naquela representação, manifestando-se contrário à concessão do benefício.

Em tal hipótese, se reconhecer válidas as razões contidas na representação do delegado de polícia, ainda que divergente a manifestação do Ministério Público, o juiz concederá o perdão judicial ao colaborador, restando ao órgão acusador provocar o reexame da decisão pela via recursal.

Note-se, por outro giro, que a *manifestação* favorável do Ministério Público ante a representação da autoridade policial converte-se em *requerimento* de perdão judicial apresentado pela parte acusadora.

Concordando o juiz com a representação do delegado de polícia e com o requerimento do Ministério Público, também nessa hipótese, decidirá o magistrado pela concessão de perdão judicial e sob tal base mandará arquivar o inquérito policial em relação ao colaborador.

De outro modo, se entender ausentes os requisitos legais, o juiz, fundamentadamente, negará a concessão do benefício na fase preliminar da persecução penal.

Cumpre, entretanto, atentar: discordando o juiz do requerimento ministerial de concessão de perdão judicial na fase preliminar, haverá ensejo para a aplicação do disposto no art. 28 do Código de Processo Penal, conforme preceitua a parte final do § 2º do art. 4º da Lei nº 12.850/2013. Aqui, também o juiz exerce a função anômala de fiscal do princípio da obrigatoriedade da ação penal. Se o Procurador-Geral ratificar o requerimento de concessão do perdão judicial, ao juiz restará determinar o arquivamento do inquérito em face do colaborador. Note-se que, neste caso, o juiz não estará decidindo pela concessão do perdão judicial, uma vez que não se convenceu dessa causa de extinção da punibilidade, acatando o posicionamento final do *dominus litis* como simples promoção de arquivamento de inquérito policial. Se, por outro lado, o chefe do *parquet* discordar do pedido de concessão de perdão judicial, designará outro órgão do Ministério Público para oferecer a denúncia.

13.6. AÇÃO CONTROLADA

Mitigação à regra impositiva contida no art. 301 do Código de Processo Penal, a ação controlada está disciplinada nos arts. 8º e 9º da Lei nº 12.850/2013, nos seguintes termos:

> *Art. 8º. Consiste a ação controlada em retardar a intervenção policial ou administrativa relativa à ação praticada por organização criminosa ou a ela vinculada, desde que mantida sob observação e acompanhamento para que a medida legal se concretize no momento mais eficaz à formação de provas e obtenção de informações.*
>
> *§ 1º. O retardamento da intervenção policial ou administrativa será previamente comunicado ao juiz competente que, se for o caso, estabelecerá os seus limites e comunicará ao Ministério Público.*
>
> *§ 2º. A comunicação será sigilosamente distribuída de forma a não conter informações que possam indicar a operação a ser efetuada.*
>
> *§ 3º. Até o encerramento da diligência, o acesso aos autos será restrito ao juiz, ao Ministério Público e ao delegado de polícia, como forma de garantir o êxito das investigações.*
>
> *§ 4º. Ao término da diligência, elaborar-se-á auto circunstanciado acerca da ação controlada.*
>
> *Art. 9º. Se a ação controlada envolver transposição de fronteiras, o retardamento da intervenção policial ou administrativa somente poderá ocorrer com a cooperação das autoridades dos países que figurem como provável itinerário ou destino do investigado, de modo a reduzir os riscos de fuga e extravio do produto, objeto, instrumento ou proveito do crime.*

A ação controlada, por vezes denominada *flagrante prorrogado, estratégico* ou *diferido*, é uma técnica especial de investigação pela qual as infrações penais são detectadas, mas mantidas sob supervisão e acompanhamento até que a ação repressiva se apresente mais efetiva para a coleta de provas e o descobrimento da verdade sobre os fatos e pessoas implicadas na empreitada delituosa.

Excetuando-se a regra especial contida no art. 53 da Lei nº 11.343/2006, a ação controlada prescinde de autorização judicial e de ciência ao Ministério Público e o presidente da investigação é quem decide, com alguma margem de discricionariedade, mas guiado pelo princípio da proporcionalidade, qual o momento mais adequado para desencadear prisões e apreensões.

A discricionariedade da autoridade policial, no respeitante ao momento ideal de intervenção, precisa ser bem contrabalançada, para que os fins da investigação não se sobreponham aos bens jurídicos mais relevantes, como por exemplo, a vida humana.

Nesse sentido, se, por exemplo, a intervenção policial for necessária para evitar o sacrifício de uma vida humana, deverá o delegado de polícia determinar que os policiais saiam a campo e desencadeiem as operações necessárias para evitar a morte, ainda que isto custe o êxito da investigação.

A ação controlada visa a propiciar maior chance de sucesso na identificação de criminosos, individualização de condutas, apreensão de armas, produtos e mercadoria ilícitas e instrumentos e objetos de crimes.

Quando a investigação versar sobre os crimes previstos na Lei nº 11.343/2006, há regra específica:

> Art. 53. Em qualquer fase da persecução criminal relativa aos crimes previstos nesta Lei, são permitidos, além dos previstos em lei, mediante autorização judicial e ouvido o Ministério Público, os seguintes procedimentos investigatórios: [...]
>
> II – a não atuação policial sobre os portadores de drogas, seus precursores químicos ou outros produtos utilizados em sua produção, que se encontrem no território brasileiro, com a finalidade de identificar e responsabilizar maior número de integrantes de operações de tráfico e distribuição, sem prejuízo da ação penal cabível.
>
> Parágrafo único. Na hipótese do inciso II deste artigo, a autorização será concedida desde que sejam conhecidos o itinerário provável e a identificação dos agentes do delito ou de colaboradores.

A Lei de Tóxicos impõe prévia autorização judicial e oitiva do Ministério Público para a ação controlada quando a investigação tiver por objeto os crimes previstos na Lei nº 11.343/2006 e estabelece dois requisitos: 1) conhecimento do itinerário provável; 2) identificação dos agentes do delito ou de colaboradores.

Além disso, a Lei nº 11.343/2006 disciplina o retardamento da ação policial somente em relação aos portadores das substâncias e produtos mencionados no inciso II do art. 53, não abrangendo criminosos que, embora participem dos crimes de tóxicos, executem tarefas outras.

A reflexão acerca do elemento teleológico do dispositivo induz à conclusão de que o legislador quis estabelecer maior cautela e fiscalização sobre a ação controlada, quando o retardamento da atuação repressiva importar na não apreensão de drogas e produtos correlatos.

Tanto por isso, quando a ação controlada não tiver como alvo os portadores das substâncias e produtos relacionados aos crimes de tóxicos, o adiamento da intervenção policial independerá de prévia autorização judicial e tampouco de manifestação do Ministério Público, aplicando-se a regra geral do art. 8º da Lei nº 12.850/2013.

Repise-se: a não atuação policial se dará na conformidade da Lei nº 12.850/2013, ainda que a investigação tenha por objeto os crimes previstos na Lei nº 11.343/2006, se a ação controlada não redundar no retardamento da apreensão de drogas, seus percussores e outros produtos utilizados na produção.

Embora o inciso II do art. 53 da Lei de Tóxicos faça referência somente aos *portadores*, é fora de dúvida que as condutas de transportar, trazer consigo, ter em depósito e possuir, assumem o mesmo significado, dada a intenção clara da lei no sentido de estabelecer prévio controle sobre o retardamento da *apreensão* de drogas, de percussores químicos das drogas e de produtos utilizados na produção de substâncias ilícitas.

A ação controlada prevista na Lei nº 12.850/2013 será previamente comunicada ao juiz (art. 8º, § 1º).

Trata-se de mera comunicação, sem qualquer necessidade de referendo judicial.

Quis o legislador estabelecer maior margem de fiscalização, no sentido de evitar abusos e omissões indesejáveis.

A toda evidência, embora o texto legal contenha previsão no sentido de poder o magistrado regular os limites da ação controlada, pensamos que tal hipótese faz ressurgir a figura indesejável do juiz inquisidor, não encontrando amparo no sistema acusatório.

Contudo, será obrigatória a formação de autos próprios onde serão registrados todos os dados alusivos à ação controlada, impondo-se o sigilo na tramitarão entre o delegado, o juiz e o promotor de justiça ou procurador da república.

A Lei nº 12.850/2013 estabeleceu como requisito, na ação controlada que envolver a transposição de fronteiras entre países, a integração entre as autoridades brasileiras e as estrangeiras no planejamento e execução da medida, do que haverá, necessariamente, registro constante dos autos que serão submetidos ao juiz (art. 9º).

13.7. ACESSO A DADOS, DOCUMENTOS E INFORMAÇÕES FINANCEIRAS, FISCAIS E BANCÁRIAS

A Constituição Federal, no inciso X do art. 5º, tutela a intimidade e, como consequência, estabelece a inviolabilidade dos sigilos fiscal, bancário e financeiro dos cidadãos, pelo que os dados e informações atinentes a tais movimentações somente serão validamente acessados pela polícia judiciária e pelo Ministério Público em casos excepcionais e mediante prévia autorização judicial.

Uma das principais marcas das organizações criminosas é o objetivo de lucro e, tanto por isso, a pesquisa acerca do movimento financeiro, fiscal e bancário das pessoas e empresas implicadas no crime organizado poderá fazer conhecer os resultados das ações criminosas e seus beneficiários, constituindo importantíssimo meio de prova.

Em razão do § 4º do art. 1º da Lei Complementar nº 105/2001 dispor que "a quebra de sigilo poderá ser decretada, quando necessária para apuração de ocorrência de qualquer ilícito", a medida somente poderá ser validamente decretada se demonstrada a necessidade de sua adoção para a investigação de ilícitos penais.

Quanto ao acesso a dados, informações e documentos fiscais, convém transcrever o art. 198 do Código Tributário Nacional:

> *Art. 198. Sem prejuízo do disposto na legislação criminal, é vedada a divulgação, por parte da Fazenda Pública ou de seus servidores, de informação obtida em razão do ofício sobre a situação econômica ou financeira do sujeito passivo ou de terceiros e sobre a natureza e o estado de seus negócios ou atividades.*
>
> *§ 1º. Excetuam-se do disposto neste artigo, além dos casos previstos no art. 199, os seguintes:*
>
> *I – requisição de autoridade judiciária no interesse da justiça; [...].*

Tratando-se de medida que relativiza o direito fundamental à intimidade, a quebra de sigilo bancário, fiscal e financeiro deverá ser precedida de decisão judicial devidamente fundamentada.

Caberá ao delegado de polícia, na presidência da instrução preliminar, demonstrar ao magistrado que a quebra de sigilo é indispensável (necessária e adequada) à efetividade da investigação criminal.

13.8. ACESSO A REGISTROS, DADOS CADASTRAIS, DOCUMENTOS E INFORMAÇÕES

Até a edição da Lei nº 12.850/2013, os responsáveis pelas investigações criminais encontravam grande resistência no acesso às informações cadastrais mantidas em bancos de dados por empresas e instituições.

Finalmente, não mais se poderá obstaculizar o acesso à dados cadastrais pelo delegado de polícia e também pelo Ministério Público.

O art. 15 do novel diploma legal é claro no sentido de que os dados cadastrais deverão ser franqueados ao delegado de polícia e ao Ministério Público, independentemente de autorização judicial.

É simples. O delegado ou o Ministério Público requisitam os dados cadastrais e a negativa em fornecê-los caracteriza crime de desobediência.

Não só isso. As empresas de transporte terrestre, aéreo, marítimo e ferroviário deverão disponibilizar ao delegado de polícia e ao Ministério Público, dados acerca dos registros de reservas e de viagens realizadas por qualquer pessoa, independentemente de autorização judicial (art. 16 da Lei nº 12.850/2013). Ao prever o acesso *direto* e *permanente,* o dispositivo legal determina que as empresas informem inclusive, quando requisitadas pelo juiz, pelo delegado ou pelo Ministério Público, os dados futuros sobre reservas e viagens, mantendo as autoridades informadas permanentemente sobre eventuais movimentações que pessoas investigadas tenham realizados ou venham a realizar.

O acesso aos dados referentes às comunicações telefônicas, pelo delegado de polícia e pelo Ministério Público, continua dependendo de autorização judicial, mas o art. 17 da Lei nº 12.850/2013 determina que as empresas de telefonia mantenham tais registros acessíveis pelo prazo de cinco anos.

13.9. INTERCEPTAÇÃO TELEFÔNICA

Disciplinada pela Lei nº 9.296/1996, a interceptação das comunicações telefônicas é importante instrumento de investigação e meio pelo qual se pode produzir provas para o desmantelamento de organizações criminosas.

A inviolabilidade das comunicações telefônicas decorre da proteção constitucional da intimidade, mas não é direito absoluto, sendo, inclusive, excepcionado na parte final do inciso XII do art. 5º da Constituição Federal:

> *Art. 5º. [...]*
>
> *XII – é inviolável o sigilo da correspondência e das comunicações telegráficas, de dados e das comunicações telefônicas, salvo, no último caso, por ordem judicial, nas hipóteses e na forma que a lei estabelecer para fins de investigação criminal ou instrução processual penal; [...].*

A Lei nº 9.296/1996 regulamentou a interceptação telefônica, especialmente nos arts. 1º a 4º:

> *Art. 1º. A interceptação de comunicações telefônicas, de qualquer natureza, para prova em investigação criminal e em instrução processual penal, observará o disposto nesta Lei e dependerá de ordem do juiz competente da ação principal, sob segredo de justiça.*
>
> *Parágrafo único. O disposto nesta Lei aplica-se à interceptação do fluxo de comunicações em sistemas de informática e telemática.*
>
> *Art. 2º. Não será admitida a interceptação de comunicações telefônicas quando ocorrer qualquer das seguintes hipóteses:*
>
> *I – não houver indícios razoáveis da autoria ou participação em infração penal;*
>
> *II – a prova puder ser feita por outros meios disponíveis;*
>
> *III – o fato investigado constituir infração penal punida, no máximo, com pena de detenção.*
>
> *Parágrafo único. Em qualquer hipótese deve ser descrita com clareza a situação objeto da investigação, inclusive com a indicação e qualificação dos investigados, salvo impossibilidade manifesta, devidamente justificada.*
>
> *Art. 3º. A interceptação das comunicações telefônicas poderá ser determinada pelo juiz, de ofício ou a requerimento:*
>
> *I – da autoridade policial, na investigação criminal;*
>
> *II – do representante do Ministério Público, na investigação criminal e na instrução processual penal.*
>
> *Art. 4º. O pedido de interceptação de comunicação telefônica conterá a demonstração de que a sua realização é necessária à apuração de infração penal, com indicação dos meios a serem empregados.*
>
> *§ 1º. Excepcionalmente, o juiz poderá admitir que o pedido seja formulado verbalmente, desde que estejam presentes os pressupostos que autorizem a interceptação, caso em que a concessão será condicionada à sua redução a termo.*
>
> *§ 2º. O juiz, no prazo máximo de vinte e quatro horas, decidirá sobre o pedido.*

Do teor desses dispositivos, podemos concluir que a interceptação telefônica sempre dependerá de autorização judicial e somente poderá ser utilizada como meio de prova na persecução penal, sendo inadmissível lançar mão de tal modalidade de coleta de dados negados para as atividades de inteligência, ainda que esteja imbricada com a tomada de decisões na área de segurança pública.

A atividade de inteligência está prevista na Lei nº 9.883, de 7 de dezembro de 1999, e o § 2º do art. 1º daquele diploma legal delimita o seu objeto:

> § 2º. Para os efeitos de aplicação desta Lei, entende-se como inteligência a atividade que objetiva a obtenção, análise e disseminação de conhecimentos dentro e fora do território nacional sobre fatos e situações de imediata ou potencial influência sobre o processo decisório e a ação governamental e sobre a salvaguarda e a segurança da sociedade e do Estado.

Inteligência é a atividade essencialmente destinada ao assessoramento do órgão de decisão, não se prestando a produzir prova para a jurisdição penal. Portanto, a utilização da interceptação telefônica por agentes da inteligência, ainda que estejamos tratando da inteligência policial e buscando o assessoramento de autoridades policiais, é ilegal por não estar contemplada na exceção constitucional à inviolabilidade do sigilo das comunicações.

A comunicação por meio da *internet*, aí incluindo-se as mensagens enviadas e recebidas pelos correios eletrônicos, salas de bate-papo e redes sociais, MSN, MMS, WhatsApp, Skype, IMessage, S Beam etc., incluem-se no conceito de comunicações telefônicas em sentido amplo, já que os dados trafegam através da conjugação da telefonia e da informática.

Ademais, as comunicações realizadas por meio da telemática (telefonia e informática), encontram-se contempladas no parágrafo único do art. 1º da Lei nº 9.296/1996.

Da mesma forma, as mensagens enviadas por meio do serviço de mensagens curtas – "torpedos" (*short message service*) e *fac-simile* –, são suscetíveis de interceptação legal, porque os dados trafegam pelas linhas de comunicação telefônica.

A rigor do que dispõem os incisos I, II e III do art. 2º da Lei nº 9.296/1996, a admissibilidade da interceptação dependerá do atendimento de três requisitos:

1º) Indícios de autoria ou participação em crimes

Somente será possível violar a intimidade por meio da interceptação telefônica se demonstrada a existência de crime e houver razoáveis indícios de autoria ou participação daquele que sofrerá a mitigação do direito fundamental.

A prova da existência de um crime acompanhada dos indícios de autoria ou participação impõe a instauração de inquérito policial (art. 5º, § 3º, do Código de Processo Penal), o que autoriza a conclusão de que não haverá interceptação telefônica legal em expediente diverso daquele disciplinado no Título II do Código de Processo Penal.

2º) Indispensabilidade da interceptação telefônica

O atendimento do princípio da necessidade é inarredável para a interceptação telefônica.

A interceptação telefônica é medida invasiva que viola direito fundamental, sendo, portanto, a *ultima ratio* entre todos os demais meios de prova.

Assim, para a decretação válida da interceptação telefônica, há que demonstrar que as provas que se pretende angariar por esse meio não são possíveis de serem conseguidas de outra forma.

Como as organizações criminosas são normalmente articuladas e contam com instrumentos avançados de proteção de informações, dificilmente se consegue buscar provas em relação aos crimes praticados por elas por intermédio dos meios ordinários de investigação, circunstância que, por si só, uma vez cabalmente demonstrada como resultado das primeiras diligências apuratórias, faz exsurgir conveniente a interceptação telefônica.

3º) O fato investigado deve ser punido com pena de reclusão

Considerando ser extremamente invasiva, a interceptação telefônica somente se justifica diante de crimes graves.

Em razão do alto grau de lesividade das organizações criminosas e da variada gama de crimes em que se enredam, a interceptação telefônica, em regra, se apresentará proporcional em investigações dessa matiz. Além disso, o crime de participação em organização criminosa (art. 2º da Lei nº 12.850/2013) é punido com pena de reclusão.

O resultado da interceptação deverá ser documentado em relatórios de análise elaborados pelos investigadores analistas encarregados de ouvir e transcrever os áudios e conjugá-los com as informações fornecidas pelas operadoras de telefonia e com o resultado de outras diligências apuratórias.

De tudo quanto resultar da interceptação telefônica, se formará autos apartados que correrão em *segredo de justiça* (art. 1º, *in fine*, da Lei nº 9.296/1996): da representação do delegado de polícia até o relatório de tudo quanto transcorreu na diligência de interceptação, inclusive as mídias com as gravações dos áudios, os extratos relativos aos registros de ligações realizadas e recebidas, os dados cadastrais e as informações sobre a localização e o deslocamento dos terminais interceptados etc.

A Resolução nº 59, de 9 de setembro de 2008, do Conselho Nacional de Justiça, descreve, minuciosamente, o rito a ser seguido na diligência de interceptação telefônica. Tal regra tem sido observada pelas polícias, pelo MP e pelo Judiciário, no que tange aos procedimentos relativos à interceptação telefônica, valendo destacar os seguintes artigos:

> *Art. 1º. As rotinas de distribuição, registro e processamento das medidas cautelares de caráter sigiloso em matéria criminal, cujo objeto seja a interceptação de comunicações telefônicas, de sistemas de informática e telemática, observarão disciplina própria, na forma do disposto nesta Resolução.*
>
> *Art. 2º. Os pedidos de interceptação de comunicação telefônica, telemática ou de informática, formulados em sede de investigação criminal e em instrução processual penal, serão enca-*

minhados à Distribuição da respectiva Comarca ou Subseção Judiciária, em envelope lacrado contendo o pedido e documentos necessários.

Art. 3º. Na parte exterior do envelope a que se refere o artigo anterior será colada folha de rosto contendo somente as seguintes informações:

I – "medida cautelar sigilosa";

II – delegacia de origem ou órgão do Ministério Público;

III – comarca de origem da medida.

Art. 4º. É vedada a indicação do nome do requerido, da natureza da medida ou qualquer outra anotação na folha de rosto referida no art. 3º.

Art. 5º. Outro envelope menor, também lacrado, contendo em seu interior apenas o número e o ano do procedimento investigatório ou do inquérito policial, deverá ser anexado ao envelope lacrado referido no art. 3º.

Art. 6º. É vedado ao Distribuidor e ao Plantão Judiciário receber os envelopes que não estejam devidamente lacrados na forma prevista nos arts. 3º e 5º desta Resolução.

Seção II – Da rotina de recebimento dos envelopes pela serventia

Art. 7º. Recebidos os envelopes e conferidos os lacres, o Responsável pela Distribuição ou, na sua ausência, o seu substituto, abrirá o envelope menor e efetuará a distribuição, cadastrando no sistema informatizado local apenas o número do procedimento investigatório e a delegacia ou o órgão do Ministério Público de origem.

Art. 8º. A autenticação da distribuição será realizada na folha de rosto do envelope mencionado no art. 3º.

Art. 9º. Feita a distribuição por meio do sistema informatizado local, a medida cautelar sigilosa será remetida ao Juízo competente, imediatamente, sem violação do lacre do envelope mencionado no art. 3º.

Parágrafo único. Recebido o envelope lacrado pela serventia do Juízo competente, somente o Escrivão ou o responsável pela autuação do expediente e registro dos atos processuais, previamente autorizado pelo Magistrado, poderá abrir o envelope e fazer conclusão para apreciação do pedido. [...]

Seção VII – Dos pedidos de prorrogação de prazo

Art. 14. Quando da formulação de eventual pedido de prorrogação de prazo pela autoridade competente, deverão ser apresentados os áudios (CD/DVD) com o inteiro teor das comunicações interceptadas, as transcrições das conversas relevantes à apreciação do pedido de prorrogação e o relatório circunstanciado das investigações com seu resultado.

§ 1º. Sempre que possível os áudios, as transcrições das conversas relevantes à apreciação do pedido de prorrogação e os relatórios serão gravados de forma sigilosa encriptados com chaves definidas pelo Magistrado condutor do processo criminal.

§ 2º. Os documentos acima referidos serão entregues pessoalmente pela autoridade responsável pela investigação ou seu representante, expressamente autorizado, ao Magistrado competente ou ao servidor por ele indicado. [...]

13.10. INTERCEPTAÇÃO AMBIENTAL

A interceptação ambiental está prevista no inciso II do art. 3º da Lei nº 12.850/2013, nos seguintes termos:

> *Art. 3º. Em qualquer fase da persecução penal, serão permitidos, sem prejuízo de outros já previstos em lei, os seguintes meios de obtenção da prova: [...]*
>
> *II – captação ambiental de sinais eletromagnéticos, óticos ou acústicos; [...].*

A interceptação ambiental tem sido objeto de questionamentos quanto à sua constitucionalidade, vez que o legislador constitucional, ao excepcionar o sigilo das comunicações, mencionou apenas a interceptação das comunicações telefônicas.

Não se nega, entretanto, que esse mecanismo de apuração é dos mais efetivos e constitui grande aliado contra as nefastas ações do crime organizado.

As comunicações ambientais, invariavelmente, ocorrem por meio de conversações diretas entre dois ou mais interlocutores e desenvolvem-se pela propagação de sinais em um espaço físico comum, ainda que pelo uso de algum equipamento de conferência.

Por meio da interceptação ambiental, os agentes da instrução preparatória executam a captura e gravação de diálogos realizados por meio de imagens, sons e sinais, em lugares abertos ou fechados.

Sendo mais uma forma de violação da intimidade, a interceptação ambiental dependerá sempre de ordem judicial e somente será cabível se demonstrada a sua necessidade, adequação e proporcionalidade em sentido estrito.

Realizada a captação e a interceptação, os diálogos gravados deverão ter a sua análise registrada e a materialização desses registros deverá ser incorporada ao inquérito policial, normalmente em autos apartados para garantir a sigilosidade necessária.

13.11. INFILTRAÇÃO DE AGENTES

Dentre todas as atividades inerentes à investigação, a infiltração é a que representa maior risco para a integridade dos funcionários encarregados da instrução preparatória.

Por meio dessa técnica especial de investigação, o agente da polícia judiciária ingressa, de forma simulada, nos quadros da organização criminosa e passa a reunir informações e provas sobre as atividades delituosas.

Para alcançar os objetivos da infiltração, o agente de polícia judiciária oculta a sua condição de investigador, age dissimuladamente para ser aceito e obter a confiança dos integrantes da organização, quando então passa a interagir direta e pessoalmente com os criminosos.

O agente infiltrado estava previsto no texto original da Lei nº 9.034/1995 nos seguintes termos:

> *Art. 2º. Em qualquer fase de persecução criminal serão permitidos, sem prejuízo dos já previstos em lei, os seguintes procedimentos de investigação e formação de provas:*
>
> *I – A infiltração de agentes da polícia especializada em quadrilhas ou bandos, vedada qualquer coparticipação delituosa, exceção feita ao disposto no art. 288 do Decreto-Lei nº 2.848, de 7 de dezembro de 1940 – Código Penal, de cuja ação se preexclui, no caso, a antijuridicidade; [...].*

O então Presidente da República vetou esse inciso I original do art. 2º da Lei nº 9.034/1995, acatando as críticas do Ministério da Justiça sobre a não exigência de prévia ordem judicial e a exclusão do crime de formação de quadrilha.

A Lei nº 10.217, de 11 de abril de 2001, alterou o art. 2º da Lei nº 9.034/1995, inserindo a previsão do agente encoberto:

> *Art. 2º. Em qualquer fase de persecução criminal são permitidos, sem prejuízo dos já previstos em lei, os seguintes procedimentos de investigação e formação de provas: [...]*
>
> *V – infiltração por agentes de polícia ou de inteligência, em tarefas de investigação, constituída pelos órgãos especializados pertinentes, mediante circunstanciada autorização judicial.*

A Lei de Tóxicos, pretendendo disciplinar especificamente a infiltração de agentes de polícia judiciária na atuação contra o tráfico, reproduziu a regra da Lei nº 9.034/1995:

> *Art. 53. Em qualquer fase da persecução criminal relativa aos crimes previstos nesta Lei, são permitidos, além dos previstos em lei, mediante autorização judicial e ouvido o Ministério Público, os seguintes procedimentos investigatórios:*
>
> *I – a infiltração por agentes de polícia, em tarefas de investigação, constituída pelos órgãos especializados pertinentes; [...]*

Notem, entretanto, que a Lei nº 11.343/2006 esquivou-se da impropriedade quanto à atividade de inteligência e limitou a infiltração em quadrilhas de traficantes aos agentes de polícia. Tudo quanto dissemos antes sobre o uso da interceptação telefônica pela atividade de inteligência, reafirmamos agora para apontar o reiterado equívoco do legislador. Novamente foram confundidos, na Lei nº 9.034/1995, quando da regulação de instrumentos especiais de persecução criminal, agentes policiais e agentes de inteligência. A atividade de inteligência se presta à obtenção, análise e disseminação de informações necessárias ao processo decisório, sendo, portanto, dirigida ao assessoramento, jamais à persecução penal.

A Lei nº 12.850/2013, ao revogar a Lei nº 9.034/1995, disciplinou de forma diferente a infiltração de agentes:

> *Art. 10. A infiltração de agentes de polícia em tarefas de investigação, representada pelo delegado de polícia ou requerida pelo Ministério Público, após manifestação técnica do delegado de polícia quando solicitada no curso de inquérito policial, será precedida de circunstanciada, motivada e sigilosa autorização judicial, que estabelecerá seus limites.*

A nova lei limitou a infiltração aos agentes de polícia, não mais sendo lícito estender essa ferramenta a outros funcionários públicos que não os policiais.

Além disso, em toda e qualquer investigação, quando a medida não tiver sido representada por delegado de polícia, é requisito da infiltração a prévia manifestação técnica da autoridade policial. Trata-se de habilitação técnica privativa conferida pela Lei nº 12.850/2013 ao delegado de polícia, ficando a autorização judicial de infiltração condicionada ao seu prévio parecer.

Assim, quando a infiltração tiver sido representada pelo Ministério Público, o juiz deverá fazer os autos conclusos ao delegado de polícia com atribuição, conforme regulamentação específica sobre a "competência" para a instauração de inquéritos policiais.

Entre outras razões duvidosas e sob o falso pretexto de que esse tipo de técnica investigativa viola direitos fundamentais (intimidade, privacidade, inviolabilidade do domicílio e autodeterminação afirmativa), o legislador entendeu por bem manter o seu condicionamento à prévia autorização judicial.

Somente da concepção limitadíssima dos gabinetes poderia surgir a absurda exigência de prévia autorização judicial para a infiltração de agentes. Aquele que labora diretamente na investigação de crimes é quem sabe quão surreal é a exigência de tal condição para esse tipo de diligência. Com essa carga mantida, a regulação trazida na Lei nº 12.850/2013, ao oposto de proporcionar o uso de tão importante ferramenta de investigação, é impeditiva.

O ponto mais debatido, quando se cuida da infiltração de agentes, reside nas consequências jurídico-penais das ações praticadas pelo agente de polícia judiciária que, como forma de afirmar a sua integração ao grupo e angariar a confiança de seus integrantes, participe das ações ilícitas da organização criminosa.

Abalizados autores defendem que o agente infiltrado não cometeria crimes por agir acobertado pelas excludentes de ilicitude. Outros, afirmam que o agente infiltrado pratica crimes, mas seria beneficiado por causa da excludente de culpabilidade.

A Lei nº 12.850/2013 enfrentou essa questão prevendo que as condutas criminosas praticadas pelo agente infiltrado não são puníveis, *quando inexigível conduta diversa* (art. 13, parágrafo único). Porém, estabelece que o agente responderá pelo excesso se não guardar a *devida proporcionalidade* (art. 13, *caput*).

Na avaliação dos termos elásticos "inexigibilidade de conduta diversa", "proporcionalidade" e "excesso", fica o agente infiltrado a mercê das interpretações duvidosas de quem não conhece as asperezas com as quais se defronta o policial.

Permanece a incerteza sobre as consequências jurídicas das ações ilícitas praticadas pelos agentes infiltrados, de tal sorte que a responsabilização penal continua sendo um espectro a assombrar a polícia judiciária e, consequentemente, a desestimular o uso dessa notável técnica.

Exigir que o agente de polícia judiciária infiltre-se na organização criminosa e fique sujeito a responsabilização penal é tão perverso como irresponsável.

Se ainda assim o delegado de polícia tiver que lançar mão desse excepcional meio de apuração, deverá dirigir representação à autoridade judiciária, demonstrando que a medida é necessária, adequada e proporcional.

Conforme limitação legal prevista no § 3º do art. 10 da Lei nº 12.850/2013, a ordem judicial deverá ser expedida com prazo máximo de duração de seis meses, renováveis.

A Lei nº 12.850/2013 estabeleceu regras no sentido de conferir maior proteção ao agente infiltrado, estendendo-lhe as regras da Lei de Proteção Especial a Vítimas e a Testemunhas (Lei 9.807/1999), além de confiar-lhe a possibilidade de recusar a execução da diligência e, assim, também cessar a infiltração sem que isso possa acarretar responsabilização administrativa ou criminal.

A coordenação operacional ficará ao encargo exclusivo do delegado de polícia presidente da instrução preparatória, não podendo a autoridade judiciária exigir a identificação dos agentes que executarão a técnica e tampouco o detalhamento de sua efetivação.

Tanto quanto é urgente novas reflexões sobre a atuação da polícia judiciária, proposta, aliás, desta obra, ainda há muito que debater sobre o tema para que uma normatização mais racional e realista possa oportunizar o efetivo uso da infiltração.

QUADRO SINÓTICO

Capítulo 13 – Investigação de organizações criminosas	
A instrução preliminar e as investigações criminosas	• Cabe à polícia judiciária a investigação dos ilícitos penais praticados pelas organizações criminosas.
	• A Convenção de Palermo, integrada ao ordenamento jurídico brasileiro com caráter de lei ordinária, nos apresenta apenas a definição de organização criminosa com atuação ou reflexos em mais de um país.
	• A Lei nº 12.850/2013 trouxe novo conceito de organização criminosa, estabelecendo o número mínimo de quatro integrantes.
	• Passa a existir um tipo penal específico para a conduta de participação em organização criminosa, conforme a regra incriminadora do art. 2º da Lei nº 12.850/2013.
	• A Lei nº 12.850/2013 disciplinou a utilização de técnicas extraordinárias de investigação: colaboração premiada, ação controlada, acesso a dados cadastrais e de viagens e quebra de sigilo, interceptação telefônica e telemática, interceptação ambiental e infiltração de agentes.

(continuação)	• A Lei nº 12.850/2013 disciplinou a utilização de técnicas extraordinárias de investigação: colaboração premiada, ação controlada, acesso a dados cadastrais e de viagens e quebra de sigilo, interceptação telefônica e telemática, interceptação ambiental e infiltração de agentes.
Ação controlada	• A ação controlada está disciplinada nos arts. 8º e 9º da Lei nº 12.850/2013.
	• A ação controlada é uma técnica especial de investigação pela qual as infrações penais são detectadas, mas mantidas sob supervisão e acompanhamento até que a ação repressiva se apresente mais efetiva para a coleta de provas e o descobrimento da verdade sobre os fatos e pessoas implicadas na empreitada delituosa.
	• Prescinde de autorização judicial e de ciência ao Ministério Público e o presidente da investigação é quem decide, com alguma margem de discricionariedade, mas guiado pelo princípio da proporcionalidade, qual o momento adequado para desencadear prisões e apreensões.
	• A ação controlada traduz a aplicação do princípio da oportunidade na investigação policial e visa, basicamente, a propiciar maior chance de sucesso na identificação de criminosos, individualização de condutas, apreensão de armas, produtos e mercadorias ilícitas e instrumentos e objetos de crimes.
	• Quando a investigação versar sobre a apreensão de substâncias abrangidas pela Lei nº 11.343/2006, aplica-se a regra específica sobre a execução da ação controlada.
	• Quando a ação controlada tiver como alvo os portadores das substâncias e produtos relacionados aos crimes de tóxicos, o adiamento da intervenção policial dependerá de prévia autorização judicial.
Acesso a dados, documentos e informações fiscais, bancárias e financeiras	• A Lei nº 12.850/2013 atribuiu aos delegados de polícia e aos membros do Ministério Público poder requisitório para acesso a dados cadastrais e informações sobre reservas de viagens e sobre viagens de pessoas investigadas, independentemente de prévia autorização judicial.
	• A Constituição Federal, no inciso X do art. 5º, tutela a intimidade e, como consequência, estabelece a inviolabilidade dos sigilos fiscal, bancário e financeiro dos cidadãos, pelo que os dados e informações atinentes a tais movimentações somente serão validamente acessados pela polícia judiciária e pelo Ministério Público em casos excepcionais e mediante prévia autorização judicial.

(continuação)	• A medida somente poderá ser validamente decretada se demonstrada a necessidade de sua adoção para a investigação de ilícitos penais. • O acesso a dados, informações e documentos fiscais, é mencionado no art. 198 do Código Tributário Nacional. • A quebra de sigilo bancário, fiscal e financeiro deverá ser precedida de decisão judicial devidamente fundamentada. • Caberá ao delegado de polícia demonstrar ao magistrado que a quebra de sigilo é indispensável (necessária) à efetividade da investigação criminal.
Interceptação telefônica	• Disciplinada pela Lei nº 9.296/1996. A inviolabilidade das comunicações telefônicas decorre da proteção constitucional da intimidade, mas não é direito absoluto, sendo, inclusive, excepcionado na parte final do inciso XII do art. 5º da Constituição Federal. A Lei nº 9.296/1996 regulamentou a interceptação telefônica. • A interceptação telefônica sempre dependerá de autorização judicial e somente poderá ser utilizada como meio de prova na persecução penal, sendo inadmissível lançar mão de tal modalidade de coleta de dados negados para as atividades de inteligência, ainda que esteja imbricada com a tomada de decisões na área de segurança pública. • A atividade de inteligência está prevista na Lei nº 9.883, de 7 de dezembro de 1999, e o § 2º do art. 1º daquele diploma legal delimita o seu objeto. • Inteligência é a atividade essencialmente destinada ao assessoramento do órgão de decisão, não se prestando a produzir prova para a jurisdição penal. Portanto, a utilização da interceptação telefônica por agentes da inteligência, ainda que estejamos tratando da inteligência policial, é ilegal por não estar contemplada na exceção constitucional à inviolabilidade do sigilo da comunicações. • A comunicação por meio da *internet*, aí incluindo-se as mensagens enviadas e recebidas pelo correio eletrônico, sala de bate-papo e redes sociais, aplicativos de *smartphones*, incluem-se no conceito de comunicações telefônicas em sentido amplo, já que os dados trafegam através da conjugação da telefonia e da informática. • Da mesma forma, as mensagens enviadas pelo serviço de mensagens curtas – "torpedos" (*short message service*) e *fac-simile* –, são suscetíveis de interceptação legal, porque os dados trafegam através de linhas de comunicação telefônica.

(*continuação*)	• A admissibilidade da interceptação dependerá do atendimento dos seguintes requisitos: existência de indícios de autoria ou participação em crime; indispensabilidade da interceptação telefônica; o fato ilícito investigado, deve haver previsão abstrata de pena de reclusão.
Interceptação ambiental	• A interceptação ambiental está expressamente prevista na Lei nº 12.850/2013. • As comunicações ambientais invariavelmente ocorrem por meio de conversações diretas entre dois ou mais interlocutores e desenvolvem-se pela propagação de sinais em um espaço físico comum, ainda que pelouso de algum equipamento de conferência. • Por meio da interceptação ambiental os agentes da instrução preparatória executam a captura e gravação de diálogos realizados por meio de imagens, sons e sinais, em lugares abertos ou fechados. • Sendo mais uma forma de violação da intimidade, a interceptação ambiental dependerá sempre de ordem judicial e somente será cabível se demonstrada a sua necessidade, adequação e proporcionalidade em sentido estrito.
Infiltração de agentes	• Por meio dessa técnica especial de investigação, o agente da polícia judiciária ingressa, de forma simulada, nos quadros da organização criminosa e passa a reunir informações e provas sobre as atividades delituosas. • Para alcançar os objetivos da infiltração, o agente de polícia judiciária oculta à sua condição de investigador, age dissimuladamente para ser aceito e obter a confiança dos integrantes da organização, quando então passa a interagir direta e pessoalmente com os criminosos. • A Lei nº 10.217, de 11 de abril de 2001, alterou o art. 2º da Lei nº 9.034/1995, inserindo a previsão do agente encoberto. • A Lei nº 12.850/2013 disciplinou mais detalhadamente a infiltração de agentes, enfrentando as questões referentes à responsabilização penal do agente infiltrado e o prazo de infiltração. • Sob o falso pretexto de que esse tipo de técnica investigativa viola direitos fundamentais (intimidade, privacidade e inviolabilidade do domicílio), o legislador entendeu por bem condicioná-la à prévia autorização judicial. • A autorização judicial depende de prévia manifestação técnica do delegado de polícia, quando requerida pelo Ministério Público.

(*continuação*)	• A exigência de prévia autorização judicial trazida na Lei n° 12.850/ 2013, ao oposto de proporcionar o uso de tão importante ferramenta de investigação, é impeditiva.
	• O ponto mais debatido, quando se cuida da infiltração de agentes, reside nas consequências jurídico-penais das ações praticadas pelo agente de polícia judiciária que, como forma de afirmar a sua integração ao grupo e angariar a confiança de seus integrantes, participe das ações ilícitas da organização criminosa.
	• A Lei n° 12.850/2013 previu que o agente infiltrado não responderá criminalmente pelos ilícitos praticados durante a infiltração, quando inexigível conduta diversa.
	• Se o delegado de polícia tiver que lançar mão da infiltração de agentes, deverá dirigir representação à autoridade judiciária, demonstrando que a medida é necessária, adequada e proporcional.
	• A ordem judicial deverá ser expedida com prazo certo de duração e a coordenação operacional ficará ao encargo exclusivo do delegado de polícia presidente da instrução preparatória, não podendo a autoridade judiciária exigir a identificação dos agentes que executarão a técnica e tampouco o detalhamento de sua efetivação.

PARTE PRÁTICA

Modelo 1
TERMO DE REQUERIMENTO/REPRESENTAÇÃO

Aos (...) de (...) do ano de (...), no cartório da (...) da POLÍCIA CIVIL DO ESTADO DE (...), presente a Autoridade Policial Christian Robert dos Rios, comigo, Escrivão de seu cargo, ao final assinado, aí presente também o(a) Sr(a) (...).

FUNDAMENTAÇÃO JURÍDICA

A INSTAURAÇÃO DE INQUÉRITO POLICIAL mediante REQUERIMENTO, nos crimes de ação penal privada ou pública incondicionada, e mediante REPRESENTAÇÃO, nos crimes de ação penal pública condicionada, está disciplinada no CÓDIGO DE PROCESSO PENAL:

Art. 5º. Nos crimes de ação pública o inquérito policial será iniciado: (...)

II – mediante requisição da autoridade judiciária ou do Ministério Público, ou a **requerimento** do ofendido ou de quem tiver qualidade para representá-lo.

§ 1º. O requerimento a que se refere o nº II conterá sempre que possível:

a) a narração do fato, com todas as circunstâncias;

b) a individualização do indiciado ou seus sinais característicos e as razões de convicção ou de presunção de ser ele o autor da infração, ou os motivos de impossibilidade de o fazer;

c) a nomeação das testemunhas, com indicação de sua profissão e residência. (...)

§ 4º. O inquérito, nos crimes em que a ação pública depender de **representação**, não poderá sem ela ser iniciado.

§ 5º. Nos crimes de ação privada, a autoridade policial somente poderá proceder a inquérito a **requerimento** de quem tenha qualidade para intentá-la. (*grifo nosso*)

REQUERIMENTO/REPRESENTAÇÃO

A Autoridade Policial passou a inquirir o(a) requerente/representante a respeito dos fatos pelos quais ora requer/representa pela instauração de inquérito policial e, às perguntas, respondeu: QUE, (...). Por tudo quanto ora informa, REQUER/REPRESENTA pela INSTAURAÇÃO DE INSTRUÇÃO PRELIMINAR (inquérito policial ou termo circunstanciado) e respectiva remessa ao juízo competente para a propositura de instrução processual. E, como nada mais houvesse, mandou a Autoridade que fosse lavrado o presente termo que depois de lido e achado conforme, vai por todos assinados e por mim (...), Escrivão(ã) que o digitei.

Autoridade:

Requerente/Representante:

Escrivão(ã):

Modelo 2

REPRESENTAÇÃO
PARA INSTAURAÇÃO DE INQUÉRITO POLICIAL

EXCELENTÍSSIMO SENHOR DOUTOR DELEGADO DE POLÍCIA TITULAR DA DELEGACIA DE POLÍCIA DE (...)

(*...qualificação completa...*), neste ato, dirige a Vossa Excelência a presente representação contra (*...qualificação completa...*) no sentido de ser instaurado inquérito policial e consequente ação penal em razão da prática de infração penal de que o signatário é vítima, conforme passa a expor.

(*...descrição pormenorizada dos fatos que constituem crime de ação penal pública condicionada...*)

Segue o rol de testemunhas e respectivos endereços:

(*...relação com nome e endereço das testemunhas...*)

E. deferimento.

Data

Assinatura

Modelo 3
REQUERIMENTO
PARA INSTAURAÇÃO DE INQUÉRITO POLICIAL

EXCELENTÍSSIMO SENHOR DOUTOR DELEGADO DE POLÍCIA DO (...) DISTRITO POLICIAL DE (...)

(...*qualificação completa do requerente*...), vem manifestar seu direito de querela para instauração de procedimento criminal em desfavor de (...*qualificação completa*...), na forma do art. 5º, § 5º, do Código de Processo Penal, pelos fatos a seguir expostos.

(...*descrição detalhada dos fatos que constituem crime de ação penal privada*...)

Diante de todo o exposto, requer a essa eminente Autoridade que se digne apurar os fatos apresentados.

Para melhor subsidiar a instauração do procedimento investigatório, apresentam-se (...*relação de documentos, testemunhas com respectivos endereços etc.*).

Está apensa procuração com poderes especiais.

Data

Assinatura do(a) advogado(a)

Modelo 4
PORTARIA

FUNDAMENTAÇÃO JURÍDICA

Art. 144. A segurança pública, dever do Estado, direito e responsabilidade de todos, é exercida para a preservação da ordem pública e da incolumidade das pessoas e do patrimônio, através dos seguintes órgãos: (...)

§ 4º. às polícias civis, dirigidas por delegados de polícia de carreira, incumbem, ressalvada a competência da União, as funções de polícia judiciária e a apuração de infrações penais, exceto as militares. (Constituição Federal)

Art. 4º. A polícia judiciária será exercida pelas autoridades policiais no território de suas respectivas circunscrições e terá por fim a apuração das infrações penais e da sua autoria.

Art. 5º. Nos crimes de ação pública o inquérito policial será iniciado:

I – de ofício; (...). (Código de Processo Penal)

FATOS

Consta da documentação anexa que em (...) de (...) de (...), por volta de (...) horas, na altura do número (...) da Avenida (...), Bairro (...), nesta cidade de (...), o cidadão Tício de Tal (*nacionalidade, naturalidade, data de nascimento, filiação, documento de identificação, CPF, profissão, local de residência e telefones*), teria sido vítima de homicídio doloso praticado por pessoa(s) ainda não identificada(s).

JUÍZO PRELIMINAR DE SUBSUNÇÃO DA AUTORIDADE

Art. 121 do Código Penal.

INSTAURAÇÃO

EX POSITIS, **INSTAURO INQUÉRITO POLICIAL** na forma do art. 5º, I, do Código de Processo Penal e DETERMINO ao Sr. Escrivão que R. e A, esta, execute as seguintes medidas:

1) JUNTEM-SE aos autos os documentos que seguem acostados – relatório de inspeção em local de crime (*relatório de tudo quanto os investigadores ou o próprio delegado avistaram no local do crime*); laudo de exame cadavérico; laudo fotográfico de local; cópia da carteira de identificação da vítima e dos termos de depoimento dos policiais que primeiro chegaram ao local do encontro do cadáver;

2) EXPEÇA-SE ordem de serviço aos investigadores Mélvio e Tácito, para que saiam a campo e realizem meticulosas investigações sobre o ocorrido, procedendo, com prioridade, a identificação, localização e entrevistas dos parentes, amigos, vizinhos e colegas de trabalho da vítima. Prazo para apresentação e juntada do respectivo relatório de investigação: 12 (doze) horas.

Após, conclusos para ulteriores deliberações.

CUMPRA-SE.

Dada e passada em São Paulo/SP, aos (...) dias do mês de ... do ano de (...).

São Paulo, (...) de (...) de (...).

Assinatura

Modelo 5
TERMO DE DECLARAÇÕES

As (...) h. e (...) min. de (...)/(...)/(...), no Cartório desta Delegacia de Polícia – (...), presente a Autoridade Policial (...), comigo, Escrivão(ã) do cargo, foi determinada a lavratura deste Termo de Declarações.

FUNDAMENTAÇÃO JURÍDICA

Código de Processo Penal:

Art. 6º Logo que tiver conhecimento da prática da infração penal, a autoridade policial deverá: (...)

IV – ouvir o ofendido; (...).

QUALIFICAÇÃO

(*Nome, filiação, data de nascimento, local de nascimento, número da carteira de identidade e do CPF, endereço eletrônico, número dos telefones fixo e móvel, endereço completo.*)

Sabendo ler e escrever: (...*sim ou não...*).

AUDIÊNCIA

Às de costume nada disse. INQUIRIDO(A) DISSE: Que, (...). Nada mais disse e nem lhe foi perguntado, determinando a Autoridade Policial que se encerrasse o presente termo. Eu, (...), Escrivão(ã) de Polícia, digitei.

Autoridade:

Declarante:

Escrivão(ã):

Modelo 6
TERMO DE DEPOIMENTO

As (...) h. e (...) min. de (...) de (...) do ano de (...), no Cartório desta Delegacia de Polícia – (...), presente a Autoridade Policial (...), comigo, Escrivã(o) do cargo, foi determinada a lavratura deste Termo de Depoimento.

FUNDAMENTAÇÃO JURÍDICA

Dispõe o Código de Processo Penal:

Art. 6º Logo que tiver conhecimento da prática da infração penal, a autoridade policial deverá: (...)

III – colher todas as provas que servirem para o esclarecimento do fato e suas circunstâncias; (...).

COMPROMISSO LEGAL

(*Nome, filiação, data de nascimento, local de nascimento, número da carteira de identidade e do CPF, endereço eletrônico completo, número dos telefones fixo e móvel, endereço físico completo.*)

Sabendo ler e escrever: (...*sim ou não...*).

Cientificada das penas cominadas ao crime de falso testemunho, assume o compromisso de dizer a verdade do que souber e lhe for perguntado.

DEPOIMENTO

As de costume disse nada. INQUIRIDO(A) DISSE: QUE, (...). Nada mais disse e nem lhe foi perguntado, determinando a Autoridade Policial que se encerrasse o presente termo. Eu, (...) Escrivão(ã) de Polícia, digitei.

Autoridade:

Depoente:

Escrivão(ã):

Modelo 7
TERMO DE INTERROGATÓRIO

As (...) h. de (...) de (...) do ano de (...), no Cartório desta Delegacia de Polícia – (...) DP, presente em Cartório a Autoridade Policial (...), comigo, Escrivão(ã) de meu cargo, foi determinada a lavratura deste Termo de Interrogatório.

FUNDAMENTAÇÃO JURÍDICA

Art. 6º Logo que tiver conhecimento da prática da infração penal, a autoridade policial deverá: (...)

V – ouvir o indiciado, com observância, no que for aplicável, do disposto no Capítulo III do Título VII, deste Livro, devendo o respectivo termo ser assinado por 2 (duas) testemunhas que lhe tenham ouvido a leitura; (...). (Código de Processo Penal)

QUALIFICAÇÃO

INDICIADO(A): (*qualificação completa*)

Sabendo ler e escrever: (*...sim ou não...*).

CIÊNCIA DOS DIREITOS FUNDAMENTAIS

A Autoridade Policial, neste ato, faz saber à pessoa acima qualificada, que se acha indiciada em inquérito policial pela prática de (...) e que o art. 5º da Constituição Federal, lhe assegura os seguintes direitos:

a) o respeito a sua integridade física e moral; b) permanecer em silêncio; c) ser assistido por advogado e avisar um familiar sobre a prisão; e d) conhecer a identificação dos responsáveis pelo seu interrogatório.

INTERROGATÓRIO

Interrogado(a) nos termos do art. 187 do Código de Processo Penal, respondeu: QUE, (...). Nada mais disse e nem lhe foi perguntado, determinando a Autoridade Policial que se encerrasse o presente termo. Eu, (...), Escrivão(ã) de Polícia, digitei.

Autoridade:

Interrogado(a):

Escrivão(ã):

Modelo 8
MANDADO DE NOTIFICAÇÃO

O Excelentíssimo Sr. (...) Dr. Delegado de Polícia de (...),

MANDA a qualquer agente de polícia desta Delegacia, a quem for este apresentado, indo por ele assinado, que notifique (...), residente (...*endereço completo*...), a comparecer no dia (...), às (...) horas, nesta Delegacia de Polícia, a fim de ser interrogado nos autos do Inquérito Policial nº .../...

Dada e passada nesta Delegacia de Polícia de (...), em (...) de (...) de (...), Eu, (...), Escrivão(ã), o digitei.

O(a) Delegado(a)

Assinatura

Recebi uma cópia deste Mandado em (...)/(...)/(...), às (...) h. e (...) min.

(*Nome legível, assinatura e telefone de contato.*)

Modelo 9
MANDADO DE CONDUÇÃO COERCITIVA

O Excelentíssimo Sr. (...) Dr. Delegado de Polícia de (...),

MANDA a qualquer agente de polícia desta Delegacia, a quem for este apresentado, indo por ele assinado, que conduza a esta unidade policial (...*qualificação da pessoa a ser conduzida*...), para ser ouvido no Inquérito Policial nº (...), já que descumpriu ordem formal de comparecimento da qual foi antes regularmente notificado.

Dada e passada na Delegacia de Polícia de (...), em (...) de (...) de (...), Eu, (...), Escrivão(ã), o digitei.

O(a) Delegado(a)

Assinatura

Modelo 10
AUTO DE PRISÃO EM FLAGRANTE DELITO
CRIME PRATICADO EM PRESENÇA DA AUTORIDADE

FUNDAMENTAÇÃO JURÍDICA

O art. 307 do Código de Processo Penal disciplina a lavratura do auto de prisão em flagrante, quando tratar-se de delito praticado em presença da Autoridade, *ipsis verbis*:

> Art. 307. Quando o fato for praticado em presença da autoridade, ou contra esta, no exercício de suas funções, constarão do auto a narração deste fato, a voz de prisão, as declarações que fizer o preso e os depoimentos das testemunhas, sendo tudo assinado pela autoridade, pelo preso e pelas testemunhas e remetido imediatamente ao juiz a quem couber tomar conhecimento do fato delituoso, se não o for a autoridade que houver presidido o auto.

O FATO E A PRISÃO

Aos (...), na (...*local: delegacia, via pública etc.*), o(a) Delegado de Polícia (...), tendo presenciado a prática de ato ilícito (*descrever os fatos*), deu voz de prisão a (*nome, filiação, data de nascimento, profissão, endereço*), mandando lavrar o presente Auto de Prisão em Flagrante.

PROVIDÊNCIAS ADOTADAS

1. a Autoridade Policial providenciou a incomunicabilidade das testemunhas;

2. a Autoridade então comunicou o preso acerca de seus direitos fundamentais, inclusive o de avisar um familiar e de ser assistido por um advogado;

3. o Delegado de Polícia passou a ouvir as testemunhas (...) e (...), lavrando-se os termos de depoimento que seguem anexos;

4. a Autoridade Policial passou a interrogar o(a) conduzido(a), cientificando-o(a) novamente acerca de seus direitos fundamentais, inclusive o de permanecer em silêncio, lavrando-se o termo de interrogatório que segue anexo.

DECISÃO DA AUTORIDADE POLICIAL

Cumprindo-me o primeiro juízo de subsunção, DECIDO por classificar a conduta ilícita como infração ao(s) art.(s) 180 (...) do Código Penal (*descrever a presença, no caso concreto, das elementares do tipo penal*).

Estão presentes os critérios previstos no art. 282 do Código de Processo Penal para a espécie de medida cautelar "prisão em flagrante", pois, a nosso juízo (*demonstrar, fundamentadamente, que a prisão em flagrante é **necessária** para a aplicação da lei penal, para a investigação ou a instrução criminal, e que é **adequada** à gravidade do crime, circunstâncias do fato e condições pessoais do indiciado ou acusado*).

Tratando-se da hipótese flagrancial descrita no art. 307 do Código de Processo Penal, DETERMINO:

a) JUNTE-SE os termos de depoimento das testemunhas e o termo de interrogatório do conduzido;

b) ENCAMINHE-SE o autuado a exame médico legal;

c) COMUNIQUE-SE imediatamente a prisão à Autoridade Judiciária, ao Ministério Público e à Defensoria Pública, remetendo-lhes cópia deste Auto, da Nota de Culpa e dos termos de oitiva anexos;

d) considerando os limites estipulados no art. 325 do Código de Processo Penal, a natureza da infração (*mencionar o grau de lesividade da infração penal*), as condições pessoais de fortuna e vida pregressa do conduzido (*reportar as informações colhidas junto ao próprio indiciado ou familiares*), as prováveis custas processuais e as circunstâncias indicativas de periculosidade (*mencionar circunstâncias objetivas que denotam maior ou menor grau de periculosidade*), CONCEDO ao preso LIBERDADE PROVISÓRIA mediante fiança que fixo em R$ (...).

e) INSTAURE-SE inquérito policial, independentemente de portaria, para melhor apurar a responsabilidade criminal e as circunstâncias em que se deram os fatos noticiados.

CUMPRA-SE!

Nada mais havendo, mandou a Autoridade que se encerrasse este auto de prisão em flagrante que vai assinado pelo Delegado de Polícia Presidente e por mim, (...), Escrivão(ã), que o digitei.

Autoridade presidente:

Escrivão(ã):

Modelo 11
AUTO DE PRISÃO EM FLAGRANTE DELITO

As (...) h. (...) min. dos (...) dias do mês de (...) de (...) na sede do Primeiro Distrito de Polícia de (...) – **POLÍCIA CIVIL DO ESTADO DE** (...), presente o Delegado de Polícia (...), mandou a Autoridade que se lavrasse o presente Auto de Prisão em Flagrante a fim de formalizar a prisão de (...), executada pelo condutor e 1ª testemunha Sd. PM (...) (termo de depoimento anexo), na presente data, em (...).

FUNDAMENTAÇÃO JURÍDICA

O **art. 304 do Código de Processo Penal**, estabelece o roteiro a ser seguido pela Autoridade Policial na formalização da PRISÃO EM FLAGRANTE antes executada pelo condutor, *in verbis*:

> Art. 304. Apresentado o preso à autoridade competente, ouvirá esta o condutor e colherá, desde logo, sua assinatura, entregando a este cópia do termo e recibo de entrega do preso. Em seguida, procederá à oitiva das testemunhas que o acompanharem e ao interrogatório do acusado sobre a imputação que lhe é feita, colhendo, após cada oitiva suas respectivas assinaturas, **lavrando, a autoridade, afinal, o auto**. (*grifo nosso*)

PROVIDÊNCIAS ADOTADAS

---

1. A Autoridade providenciou a incomunicabilidade das testemunhas e passou a ouvir o(a) condutor(a) e PRIMEIRA TESTEMUNHA (...), lavrando-se o termo de depoimento que segue anexo;

2. o Presidente deste auto então recebeu o preso, comunicando-lhe acerca de seus direitos fundamentais, inclusive o de avisar um familiar e de ser assistido por advogado, não sem antes verificar se o cidadão conduzido apresentava-se incólume, constatando que não apresentava sinais aparentes de ter sofrido abuso de autoridade;

3. expedido o recibo de preso, a Autoridade dispensou o condutor e PRIMEIRA TESTEMUNHA para que este retorne ao policiamento ostensivo;

4. a Autoridade passou a ouvir a SEGUNDA TESTEMUNHA, (...), lavrando-se o termo de depoimento que segue anexo;

5. o Delegado de Polícia Presidente deste auto ouviu a VÍTIMA, (...), reduzindo a escrito a respectiva versão no termo de declarações que segue acostado;

6. o Delegado de Polícia Judiciária passou a interrogar o conduzido, cientificando-o novamente acerca de seus direitos fundamentais, inclusive o de permanecer em silêncio, lavrando-se o termo de interrogatório que segue anexo.

DECISÃO DA AUTORIDADE POLICIAL

Restou apurado que o cidadão conduzido violou o direito patrimonial da vítima do roubo, quando, na data de hoje, utilizando-se de grave ameaça, subtraiu uma máquina fotográfica digital.

O autuado registra outros roubos em seu desfavor e seu histórico pessoal denota ser homem socialmente desajustado.

A autuação na conformidade da lei processual penal é medida que somente se justifica se patenteada a sua proporcionalidade.

O art. 282 do Código de Processo Penal, regra geral aplicável a todas as medidas cautelares, inclusive à prisão em flagrante, autoriza a aplicação de medida constritiva apenas se tal for adequada e necessária para a aplicação da lei penal ou para a investigação criminal.

No presente caso, os valores subtraídos não foram recuperados, o preso nega a prática do roubo, embora reconhecido pela vítima e testemunhas, e há indicativos de que outro sujeito ainda não identificado teria participado do crime.

Portanto, no caso sob análise, a prisão se mostra evidentemente necessária para a investigação, eis que novos interrogatórios e diligências que eventualmente demandem a colaboração ou presença do autuado podem se apresentar imprescindíveis para o total esclarecimento dos fatos e identificação de outros envolvidos. Quanto à garantia da aplicação da lei penal, também evidentemente necessária a prisão, até porque o autuado é criminoso contumaz e, em seu histórico, registra fuga da penitenciária onde antes cumpria pena, circunstâncias objetivas que por si só autorizam a afirmação de que, uma vez solto, o autuado tentará esquivar-se de eventual futura pena.

Prevê também o art. 282 do Código de Processo Penal, em seu inciso II, que a medida cautelar somente será aplicável se adequada à gravidade do crime, às circunstâncias do fato e às condições pessoais e de periculosidade do indiciado.

Ora, no caso em questão, o autor do crime utilizou grave ameaça, demonstrou disposição violenta e praticou crime grave.

Destarte, verifico, pela análise dos termos de oitivas acostados ao presente, que a conduta do conduzido amolda-se ao art. 157 do Código Penal, tendo sido preso por policiais na situação descrita no art. 302, III, do Código de Processo Penal (FLAGRANTE IMPRÓPRIO). Presentes os requisitos indiciários mínimos da existência de tipicidade e antijuridicidade necessários para a concretização dessa modalidade de prisão provisória, julgo necessária e adequada a medida cautelar e MANTENHO A PRISÃO EM FLAGRANTE antes executada pelo condutor, pelo que DETERMINO:

a) EXPEÇA-SE nota de culpa, entregando-se uma via ao preso;

b) JUNTE-SE os termos de depoimento do condutor, da segunda testemunha, o termo de declaração da vítima e o termo de interrogatório do conduzido;

c) COMUNIQUE-SE imediatamente a prisão à Autoridade Judiciária, ao Ministério Público e à Defensoria Pública, remetendo-lhes cópia deste Auto e dos termos de oitiva anexos;

d) ENCAMINHE-SE o preso a exame médico-legal e, em seguida, ao Centro de Detenção Provisória para que lá permaneça recolhido até ulterior decisão judicial.

CUMPRA-SE!

Nada mais havendo, mandou a Autoridade que se encerrasse este auto de prisão em flagrante que vai assinado pelo Delegado de Polícia Presidente.

Bauru-SP, (...) de (...) de (...).

Autoridade presidente:

Escrivão(ã):

Modelo 12

AUTO DE PRISÃO EM FLAGRANTE DELITO (COM DESPACHO DE RELAXAMENTO)

Aos (...), na sede do 1º Distrito de Polícia Judiciária de Bauru – **POLÍCIA CIVIL DO ESTADO DE SÃO PAULO**, presente o Delegado de Polícia Judiciária (...), comigo Escrivão de seu cargo, mandou a Autoridade que se lavrasse o presente Auto de Prisão em Flagrante a fim de formalizar a prisão de (...) executada pelo condutor (...), na presente data, as (...) h. e (...) min., na (*...local da prisão...*).

FUNDAMENTAÇÃO JURÍDICA

O art. 304 do Código de Processo Penal, estabelece o roteiro a ser seguido pela Autoridade de Coadjuvação Judiciária na formalização da PRISÃO EM FLAGRANTE antes executada pelo condutor, *in verbis*:

Art. 304. Apresentado o preso à autoridade competente, ouvirá esta o condutor e colherá, desde logo, sua assinatura, entregando a este cópia do termo e recibo de entrega do preso. Em seguida, procederá à oitiva das testemunhas que o acompanharem e ao interrogatório do acusado sobre a imputação que lhe é feita, colhendo, após cada oitiva suas respectivas assinaturas, *lavrando, a autoridade, afinal, o auto.* (*grifo nosso*)

Já o parágrafo primeiro do mesmo artigo estabelece que a prisão somente será efetivamente mantida se a Autoridade Policial restar convicta acerca do estado flagrancial:

§ 1°. Resultando das respostas fundada a suspeita contra o conduzido, a autoridade mandará recolhê-lo à prisão, exceto no caso de livrar-se solto ou de prestar fiança, e prosseguirá nos atos do inquérito ou processo, se para isso for competente; se não o for, enviará os autos à autoridade que o seja.

PROVIDÊNCIAS ADOTADAS

1. A Autoridade providenciou a incomunicabilidade das testemunhas e passou a ouvir o condutor, lavrando-se o termo de depoimento que segue anexo;

2. a Autoridade de Policial então recebeu o preso, comunicando-lhe acerca de seus direitos fundamentais, inclusive o de avisar um familiar e de ser assistido por um advogado, não sem antes verificar se o(a) cidadão(ã) conduzido(a) apresentava-se incólume;

3. a Autoridade de Polícia Judiciária dispensou o condutor para que este retorne ao policiamento ostensivo;

4. a Autoridade passou a ouvir as testemunhas (...) e (...), lavrando-se os termos de depoimento que seguem anexos;

5. o Delegado de Polícia Presidente passou a ouvir a vítima (...), lavrando-se o respectivo termo de declarações que segue anexo; (*NEM SEMPRE SERÁ POSSÍVEL OUVIR A VÍTIMA*)

6. a Autoridade Presidente passou a interrogar o(a) conduzido(a), cientificando-o(a) novamente acerca de seus direitos fundamentais, inclusive o de permanecer em silêncio, lavrando-se o termo de interrogatório que segue anexo; (*NEM SEMPRE SERÁ POSSÍVEL OUVIR O CONDUZIDO – SE ESTIVER HOSPITALIZADO, POR EXEMPLO*).

DECISÃO DA AUTORIDADE

A partir da análise dos termos de oitivas acostados ao presente, não restou, para esta Autoridade, fundada suspeita de que o conduzido tenha sido surpreendido pelo condutor em qualquer das situações descritas nos incisos do art. 302 do Código de Processo Penal *(descrever as circunstâncias que impedem a formação de convicção acerca do estado flagrancial)* e, tanto por isso e com amparo no art. 304, § 1º, a *contrario sensu*, do Código de Processo Penal, **RELAXO A PRISÃO** antes executada pelo condutor e DETERMINO:

a) JUNTE-SE os termos de depoimento do condutor e das testemunhas, o termo de declaração da vítima e o termo de interrogatório do conduzido;

b) ENCAMINHE-SE o autuado a exame médico legal;

c) LIBERTE-SE imediatamente o conduzido, se por outro motivo não tiver que permanecer preso;

d) COMUNIQUE-SE imediatamente a prisão e o relaxamento da custódia à Autoridade Judiciária e ao Ministério Público, remetendo-lhes cópia deste Auto e dos termos de oitiva anexos;

e) INSTAURE-SE instrução preliminar, independentemente de portaria, para melhor apurar a responsabilidade criminal e as circunstâncias em que se deram os fatos noticiados;

CUMPRA-SE!

Nada mais havendo, mandou a Autoridade Presidente que se encerrasse este auto de prisão em flagrante que vai assinado pelo Delegado de Polícia e por mim, (...), Escrivão(ã), que o digitei.

Autoridade presidente:

Escrivão(ã):

Modelo 13
AUTO DE APREENSÃO DE ADOLESCENTE INFRATOR

Aos (...), na sede do (...) Distrito Policial de (...) – POLÍCIA CIVIL DO ESTADO DE (...), presente o Delegado de Polícia (...), comigo Escrivão de seu cargo, mandou a Autoridade que se lavrasse o presente Auto de Apreensão de Adolescente a fim de formalizar a apreensão do(s) adolescente(s) infrator(es) (...) apresentado(s) por (...*apresentante* ...), na presente data, as (...) h. e (...) min.

FUNDAMENTAÇÃO JURÍDICA

O art. 173 da Lei nº 8.069/1990, disciplina a apreensão de adolescente infrator surpreendido em flagrante, *in verbis*:

Art. 173. Em caso de flagrante de ato infracional cometido mediante violência ou grave ameaça a pessoa, a autoridade policial, sem prejuízo do disposto nos arts. 106, parágrafo único, e 107, deverá:

I – lavrar auto de apreensão, ouvidos as testemunhas e o adolescente; (...)

E a parte final do art. 174 do Estatuto da Criança e do Adolescente, autoriza a internação do adolescente que, quando livre, esteja em perigo ou ameace a ordem pública:

Art. 174. Comparecendo qualquer dos pais ou responsável, o adolescente será prontamente liberado pela autoridade policial, sob termo de compromisso e responsabilidade de sua apresentação ao representante do Ministério Público, no mesmo dia ou, sendo impossível, no primeiro dia útil imediato, **exceto quando, pela gravidade do ato infracional e sua repercussão social, deva o adolescente permanecer sob internação para garantia de sua segurança pessoal ou manutenção da ordem pública.** (*grifo nosso*)

PROVIDÊNCIAS ADOTADAS

1. A Autoridade providenciou a incomunicabilidade das testemunhas e passou a ouvir o apresentante, lavrando-se o termo de depoimento que segue anexo;

2. a Autoridade passou a ouvir as testemunhas (...) e (...), lavrando-se os termos de depoimento que seguem anexos;

3. o Delegado de Polícia passou a ouvir a vítima (...), lavrando-se o respectivo termo de declarações que segue anexo; (*NEM SEMPRE SERÁ POSSÍVEL OUVIR A VÍTIMA*)

4. a Autoridade passou a ouvir o(s) adolescente(s), cientificando-o(s) novamente acerca de seus direitos fundamentais, inclusive o de permanecer em silêncio, lavrando-se o termo de oitiva que segue em anexo.

DECISÃO DA AUTORIDADE POLICIAL

Verifico, pela análise dos termos de oitivas acostados ao presente, que a conduta do(s) adolescente(s) infrator(es) caracteriza ato infracional que amolda-se ao(s) artigo(s) (...), e, estando presentes os requisitos legais necessários para a concretização da apreensão e levando-se em conta as circunstâncias em que se deram os fatos, entendo que o autuado deva permanecer sob internação como forma de garantir a sua segurança pessoal e a manutenção da ordem pública:

a) JUNTE-SE os termos de depoimento do apresentante e das testemunhas, o termo de declaração da vítima e o termo de oitiva do(s) adolescente(s);

b) LAVRE-SE a Nota de Pleno e Formal Conhecimento, na conformidade do art. 111, I, da Lei nº 8.069/1990, expedindo-se uma via ao(s) adolescente(s);

c) COMUNIQUE-SE imediatamente a apreensão à Autoridade Judiciária e ao Ministério Público, remetendo-lhes cópias deste Auto, dos termos de oitiva anexos e da Nota de Pleno e Formal Conhecimento;

d) ENCAMINHE-SE o(s) autuado(s) a exame médico legal;

e) RECOLHA-SE o(s) adolescente(s) em unidade de internação apropriada, com as cautelas de praxe.

CUMPRA-SE!

Nada mais havendo, mandou a Autoridade que se encerrasse este auto de apreensão de adolescente infrator que vai assinado pelo Delegado Presidente e por mim, (...), Escrivão(ã), que o digitei.

Autoridade presidente:

Escrivão(ã):

Modelo 14

NOTA DE CULPA

FUNDAMENTAÇÃO JURÍDICA

Art. 306. A prisão de qualquer pessoa e o local onde se encontre serão comunicados imediatamente ao juiz competente, ao Ministério Público e à família do preso ou à pessoa por ele indicada.

§ 1º. Em até 24 (vinte e quatro) horas após a realização da prisão, será encaminhado ao juiz competente o auto de prisão em flagrante e, caso o autuado não informe o nome de seu advogado, cópia integral para a Defensoria Pública.

§ 2º. No mesmo prazo, será entregue ao preso, mediante recibo, a nota de culpa, assinada pela autoridade, com o motivo da prisão, o nome do condutor e os das testemunhas. (CPP)

(...), Delegado de Polícia do Estado de São Paulo, nomeado na forma da Lei e no uso de suas atribuições,

FAZ SABER a (*qualificação completa do autuado*), que se acha preso(a) em flagrante e está respondendo a instrução preliminar na forma da Lei, como incursa no(s) artigo(s)

184 | MANUAL DE POLÍCIA JUDICIÁRIA: DOUTRINA E PRÁTICA

121 (...), do Código Penal, ficando desde já cientificado(a) sobre os direitos previstos nos incisos do art. 5º da Constituição Federal, tendo sido lavrado o respectivo auto, no qual depuseram como condutor e primeira testemunha (...) e a segunda testemunha (...).

E, para sua ciência, mandou dar-lhe a presente Nota de Culpa, dada e passada nesta Circunscrição, aos (...) de (...) de (...).

Eu, (...), Escrivão(ã), que o digitei.

Delegado(a) de Polícia:

Escrivão(ã):

Entregue uma via à conduzida no dia (...)/(...)/(...), às (...) h. e (...)min.

Assinatura do autuado

Modelo 15
NOTA DE PLENO E FORMAL CONHECIMENTO

FUNDAMENTAÇÃO JURÍDICA

Art. 111. São asseguradas ao adolescente, entre outras, as seguintes garantias:

I – pleno e formal conhecimento da atribuição de ato infracional, mediante citação ou meio equivalente; (...). (Lei nº 8.069/1990)

(...), Delegado de Polícia nomeado na forma da Lei e no uso de suas atribuições,

FAZ SABER a (...*qualificação completa do adolescente infrator...*) que se acha apreendido pela prática de ato infracional eis que sua conduta se subsume ao(s) artigo(s) (...), ficando desde já cientificado(a) sobre os direitos previstos no Estatuto da Criança e do Adolescente e nos incisos do art. 5º da Constituição Federal, tendo sido lavrado o respectivo auto, no qual depuseram como apresentante (...) e as testemunhas (...) e (...).

E, para sua ciência, mandou dar-lhe a presente Nota de Pleno e Formal Conhecimento, dada e passada nesta Circunscrição, aos (...) de (...) de (...).

Eu, (...), Escrivão(ã), que o digitei.

Autoridade:

Escrivão(ã):

Modelo 16
DECISÃO FUNDAMENTADA
PRINCÍPIO DA PROPORCIONALIDADE

Referência: Boletim de Ocorrência nº (...)/(...)

DECISÃO DA AUTORIDADE POLICIAL

Restou apurado que o cidadão conduzido violou o direito patrimonial da vítima do furto, quando, na data de hoje, aproveitando-se do descuido daquela, subtraiu, com destreza, uma máquina fotográfica digital.

Embora não registre em seu desfavor antecedentes criminais e seu histórico pessoal denote ser homem trabalhador, o próprio indiciado, demonstrando arrependimento pelo ato desatinado, confessou espontaneamente a prática da subtração.

Passo a decidir sobre a prisão, pautando-me pelo princípio da proporcionalidade, a rigor do que dispõe o art. 282 do Código de Processo Penal.

A imposição de prisão em flagrante é medida que somente se justifica se patenteada a sua proporcionalidade.

O inciso I do art. 282 do Código de Processo Penal, regra geral aplicável a todas as medidas cautelares, inclusive à prisão em flagrante, autoriza a imposição de medida constritiva de liberdade apenas se tal for necessária para a aplicação da lei penal ou para a investigação criminal.

No presente caso, o preso comprovou ter trabalho e moradia fixos, foi surpreendido em poder da *res furtiva* e confessou a prática delituosa apresentando versão que se harmoniza com o depoimento das testemunhas e com as declarações da vítima.

Portanto, no caso sob análise, a prisão não se mostra necessária para a investigação, eis que apurado o fato em sua materialidade, circunstâncias e autoria. Quanto à garantia da aplicação da lei penal, também evidentemente desnecessária a prisão, até porque, na imensa maioria dos casos de crimes de furto, não se efetiva a pena de prisão resultante de eventual condenação, sendo usual a substituição por pena alternativa.

Prevê ainda o art. 282 do Código de Processo Penal, em seu inciso II, que a medida cautelar somente será aplicável se adequada à gravidade do crime, às circunstâncias do fato e às condições pessoais e de periculosidade do indiciado.

Ora, no caso em questão o autor do crime não utilizou violência ou grave ameaça, praticou crime que não é considerado grave e valeu-se, sobretudo, da distração da vítima. Ademais, ao não resistir a prisão, confessar prontamente o crime e mostrar-se arrependido, o autor do ilícito denota inexperiência criminosa e disposição para reajustar-se ao convívio social.

Destarte, verifico, pela análise dos termos de oitivas acostados ao presente, que a conduta do conduzido amolda-se ao art. 155, § 4º, II, do Código Penal, tendo sido preso pela própria vítima na situação descrita no art. 302, IV, do Código de Processo Penal (FLAGRANTE PRESUMIDO) e, embora presentes os requisitos indiciários mínimos da existência de tipicidade e antijuridicidade necessários para a concretização dessa modalidade de prisão provisória, DEIXO DE MANTER A PRISÃO EM FLAGRANTE antes executada pelo condutor, uma vez patente a desnecessidade e adequação da manutenção da medida odiosa, e DETERMINO:

a) INSTAURE-SE instrução preliminar;

b) JUNTE-SE o boletim de ocorrência, os termos de depoimento do condutor e primeira testemunha, o termo de depoimento da segunda testemunha, o termo de declaração da vítima e o termo de interrogatório do conduzido;

c) COMUNIQUE-SE imediatamente a prisão à Autoridade Judiciária, ao Ministério Público e à Defensoria Pública, remetendo-lhes cópia deste Auto, do boletim de ocorrência e dos termos de oitiva anexos;

d) ENCAMINHE-SE o preso a exame médico-legal;

e) LIBERE-SE imediatamente o preso, se por outro motivo não deva permanecer detido.

CUMPRA-SE!

(...), (...) de (...) de (...).

Delegado(a) de Polícia

Modelo 17

DECISÃO FUNDAMENTADA DE INDICIAMENTO

Conforme é cediço, o indiciamento somente será possível diante de indícios suficientes e convergentes de autoria, a juízo da autoridade policial presidente do inquérito. Sobre tal questão, corrente doutrinária e jurisprudencial majoritária posiciona-se no sentido de que o delegado de polícia somente poderá proceder ao indiciamento diante da existência de justa causa, conforme, aliás, julgado esclarecedor a seguir transcrito:

I. P. – INDICIAMENTO – CONVERGÊNCIA CONCRETA DE INDÍCIOS. Desde que o indiciamento efetuado no âmbito do inquérito policial representa o resultado concreto da convergência de indícios que apontem determinada pessoa ou determinadas pessoas como praticantes de ato ou atos tidos pela legislação penal em vigor como típicos, antijurídicos e culpáveis, forçoso concluir que a instauração do inquérito para verificação de possíveis infrações penais deve ser cercada de cuidados, para só serem consideradas indiciadas pessoas que tenham realmente contra si indícios de autoria de crime cuja materialidade deve estar comprovada. (*RT* 649/267)

A Lei nº 12.830/2013 impõe ao delegado de polícia o dever de fundamentar a decisão de indiciamento:

> Art. 2º. As funções de polícia judiciária e a apuração de infrações penais exercidas pelo delegado de polícia são de natureza jurídica, essenciais e exclusivas de Estado. (...)
>
> § 6º. O indiciamento, privativo do delegado de polícia, dar-se-á por ato fundamentado, mediante análise técnico-jurídica do fato, que deverá indicar a autoria, materialidade e suas circunstâncias.

O indiciamento é ato privativo da autoridade policial e resulta do livre convencimento do presidente do inquérito, demonstrada a presença de elementos de convicção consistentes a justificar o *strepitus*.

Superior à possibilidade, mas inferior à probabilidade, a verossimilitude será suficiente para o indiciamento no momento em que preponderar a convergência de elementos suficientes para a aceitação da proposição da autoria em relação a determinada pessoa, mais que a divergência na mesma direção, muito embora ainda não se tenha atingido um juízo de certeza.

In casu, a cópia do bilhete de fls. 10 e os depoimentos de (...) (fls. 16/17) e de (...) (fls. 20/21) corroboram a versão da vítima, são suficientes e convergem, a juízo desta autoridade policial, para concluir que (...) realmente proferiu xingamentos contra (...), utilizando termos referentes à cor da pele, incidindo, portanto, na descrição típica do art. 140, § 3º, do Código Penal.

Ex positis, INDÍCIO o cidadão (*qualificação*) como incurso no art. 140, § 3º, do Código Penal brasileiro.

Sr. Escrivão,

1. EXPEÇA-SE Carta Precatória à Polícia Civil de São Paulo, solicitando a qualificação, interrogatório e coleta de informações sobre a vida pregressa do indiciado;

2. REQUISITE-SE à POLINTER a Folha de Antecedentes Criminais do indiciado, informando o presente indiciamento;

3. PROCEDA-SE o preenchimento do Boletim de Identificação Criminal, encaminhando-se uma via ao Departamento de Identificação;

Florianópolis/SC, (...) de (...) de (...).

Delegado(a) de Polícia

Modelo 18
DECISÃO FUNDAMENTADA DE NÃO INDICIAMENTO

A substância psicotrópica que resultou na lavratura de auto de prisão em flagrante foi encontrada numa cela onde se abrigam DEZESSETE detentos.

Ao narrar os fatos, no momento da confecção do Boletim de Ocorrência nº (...), os agentes penitenciários que realizaram a apreensão informaram que o autuado, ao ser indagado sobre a substância, teria dito que a droga pertencia a outro preso cujo nome negava revelar (fls. 12).

Ao contrário, ao ser ouvido pela Autoridade Policial que presidiu o auto de prisão em flagrante, o autuado assumiu toda a responsabilidade pela substância (fls. 05).

Parece induvidoso o envolvimento de outro ou outros presos na guarda da substância.

É que, fundados na experiência profissional de quase duas décadas de Polícia Judiciária, temos que é possível que TÍCIO DE TAL tenha assumido a responsabilidade pela substância cumprindo determinação de outro ou outros presos, conforme desgastado "código de condutas" reconhecidamente existente no sistema carcerário e geralmente imposto por criminosos mais experientes e perigosos que assumem a liderança entre os demais presos.

Evidentemente que aceitar incondicionalmente a versão do autuado implica atender aos interesses dos eventuais verdadeiros responsáveis pela substância, já que outros possíveis implicados ficariam totalmente impunes.

Sob outro enfoque, parece mais atender aos ditames da verdade real e, conseguintemente, da verdadeira justiça, realizar cuidadosa apuração sobre os fatos.

Ocorre que, a nosso juízo, a apuração cabal dos fatos demanda nova oitiva dos agentes penitenciários que foram ouvidos na ocasião do flagrante e talvez a oitiva de outros mais, além dos demais presos que ocupavam aquela cela, diligências essas que certamente não poderão ser cumpridas dentro do prazo legal estabelecido para a conclusão deste Inquérito.

Essas são as razões que nos impedem de levar a efeito, por hora, o formal e definitivo indiciamento do autuado e, bem assim, confeccionar o relatório conclusivo deste inquérito policial, pelo que optamos em submeter este inquérito policial à sábia apreciação da Autoridade Judiciária e do Ministério Público, para que deliberem sobre a prisão (ou eventual relaxamento da prisão em flagrante) e a continuidade das apurações em prazo razoável.

Aliás, o indiciamento somente será possível diante de indícios suficientes e convergentes de autoria, a juízo da autoridade policial presidente do inquérito. Sobre tal questão, corrente doutrinária e jurisprudencial majoritária posiciona-se no sentido de que o delegado de polícia somente poderá proceder ao indiciamento diante da existência de justa causa, conforme, aliás, julgado esclarecedor a seguir transcrito:

I. P. – INDICIAMENTO – CONVERGÊNCIA CONCRETA DE INDÍ-CIOS. Desde que o indiciamento efetuado no âmbito do inquérito policial representa o resultado concreto da convergência de indícios que apontem determinada pessoa ou determinadas pessoas como praticantes de ato ou atos tidos pela legislação penal em vigor como típicos, antijurídicos e culpáveis, forçoso concluir que a instauração do inquérito para verificação de possíveis infrações penais deve ser cercada de cuidados, para só serem consideradas indiciadas pessoas que tenham realmente contra si indícios de autoria de crime cuja materialidade deve estar comprovada. (*RT* 649/267)

São essas as razões pelas quais, ao oposto de relatar este inquérito apontando o autuado como o autor dos fatos (solução, aliás, que seria mais cômoda), submetemos, respeitosamente, este procedimento preparatório da ação penal ao *parquet* e ao douto magistrado prevento.

Ao ensejo, solicitamos que a autoridade judiciária considere que a substância objeto deste apuratório foi encaminhada a exames periciais e depois de periciada será devolvida a esta Delegacia, onde não temos depósito apropriado para manter a droga em segurança, nem tampouco em condições minimamente próprias de armazenamento. Assim, **representamos**, com fulcro no art. 32, §§ 1º e 2º, da Lei nº 11.343/2006, pela AUTORIZAÇÃO JUDICIAL para que possamos proceder a DESTRUIÇÃO da droga, preservando-se quantidade suficiente para eventuais outras perícias ou contraprova.

Sr. Escrivão,

1. REQUISITE-SE o LAUDO pericial DEFINITIVO referente aos exames a que foram submetidas a substância;

2. REMETAM-SE os autos ao Juiz Criminal da (...) Vara da Comarca de (...)

(...), (...) de (...) de (...).

Delegado(a) de Polícia

Modelo 19
LAUDO PROVISÓRIO
DE CONSTATAÇÃO DE SUBSTÂNCIA ENTORPECENTE

FUNDAMENTAÇÃO JURÍDICA

Para efeito da lavratura do auto de prisão em flagrante e estabelecimento da materialidade do delito, é suficiente o laudo de constatação da natureza e quantidade da droga, firmado por perito oficial ou, na falta deste, por pessoa idônea. (art. 50, § 1º, da Lei nº 11.343/2006)

COMPROMISSO E PERÍCIA

Em (...) de (...) de (...), na sede do (...) Distrito Policial de (...), na presença do(a) Delegado(a) de Polícia (...), aí compareceram os peritos *ad hoc* (...) e (...), aos quais a Autoridade deferiu o compromisso legal de bem e fielmente desempenharem as funções de PERITOS, nos termos do que dispõe o art. 159, § 1º, do Código Processo Penal, combinado com o art. 179 do Código de Processo Penal, para, por meio do conhecimento que detém, constatarem a natureza da substância que neste ato lhes é apresentada.

Os peritos nomeados aceitaram o encargo e prometeram, sem dolo e sem malícia, atestar com a verdade tudo quanto observarem, valendo-se de experiência profissional e de conhecimentos técnicos, sem no entanto disporem de aparelhagem e reagentes químicos.

Após criterioso exame, foi dito pelos Peritos que: "trata-se de **setenta e quatro porções de material com aparência, textura e odor característicos, semelhante à substância entorpecente vulgarmente conhecida como '*crack*'** (cocaína alcalina, não salina, obtida da mistura da pasta de cocaína com bicarbonato de sódio) e **doze porções de substância com aparência, textura e odor característicos, semelhante à substância entorpecente vulgarmente conhecida como 'maconha'** (*CANNABIS SATIVA L*), também conhecida como cânhamo verdadeiro, substância que contém várias propriedades que agem no sistema nervoso, sendo a mais conhecida o delta-9-tetrahidrocanabinol – Delta-9-THC). **São, portanto, substâncias** capazes de causar dependência física e psíquica a quem delas faz uso, o que será, posteriormente, melhor detalhado no laudo toxicológico definitivo."

Nada mais havendo, e para constar, lavrei o presente laudo que, lido e achado conforme, vai por mim devidamente assinado.

Autoridade: *Escrivão(ã):*

Perito(a) compromissado(a): (...)   *Perito(a) compromissado(a): (...)*

Modelo 20
LAUDO PROVISÓRIO DE EFICIÊNCIA

FUNDAMENTAÇÃO JURÍDICA

Art. 175. Serão sujeitos a exame os instrumentos empregados para a prática da infração, a fim de se lhes verificar a natureza e a eficiência. (CPP)

PREÂMBULO

Em (...) de (...) de (...), no (...) Distrito Policial, na presença do(a) Delegado(a) de Polícia (...), aí compareceram os peritos *ad hoc* (...) e (...), Policiais Civis experimentados e com formação superior lotados nesta Delegacia aos quais a Autoridade Policial deferiu o compromisso legal de bem e fielmente desempenharem as funções de PERITOS NOMEADOS, nos termos do que dispõe o art. 159, § 1º, do Código Processo Penal, combinado com o art. 179 do Código de Processo Penal, para, por meio do conhecimento que detém, realizarem minucioso exame da arma de fogo apreendida em poder de (...) na presente data.

COMPROMISSO LEGAL

Os peritos nomeados, neste ato, aceitam o encargo e assumem o compromisso de, sem dolo e sem malícia, atestar com a verdade tudo quanto observarem, valendo-se da experiência profissional e dos conhecimentos técnicos que detém.

AVALIAÇÃO

Após criterioso exame, os Peritos atestaram que: "TRATA-SE DE UM REVÓLVER CALIBRE .38, INOX, MARCA ROSSI, SEM NUMERAÇÃO APARENTE, E QUATRO MUNIÇÕES DO MESMO CALIBRE. SUBMETIDOS A EXAMES E INSPEÇÃO VISUAL, VERIFICA-SE QUE A ARMA EM QUESTÃO APRESENTA INTEGRIDADE MECÂNICA, APARENTE BOM ESTADO E EM PERFEITO FUNCIONAMENTO E, PORTANTO, COM POTENCIALIDADE PARA DISPAROS. AS MUNIÇÕES APARENTAM CONDIÇÕES DE DEFLAGRAÇÃO". Devendo, de tudo, ser procedido exames acurados pelos peritos do Departamento de Criminalística de (...).

Nada mais havendo a tratar a Autoridade Policial determinou que se encerrasse o presente auto, o qual após lido e achado conforme será assinado por todos presentes e por mim, (...), Escrivão(ã) de Polícia que o digitei.

Autoridade Policial:

Perito(a):

Perito(a):

Escrivão(ã):

Modelo 21
TERMO DE FIANÇA

FUNDAMENTAÇÃO JURÍDICA

Código de Processo Penal:

Art. 327. A fiança tomada por termo obrigará o afiançado a comparecer perante a autoridade, todas as vezes que for intimado para atos do inquérito e da instrução criminal e para o julgamento. Quando o réu não comparecer, a fiança será havida como quebrada.

Art. 329. Nos juízos criminais e delegacias de polícia, haverá um livro especial, com termos de abertura e de encerramento, numerado e rubricado em todas as suas folhas pela autoridade, destinado especialmente aos termos de fiança. **O termo será lavrado pelo escrivão e assinado pela autoridade e por quem prestar a fiança, e dele extrair-se-á certidão para juntar-se aos autos.** (*grifo nosso*)

TERMO DE FIANÇA

Aos (...) dias do mês de (...) de (...), nesta cidade de (...), Estado de (...), na Delegacia de Polícia (...), onde se achava o Dr. (...), Delegado de Polícia, comigo Escrivão ao final nomeado, aí presente o Sr. (*...qualificação completa, inclusive CPF...*), [por este foi exibida e entregue a guia de recolhimento número (...), autenticada pelo Banco (...), como comprovante do depósito da quantia de R$ (...) em dinheiro] ou [por este foi feita a mim Escrivão a efetiva entrega da quantia de R$ (...) em dinheiro, para, no prazo de três dias, ser depositada em conta especialmente destinada ao recolhimento de fianças], correspondente ao valor em que foi fixada a fiança que presta para que o autuado (...) (se não for o próprio autuado a prestar fiança) solto se defenda do crime de (...), previsto no artigo (...) do Código Penal (ou em lei especial), em razão do qual foi preso e autuado em flagrante. Obriga-se (o referido fiador) (ou o próprio afiançado), a (fazer o afiançado a comparecer) (ou comparecer) sempre que intimado for, perante esta Delegacia, para qualquer diligência do inquérito e, diante do Juízo, para qualquer ato da instrução processual ou julgamento, sob pena de ser havida como quebrada a fiança. Do que, para constar, lavro este termo, que, lido e achado conforme, vai assinado pela autoridade, fiador e comigo, (...), Escrivão(ã) que o digitei e autentiquei.

Assinaturas

Modelo 22
CERTIDÃO DE FIANÇA

FUNDAMENTAÇÃO JURÍDICA

Código de Processo Penal:

Art. 329. Nos juízos criminais e delegacias de polícia, haverá um livro especial, com termos de abertura e de encerramento, numerado e rubricado em todas as suas folhas pela autoridade, destinado especialmente aos termos de fiança. **O termo será lavrado pelo escrivão e assinado pela autoridade e por quem prestar a fiança, e dele extrair-se-á certidão para juntar-se aos autos.** (*grifo nosso*)

CERTIDÃO

CERTIFICO que, revendo nesta Delegacia, no cartório sob minha responsabilidade, o livro nº (...), destinado ao lançamento de termos de fiança criminal, nele encontrei a fls. (...) o teor seguinte (...*transcrever integralmente o termo de fiança*...). E era o que continha o referido termo, a que me reportei e que foi acima fielmente transcrito, do que dou fé.

Data

Escrivão(ã)

Modelo 23
OFÍCIO REQUISITANDO MILITAR

(...) Delegacia de Polícia, em (...) de (...) de (...).

Senhor Comandante,

Para o fim de ser ouvido como testemunha em inquérito que tramita nesta Delegacia, requisito-lhe, de conformidade com o que preceitua o Código de Processo Penal, o comparecimento, nesta repartição, no dia (...), às (...) horas, do Militar (...), lotado nessa unidade.

Atenciosas saudações.

Delegado(a) de Polícia

Ao Sr. Tenente-Coronel (...)
Comandante do (...) Batalhão da Polícia Militar
CIDADE

Modelo 24
CARTA PRECATÓRIA

CARTA PRECATÓRIA que se expede à Delegacia de Polícia de (...), Estado de (...), para fins abaixo designados.

A V. Senhoria o Senhor Delegado de Polícia de (...)

FAZ SABER QUE foi instaurado nesta Circunscrição, onde tramita seus termos legais, uma instrução preliminar [IP (...)/(...)] em que se apura a autoria e circunstâncias das supostas agressões físicas e morais sofridas por (*qualificação completa*) e que, segundo consta em notícia crime, teriam sido praticadas por (*qualificação completa*). E como também consta dos autos que as testemunhas arroladas na notícia crime são domiciliadas na Circunscrição dessa Delegacia, na localidade denominada (...), Distrito de (...), em (...), pela presente lhe deprecamos que, após exarar seu respeitável "cumpra-se", faça notificar as testemunhas (*qualificação*), a fim de que compareçam perante essa Autoridade para serem ouvidas na condição de testemunhas (sem compromisso legal – são parentes das partes envolvidas), sob pena de desobediência, para que relatem tudo o que viram e sabem relativamente aos fatos – fazer descrição dos fatos. Assim cumprindo, e mandando devolver a presente, como estatui o art. 355 do CPP, V. Senhoria prestará serviço público às partes e mercê a este Delegado, que outro tanto fará em sendo deprecado. Dada e passada em (...), aos (...) dias do mês de (...) de (...) Eu, Escrivão que digitei a subscrevi junto da Autoridade deprecante.

Autoridade:

Escrivão(ã):

Modelo 25
TERMO DE INFORMAÇÕES RESTRITAS

Aos (...) de (...) de (...), na sede do (...) Distrito Policial da POLÍCIA CIVIL DO ESTADO (...), presente o(a) Delegado(a) de Polícia (...), mandou a Autoridade Policial que discriminasse em separado, por meio deste termo, a qualificação da(s) vítima(s) (...) e da(s) testemunha(s) (...) e (...), com o escopo de preservar-lhes a segurança e a intimidade, bem como proporcionar à(s) vítima(s) e à(s) testemunha(s) a tranquilidade necessária para que prestem, com ânimo calmo e seguro, informações verdadeiras.

FUNDAMENTAÇÃO JURÍDICA

Código de Processo Penal:

Art. 201. Sempre que possível, o ofendido será qualificado e perguntado sobre as circunstâncias da infração, quem seja ou presuma ser o seu autor, as provas que possa indicar, tomando-se por termo as suas declarações. (...)

§ 6º. O juiz tomará as providências necessárias à preservação da intimidade, vida privada, honra e imagem do ofendido, podendo, inclusive, determinar o segredo de justiça em relação aos dados, depoimentos e outras informações constantes dos autos a seu respeito para evitar sua exposição aos meios de comunicação.

Art. 217. Se o juiz verificar que a presença do réu poderá causar humilhação, temor, ou sério constrangimento à testemunha ou ao ofendido, de modo que prejudique a verdade do depoimento, fará a inquirição por videoconferência e, somente na impossibilidade dessa forma, determinará a retirada do réu, prosseguindo na inquirição, com a presença do seu defensor.

QUALIFICAÇÃO

Vítima (ou testemunha):

1. (*qualificação completa*)

Nada mais havendo, mandou a Autoridade Policial encerrar este termo e o acondicionar lacrado junto à contracapa do expediente apuratório em referência, com a expressa determinação de que somente poderá ser acessado pela autoridade judiciária.

Autoridade policial:

Escrivão(ã):

Modelo 26

TERMO CIRCUNSTANCIADO

OCORRÊNCIA POLICIAL Nº _____/____.

Data, local e horário do(s) fato(s): _____

Comunicação: ____/____/____, às _____ horas.

Circunscrição do fato: _____

Natureza da Ocorrência – Juízo provisório de subsunção exarado pelo Delegado de Polícia que conheceu os fatos: _____

Dados do Policial que apresentou a ocorrência: _____

Síntese do relato do policial que apresentou a ocorrência: _____

Autor(es): _____

Síntese da versão do suposto autor dos fatos: _____

Vítima(s): _____

_____

Síntese da versão apresentada pela(s) suposta(s) vítima(s): _____

_____

_____

Testemunha(s): _____

Síntese da versão da(s) testemunha(s): _____

_____

_____

EXAMES PERICIAIS REQUISITADOS: _____

_____

_____

OBJETOS RELACIONADOS COM OS FATOS: _____

_____

_____

VEÍCULOS RELACIONADOS COM OS FATOS: _____

_____

_____

OUTROS DADOS RELEVANTES: _____

_____

_____

DATA DA DECADÊNCIA DO DIREITO DE AÇÃO: (*se ação penal privada ou pública condicionada à representação*) _____

Juntem-se informações sobre o(s) antecedente(s) do(s) autor(es).

REGISTRE-SE e AUTUE-SE.

REMETA-SE AO JUIZADO ESPECIAL CRIMINAL.

Nada mais havendo a tratar, determinou a Autoridade o encerramento do presente Termo que, depois de lido e achado conforme, vai por todos devidamente assinado, inclusive por mim, Escrivão(ã) de Polícia que o digitei.

(...), (...) de (...) de (...).

Delegado(a) de Polícia:

Escrivão(ã):

Modelo 27

TERMO DE COMPROMISSO DE COMPARECIMENTO
(Lei nº 9.099/1995)

Aos (...) dias do mês de (...) do ano de (...), nesta cidade de (...), Estado de (...), na sede da(o) (...), onde presente se achava o(a) Senhor(a) (...), Delegado(a) de Polícia respectivo(a), comigo Escrivão(ã) do cargo, ao final nomeado(a) e assinado(a), comparece (...) já qualificado(a) no Termo Circunstanciado de Ocorrência nº (...)/(...), datado de (...)/ (...)/(...), registrado nesta unidade de polícia judiciária, o qual, neste ato, assume o compromisso, sob as penas da lei, a comparecer ao Juizado Especial Criminal desta Comarca, sempre que notificado para tanto.

Nada mais havendo a tratar ou a relatar, determinou a Autoridade o encerramento do presente termo que, depois de lido e achado conforme, vai por todos assinado, inclusive por mim, (...), Escrivão(ã) de Polícia que o digitei.

Delegado(a) de Polícia: *Compromissado(a):*

Escrivão(ã):

Modelo 28

TERMO DE COMPROMISSO E RESPONSABILIDADE

Às (...) horas do dia (...) do mês de (...) do ano de (...), na cidade de (...), Estado de (...), na sede da(o) (...), foi determinada pelo(a) Senhor(a) (...), Delegado(a) de Polícia respectivo(a), a lavratura do presente TERMO DE COMPROMISSO E RESPONSA-BILIDADE, pelo qual o(a) Sr.(a) (...) (pai, mãe, ou responsável legal pelo adolescente), assume o compromisso de fazer apresentar o adolescente (...) ao representante do Ministério Público, no endereço (...), no prazo de 24 (vinte e quatro) horas, ou sendo impossível, no primeiro dia útil imediato, conforme dispõe o art. 174 da Lei nº 8.069, de 13.7.1990 (Estatuto da Criança e do adolescente), uma vez ter sido ele liberado prontamente pela Autoridade e entregue ao pai e/ou responsável, mediante o compromisso ora assumido.

Fica ainda o(a) compromissado(a) ciente de que deverá zelar pela proteção total e incondicional do adolescente, incumbindo-lhe assegurar a sua integridade física e moral.

Nada mais havendo a tratar ou a relatar, determinou a Autoridade o encerramento do presente termo que, depois de lido e achado conforme, vai por todos devidamente assinado, inclusive por mim, (...), Escrivão(ã) de Polícia que o digitei.

Delegado(a) de Polícia: *Compromissado(a):*

Escrivão(ã):

Modelo 29
RELATÓRIO FINAL DE INQUÉRITO POLICIAL

FUNDAMENTAÇÃO JURÍDICA

Código de Processo Penal:

Art. 10. O inquérito deverá terminar no prazo de 10 (dez) dias, se o indiciado tiver sido preso em flagrante, ou estiver preso preventivamente, contado o prazo, nesta hipótese, a partir do dia em que se executar a ordem de prisão, ou no prazo de 30 (trinta) dias, quando estiver solto, mediante fiança ou sem ela.

§ 1º. A autoridade fará minucioso relatório do que tiver sido apurado e enviará autos ao juiz competente.

§ 2º. No relatório poderá a autoridade indicar testemunhas que não tiverem sido inquiridas, mencionando o lugar onde possam ser encontradas.

INTRODUÇÃO

REFERÊNCIA .... Inquérito Policial nº 100/12

INSTAURADO EM .... 18 de fevereiro de 2012

CONCLUÍDO EM .... 27 de fevereiro de 2012

INDICIADO .... (*...qualificação completa...*)

VÍTIMA .... (*...qualificação completa...*)

ILÍCITO PENAL .... Art. 155 c/c 14, II, do Código Penal

O presente inquérito policial foi instaurado com o escopo de apurar o fato delituoso referenciado e mediante auto de prisão em flagrante delito.

DOS FATOS

Trata-se de apuratório que tem por objeto o furto tentado de valores e objetos que compõe o estabelecimento comercial "CRIANÇA LAMBANÇA".

Por volta de (...) horas e (...) minutos de (...) de (...) de (...), o indiciado ingressou clandestinamente nas dependências do estabelecimento comercial localizado na Rua (...), Centro de (...), quando foi surpreendido e preso pelo proprietário da empresa.

Ao ser ouvido pela autoridade policial plantonista, o indiciado confessou que pretendia subtrair valores e objetos daquele estabelecimento.

DOS ELEMENTOS DE INFORMAÇÃO

A) Às fls. 03, o termo de depoimento de (...) (*nome da testemunha*);

B) Às fls. 04, o termo de depoimento de (...) (*nome da testemunha*);

C) Às fls. 05, o termo de declarações do representante do estabelecimento comercial da vítima, (...) (*nome do representante da vítima*);

D) Às fls. 06, o termo de interrogatório do indiciado.

REPRESENTAÇÃO

Como é de curial sabença, a carceragem do Centro de Detenção Provisória de (...) está em péssimas condições estruturais e com lotação de presos muito superior a real capacidade.

A manutenção do indiciado junto de presos que praticaram crimes dos mais violentos e hediondos não parece razoável e justa e, tanto por isso e assim também em homenagem ao princípio constitucional da dignidade da pessoa humana, somos pela **imediata liberação do autuado para que responda solto pelo crime objeto deste apuratório.**

Note-se, aliás, que o crime pelo qual o indiciado passa a responder tem pena máxima prevista de quatro anos sobre a qual certamente incidirá a redução prevista no art. 14, parágrafo único, do Código Penal.

Não existem informações atestando que o indiciado tenha registros de antecedentes criminais.

Eventual condenação pela prática do crime referenciado (o que somente ocorrerá se restar inaplicável ou descumprido o *sursis* processual) não resultará no cumprimento da pena em regime fechado, razão pela qual não se sustenta a necessidade da prisão.

Nesse aspecto, sopesadas as circunstâncias em que se deu o fato, bem como a natureza do delito em questão, a liberdade do acusado não parece bastante a obstar a aplicação da lei penal ou impedir a adequada instrução processual.

Sob outro prisma, convém priorizar a manutenção dos presos autuados pela prática de crimes violentos ou hediondos.

Diante do exposto e ausentes os critérios elencados nos incisos I e II do art. 282 do Código de Processo Penal, **REPRESENTAMOS** pela imediata concessão de liberdade provisória em favor do indiciado, **eis que cabalmente demonstrada a desnecessidade da medida cautelar em apreço.**

CONCLUSÃO

Após os registros de praxe, DETERMINO ao Sr. Escrivão que encaminhe o presente feito ao Poder Judiciário e ao Ministério Público.

É o relatório *sub censura.*

Bauru/SP, (...) de (...) de (...)

Delegado(a) de Polícia

Modelo 30
REPRESENTAÇÃO
(INTERCEPTAÇÃO TELEFÔNICA E QUEBRA DE SIGILO)

EXCELENTÍSSIMO(A) SENHOR(A) JUIZ(A) DE DIREITO DA (...)ª VARA CRIMINAL DE (...)

Referência: Inquérito Policial nº (...)

A POLÍCIA CIVIL DO ESTADO DE SÃO PAULO, por meio do Delegado de Polícia subscritor, vem, respeitosamente, à presença de Vossa Excelência, para REPRESENTAR pela INTERCEPTAÇÃO TELEFÔNICA e QUEBRA DE SIGILO DE DADOS dos terminais telefônicos nº (...), utilizado por (...); e nº (...), utilizado por (...), pelos fundamentos a seguir alinhados:

DOS FATOS

Em 25 de fevereiro de 2011, ocorreu o furto de uma bobina de cabo de energia elétrica, 240 milímetros, de aproximadamente meia tonelada, integrante do patrimônio do Hospital Público Estadual (...) (fls. 17 do inquérito policial).

Os depoimentos coletados pela autoridade policial que presidiu as investigações sobre aquele delito apontaram o possível envolvimento de (...) (fls. 191, 203 e 225 do inquérito policial).

Entretanto, aquele inquérito policial resta inconcluso, entre outros, vários em curso e, atualmente, (...) é Chefe do Setor de Manutenção do Hospital (...).

Relatos da Diretoria do Hospital (...) dão conta de que outras subtrações patrimoniais tem ocorrido naquele Hospital e nos Hospitais Infantis de Vila Velha e Vitória (fls. 372 do inquérito policial).

Percebe-se, portanto, que existe uma empreitada criminosa instalada por uma organização criminosa em franca atuação na Secretaria Estadual de Saúde.

Fácil inferir a existência de indícios da ocorrência reiterada de crimes de PECULATO a fragilizar ainda mais o caótico e falido sistema de saúde pública estadual.

Se as autoridades da Secretaria Estadual de Saúde se mostram claramente apáticas diante da urgente necessidade de obstar a continuidade dos escandalosos desfalques, impõe-se aos órgãos de justiça criminal uma pronta resposta.

Ocorre que esta Delegacia de Polícia, órgão público negligenciado em sua importância e finalidade, desmuniciada de recursos materiais e humanos básicos e imprescindíveis para um desempenho minimamente eficiente das suas funções, não tem como avançar nas investigações senão por meio da análise de conversações e dados sigilosos dos investigados.

Imprescindível, portanto, a medida pela qual ora representamos, já que esgotados todos os demais meios de investigação existentes e disponibilizados a esta unidade de polícia judiciária.

DOS FUNDAMENTOS JURÍDICOS

O inciso XII do art. 5º da Constituição Federal, prescreve:

XII – é inviolável o sigilo da correspondência e das comunicações telegráficas, de dados e das comunicações telefônicas, salvo, no último caso, por ordem judicial, nas hipóteses e na forma que a lei estabelecer para fins de investigação criminal ou instrução processual penal;

E o art. 1º da Lei nº 9.296/1996 estabelece que:

Art. 1º. A interceptação de comunicações telefônicas, de qualquer natureza, para prova em investigação criminal e em instrução processual penal, observará o disposto nesta Lei e dependerá de ordem do juiz competente da ação principal, sob segredo de justiça.

Parágrafo único. O disposto nesta Lei aplica-se à interceptação do fluxo de comunicações em sistemas de informática e telemática.

O art. 2º da Lei nº 9.296/1996, revela as hipóteses em que cabe o deferimento da medida pela qual ora representamos, *ipsis verbis*:

Art. 2º. Não será admitida a interceptação de comunicações telefônicas quando ocorrer qualquer das seguintes hipóteses:

I – não houver indícios razoáveis da autoria ou participação em infração penal;

II – a prova puder ser feita por outros meios disponíveis;

III – o fato investigado constituir infração penal punida, no máximo, com pena de detenção.

O resultado das apurações até agora desencadeadas atestam a existência de indícios de autoria, sendo certo que os fatos investigados constituem infração(ões) penal(is) punida(s) com reclusão.

Insta constar que a POLÍCIA JUDICIÁRIA, a partir dos dados até então coletados, está absolutamente convicta de que a medida pela qual ora representamos é imprescindível.

Aliás, sobre a possibilidade de se utilizar a interceptação telefônica na fase preparatória da ação penal, o inciso I do art. 3º da Lei nº 9.296/1996 é claro ao prever:

Art. 3º A interceptação das comunicações telefônicas poderá ser determinada pelo juiz, de ofício ou a requerimento:

I – da autoridade policial, na investigação criminal;

Assim, pugnando pelo imediato exame e decisão desta representação, dada a urgência que as circunstâncias impõem, é que REPRESENTAMOS pela INTERCEPTAÇÃO TELEFÔNICA e QUEBRA DO SIGILO dos terminais antes relacionados, com a consequente expedição de ordem judicial determinando:

a) a **INTERCEPTAÇÃO TELEFÔNICA**, pelo período de 15 (quinze) dias, do terminal telefônico nº (...), utilizado por (...), de tal forma a propiciar a captação e gravação de conversações, ou qualquer outro tipo de comunicação através dos sinais que trafegarem (*short messages, e-mails,* caixa postal, imagens, dados etc.) pelo terminal telefônico referenciado, tudo em tempo real, devendo a operadora iniciar os serviços técnicos e prestar as informações necessárias previamente e de forma ininterrupta, com o simples recebimento por meio de FAX ou *e-mail* deste alvará judicial;

b) o encaminhamento imediato, a esta autoridade policial, do **extrato de utilização do terminal relacionado no item anterior**, no período de tempo que este Delegado de Polícia indicar, sempre que necessário e útil, a critério deste órgão de Polícia Judiciária;

c) que a interceptação telefônica também seja feita pelo número de série (*Serial Number*) ou IMEI (*International Mobile Equipment Identify*) do(s) aparelho(s), de forma que não haja interrupção da interceptação, caso o alvo troque o SIM CARDS (*chip*) ou IMSI (*International Mobile Subscriber Identity*) do aparelho ora utilizado pelo investigado;

d) a prestação imediata e direta a este Delegado de Polícia, em tempo real, da localização geográfica – coordenadas geográficas e endereço da estação rádio base – ERB – utilizada pelo terminal telefônico mencionado no item "a" e de todos os terminais telefônicos que com ele mantiverem e mantiveram contato antes e durante esta operação de interceptação, além da disponibilização de todos os serviços de localização geográfica, com a maior precisão possível na indicação do lugar de uso dos aparelhos móveis conectados ao terminal telefônico interceptado, a qualquer momento, sempre que requisitado pela autoridade policial, devendo as operadoras dos terminais telefônicos que mantiverem e mantiveram contato com as linhas interceptadas, fornecerem essas informações previamente, com o simples recebimento por meio de FAX ou *e-mail* deste alvará judicial;

e) a informação dos dados cadastrais dos titulares (pessoa física ou jurídica) da linha telefônica mencionada no item "a" e de todos os terminais telefônicos que com ela mantiverem e mantiveram contato, antes e depois do início desta operação de interceptação, a critério deste Delegado de Polícia, bem como se os assinantes possuem ou possuíram outras linhas;

f) a disponibilização do serviço de identificação de chamadas em tempo real do(s) telefone(s) mencionado(s) no item "a";

g) a emissão do relatório de pesquisa das ligações originadas e recebida(s) pela(s) linha(s) mencionada(s) no item "a" e de todas as linhas que mantiverem ou mantiveram contato com o(s) referido(s) telefone(s), durante o período da interceptação ou antes dele, a critério deste Delegado e sempre que requisitado por esta Autoridade Policial;

h) interceptação de SMS (*Short Message Service*) e MMS (*Multimedia Messaging Service*), e-mails, fax, sons, imagens e qualquer tipo de dado originados e recebido pelo terminal telefônico alvo;

i) que, se a linha telefônica interceptada (código de acesso ou número da linha do telefone) for objeto de processo de portabilidade, a operadora de telefonia a quem for dirigida esta determinação judicial, NA CONDIÇÃO DE OPERADORA DE TELEFONIA DOADORA, COMUNIQUE, DURANTE O PROCESSO DE PORTABILIDADE, IMEDIATAMENTE APÓS A FASE DE AUTENTICAÇÃO, a este Delegado de Polícia e ao responsável pela operação da plataforma de comutação digital a ser utilizada na interceptação que: 1. o referido código de acesso (número da linha do telefone) será portado; 2. em que momento será efetivada a portabilidade; e 3. qual a prestadora receptora;

j) que seja garantida a continuidade da interceptação da linha telefônica nas condições das alíneas "a" a "i" da presente determinação judicial;

k) que a operadora de telefonia a que for dirigida esta determinação judicial, NA CONDIÇÃO DE OPERADORA DE TELEFONIA RECEPTORA, NÃO SÓ COMUNIQUE IMEDIATAMENTE a este Delegado de Polícia, SOBRE EVENTUAL PERÍODO DE TRANSIÇÃO DO PROCESSO DE PORTABILIDADE AGENDADO, entre a desativação e ativação do Código de Acesso do Usuário, período durante o qual pode ocorrer interrupção do serviço de telecomunicações para o usuário, COMO TAMBÉM, CONCLUÍDA A PORTABILIDADE, CUMPRA, NA ÍNTEGRA, a presente determinação judicial em continuidade à ordem de interceptação telefônica, reiniciando a referida operação técnica A PARTIR DO MOMENTO DA ATIVAÇÃO DA LINHA TELEFÔNICA (CÓDIGO DE ACESSO DO USUÁRIO PORTADO) ATÉ O ENCERRAMENTO DO PERÍODO INICIALMENTE FIXADO POR ESTA DETERMINAÇÃO JUDICIAL, NÃO HAVENDO INTERRUPÇÃO NEM SUSPENSÃO DO PERÍODO DA INTERCEPTAÇÃO TELEFÔNICA, prestando as informações necessárias, previamente, com o simples recebimento deste Alvará, por meio de FAX ou *e-mail*, cumprindo as ordens e condições contidas nas alíneas "a" a "i" da presente determinação judicial;

l) o apoio técnico e operacional permanente do setor (mencionar o setor do órgão oficial responsável pela operacionalidade da interceptação), resguardando-se o SEGREDO DE JUSTIÇA, ficando desde já vedado o acesso por qualquer dos integrantes daquela repartição pública aos áudios das comunicações interceptadas, exceto para fins de testes técnicos ou quando formal e previamente autorizados pela Autoridade Policial subscritora.

Representamos, finalmente, nos termos do inciso II do art. 2º da Lei nº 12.850/2013, pra que nos seja autorizada a **ação controlada** durante os desencadeamento das diligências investigatórias, facultando a este órgão de polícia judiciária o melhor momento para realizar intervenções sobre os investigados e suas atividades criminosas, tudo para garantir o maior êxito da instrução preliminar.

Respeitosamente,

Delegado(a) de Polícia

Modelo 31

REPRESENTAÇÃO
(BUSCA E APREENSÃO)

EXCELENTÍSSIMO(A) SENHOR(A) JUIZ(A) DA (...)ª VARA CRIMINAL DE (...)

A **POLÍCIA CIVIL DO ESTADO DE SÃO PAULO**, por meio do Delegado de Polícia subscritor, vem, reverentemente, a presença de Vossa Excelência, para REPRESENTAR pela expedição de MANDADO JUDICIAL DE BUSCA e APREENSÃO a ser executada na residência de (...), sita à Rua (...), nº (...), Bairro (...), Município (...), pelos motivos de fato e de direito a seguir elencados:

DOS FATOS

Em janeiro de 2011, o Juiz (...) respondeu pela 1ª Vara de Órfãos e Sucessões de Vitória e atuou no processo de inventário do Sr. (...).

Inconformada com o deslinde daquele inventário, a Sra. (...), irmã do Sr. (...), teria feito circular pelas vias públicas um automóvel equipado com potente sistema de som por meio do qual propalou imputações ao Juiz (...).

Sentindo-se ofendido, o Juiz (...) intentou representação criminal junto ao Ministério Público, da qual resultou a denúncia apresentada pela Promotora de Justiça (...) em face da Sra. (...) (conforme cópia anexa).

Após ter sido citada da ação penal movida contra ela, a Sra. (...) estaria fazendo circular agora, através do mesmo automóvel equipado com sistema de som, gravações de frases difamatórias contra a Promotora de Justiça (...).

O contexto que se apresenta revela que o ESTADO é a grande vítima em face dos reiterados atos atentatórios à dignidade de seus agentes e, como afirma o eminente doutrinador Processualista, Gediel Claudino Araújo Júnior:

> O Poder Judiciário deve prevenir e reprimir qualquer ato atentatório a dignidade da Justiça, seja quem for o autor da ofensa, a parte, o Estado, o Advogado, o Ministério Público e o próprio Juiz.

Aliás, como é cediço, o interesse público na reprimenda é patente quando eventuais ataques à honra se dão contra funcionário público e ocorrem em razão das funções desempenhadas pelo ofendido.

Tanto assim que a parte final do parágrafo único do art. 145 do Código Penal, dispõe ser pública a ação penal para a hipótese.

Na mesma esteira, o julgado do STF que colacionamos:

> É de caráter público a ação penal por crime contra a honra praticado contra funcionário público em razão de suas funções. (*RT* 610/431)

In casu, a honra da Promotora de Justiça (...) teria sido atingida *proptem oficium*, eis que o ataque teria se dado em razão de denúncia apresentada pela ofendida.

Ao ser ouvida, a ofendida representou pelo desencadeamento da persecução penal, impondo-se agora à Polícia Judiciária o esclarecimento dos fatos em todos os seus aspectos.

Ocorre que esta autoridade policial não acessou as gravações que contêm as frases difamatórias já que a(s) mídia(s) de armazenamento estaria(m) em poder da Sra. (...), sendo necessária a ordem judicial pelo qual ora representados para que possamos (*demonstrar a necessidade e adequação da medida*).

DOS FUNDAMENTOS JURÍDICOS

O inciso XI do art. 5º, da Constituição Federal prescreve que:

XI – a casa é asilo inviolável do indivíduo, ninguém nela podendo penetrar sem consentimento do morador, salvo em caso de flagrante delito ou desastre, ou para prestar socorro, ou, durante o dia, por **determinação judicial**; (*grifo nosso*)

E a abrangência da norma constitucional supra transcrita é facilmente identificada no § 4º do art. 150 do Código Penal:

§ 4º. A expressão "casa" compreende:

I – qualquer compartimento habitado;

II – aposento ocupado de habitação coletiva;

III – compartimento não aberto ao público, onde alguém exerce profissão ou atividade.

O § 1º do art. 240 do Código de Processo Penal, enumera as hipóteses em que é cabível a medida pela qual ora se representa, *ipsis verbis*:

§ 1º. Proceder-se-á à busca domiciliar, quando fundadas razões a autorizarem, para:

a) prender criminosos;

b) apreender coisas achadas ou obtidas por meios criminosos;

c) apreender instrumentos de falsificação ou de contrafação e objetos falsificados ou contrafeitos;

d) apreender armas e munições, instrumentos utilizados na prática de crime ou destinados a fim delituoso;

e) descobrir objetos necessários à prova de infração ou à defesa do réu;

f) apreender cartas, abertas ou não, destinadas ao acusado ou em seu poder, quando haja suspeita de que o conhecimento do seu conteúdo possa ser útil à elucidação do fato;

g) apreender pessoas vítimas de crimes;

h) colher qualquer elemento de convicção.

O resultado das investigações desencadeadas até a presente fase do apuratório instaurado pela Polícia Judiciária denota a imprescindibilidade da medida pela qual ora representamos e, assim também, a perfeita adequação aos dispositivos legais que regulam a matéria.

EX POSITIS, visando robustecer a instrução preliminar e a cabal elucidação dos fatos, demonstrada a necessidade e adequação da medida, REPRESENTAMOS a V. Exa., com fundamento no art. 5º, inciso XI, da Constituição Federal c/c art. 240 e ss. do CCP, para

208 | MANUAL DE POLÍCIA JUDICIÁRIA: DOUTRINA E PRÁTICA

que seja determinada a realização de busca e apreensão na residência localizada (endereço pormenorizado), com a expedição do respectivo Mandado, pugnando pelo imediato exame e decisão desta representação, dada a urgência que as circunstâncias impõem.

Respeitosamente,

Delegado(a) de Polícia

Modelo 32

REPRESENTAÇÃO (QUEBRA DE SIGILO)

EXCELENTÍSSIMO(A) SENHOR(A) JUIZ(A) DE DIREITO DA (...)ª VARA CRIMINAL DE (...)

A **POLÍCIA CIVIL DO ESTADO DE SÃO PAULO**, por meio do Delegado de Polícia subscritor, vem, reverentemente, a presença de Vossa Excelência, para REPRESENTAR, com fundamento no art. 1º, § 4º, da Lei Complementar nº 105, de 10 de janeiro de 2001 e art. 198, § 1º, I, do Código Tributário Nacional, para que sejam decretadas as quebras dos sigilos bancário e fiscal de (...), (pessoa física ou jurídica) (...), (CPF ou CNPJ) (...), titular da(s) conta(s) nº (...), do(s) Banco(s) (...), agência(s) (...), pelos fundamentos a seguir alinhados:

DOS FATOS

(*Demonstrar a necessidade e a adequação da medida.*)

Incontestavelmente, as investigações sinalizam para uma grande empreitada criminosa. Imprescindível, portanto, a medida pela qual ora representamos.

DOS FUNDAMENTOS JURÍDICOS

Prescreve o art. 198, do Código Tributário Nacional:

Art. 198. Sem prejuízo do disposto na legislação criminal, é vedada a divulgação, por parte da Fazenda Pública ou de seus servidores, de informação obtida em razão do ofício sobre a situação econômica ou financeira do sujeito passivo ou de terceiros e sobre a natureza e o estado de seus negócios ou atividades.

§ 1º. Excetuam-se do disposto neste artigo, além dos casos previstos no art. 199, os seguintes:

I – requisição de autoridade judiciária no interesse da justiça;

A Lei nº 12.850/2013, em seu art. 3º, também prevê a quebra dos sigilos fiscal e bancário, *ipsis verbis*:

Art. 3º. Em qualquer fase da persecução penal, serão permitidos, sem prejuízo de outros já previstos em lei, os seguintes meios de obtenção da prova: (...)

VI – afastamento dos sigilos financeiro, bancário e fiscal, nos termos da legislação específica; (...).

Insta reafirmar que a POLÍCIA JUDICIÁRIA, a partir dos dados até então coletados, está absolutamente convicta de que a medida pela qual ora representamos é imprescindível e, como se vê, presentes estão os requisitos legais autorizadores.

Isto posto, para a conveniente instrução dos autos do Inquérito Policial de referência, e por se tratar de medida de extrema necessidade para a cabal elucidação dos fatos, estando presentes os pressupostos básicos, **REPRESENTAMOS**, à luz dos princípios da razoabilidade, da proporcionalidade e da legalidade, para que sejam decretadas as quebras dos sigilos antes relacionados, pugnando pelo imediato exame e decisão desta representação, dada a urgência que as circunstâncias impõem, fazendo-se necessário conter na ordem judicial a ser expedida:

1. determinação ao BANCO CENTRAL (BACEN) para que seja feita a circularização em nível nacional, a fim de que esta Autoridade Policial seja informada sobre a existência de outras contas em nome do(s) investigado(s), devendo, o BACEN, no prazo máximo de três dias, encaminhar a este Delegado de Policia o relatório circunstanciado de tal RASTREAMENTO com a especificação das operações bancárias realizadas em eventuais contas identificadas, no que tange aos depositantes, beneficiários e valores dos recursos financeiros movimentados;

2. determinação à(s) agência(s) bancária(s) da(s) conta(s) corrente(s) suprarrelacionada(s) para:

a) que informe, pormenorizadamente, a esta autoridade policial, acerca de todas as operações bancárias realizadas, no que tange aos depositantes e beneficiários dos recursos financeiros movimentados, requisitando ainda, àquela(s) agência(s) bancária(s);

b) o encaminhamento imediato a este Delegado de Polícia, das fichas de propostas de abertura daquela(s) conta(s) e demais documentos exigidos para tal, cartões autógrafos (nas vias originais), cadastros bancários, requisições de talonários de cheques, formulários de depósitos, documentos avulsos de saques, cheques comuns, cheques administrativos, transferências nacionais e internacionais, ordens de pagamento, documentos de controle de saques eletrônicos etc.; e

Manual de polícia judiciária: doutrina e prática

c) encaminhamento imediato a esta autoridade policial, dos extratos bancários relativos ao período de movimentação da conta;

3. quanto ao sigilo fiscal, que seja oficiado à Receita Federal, requisitando o encaminhamento imediato a este Delegado de Polícia de cópias das Declarações do Imposto de Renda do(s) investigado(s), referentes aos últimos 5 (cinco) anos e ainda que seja procedido o levantamento patrimonial do(s) investigado(s), de seu cônjuge, de seus descendentes e ascendentes e de seus sócios, para que esta autoridade policial possa verificar se a renda declarada ao fisco é compatível com o volume da transações e com o montante movimentado;

4. decretação, com base no que prescreve a Lei nº 12.850/2013, de SEGREDO DE JUSTIÇA na tramitação dos autos deste Inquérito Policial, com a expressa disposição de que somente seja concedida vista dos autos e extração de cópias, mediante autorização direta da Autoridade Judicante Competente, a fim de que sejam resguardadas informações e documentos constitucionalmente protegidos, inclusive em face de advogados.

Respeitosamente,

Delegado(a) de Polícia

Modelo 33
REPRESENTAÇÃO
(PRISÃO PREVENTIVA)

EXCELENTÍSSIMO(A) SENHOR(A) JUIZ(A) DA (...)ª VARA CRIMINAL DE (...)

A POLÍCIA CIVIL DO ESTADO DE SÃO PAULO, por meio do Delegado de Polícia subscritor, vem a presença de Vossa Excelência, para REPRESENTAR pela decretação de PRISÃO PREVENTIVA de (...) (*qualificação completa*), pelos fundamentos a seguir alinhados:

DOS FATOS

(*Demonstrar a ocorrência de fatos que demonstrem a necessidade e a adequação da prisão.*)

Dessa forma, a conduta do(s) indiciado(s) denota personalidade perversa e desvalor em relação aos mais básicos postulados éticos.

DOS FUNDAMENTOS JURÍDICOS

O art. 311 do Código de Processo Penal, estabelece que:

> Art. 311. Em qualquer fase da investigação policial ou do processo penal, caberá a prisão preventiva decretada pelo juiz, de ofício, se no curso da ação penal, ou a requerimento do Ministério Público, do querelante ou do assistente, ou por representação da autoridade policial.

As situações que caracterizam o *periculum in mora* e os fundamentos da medida pela qual ora representamos, estão enumerada no *caput* do art. 312 do Código de Processo Penal, *ipsis verbis*:

> Art. 312. A prisão preventiva poderá ser decretada como garantia da ordem pública, da ordem econômica, por conveniência da instrução criminal, ou para assegurar a aplicação da lei penal, quando houver prova da existência do crime e indício suficiente de autoria.

Sobre as condições de admissibilidade da prisão preventiva, o Código de Processo Penal prescreve:

> Art. 313. Nos termos do art. 312 deste Código, será admitida a decretação da prisão preventiva:
>
> I – nos crimes dolosos punidos com pena privativa de liberdade máxima superior a 4 (quatro) anos; (...).

Os incisos I e II do art. 282 do Código de Processo Penal prescrevem que as medidas cautelares serão aplicadas se presentes ao menos dois dos elementos ou subprincípios do princípio da proporcionalidade, quais sejam: 1) necessidade para aplicação da lei penal, para a investigação ou a instrução criminal; e 2) adequação da medida à gravidade do crime, circunstâncias do fato e condições pessoais do indiciado ou acusado.

A decretação da prisão preventiva é necessária para a aplicação da lei penal porque o indiciado já demonstrou disposição concreta de fuga e ao prever o desencadeamento da persecução penal certamente se esquivará da aplicação da pena se estiver livre para transportar-se para local longínquo; os elementos de informação até agora coligidos, em especial os registros acostados aos autos, autorizam a afirmação de que o indiciado é criminoso contumaz e, nesse sentido, a constrição ambulatorial impedirá a continuidade das ações criminosas por ele reiteradamente perpetradas; sob outro prisma, a prisão preventiva é necessária para a instrução criminal porque propiciará a localização e oitiva do indiciado e impedirá que a vítima e as testemunhas se sintam acuadas e impedidas de depor desembaraçadamente.

Quanto à adequação, os crimes praticados pelo indiciado é dos mais graves, punido com pena de reclusão; os fatos foram perpetrados em circunstâncias estarrecedoras, com violência desmedida, mediante o uso de armas potentes e expondo várias pessoas a perigo de morte; quanto às condições pessoais, o indiciado já foi investigado pela prática de homicídio e roubo e os dados pregressos indicam que ele é criminoso contumaz e violento.

Insta reafirmar que este órgão de polícia judiciária, a partir dos dados até então coletados, está absolutamente convicto de que a medida pela qual ora representamos é necessária e adequada.

Assim é que REPRESENTAMOS pela PRISÃO PREVENTIVA do(s) indiciado(s), pugnando pelo imediato exame e decisão desta representação, dada a urgência que as circunstâncias impõem.

Respeitosamente,

Delegado(a) de Polícia

Modelo 34

REPRESENTAÇÃO
(PRISÃO TEMPORÁRIA)

EXCELENTÍSSIMO(A) SENHOR(A) JUIZ(A) DE DIREITO DA (...)ª VARA CRIMINAL DE (...)

A **POLÍCIA CIVIL DO ESTADO DE SÃO PAULO**, por meio do Delegado de Polícia subscritor, vem, reverentemente, a presença de Vossa Excelência, para REPRESENTAR, pela PRISÃO TEMPORÁRIA de (...) (...*qualificação do INDICIADO*...), pelos motivos de fato e de direito a seguir elencados:

DOS FATOS

(*Detalhamento dos fatos.*)

DOS FUNDAMENTOS JURÍDICOS

A Lei nº 7.960/1989, em seu art. 1º, estabelece que:

Art. 1º. Caberá prisão temporária:

I – quando imprescindível para as investigações do inquérito policial;

II – quando o indiciado não tiver residência fixa ou não fornecer elementos necessários ao esclarecimento de sua identidade;

III – quando houver fundadas razões, de acordo com qualquer prova admitida na legislação penal, de autoria ou participação do indiciado nos seguintes crimes:

a) homicídio doloso (art. 121, *caput*, e seu § 2º);

b) sequestro ou cárcere privado (art. 148, *caput*, e seus §§ 1º e 2º);

c) roubo (art. 157, *caput*, e seus §§ 1º, 2º e 3º);

d) extorsão (art. 158, *caput*, e seus §§ 1º e 2º);

e) extorsão mediante sequestro (art. 159, *caput*, e seus §§ 1º, 2º e 3º);

f) estupro (art. 213, *caput*, e sua combinação com o art. 223, *caput*, e parágrafo único);

g) atentado violento ao pudor (art. 214, *caput*, e sua combinação com o art. 223, *caput*, e parágrafo único);

h) rapto violento (art. 219, e sua combinação com o art. 223, *caput*, e parágrafo único);

i) epidemia com resultado de morte (art. 267, § 1º);

j) envenenamento de água potável ou substância alimentícia ou medicinal qualificado pela morte (art. 270, *caput*, combinado com o art. 285);

l) quadrilha ou bando (art. 288), todos do Código Penal;

m) genocídio (arts. 1º, 2º e 3º da Lei nº 2.889, de 1º de outubro de 1956), em qualquer de suas formas típicas;

n) tráfico de drogas (art. 12 da Lei nº 6.368, de 21 de outubro de 1976);

o) crimes contra o sistema financeiro (Lei nº 7.492, de 16 de junho de 1986).

O resultado das investigações desencadeadas até a presente fase do apuratório instaurado pela Polícia Judiciária denota a imprescindibilidade da medida pela qual ora representamos e, assim também, a perfeita adequação aos dispositivos legais que regulam a matéria.

Os incisos I e II do art. 282 do Código de Processo Penal prescrevem que as medidas cautelares serão aplicadas se presentes ao menos dois dos elementos ou subprincípios do princípio da proporcionalidade, quais sejam: 1) necessidade para aplicação da lei penal, para a investigação ou a instrução criminal; e 2) adequação da medida à gravidade do crime, circunstâncias do fato e condições pessoais do indiciado ou acusado.

(*Demonstrar que a PRISÃO TEMPORÁRIA atende aos requisitos do art. 282 do Código de Processo Penal.*)

Assim é que REPRESENTAMOS pela expedição do MANDADO JUDICIAL DE PRISÃO TEMPORÁRIA, pugnando pelo imediato exame e decisão desta representação, dada a urgência que as circunstâncias impõem.

Atenciosamente,

Delegado(a) de Polícia

Modelo 35
REPRESENTAÇÃO
(PERÍCIA MÉDICO-LEGAL DE SANIDADE MENTAL)

EXCELENTÍSSIMO(A) SENHOR(A) JUIZ(A) DE DIREITO DA (...)ª VARA CRIMINAL DE (...)

A **POLÍCIA CIVIL DO ESTADO DE SÃO PAULO**, por meio do Delegado de Polícia subscritor, vem, respeitosamente, a presença de Vossa Excelência, para REPRESENTAR, com escora no art. 149, § 1º, do Código de Processo Penal, pela expedição de mandado judicial de EXAME DE SANIDADE MENTAL em relação a (...) (*qualificação*), pelos fundamentos a seguir alinhados:

DOS FATOS

(Detalhar os fatos.)

Note-se que o(s) indiciado(s) denota(m), s.m.j., anormalidade mental;

Ademais, pesquisas realizadas sobre a vida pregressa e a conduta do(s) indiciado(s) fazem surgir sérias dúvidas a respeito da higidez mental do(s) investigado(s).

DOS FUNDAMENTOS JURÍDICOS

O § 1º do art. 149 do Código de Processo Penal, estabelece que:

Art. 149. Quando houver dúvida sobre a integridade mental do acusado, o juiz ordenará, de ofício ou a requerimento do Ministério Público, do defensor, do curador, do ascendente, descendente, irmão ou cônjuge do acusado, seja este submetido a exame médico-legal.

§ 1º. O exame poderá ser ordenado ainda na fase do inquérito, mediante representação da autoridade policial ao juiz competente.

A respeito da imprescindibilidade de tal perícia ante a fundada dúvida acerca da imputabilidade do autor da infração penal, o Supremo Tribunal Federal decidiu:

O art. 149 do CPP expressa que, em havendo qualquer dúvida sobre a integridade mental do acusado, será este submetido a exame pericial. Trata-se de meio legal de prova, que não pode ser substituído nem mesmo pela inspeção pessoal do juiz, que, sobre a saúde psíquica do réu, só poderá formar juízo em laudo psiquiátrico produzido por médicos especialistas. (*RTJ* 63/70)

A maioria da doutrina entende que a culpabilidade é um dos elementos do crime e, nesse diapasão, torna-se indispensável, ainda na fase da instrução preliminar, verificar se o indiciado apresenta ou não anormalidade mental.

Daí a necessidade de submeter o indiciado, ainda na fase investigatória.

Observe-se que entre as perícias, o exame pelo qual ora se representa é o único em nosso ordenamento jurídico que não pode ser diretamente determinado pela Autoridade Policial, daí a razão desta representação.

Jurisprudência autorizada admite o exame de sanidade mental para aferir a responsabilidade penal:

(...) O incidente de insanidade mental previsto no CPP, art. 150 e seguintes, compreende uma série de possibilidades de o agente não entender, integral ou parcialmente, o caráter criminoso do fato. Tais possibilidades concernem a enfermidades, mas também a patologias exógenas, como o consumo de substância causadora de dependência física e mental. Não existe um exame de dependência toxicológica destacado do incidente de insanidade mental do art. 150 do CPP, pois este é um gênero abrangente de várias espécies, dentre as quais o primeiro exame. O que está em causa não é o consumo de tóxicos, mas o resultado comprometedor da higidez mental do agente, suscetível de privar-lhe do pressuposto essencial da imputabilidade. (*RT* 786/656)

Ressalte-se que o desenvolvimento da apuração em nada será prejudicado pela realização do exame, já que a suspensão prevista no § 2º do art. 149 do Código de Processo Penal refere-se ao PROCESSO e não ao INQUÉRITO.

Aliás, a respeito dos efeitos de tal exame sobre o andamento do inquérito policial, o Superior Tribunal de Justiça manifestou-se nos seguintes termos:

Instaurado o incidente de insanidade mental, determina o § 2º do art. 149 do CPP a suspensão do processo e não do inquérito policial. (STJ, RHC 5.091/SP, 6ª Turma, Relator Ministro Fernando Gonçalves).

Assim, REPRESENTAMOS para que o(s) indiciado(s) seja(m) submetido(s) a exame pericial de SANIDADE MENTAL e, para tanto, que Vossa Excelência adote as seguintes providências:

1. determine a INTERNAÇÃO do(s) indiciado(s) no MANICÔMIO JUDICIÁRIO, cumprindo, desta forma, o que determina o art. 150 do Código de Processo Penal;

2. nomeie curador ao indiciado para assisti-lo(s) nos atos do inquérito policial, conforme imposição expressa do art. 149, § 2º, do Código de Processo Penal;

3. expeça requisição judicial ao Departamento Médico-Legal, ordenando a realização do exame pelo qual ora representamos, formulando-se, entre outros, os seguintes quesitos: *a)* a pessoa periciada é portadora de debilidade mental, neurose, demência, psicose, psicopatia ou qualquer transtorno mental e de comportamento decorrente do uso de substância psicoativa ou outros fatores?; *b)* se positivo o quesito anterior, a anormalidade detectada preexistia ao ato delituoso e, em caso positivo, se prejudicava a compreensão da ação criminosa e a possibilidade de a pessoa periciada se determinar quanto à infração penal?; *c)* outras observações importantes e pertinentes a critério dos peritos.

Respeitosamente,

Delegado(a) de Polícia

JURISPRUDÊNCIA

• ALGEMAS, USO DE. Só é lícito o uso de algemas em casos de resistência e de fundado receio de fuga ou de perigo à integridade física própria ou alheia, por parte do preso ou de terceiros, justificada a excepcionalidade por escrito, sob pena de responsabilidade disciplinar, civil e penal do agente ou da autoridade e de nulidade da prisão ou do ato processual a que se refere, sem prejuízo da responsabilidade civil do Estado. (STF – Súmula Vinculante nº 11)

• APREENSÃO DE COISA RELACIONADA COM O CRIME. Bem alienado a terceiro – Restituição pretendida pelo adquirente em mandado de segurança – Admissibilidade – Remédio mais pronto e eficaz do que o pedido de restituição do art. 120 do CPP – Carência afastada – Julgamento de mérito determinada. (*RT* 632/311)

• APREENSÃO DE COISA RELACIONADA COM O CRIME. Medida tornada ineficaz com a posterior concessão de segurança impetrada por terceiro adquirente de boa-fé – Direito deste a ser preservado por imposição da equidade e da segurança do comércio jurídico – Hipótese em que o primitivo dono deve buscar a reparação do dano através de ação civil adequada contra o autor do delito – Impossibilidade de apreensão da coisa do poder do terceiro que a detém a justo título, tanto mais se a perda da posse não resultou da subtração – Inteligência do art. 521 do CC. (*RT* 631/328)

• APROPRIAÇÃO INDÉBITA – DESCARACTERIZAÇÃO. Agente que saca numerário depositado em conta conjunta solidária – Faculdade legal e jurídica de livre movimentação da conta – Fato atípico – Trancamento do inquérito policial determinado – Irrelevância para caracterização do constrangimento ilegal do fato de não ter havido indiciamento. A retirada de parte de quantia existente em conta conjunta e solidária de poupança constitui uso de faculdade legal e jurídica. Inexiste qualquer ilícito penal, pois é característica essencial de solidariedade a possibilidade irrecusável de se exigir obrigação por inteiro por qualquer dos interessados. O constrangimento ilegal por instauração de inquérito policial por fato atípico configura-se mesmo que não tenha havido indiciamento. (*RT* 654/305)

• CONDUÇÃO DO INVESTIGADO AO DELEGADO PARA ESCLARECIMENTOS – POSSIBILIDADE – INTELIGÊNCIA DO ART. 144, § 4º, DA CONSTITUIÇÃO FEDERAL E DO ART. 6º DO CPP – DESNECESSIDADE DE MANDADO DE PRISÃO OU DE ESTADO DE FLAGRÂNCIA – DESNECESSIDADE DE INVOCAÇÃO DA TEORIA OU DOUTRINA DOS PODERES IMPLÍCITOS. – A própria Constituição Federal assegura, em seu art. 144, § 4º, às polícias civis, dirigidas por delegados de polícia de carreira, as funções de polícia judiciária e a apuração de infrações penais. II – O art. 6º do Código de Processo Penal, por sua vez, estabelece as providências que devem ser tomadas pela autoridade policial quando tiver conhecimento da ocorrência de um delito, todas dispostas nos incisos II a VI. III – Legitimidade dos agentes policiais, sob o comando da autoridade policial competente (art. 4º do CPP), para tomar todas as providências necessárias à elucidação de um delito, incluindo-se aí a condução de pessoas para prestar esclarecimentos, resguardadas as garantias legais e constitucionais dos conduzidos. IV – Desnecessidade de invocação da chamada teoria ou doutrina dos poderes implícitos, construída pela Suprema Corte norte-americana e incorporada ao nosso ordenamento jurídico, uma vez que há previsão expressa, na Constituição e no Código de Processo Penal, que dá poderes à polícia civil para investigar a prática de eventuais infrações penais, bem como para exercer as funções de polícia judiciária. – Ordem denegada. (STF – HC 107.644/SP – Relator Ministro Ricardo Lewandowski – 1ª Turma – j. em 6.9.2011 – *DJe* 200, de 18.10.2011)

• CONSTRANGIMENTO ILEGAL – INEXISTÊNCIA. Intimação dirigida pela autoridade policial ao paciente, para prestar declarações sobre fatos ao mesmo imputados – Poder de polícia – *Habeas corpus* denegado – Decisão mantida. A intimação dirigida a alguém pela autoridade policial para a apuração de *notitia criminis* não constitui constrangimento ilegal a ser corrigido pela via do *habeas corpus*. (TJSP – HC 11.569-3 – 4ª Câmara Criminal – v.u.)

• CONVERSÃO DE PRISÃO EM FLAGRANTE EM PREVENTIVA – Constrangimento ilegal. Indeferido o pedido de liberdade provisória. As circunstâncias em que imputado o crime ao Paciente, evidenciam a perigosidade de seu ato exigindo seu afastamento do convívio social, por constituir uma ameaça concreta à tranquilidade da sociedade, mostrando-se, no caso, a manutenção da prisão cautelar do Paciente, amparada na garantia da ordem pública, de maneira a evitar de persista na prática de atos que continuem pondo em risco a paz social. Consistindo a liberdade provisória em benefício sucedâneo da prisão em flagrante, somente pode ser concedida uma vez ausentes as circunstâncias autorizadoras da prisão preventiva, descritas no art. 312 do Código de Processo Penal. (TJSP – HC 0251288-23.2011.8.26.000 – j. em 17.1.2012)

• DILIGÊNCIAS PREPARATÓRIAS – Intimação para prestar esclarecimentos efetuada por delegado de polícia antes de iniciada a investigação criminal – Admissibilidade – Averiguação da existência ou não de justa causa para sua instauração – Constrangimento ilegal inexistente – *Habeas corpus* denegado – Aplicação do art. 6º do CPP. (*RT* 625/343)

• FALSO TESTEMUNHO – INSTAURAÇÃO DE INQUÉRITO E DENÚNCIA. O momento em que se pode iniciar a ação penal com o oferecimento da denúncia, no crime de falso testemunho (art. 342, § 1º, do CP) é após a sentença final, não se exigindo, por outro lado, o trânsito em julgado da mesma. Interpretação conjunta dos arts. 342, § 3º, do CP e 211 do CPP. Jurisprudência da Corte. Recurso conhecido e improvido. (*RSTJ* 47/218 e *JSTJ* 49/344).

• *HABEAS CORPUS* – FAVORECIMENTO DA PROSTITUIÇÃO – RUFIANISMO – INTERCEPTAÇÃO TELEFÔNICA – NULIDADE – PROCEDIMENTO QUE OBSERVOU A LEI 9.296/1996 – INTERCEPTAÇÃO EFETUADA PELA POLÍCIA MILITAR – POSSIBILIDADE – POSSÍVEL ENVOLVIMENTO DE POLICIAIS LOCAIS – ORDEM DENEGADA. 1. Não se verifica qualquer nulidade na interceptação telefônica devidamente requerida pelo representante do Ministério Público, e concedida através de decisão fundamentada na necessidade do ato. 2. A realização da interceptação telefônica pela Polícia Militar se justifica pelo possível envolvimento de policiais militares nos fatos, conforme informação prestada pelo Juiz de Primeiro Grau. 3. Ordem denegada. (STJ – HC 88.575/MG – HC 2007/0186150-0)

• *HABEAS CORPUS* – PROCESSUAL PENAL – ARQUIVAMENTO IMPLÍCITO DO INQUÉRITO POLICIAL – INEXISTÊNCIA DE PREVISÃO LEGAL – PACIENTE DENUNCIADO PELO CRIME DE TORTURA APENAS NA SEGUNDA DENÚNCIA – POSSIBILIDADE – INCIDÊNCIA DO PRINCÍPIO DA INDISPONIBILIDADE DA AÇÃO PENAL PÚBLICA – NÃO APLICAÇÃO DO PRINCÍPIO DA INDIVISIBILIDADE NESSA HIPÓTESE – ORDEM DENEGADA – PRECEDENTES DA CORTE. I – Alegação de ocorrência de arquivamento implícito do inquérito policial, pois o Ministério Público estadual, apesar de já possuir elementos suficientes para a acusação, deixou de incluir o paciente na primeira denúncia, oferecida contra outros sete policiais civis. II – Independentemente de a identificação do paciente ter ocorrido antes ou depois da primeira denúncia, o fato é que não existe, em nosso ordenamento jurídico processual, qualquer dispositivo legal que preveja a figura do arquivamento implícito, devendo ser o pedido formulado expressamente, a teor do disposto no art. 28 do Código Processual Penal. III – Incidência do postulado da indisponibilidade da ação penal pública que decorre do elevado valor dos bens jurídicos que ela tutela. IV – Não aplicação do princípio da indivisibilidade à ação penal pública. Precedentes. V – *Habeas corpus* denegado. (STF – HC 104.356/RJ – Relator Ministro Ricardo Lewandowski – 1ª Turma – *DJe* 233)

• INÉPCIA DA DENÚNCIA – PRINCÍPIOS CONSTITUCIONAIS – ACUSAÇÃO PENAL E ESTADO DEMOCRÁTICO DE DIREITO – *HABEAS CORPUS*. Nulidade da denúncia por ausência de imputação precisa e comportamento específico. Inexistência de dados probatórios mínimos. Não se desconhece que a simples instauração da *persecutio criminis in judicio* não constitui, só por si, situação caracterizadora de injusto constrangimento, notadamente quando iniciada por peça acusatória consubstanciadora de descrição fática cujos elementos se ajustem, ao menos em tese, ao tipo penal. Impõe-se, no entanto, que a peça acusatória, ao veicular certa imputação penal, encontre suporte em elementos informativos que permitam, ainda que minimamente, a verificação da possível ocorrência de delito, qualquer que seja este, atribuído ao acusado, trate-se de denunciado, cuide-se de querelado. Isso significa, portanto, que, ainda que a conduta descrita na peça acusatória possa ajustar-se, em tese, ao preceito primário de incriminação, mesmo assim esse elemento não bastará, só por si, para tornar viável e admissível a imputação penal consubstanciada em queixa-crime ou em denúncia, conforme o caso. Se é certo, de um lado, que não se revela imprescindível o inquérito policial ao oferecimento de denúncia ou de queixa-crime, não é menos exato, de outro, que, sem dados probatórios mínimos, que revelem a existência de uma necessária base empírica, torna-se absolutamente inviável o processamento da ação penal condenatória. Não foi por outra razão que esta Suprema Corte reconheceu impor-se, à parte acusadora, o ônus de demonstrar, mediante elementos mínimos de informação. (STF – HC 93.033 – Relator Ministro Celso de Mello – *DJe* de 8.8.2011)

• INQUÉRITO POLICIAL – ACESSO DO DEFENSOR. É direito do defensor, no interesse do representado, ter acesso amplo aos elementos de prova que, já documentados em procedimento investigatório realizado por órgão com competência de polícia judiciária, digam respeito ao direito de defesa. (STF – Súmula Vinculante nº 14)

220 | Manual de polícia judiciária: doutrina e prática

• INQUÉRITO POLICIAL – ARQUIVAMENTO. Irrecorribilidade da decisão que o determina a requerimento do Ministério Público. Arquivamento. Recurso. Cabível. Não cabe recurso contra despacho que ordena o arquivamento de inquérito policial. Recurso improvido. (*RT* 658/332)

• INQUÉRITO POLICIAL – CONSTRANGIMENTO ILEGAL. Instauração para averiguação de fatos pelos quais o indiciado já fora anteriormente condenado – *Bis in idem* configurado – *Habeas corpus* concedido. (*RT* 651/277)

• INQUÉRITO POLICIAL – FALSO TESTEMUNHO. Instauração antes da prolação da sentença no processo em que o depoimento acoimado de mentiroso foi prestado – Inadmissibilidade – Possibilidade, enquanto não decidido o feito principal, de haver retratação da testemunha, causa de extinção da punibilidade – Procedimento, portanto, prematuro – *Habeas corpus* concedido para seu trancamento. (*RT* 645/286)

• INQUÉRITO POLICIAL – INSTAURAÇÃO – AUSÊNCIA DE ELEMENTOS MÍNIMOS – REPRESENTAÇÃO INFUNDADA. Além de não ser o caso de instauração de inquérito policial, não configura, em hipótese alguma, nem ao menos indícios de crime a ser apurado. É de rigor o arquivamento dos autos. (TJSP – IP 0095523-59.2011.8.26.000 – j. em 28.7.2011)

• INQUÉRITO POLICIAL – INSTAURAÇÃO – CONSTRANGIMENTO ILEGAL. Com efeito, é cediço que o inquérito policial tem por objeto a apuração dos fatos, sendo conduzido pela autoridade policial com isenção e imparcialidade. É uma peça inquisitória onde ninguém é acusado da prática de crime, mas sim, reúne informações que serão juntadas e remetidas à apreciação de quem de direito. (TJSP – HC 0071512-97.210 – j. em 1º.12.2011)

• INQUÉRITO POLICIAL – INSTAURAÇÃO REQUISITADA PELO MINISTÉRIO PÚBLICO – AUTORIDADE COATORA. De fato, sendo o inquérito policial instaurado mediante requisição do representante do *parquet*, cabe ao Delegado de Polícia fazê-lo e prosseguir com os demais atos que compreendem a atividade investigatória. Vale dizer, o ato, em tese, coator, é a requisição do Promotor de Justiça e não a investigação em si, de modo que o Tribunal de Justiça é o órgão jurisdicional competente para apreciar *habeas corpus* impetrado contra o ato em questão. (TJSP – HC 0120910-76.2011.8.26.0000 – j. em 29.9.2011)

• INQUÉRITO POLICIAL – PORTARIA DE INSTAURAÇÃO – CAPITULAÇÃO JURÍDICA PROFERIDA PELA AUTORIDADE POLICIAL. Trata-se de investigação criminal, cujo início se deu por Portaria da autoridade policial, que determinou a instauração de inquérito policial... Ressalte-se que é na Portaria que a autoridade policial manifesta sua convicção jurídica a respeito da capitulação dos fatos... É o Ministério Público o titular da ação penal e, ao final da fase inquisitorial, o que ainda não se deu, formará sua *opinio delicti*, e aí então traçará os limites da acusação. Até lá, prevalece a capitulação dada pela autoridade policial. (TJSP – Embargos de Declaração em HC 0083460-02.2011.8.26.0000/5000 – j. em 15.12.2011)

• INQUÉRITO POLICIAL – POSSIBILIDADE DE INSTAURAÇÃO EM MOMENTO ANTERIOR À CONSTITUIÇÃO DEFINITIVA DO CRÉDITO TRIBUTÁRIO – *HABEAS CORPUS* – PROCESSUAL PENAL – CRIME CONTRA A ORDEM TRIBUTÁRIA – INSTAURAÇÃO DE INQUÉRITO POLICIAL ANTES DO ENCERRAMENTO DO PROCE-

DIMENTO ADMINISTRATIVO-FISCAL – PEDIDO DE TRANCAMENTO – SÚMULA Nº 691 DO STF – INADEQUAÇÃO – ILEGALIDADE MANIFESTA – INOCORRÊNCIA – NÃO CONHECIMENTO. 1. O indeferimento de liminar em *habeas corpus* pelo Superior Tribunal de Justiça encontra amparo na Súmula nº 691 do Supremo Tribunal Federal, que somente admite mitigação na presença de flagrante ilegalidade, abuso de poder ou teratologia. 2. Incidência da mencionada Súmula, sob pena de supressão de instância. 3. *Habeas corpus* não conhecido. (STF – HC 102.305/SP – 1ª Turma – Relator Ministro Dias Toffoli – j. em 26.10.2010)

• INQUÉRITO POLICIAL – REPRESENTAÇÃO – INSTAURAÇÃO. Configura exercício regular de direito. O direito de ação, previsto constitucionalmente, abarca o direito de representação. Abuso não comprovado. Indenização indevida. Mero aborrecimento, insuscetível de indenização. Recuso não acolhido. (TJSP – Apelação Cível nº 9220061-95.2007.8.26.0000 – j. em 31.1.2012)

• INQUÉRITO POLICIAL – SIGILO – VIOLAÇÃO DA SÚMULA VINCULANTE Nº 14 – INOCORRÊNCIA – SITUAÇÃO FÁTICA DIVERSA – INQUÉRITO POLICIAL – SEGREDO DE JUSTIÇA – RECLAMANTE QUE NÃO FIGURA COMO INDICIADO – RECURSO IMPROVIDO. 1. Não há como conceder vista do inquérito policial 2009.61.81.004839-9 pela simples razão de o agravante não figurar como indiciado, além é claro de o feito tramitar sob a etiqueta do segredo de justiça. 2. Agravo regimental improvido. (STF – Ag. Reg. na Reclamação 9.789 AgR/SP –Relatora Ministra Ellen Gracie – *DJe* 164, de 18.8.2010)

• INQUÉRITO POLICIAL – TRANCAMENTO – INADMISSIBILIDADE – INFRATOR SEQUER AINDA INDICIADO – PRETENSÃO EXTEMPORÂNEA – RECURSO DE *HABEAS CORPUS* IMPROVIDO – INTELIGÊNCIA DO ART. 648, I, DO CPP. Descabe pedido de *habeas corpus* para trancar inquérito policial ainda em andamento sem que o paciente tenha sido indiciado ou haja evidência de que venha a ser. Recurso de *habeas corpus* improvido. (ATF – RHC 61.609-7/SP – 1ª Turma – Relator Ministro Sidney Sanches – j. em 5.10.1984)

• INQUÉRITO POLICIAL – TRANCAMENTO. Existência de indícios de autoria delitiva e prova de materialidade – Laudo pericial que atesta a desconformidade do combustível apreendido com as especificações fixadas pela ANP – PRÉVIO ESGOTAMENTO DA VIA ADMINISTRATIVA – DESNECESSIDADE. O entendimento jurisprudencial sobre a necessidade de prévio exaurimento da via administrativa se aplica somente aos crimes contra a ordem tributária – Para estes, é necessária prova do lançamento do tributo para a demonstração de sua supressão ou redução indevida – Na hipótese em comento, crime contra a ordem econômica, o laudo pericial é suficiente para a comprovação da materialidade delitiva – ATIPICIDADE. Desnecessária, nesse momento, prova cabal quanto à efetiva destinação do combustível adulterado – Tema que se confunde com o próprio objeto das investigações – Conduta que, ao menos em tese, preenche o quadro de tipicidade do art. 1º, inciso I, da Lei nº 8.176/1991 – INDICIAMENTO – FORMALIZAÇÃO. O formal indiciamento não configura constrangimento, mas exercício do dever legal imposto para resguardo dos dados informativos da Polícia e do Poder Judiciário – CONSTRANGIMENTO ILEGAL – INOCORRÊNCIA – ORDEM DE *HABEAS CORPUS* DENEGADA. (TJSP – HC 0122608-20.2011.8.26.000 – j. em 18.8.2011)

• INSIGNIFICÂNCIA, PRINCÍPIO DA. Ao aplicar o princípio da insignificância, a 1ª Turma concedeu *habeas corpus* para trancar procedimento penal instaurado contra o réu e invalidar todos os atos processuais, desde a denúncia até a condenação, por ausência de tipicidade material da conduta imputada. No caso, o paciente fora condenado, com fulcro no art. 28, *caput*, da Lei nº 11.343/2006, à pena de 3 meses e 15 dias de prestação de serviços à comunidade por portar 0,6 g de maconha. Destacou-se que a incidência do postulado da insignificância, de modo a tornar a conduta atípica, exigiria o preenchimento concomitante dos seguintes requisitos: mínima ofensividade da conduta do agente; nenhuma periculosidade social da ação; reduzido grau de reprovabilidade do comportamento; e inexpressividade da lesão jurídica provocada. Consignou-se que o sistema jurídico exigiria considerar a relevantíssima circunstância de que a privação da liberdade e a restrição de direitos do indivíduo somente se justificariam quando estritamente necessárias à própria proteção das pessoas, da sociedade e de outros bens jurídicos que lhes fossem essenciais, notadamente naqueles casos em que os valores penalmente tutelados se expusessem a dano, efetivo ou potencial, impregnado de significativa lesividade. Deste modo, o direito penal não deveria se ocupar de condutas que produzissem resultados cujo desvalor – por não importar em lesão significativa a bens jurídicos relevantes – não representaria, por isso mesmo, expressivo prejuízo, seja ao titular do bem jurídico tutelado, seja à integridade da própria ordem social. (STF – HC 110.475/SC – Relator Ministro Dias Toffoli – j. em 14.2.2012)

• INTERCEPTAÇÃO TELEFÔNICA LICITAMENTE CONDUZIDA – ENCONTRO FORTUITO DE PROVA DA PRÁTICA DE CRIME PUNIDO COM DETENÇÃO – LEGITIMIDADE DO USO COMO JUSTA CAUSA PARA OFERECIMENTO DE DENÚNCIA – AGRAVO REGIMENTAL DESPROVIDO. 1. O Supremo Tribunal Federal, como intérprete maior da Constituição da República, considerou compatível o art. 5º, XII e LVI, o uso de prova obtida fortuitamente através de interceptação telefônica licitamente conduzida, ainda que o crime descoberto, conexo ao que foi objeto da interceptação, seja punido com detenção. 2. Agravo Regimental desprovido. (STF – AI 626.214 AgR – Relator Ministro Joaquim Barbosa – 2ª Turma – j. em 21.9.2010 – *DJe* 190)

• INTERROGATÓRIO POLICIAL – ACOMPANHAMENTO PELO ADVOGADO DO INDICIADO. Não configura constrangimento ilegal a tomada de depoimento em juízo de advogado que acompanhou o interrogatório do réu realizado no inquérito policial, não para pronunciar-se sobre os fatos delituosos, mas, tão só, para atestar a regularidade do ato. Por outro lado, considerando que a sentença de pronúncia decide apenas sobre a admissibilidade da acusação, a Turma entendeu não configurar cerceamento de defesa o indeferimento de diligência requerida – a com vistas a se ter acesso a processo disciplinar sigiloso instaurado perante a OAB contra o referido advogado que atuara como testemunha – já que a parte poderá produzir outros meios de prova porquanto ainda não encerrada a fase instrutória. (STF – HC 75.342-SP – Relator Néri da Silveira – j. em 4.11.1997)

• INVESTIGAÇÕES DO MESMO FATO EM LOCALIDADES DIVERSAS. Admissibilidade – Prosseguimento determinado – Competência do juízo a ser aferida depois de apurada a existência de crime imputável ao réu – Trancamento inadmissível por não se poder falar conceitualmente em litispendência entre inquéritos. (*RT* 625/293)

• PRISÃO EM FLAGRANTE – AUTO LAVRADO POR AUTORIDADE POLICIAL DIVERSA DA DO DISTRITO EM QUE SE DERA A DETENÇÃO – IRRELEVÂNCIA – AUTORIDADE QUE, NOS MOLDES DA LEI, ESTENDE SUA ÁREA DE ATUAÇÃO AOS MUNICÍPIOS VIZINHOS – CONSTRANGIMENTO ILEGAL INEXISTENTE –

HABEAS CORPUS DENEGADO. Não vicia o auto de prisão em flagrante o fato de ter sido lavrado por autoridade diversa da do distrito em que se dera a detenção se, nos moldes da lei, estende aquela sua área de atuação aos Municípios vizinhos. (TJSP – HC 94.731-3)

• PRISÃO PREVENTIVA – CABIMENTO – SUBSTITUIÇÃO POR OUTRAS MEDIDAS CAUTELARES – INADMISSIBILIDADE. Delitos graves devem ser rigorosamente coibidos. Devidamente demonstrados, pois, os pressupostos que autorizam a manutenção da prisão preventiva, devendo o paciente permanecer no cárcere até final solução do procedimento criminal a que está sujeito. É certo que a novel Lei nº 12.403/2011 trouxe novas medidas cautelares penais ao ordenamento jurídico, diferentes da prisão, mas todas elas tem como pressuposto a soltura do flagrado do cárcere. Ora se, como visto, o paciente não faz jus à liberdade provisória, é obvio que todas as medidas cautelares, que a tem como pressuposto lógico necessário, também não cabem na hipótese vertente. Melhor sorte não lhe assiste quanto ao invocado princípio da presunção de inocência. É que, como é cediço na jurisprudência pátria, a Constituição da República, ao dispor que ninguém será considerado culpado enquanto não passar em julgado sentença penal condenatória, em momento algum estabeleceu restrição à prisão provisória, da qual constituem modalidades a prisão em flagrante, a prisão preventiva. (TJSP – HC 0277291-15.2011.8.26.000 – j. em 15.12.2011)

• PRISÃO PREVENTIVA – INADMISSIBILIDADE. *Habeas corpus* com pedido de liminar, em favor de preso em flagrante pelo porte de arma de uso permitido. O defensor pugna, liminarmente, pela concessão da liberdade provisória ao paciente ou, subsidiariamente, a substituição da fiança por qualquer outra medida cautelar prevista no art. 319 do Código de Processo Penal alterado pela Lei nº 12.403/2011. A prisão preventiva é medida excepcional que se deve guardar especialmente a casos de criminalidade violenta. (TJSP – HC 0262200-79.2011.8.26.000 – j. em 15.12.2011)

• QUEBRA DE SIGILO DAS COMUNICAÇÕES TELEFÔNICAS – A LEI Nº 9.296/1996, QUE A REGULAMENTA, ESTABELECE EM 15 DIAS O PRAZO PARA DURAÇÃO DA INTERCEPTAÇÃO, PORÉM NÃO ESTIPULA TERMO INICIAL PARA CUMPRIMENTO DA ORDEM JUDICIAL. No caso, a captação das comunicações via telefone iniciou-se pouco mais de três meses após o deferimento, pois houve greve da Polícia Federal no período, o que interrompeu as investigações. A Turma entendeu que não pode haver delonga injustificada para o começo da efetiva interceptação e deve-se atentar sempre para o princípio da proporcionalidade, mas, na hipótese, sendo a greve evento que foge ao controle direto dos órgãos estatais, não houve violação do mencionado princípio. Assim, a alegação de ilegalidade das provas produzidas, por terem sido obtidas após o prazo de 15 dias, não tem fundamento, uma vez que o prazo é contado a partir do dia em que se iniciou a escuta, e não da data da decisão judicial que a autorizou. Precedente citado: HC 135.771-PE – *DJe* de 24.8.2011. (HC 113.477-DF – Relatora Ministra Maria Thereza de Assis Moura – j. em 20.3.2012)

• RELATÓRIO DAS CONVERSAS GRAVADAS EM INTERCEPTAÇÕES TELEFÔNICAS LEGALMENTE AUTORIZADAS. A transcrição não é perícia. Perícia, por definição, é o exame que exige conhecimentos técnicos específicos. Ora, não é preciso deter conhecimentos dessa natureza para ouvir e transcrever o que está sendo dito. Basta ouvir e ser alfabetizado. Tampouco se exige a transcrição integral dos diálogos. De fato, não se mostra razoável exigir que sejam transcritas conversas que nenhuma relação guardem com os fatos em apuração. Se a lei permite até mesmo expurgar certos trechos das gravações (art. 9º da Lei nº 9.296/1996), *a fortiori* está dispensada a transcrição desses trechos. (TJSP – Apelação nº 0001238-10.2010.8.26.0453 – 1ª Câmara de Direito Criminal – j. em 4.8.2011)

• REPRODUÇÃO SIMULADA DO CRIME. Diligência requerida pelo Ministério Público e deferida pelo juiz – Recusa de comparecimento pelo acusado – Prisão preventiva decretada – Inadmissibilidade – Hipótese em que a recusa constitui faculdade concedida ao réu e não preenche os requisitos do art. 312 do CPP – Constrangimento ilegal caracterizado – *Habeas corpus* concedido. (*RT* 624/372)

LEGISLAÇÃO

1. CONSTITUIÇÃO DA REPÚBLICA FEDERATIVA DO BRASIL DE 1988 (Excertos)

TÍTULO II – DOS DIREITOS E GARANTIAS FUNDAMENTAIS

Capítulo I – Dos Direitos e Deveres Individuais e Coletivos

TÍTULO II – DOS DIREITOS E GARANTIAS FUNDAMENTAIS

Capítulo I – Dos Direitos e Deveres Individuais e Coletivos

Art. 5º. Todos são iguais perante a lei, sem distinção de qualquer natureza, garantindo-se aos brasileiros e aos estrangeiros residentes no País a inviolabilidade do direito à vida, à liberdade, à igualdade, à segurança e à propriedade, nos termos seguintes:

I – homens e mulheres são iguais em direitos e obrigações, nos termos desta Constituição;

II – ninguém será obrigado a fazer ou deixar de fazer alguma coisa senão em virtude de lei;

III – ninguém será submetido a tortura nem a tratamento desumano ou degradante;

IV – é livre a manifestação do pensamento, sendo vedado o anonimato;

V – é assegurado o direito de resposta, proporcional ao agravo, além da indenização por dano material, moral ou à imagem;

VI – é inviolável a liberdade de consciência e de crença, sendo assegurado o livre exercício dos cultos religiosos e garantida, na forma da lei, a proteção aos locais de culto e a suas liturgias;

VII – é assegurada, nos termos da lei, a prestação de assistência religiosa nas entidades civis e militares de internação coletiva;

VIII – ninguém será privado de direitos por motivo de crença religiosa ou de convicção filosófica ou política, salvo se as invocar para eximir-se de obrigação legal a todos imposta e recusar-se a cumprir prestação alternativa, fixada em lei;

IX – é livre a expressão da atividade intelectual, artística, científica e de comunicação, independentemente de censura ou licença;

X – são invioláveis a intimidade, a vida privada, a honra e a imagem das pessoas, assegurado o direito a indenização pelo dano material ou moral decorrente de sua violação;

XI – a casa é asilo inviolável do indivíduo, ninguém nela podendo penetrar sem consentimento do morador, salvo em caso de flagrante delito ou desastre, ou para prestar socorro, ou, durante o dia, por determinação judicial;

XII – é inviolável o sigilo da correspondência e das comunicações telegráficas, de dados e das comunicações telefônicas, salvo, no último caso, por ordem judicial, nas hipóteses e na forma que a lei estabelecer para fins de investigação criminal ou instrução processual penal;

XIII – é livre o exercício de qualquer trabalho, ofício ou profissão, atendidas as qualificações profissionais que a lei estabelecer;

XIV – é assegurado a todos o acesso à informação e resguardado o sigilo da fonte, quando necessário ao exercício profissional;

XV – é livre a locomoção no território nacional em tempo de paz, podendo qualquer pessoa, nos termos da lei, nele entrar, permanecer ou dele sair com seus bens;

XVI – todos podem reunir-se pacificamente, sem armas, em locais abertos ao público, independentemente de autorização, desde que não frustrem outra reunião anteriormente convocada para o mesmo local, sendo apenas exigido prévio aviso à autoridade competente;

XVII – é plena a liberdade de associação para fins lícitos, vedada a de caráter paramilitar;

XVIII – a criação de associações e, na forma da lei, a de cooperativas independem de autorização, sendo vedada a interferência estatal em seu funcionamento;

XIX – as associações só poderão ser compulsoriamente dissolvidas ou ter suas atividades suspensas por decisão judicial, exigindo-se, no primeiro caso, o trânsito em julgado;

XX – ninguém poderá ser compelido a associar-se ou a permanecer associado;

XXI – as entidades associativas, quando expressamente autorizadas, têm legitimidade para representar seus filiados judicial ou extrajudicialmente;

XXII – é garantido o direito de propriedade;

XXIII – a propriedade atenderá a sua função social;

XXIV – a lei estabelecerá o procedimento para desapropriação por necessidade ou utilidade pública, ou por interesse social, mediante justa e prévia indenização em dinheiro, ressalvados os casos previstos nesta Constituição;

XXV – no caso de iminente perigo público, a autoridade competente poderá usar de propriedade particular, assegurada ao proprietário indenização ulterior, se houver dano;

XXVI – a pequena propriedade rural, assim definida em lei, desde que trabalhada pela família, não será objeto de penhora para pagamento de débitos decorrentes de sua atividade produtiva, dispondo a lei sobre os meios de financiar o seu desenvolvimento;

XXVII – aos autores pertence o direito exclusivo de utilização, publicação ou reprodução de suas obras, transmissível aos herdeiros pelo tempo que a lei fixar;

XXVIII – são assegurados, nos termos da lei:

a) a proteção às participações individuais em obras coletivas e à reprodução da imagem e voz humanas, inclusive nas atividades desportivas;

b) o direito de fiscalização do aproveitamento econômico das obras que criarem ou de que participarem aos criadores, aos intérpretes e às respectivas representações sindicais e associativas;

XXIX – a lei assegurará aos autores de inventos industriais privilégio temporário para sua utilização, bem como proteção às criações industriais, à propriedade das marcas, aos nomes de empresas e a outros signos distintivos, tendo em vista o interesse social e o desenvolvimento tecnológico e econômico do País;

XXX – é garantido o direito de herança;

XXXI – a sucessão de bens de estrangeiros situados no País será regulada pela lei brasileira em benefício do cônjuge ou dos filhos brasileiros, sempre que não lhes seja mais favorável a lei pessoal do *de cujus*;

XXXII – o Estado promoverá, na forma da lei, a defesa do consumidor;

XXXIII – todos têm direito a receber dos órgãos públicos informações de seu interesse particular, ou de interesse coletivo ou geral, que serão prestadas no prazo da lei, sob pena de responsabilidade, ressalvadas aquelas cujo sigilo seja imprescindível à segurança da sociedade e do Estado;

XXXIV – são a todos assegurados, independentemente do pagamento de taxas:

a) o direito de petição aos Poderes Públicos em defesa de direitos ou contra ilegalidade ou abuso de poder;

b) a obtenção de certidões em repartições públicas, para defesa de direitos e esclarecimento de situações de interesse pessoal;

XXXV – a lei não excluirá da apreciação do Poder Judiciário lesão ou ameaça a direito;

XXXVI – a lei não prejudicará o direito adquirido, o ato jurídico perfeito e a coisa julgada;

XXXVII – não haverá juízo ou tribunal de exceção;

XXXVIII – é reconhecida a instituição do júri, com a organização que lhe der a lei, assegurados:

a) a plenitude de defesa;

b) o sigilo das votações;

c) a soberania dos veredictos;

d) a competência para o julgamento dos crimes dolosos contra a vida;

XXXIX – não há crime sem lei anterior que o defina, nem pena sem prévia cominação legal;

XL – a lei penal não retroagirá, salvo para beneficiar o réu;

XLI – a lei punirá qualquer discriminação atentatória dos direitos e liberdades fundamentais;

XLII – a prática do racismo constitui crime inafiançável e imprescritível, sujeito à pena de reclusão, nos termos da lei;

XLIII – a lei considerará crimes inafiançáveis e insuscetíveis de graça ou anistia a prática da tortura, o tráfico ilícito de entorpecentes e drogas afins, o terrorismo e os definidos como crimes hediondos, por eles respondendo os mandantes, os executores e os que, podendo evitá-los, se omitirem;

XLIV – constitui crime inafiançável e imprescritível a ação de grupos armados, civis ou militares, contra a ordem constitucional e o Estado Democrático;

XLV – nenhuma pena passará da pessoa do condenado, podendo a obrigação de reparar o dano e a decretação do perdimento de bens ser, nos termos da lei, estendidas aos sucessores e contra eles executadas, até o limite do valor do patrimônio transferido;

XLVI – a lei regulará a individualização da pena e adotará, entre outras, as seguintes:

a) privação ou restrição da liberdade;

b) perda de bens;

c) multa;

d) prestação social alternativa;

e) suspensão ou interdição de direitos;

XLVII – não haverá penas:

a) de morte, salvo em caso de guerra declarada, nos termos do art. 84, XIX;

b) de caráter perpétuo;

c) de trabalhos forçados;

d) de banimento;

e) cruéis;

XLVIII – a pena será cumprida em estabelecimentos distintos, de acordo com a natureza do delito, a idade e o sexo do apenado;

XLIX – é assegurado aos presos o respeito à integridade física e moral;

L – às presidiárias serão asseguradas condições para que possam permanecer com seus filhos durante o período de amamentação;

LI – nenhum brasileiro será extraditado, salvo o naturalizado, em caso de crime comum, praticado antes da naturalização, ou de comprovado envolvimento em tráfico ilícito de entorpecentes e drogas afins, na forma da lei;

LII – não será concedida extradição de estrangeiro por crime político ou de opinião;

LIII – ninguém será processado nem sentenciado senão pela autoridade competente;

LIV – ninguém será privado da liberdade ou de seus bens sem o devido processo legal;

LV – aos litigantes, em processo judicial ou administrativo, e aos acusados em geral são assegurados o contraditório e ampla defesa, com os meios e recursos a ela inerentes;

LVI – são inadmissíveis, no processo, as provas obtidas por meios ilícitos;

LVII – ninguém será considerado culpado até o trânsito em julgado de sentença penal condenatória;

LVIII – o civilmente identificado não será submetido a identificação criminal, salvo nas hipóteses previstas em lei;

LIX – será admitida ação privada nos crimes de ação pública, se esta não for intentada no prazo legal;

LX – a lei só poderá restringir a publicidade dos atos processuais quando a defesa da intimidade ou o interesse social o exigirem;

LXI – ninguém será preso senão em flagrante delito ou por ordem escrita e fundamentada de autoridade judiciária competente, salvo nos casos de transgressão militar ou crime propriamente militar, definidos em lei;

LXII – a prisão de qualquer pessoa e o local onde se encontre serão comunicados imediatamente ao juiz competente e à família do preso ou à pessoa por ele indicada;

LXIII – o preso será informado de seus direitos, entre os quais o de permanecer calado, sendo-lhe assegurada a assistência da família e de advogado;

LXIV – o preso tem direito à identificação dos responsáveis por sua prisão ou por seu interrogatório policial;

LXV – a prisão ilegal será imediatamente relaxada pela autoridade judiciária;

LXVI – ninguém será levado à prisão ou nela mantido, quando a lei admitir a liberdade provisória, com ou sem fiança;

LXVII – não haverá prisão civil por dívida, salvo a do responsável pelo inadimplemento voluntário e inescusável de obrigação alimentícia e a do depositário infiel;

LXVIII – conceder-se-á *habeas corpus* sempre que alguém sofrer ou se achar ameaçado de sofrer violência ou coação em sua liberdade de locomoção, por ilegalidade ou abuso de poder;

LXIX – conceder-se-á mandado de segurança para proteger direito líquido e certo, não amparado por *habeas corpus* ou *habeas data*, quando o responsável pela ilegalidade ou abuso de poder for autoridade pública ou agente de pessoa jurídica no exercício de atribuições do Poder Público;

LXX – o mandado de segurança coletivo pode ser impetrado por:

a) partido político com representação no Congresso Nacional;

b) organização sindical, entidade de classe ou associação legalmente constituída e em funcionamento há pelo menos um ano, em defesa dos interesses de seus membros ou associados;

LXXI – conceder-se-á mandado de injunção sempre que a falta de norma regulamentadora torne inviável o exercício dos direitos e liberdades constitucionais e das prerrogativas inerentes à nacionalidade, à soberania e à cidadania;

LXXII – conceder-se-á *habeas data*:

a) para assegurar o conhecimento de informações relativas à pessoa do impetrante, constantes de registros ou bancos de dados de entidades governamentais ou de caráter público;

b) para a retificação de dados, quando não se prefira fazê-lo por processo sigiloso, judicial ou administrativo;

LXXIII – qualquer cidadão é parte legítima para propor ação popular que vise a anular ato lesivo ao patrimônio público ou de entidade de que o Estado participe, à moralidade administrativa, ao meio ambiente e ao patrimônio histórico e cultural, ficando o autor, salvo comprovada má-fé, isento de custas judiciais e do ônus da sucumbência;

LXXIV – o Estado prestará assistência jurídica integral e gratuita aos que comprovarem insuficiência de recursos;

LXXV – o Estado indenizará o condenado por erro judiciário, assim como o que ficar preso além do tempo fixado na sentença;

LXXVI – são gratuitos para os reconhecidamente pobres, na forma da lei:

a) o registro civil de nascimento;

b) a certidão de óbito;

LXXVII – são gratuitas as ações de *habeas corpus* e *habeas data*, e, na forma da lei, os atos necessários ao exercício da cidadania.

LXXVIII – a todos, no âmbito judicial e administrativo, são assegurados a razoável duração do processo e os meios que garantam a celeridade de sua tramitação. *(Incluído pela Emenda Constitucional nº 45/2004)*

§ 1º. As normas definidoras dos direitos e garantias fundamentais têm aplicação imediata.

§ 2º. Os direitos e garantias expressos nesta Constituição não excluem outros decorrentes do regime e dos princípios por ela adotados, ou dos tratados internacionais em que a República Federativa do Brasil seja parte.

§ 3º. Os tratados e convenções internacionais sobre direitos humanos que forem aprovados, em cada Casa do Congresso Nacional, em dois turnos, por três quintos dos votos dos respectivos membros, serão equivalentes às emendas constitucionais. *(Incluído pela Emenda Constitucional nº 45/2004)*

§ 4º. O Brasil se submete à jurisdição de Tribunal Penal Internacional a cuja criação tenha manifestado adesão. *(Incluído pela Emenda Constitucional nº 45/2004)*

TÍTULO V – DA DEFESA DO ESTADO E DAS INSTITUIÇÕES DEMOCRÁTICAS

Capítulo III – Da Segurança Pública

Art. 144. A segurança pública, dever do Estado, direito e responsabilidade de todos, é exercida para a preservação da ordem pública e da incolumidade das pessoas e do patrimônio, através dos seguintes órgãos:

I – polícia federal;

II – polícia rodoviária federal;

III – polícia ferroviária federal;

IV – polícias civis;

V – polícias militares e corpos de bombeiros militares.

§ 1º. A polícia federal, instituída por lei como órgão permanente, organizado e mantido pela União e estruturado em carreira, destina-se a: *(Redação dada pela Emenda Constitucional nº 19/1998)*

I – apurar infrações penais contra a ordem política e social ou em detrimento de bens, serviços e interesses da União ou de suas entidades autárquicas e empresas públicas, assim como outras infrações cuja prática tenha repercussão interestadual ou internacional e exija repressão uniforme, segundo se dispuser em lei;

II – prevenir e reprimir o tráfico ilícito de entorpecentes e drogas afins, o contrabando e o descaminho, sem prejuízo da ação fazendária e de outros órgãos públicos nas respectivas áreas de competência;

III – exercer as funções de polícia marítima, aeroportuária e de fronteiras; *(Redação dada pela Emenda Constitucional nº 19/1998)*

IV – exercer, com exclusividade, as funções de polícia judiciária da União.

§ 2º. A polícia rodoviária federal, órgão permanente, organizado e mantido pela União e estruturado em carreira, destina-se, na forma da lei, ao patrulhamento ostensivo das rodovias federais. *(Redação dada pela Emenda Constitucional nº 19/1998)*

230 | Manual de polícia judiciária: doutrina e prática

§ 3º. A polícia ferroviária federal, órgão permanente, organizado e mantido pela União e estruturado em carreira, destina-se, na forma da lei, ao patrulhamento ostensivo das ferrovias federais. *(Redação dada pela Emenda Constitucional nº 19/1998)*

§ 4º. Às polícias civis, dirigidas por delegados de polícia de carreira, incumbem, ressalvada a competência da União, as funções de polícia judiciária e a apuração de infrações penais, exceto as militares.

§ 5º. Às polícias militares cabem a polícia ostensiva e a preservação da ordem pública; aos corpos de bombeiros militares, além das atribuições definidas em lei, incumbe a execução de atividades de defesa civil.

§ 6º. As polícias militares e corpos de bombeiros militares, forças auxiliares e reserva do Exército, subordinam-se, juntamente com as polícias civis, aos Governadores dos Estados, do Distrito Federal e dos Territórios.

§ 7º. A lei disciplinará a organização e o funcionamento dos órgãos responsáveis pela segurança pública, de maneira a garantir a eficiência de suas atividades.

§ 8º. Os Municípios poderão constituir guardas municipais destinadas à proteção de seus bens, serviços e instalações, conforme dispuser a lei.

§ 9º. A remuneração dos servidores policiais integrantes dos órgãos relacionados neste artigo será fixada na forma do § 4º do art. 39. *(Incluído pela Emenda Constitucional nº 19/1998)*

2. CÓDIGO PENAL (Excertos)

DECRETO-LEI Nº 2.848, DE 7 DE DEZEMBRO DE 1940

O Presidente da República, usando da atribuição que lhe confere o art. 180 da Constituição, decreta a seguinte Lei:

PARTE GERAL

TÍTULO VII – DA AÇÃO PENAL

Ação pública e de iniciativa privada

Art. 100. A ação penal é pública, salvo quando a lei expressamente a declara privativa do ofendido. *(Redação dada pela Lei nº 7.209/1984)*

§ 1º. A ação pública é promovida pelo Ministério Público, dependendo, quando a lei o exige, de representação do ofendido ou de requisição do Ministro da Justiça. *(Redação dada pela Lei nº 7.209/1984)*

§ 2º. A ação de iniciativa privada é promovida mediante queixa do ofendido ou de quem tenha qualidade para representá-lo. *(Redação dada pela Lei nº 7.209/1984)*

§ 3º. A ação de iniciativa privada pode intentar-se nos crimes de ação pública, se o Ministério Público não oferece denúncia no prazo legal. *(Redação dada pela Lei nº 7.209/1984)*

§ 4º. No caso de morte do ofendido ou de ter sido declarado ausente por decisão judicial, o direito de oferecer queixa ou de prosseguir na ação passa ao cônjuge, ascendente, descendente ou irmão. *(Redação dada pela Lei nº 7.209/1984)*

A ação penal no crime complexo

Art. 101. Quando a lei considera como elemento ou circunstâncias do tipo legal fatos que, por si mesmos, constituem crimes, cabe ação pública em relação àquele, desde que, em relação a qualquer destes, se deva proceder por iniciativa do Ministério Público. *(Redação dada pela Lei nº 7.209/1984)*

Irretratabilidade da representação

Art. 102. A representação será irretratável depois de oferecida a denúncia. *(Redação dada pela Lei nº 7.209/1984)*

Decadência do direito de queixa ou de representação

Art. 103. Salvo disposição expressa em contrário, o ofendido decai do direito de queixa ou de representação se não o exerce dentro do prazo de 6 (seis) meses, contado do dia em que veio a saber quem é o autor do crime, ou, no caso do § 3º do art. 100 deste Código, do dia em que se esgota o prazo para oferecimento da denúncia. *(Redação dada pela Lei nº 7.209/1984)*

Renúncia expressa ou tácita do direito de queixa

Art. 104. O direito de queixa não pode ser exercido quando renunciado expressa ou tacitamente. *(Redação dada pela Lei nº 7.209/1984)*

Parágrafo único. Importa renúncia tácita ao direito de queixa a prática de ato incompatível com a vontade de exercê-lo; não a implica, todavia, o fato de receber o ofendido a indenização do dano causado pelo crime. *(Redação dada pela Lei nº 7.209/1984)*

Perdão do ofendido

Art. 105. O perdão do ofendido, nos crimes em que somente se procede mediante queixa, obsta ao prosseguimento da ação. *(Redação dada pela Lei nº 7.209/1984)*

Art. 106. O perdão, no processo ou fora dele, expresso ou tácito: *(Redação dada pela Lei nº 7.209/1984)*

I – se concedido a qualquer dos querelados, a todos aproveita; *(Redação dada pela Lei nº 7.209/1984)*

II – se concedido por um dos ofendidos, não prejudica o direito dos outros; *(Redação dada pela Lei nº 7.209/1984)*

III – se o querelado o recusa, não produz efeito. *(Redação dada pela Lei nº 7.209/1984)*

§ 1º. Perdão tácito é o que resulta da prática de ato incompatível com a vontade de prosseguir na ação. *(Redação dada pela Lei nº 7.209/1984)*

§ 2º. Não é admissível o perdão depois que passa em julgado a sentença condenatória. *(Redação dada pela Lei nº 7.209/1984)*

TÍTULO VIII – DA EXTINÇÃO DA PUNIBILIDADE

Extinção da punibilidade

Art. 107. Extingue-se a punibilidade: *(Redação dada pela Lei nº 7.209/1984)*

I – pela morte do agente;

II – pela anistia, graça ou indulto;

III – pela retroatividade de lei que não mais considera o fato como criminoso;

IV – pela prescrição, decadência ou perempção;

V – pela renúncia do direito de queixa ou pelo perdão aceito, nos crimes de ação privada;

VI – pela retratação do agente, nos casos em que a lei a admite;

VII – (revogado); *(Revogado pela Lei nº 11.106/2005)*

VIII – (revogado); *(Revogado pela Lei nº 11.106/2005)*

IX – pelo perdão judicial, nos casos previstos em lei.

Art. 108. A extinção da punibilidade de crime que é pressuposto, elemento constitutivo ou circunstância agravante de outro não se estende a este. Nos crimes conexos, a extinção da punibilidade de um deles não impede, quanto aos outros, a agravação da pena resultante da conexão. *(Redação dada pela Lei nº 7.209/1984)*

Prescrição antes de transitar em julgado a sentença

Art. 109. A prescrição, antes de transitar em julgado a sentença final, salvo o disposto no § 1º do art. 110 deste Código, regula-se pelo máximo da pena privativa de liberdade cominada ao crime, verificando-se: *(Redação dada pela Lei nº 12.234/2010)*

I – em vinte anos, se o máximo da pena é superior a doze;

II – em dezesseis anos, se o máximo da pena é superior a oito anos e não excede a doze;

III – em doze anos, se o máximo da pena é superior a quatro anos e não excede a oito;

IV – em oito anos, se o máximo da pena é superior a dois anos e não excede a quatro;

V – em quatro anos, se o máximo da pena é igual a um ano ou, sendo superior, não excede a dois;

VI – em 3 (três) anos, se o máximo da pena é inferior a 1 (um) ano. *(Redação dada pela Lei nº 12.234/2010)*

Prescrição das penas restritivas de direito

Parágrafo único. Aplicam-se às penas restritivas de direito os mesmos prazos previstos para as privativas de liberdade. *(Redação dada pela Lei nº 7.209/1984)*

Prescrição depois de transitar em julgado sentença final condenatória

Art. 110. A prescrição depois de transitar em julgado a sentença condenatória regula-se pela pena aplicada e verifica-se nos prazos fixados no artigo anterior, os quais se aumentam de um terço, se o condenado é reincidente. *(Redação dada pela Lei nº 7.209/1984)*

§ 1º. A prescrição, depois da sentença condenatória com trânsito em julgado para a acusação ou depois de improvido seu recurso, regula-se pela pena aplicada, não podendo, em nenhuma hipótese, ter por termo inicial data anterior à da denúncia ou queixa. *(Redação dada pela Lei nº 12.234/2010)*

§ 2º. (Revogado). *(Revogado pela Lei nº 12.234/2010)*

Termo inicial da prescrição antes de transitar em julgado a sentença final

Art. 111. A prescrição, antes de transitar em julgado a sentença final, começa a correr: *(Redação dada pela Lei nº 7.209/1984)*

I – do dia em que o crime se consumou; *(Redação dada pela Lei nº 7.209/1984)*

II – no caso de tentativa, do dia em que cessou a atividade criminosa; *(Redação dada pela Lei nº 7.209/1984)*

III – nos crimes permanentes, do dia em que cessou a permanência; *(Redação dada pela Lei nº 7.209/1984)*

IV – nos de bigamia e nos de falsificação ou alteração de assentamento do registro civil, da data em que o fato se tornou conhecido. *(Redação dada pela Lei nº 7.209/1984)*

V – nos crimes contra a dignidade sexual de crianças e adolescentes, previstos neste Código ou em legislação especial, da data em que a vítima completar 18 (dezoito) anos, salvo se a esse tempo já houver sido proposta a ação penal. *(Redação dada pela Lei nº 12.650/2012)*

Termo inicial da prescrição após a sentença condenatória irrecorrível

Art. 112. No caso do art. 110 deste Código, a prescrição começa a correr: *(Redação dada pela Lei nº 7.209/1984)*

I – do dia em que transita em julgado a sentença condenatória, para a acusação, ou a que revoga a suspensão condicional da pena ou o livramento condicional; *(Redação dada pela Lei nº 7.209/1984)*

II – do dia em que se interrompe a execução, salvo quando o tempo da interrupção deva computar-se na pena. *(Redação dada pela Lei nº 7.209/1984)*

Prescrição no caso de evasão do condenado ou de revogação do livramento condicional

Art. 113. No caso de evadir-se o condenado ou de revogar-se o livramento condicional, a prescrição é regulada pelo tempo que resta da pena. *(Redação dada pela Lei nº 7.209/1984)*

Prescrição da multa

Art. 114. A prescrição da pena de multa ocorrerá: *(Redação dada pela Lei nº 9.268/1996)*

I – em 2 (dois) anos, quando a multa for a única cominada ou aplicada; *(Incluído pela Lei nº 9.268/1996)*

II – no mesmo prazo estabelecido para prescrição da pena privativa de liberdade, quando a multa for alternativa ou cumulativamente cominada ou cumulativamente aplicada. *(Incluído pela Lei nº 9.268/1996)*

Redução dos prazos de prescrição

Art. 115. São reduzidos de metade os prazos de prescrição quando o criminoso era, ao tempo do crime, menor de 21 (vinte e um) anos, ou, na data da sentença, maior de 70 (setenta) anos. *(Redação dada pela Lei nº 7.209/1984)*

Causas impeditivas da prescrição

Art. 116. Antes de passar em julgado a sentença final, a prescrição não corre: *(Redação dada pela Lei nº 7.209/1984)*

I – enquanto não resolvida, em outro processo, questão de que dependa o reconhecimento da existência do crime; *(Redação dada pela Lei nº 7.209/1984)*

II – enquanto o agente cumpre pena no estrangeiro. *(Redação dada pela Lei nº 7.209/1984)*

Parágrafo único. Depois de passada em julgado a sentença condenatória, a prescrição não corre durante o tempo em que o condenado está preso por outro motivo. *(Redação dada pela Lei nº 7.209/1984)*

Causas interruptivas da prescrição

Art. 117. O curso da prescrição interrompe-se: *(Redação dada pela Lei nº 7.209/1984)*

I – pelo recebimento da denúncia ou da queixa; *(Redação dada pela Lei nº 7.209/1984)*

II – pela pronúncia; *(Redação dada pela Lei nº 7.209/1984)*

III – pela decisão confirmatória da pronúncia; *(Redação dada pela Lei nº 7.209/1984)*

IV – pela publicação da sentença ou acórdão condenatórios recorríveis; *(Redação dada pela Lei nº 11.596/2007).*

V – pelo início ou continuação do cumprimento da pena; *(Redação dada pela Lei nº 9.268/1996)*

VI – pela reincidência. *(Redação dada pela Lei nº 9.268/1996)*

§ 1º. Excetuados os casos dos incisos V e VI deste artigo, a interrupção da prescrição produz efeitos relativamente a todos os autores do crime. Nos crimes conexos, que sejam objeto do mesmo processo, estende-se aos demais a interrupção relativa a qualquer deles. *(Redação dada pela Lei nº 7.209/1984)*

§ 2º. Interrompida a prescrição, salvo a hipótese do inciso V deste artigo, todo o prazo começa a correr, novamente, do dia da interrupção. *(Redação dada pela Lei nº 7.209/1984)*

Art. 118. As penas mais leves prescrevem com as mais graves. (Redação dada pela Lei nº 7.209/1984)

Rehabilitação

Art. 119. No caso de concurso de crimes, a extinção da punibilidade incidirá sobre a pena de cada um, isoladamente. *(Redação dada pela Lei nº 7.209/1984)*

Perdão judicial

Art. 120. A sentença que conceder perdão judicial não será considerada para efeitos de reincidência. *(Redação dada pela Lei nº 7.209/1984)*

PARTE ESPECIAL

TÍTULO VI – DOS CRIMES CONTRA A DIGNIDADE SEXUAL
(Redação dada pela Lei nº 12.015/2009)

Capítulo I – Dos Crimes contra a Liberdade Sexual
(Redação dada pela Lei nº 12.015/2009)

Estupro

Art. 213. Constranger alguém, mediante violência ou grave ameaça, a ter conjunção carnal ou a praticar ou permitir que com ele se pratique outro ato libidinoso: *(Redação dada pela Lei nº 12.015/2009)*

Pena – reclusão, de 6 (seis) a 10 (dez) anos. *(Redação dada pela Lei nº 12.015/2009)*

§ 1º. Se da conduta resulta lesão corporal de natureza grave ou se a vítima é menor de 18 (dezoito) ou maior de 14 (catorze) anos: *(Incluído pela Lei nº 12.015/2009)*

Pena – reclusão, de 8 (oito) a 12 (doze) anos. *(Incluído pela Lei nº 12.015/2009)*

§ 2º. Se da conduta resulta morte: *(Incluído pela Lei nº 12.015/2009)*

Pena – reclusão, de 12 (doze) a 30 (trinta) anos. *(Incluído pela Lei nº 12.015/2009)*

Art. 214. (Revogado). *(Revogado pela Lei nº 12.015/2009)*

Violação sexual mediante fraude *(Redação dada pela Lei nº 12.015/2009)*

Art. 215. Ter conjunção carnal ou praticar outro ato libidinoso com alguém, mediante fraude ou outro meio que impeça ou dificulte a livre manifestação de vontade da vítima: *(Redação dada pela Lei nº 12.015/2009)*

Pena – reclusão, de 2 (dois) a 6 (seis) anos. *(Redação dada pela Lei nº 12.015/2009)*

Parágrafo único. Se o crime é cometido com o fim de obter vantagem econômica, aplica-se também multa. *(Redação dada pela Lei nº 12.015/2009)*

Art. 216. (Revogado) *(Revogado pela Lei nº 12.015/2009)*

Assédio sexual *(Incluído pela Lei nº 10.224/2001)*

Art. 216-A. Constranger alguém com o intuito de obter vantagem ou favorecimento sexual, prevalecendo-se o agente da sua condição de superior hierárquico ou ascendência inerentes ao exercício de emprego, cargo ou função. *(Incluído pela Lei nº 10.224/2001)*

Pena – detenção, de 1 (um) a 2 (dois) anos. *(Incluído pela Lei nº 10.224/2001)*

Parágrafo único. (Vetado) *(Incluído pela Lei nº 10.224/2001)*

§ 2º. A pena é aumentada em até um terço se a vítima é menor de 18 (dezoito) anos. *(Incluído pela Lei nº 12.015/2009)*

Capítulo II – Dos Crimes Sexuais contra Vulnerável
(Redação dada pela Lei nº 12.015/2009)

Art. 217. (Revogado). *(Revogado pela Lei nº 11.106/2005)*

Estupro de vulnerável *(Incluído pela Lei nº 12.015/2009)*

Art. 217-A. Ter conjunção carnal ou praticar outro ato libidinoso com menor de 14 (catorze) anos: *(Incluído pela Lei nº 12.015/2009)*

Pena – reclusão, de 8 (oito) a 15 (quinze) anos. *(Incluído pela Lei nº 12.015/2009)*

§ 1º. Incorre na mesma pena quem pratica as ações descritas no *caput* com alguém que, por enfermidade ou deficiência mental, não tem o necessário discernimento para a prática do ato, ou que, por qualquer outra causa, não pode oferecer resistência. *(Incluído pela Lei nº 12.015/2009)*

§ 2º. (Vetado) *(Incluído pela Lei nº 12.015/2009)*

§ 3º. Se da conduta resulta lesão corporal de natureza grave: *(Incluído pela Lei nº 12.015/2009)*

Pena – reclusão, de 10 (dez) a 20 (vinte) anos. *(Incluído pela Lei nº 12.015/2009)*

§ 4º. Se da conduta resulta morte: *(Incluído pela Lei nº 12.015/2009)*

Pena – reclusão, de 12 (doze) a 30 (trinta) anos. *(Incluído pela Lei nº 12.015/2009)*

Corrupção de menores

Art. 218. Induzir alguém menor de 14 (catorze) anos a satisfazer a lascívia de outrem: *(Redação dada pela Lei nº 12.015/2009)*

Pena – reclusão, de 2 (dois) a 5 (cinco) anos. *(Redação dada pela Lei nº 12.015/2009)*

Parágrafo único. (Vetado). *(Incluído pela Lei nº 12.015/2009)*

Satisfação de lascívia mediante presença de criança ou adolescente *(Incluído pela Lei nº 12.015/2009)*

Art. 218-A. Praticar, na presença de alguém menor de 14 (catorze) anos, ou induzi-lo a presenciar, conjunção carnal ou outro ato libidinoso, a fim de satisfazer lascívia própria ou de outrem: *(Incluído pela Lei nº 12.015/2009)*

Pena – reclusão, de 2 (dois) a 4 (quatro) anos. *(Incluído pela Lei nº 12.015/2009)*

Favorecimento da prostituição ou outra forma de exploração sexual de vulnerável *(Incluído pela Lei nº 12.015/2009)*

Art. 218-B. Submeter, induzir ou atrair à prostituição ou outra forma de exploração sexual alguém menor de 18 (dezoito) anos ou que, por enfermidade ou deficiência mental, não tem o necessário discernimento para a prática do ato, facilitá-la, impedir ou dificultar que a abandone: *(Incluído pela Lei nº 12.015/2009)*

Pena – reclusão, de 4 (quatro) a 10 (dez) anos. *(Incluído pela Lei nº 12.015/2009)*

§ 1º. Se o crime é praticado com o fim de obter vantagem econômica, aplica-se também multa. *(Incluído pela Lei nº 12.015/2009)*

§ 2º. Incorre nas mesmas penas: *(Incluído pela Lei nº 12.015/2009)*

I – quem pratica conjunção carnal ou outro ato libidinoso com alguém menor de 18 (dezoito) e maior de 14 (catorze) anos na situação descrita no *caput* deste artigo; *(Incluído pela Lei nº 12.015/2009)*

II – o proprietário, o gerente ou o responsável pelo local em que se verifiquem as práticas referidas no *caput* deste artigo. *(Incluído pela Lei nº 12.015/2009)*

§ 3º. Na hipótese do inciso II do § 2º, constitui efeito obrigatório da condenação a cassação da licença de localização e de funcionamento do estabelecimento. *(Incluído pela Lei nº 12.015/2009)*

Capítulo III – Do Rapto
(Revogado pela Lei nº 11.106/2005)

Arts. 219 a 222. (Revogados). *(Revogados pela Lei nº 11.106/2005)*

Capítulo IV – Disposições Gerais

Art. 223. (Revogado). *(Revogado pela Lei nº 12.015/2009)*

Art. 224. (Revogado). *(Revogado pela Lei nº 12.015/2009)*

Ação penal

Art. 225. Nos crimes definidos nos Capítulos I e II deste Título, procede-se mediante ação penal pública condicionada à representação. *(Redação dada pela Lei nº 12.015/2009)*

Parágrafo único. Procede-se, entretanto, mediante ação penal pública incondicionada se a vítima é menor de 18 (dezoito) anos ou pessoa vulnerável. *(Incluído pela Lei nº 12.015/2009)*

Aumento de pena

Art. 226. A pena é aumentada: *(Redação dada pela Lei nº 11.106/2005)*

I – de quarta parte, se o crime é cometido com o concurso de 2 (duas) ou mais pessoas; *(Redação dada pela Lei nº 11.106/2005)*

II – de metade, se o agente é ascendente, padrasto ou madrasta, tio, irmão, cônjuge, companheiro, tutor, curador, preceptor ou empregador da vítima ou por qualquer outro título tem autoridade sobre ela; *(Redação dada pela Lei nº 11.106/2005)*

III – (revogado). *(Revogado pela Lei nº 11.106/2005)*

Capítulo V
Do Lenocínio e do Tráfico de Pessoa para Fim de Prostituição ou Outra Forma de Exploração Sexual
(Redação dada pela Lei nº 12.015/2009)

Mediação para servir a lascívia de outrem

Art. 227. Induzir alguém a satisfazer a lascívia de outrem:

Pena – reclusão, de um a três anos.

§ 1º. Se a vítima é maior de 14 (catorze) e menor de 18 (dezoito) anos, ou se o agente é seu ascendente, descendente, cônjuge ou companheiro, irmão, tutor ou curador ou pessoa a quem esteja confiada para fins de educação, de tratamento ou de guarda: *(Redação dada pela Lei nº 11.106/2005)*

Pena – reclusão, de dois a cinco anos.

§ 2º. Se o crime é cometido com emprego de violência, grave ameaça ou fraude:

Pena – reclusão, de dois a oito anos, além da pena correspondente à violência.

§ 3º. Se o crime é cometido com o fim de lucro, aplica-se também multa.

Favorecimento da prostituição ou outra forma de exploração sexual *(Redação dada pela Lei nº 12.015/2009)*

Art. 228. Induzir ou atrair alguém à prostituição ou outra forma de exploração sexual, facilitá-la, impedir ou dificultar que alguém a abandone: *(Redação dada pela Lei nº 12.015/2009)*

Pena – reclusão, de 2 (dois) a 5 (cinco) anos, e multa. *(Redação dada pela Lei nº 12.015/2009)*

§ 1º. Se o agente é ascendente, padrasto, madrasta, irmão, enteado, cônjuge, companheiro, tutor ou curador, preceptor ou empregador da vítima, ou se assumiu, por lei ou outra forma, obrigação de cuidado, proteção ou vigilância: *(Redação dada pela Lei nº 12.015/2009)*

Pena – reclusão, de 3 (três) a 8 (oito) anos. *(Redação dada pela Lei nº 12.015/2009)*

§ 2º. Se o crime, é cometido com emprego de violência, grave ameaça ou fraude:

Pena – reclusão, de quatro a dez anos, além da pena correspondente à violência.

§ 3º. Se o crime é cometido com o fim de lucro, aplica-se também multa.

Casa de prostituição

Art. 229. Manter, por conta própria ou de terceiro, estabelecimento em que ocorra exploração sexual, haja, ou não, intuito de lucro ou mediação direta do proprietário ou gerente: *(Redação dada pela Lei nº 12.015/2009)*

Pena – reclusão, de dois a cinco anos, e multa.

Rufianismo

Art. 230. Tirar proveito da prostituição alheia, participando diretamente de seus lucros ou fazendo-se sustentar, no todo ou em parte, por quem a exerça:

Pena – reclusão, de um a quatro anos, e multa.

§ 1º. Se a vítima é menor de 18 (dezoito) e maior de 14 (catorze) anos ou se o crime é cometido por ascendente, padrasto, madrasta, irmão, enteado, cônjuge, companheiro, tutor ou curador, preceptor ou empregador da vítima, ou por quem assumiu, por lei ou outra forma, obrigação de cuidado, proteção ou vigilância: *(Redação dada pela Lei nº 12.015/2009)*

Pena – reclusão, de 3 (três) a 6 (seis) anos, e multa. *(Redação dada pela Lei nº 12.015/2009)*

§ 2º. Se o crime é cometido mediante violência, grave ameaça, fraude ou outro meio que impeça ou dificulte a livre manifestação da vontade da vítima: *(Redação dada pela Lei nº 12.015/2009)*

Pena – reclusão, de 2 (dois) a 8 (oito) anos, sem prejuízo da pena correspondente à violência. *(Redação dada pela Lei nº 12.015/2009)*

Tráfico internacional de pessoa para fim de exploração sexual *(Redação dada pela Lei nº 12.015/2009)*

Art. 231. Promover ou facilitar a entrada, no território nacional, de alguém que nele venha a exercer a prostituição ou outra forma de exploração sexual, ou a saída de alguém que vá exercê-la no estrangeiro. *(Redação dada pela Lei nº 12.015/2009)*

Pena – reclusão, de 3 (três) a 8 (oito) anos. *(Redação dada pela Lei nº 12.015/2009)*

§ 1º. Incorre na mesma pena aquele que agenciar, aliciar ou comprar a pessoa traficada, assim como, tendo conhecimento dessa condição, transportá-la, transferi-la ou alojá-la. *(Redação dada pela Lei nº 12.015/2009)*

§ 2º. A pena é aumentada da metade se: *(Redação dada pela Lei nº 12.015/2009)*

I – a vítima é menor de 18 (dezoito) anos; *(Incluído pela Lei nº 12.015/2009)*

II – a vítima, por enfermidade ou deficiência mental, não tem o necessário discernimento para a prática do ato; *(Incluído pela Lei nº 12.015/2009)*

III – se o agente é ascendente, padrasto, madrasta, irmão, enteado, cônjuge, companheiro, tutor ou curador, preceptor ou empregador da vítima, ou se assumiu, por lei ou outra forma, obrigação de cuidado, proteção ou vigilância; ou *(Incluído pela Lei nº 12.015/2009)*

IV – há emprego de violência, grave ameaça ou fraude. *(Incluído pela Lei nº 12.015/2009)*

§ 3º. Se o crime é cometido com o fim de obter vantagem econômica, aplica-se também multa. *(Incluído pela Lei nº 12.015/2009)*

Tráfico interno de pessoa para fim de exploração sexual *(Redação dada pela Lei nº 12.015/2009)*

Art. 231-A. Promover ou facilitar o deslocamento de alguém dentro do território nacional para o exercício da prostituição ou outra forma de exploração sexual: *(Redação dada pela Lei nº 12.015/2009)*

Pena – reclusão, de 2 (dois) a 6 (seis) anos. *(Redação dada pela Lei nº 12.015/2009)*

§ 1º. Incorre na mesma pena aquele que agenciar, aliciar, vender ou comprar a pessoa traficada, assim como, tendo conhecimento dessa condição, transportá-la, transferi-la ou alojá-la. *(Incluído pela Lei nº 12.015/2009)*

§ 2º. A pena é aumentada da metade se: *(Incluído pela Lei nº 12.015/2009)*

I – a vítima é menor de 18 (dezoito) anos; *(Incluído pela Lei nº 12.015/2009)*

II – a vítima, por enfermidade ou deficiência mental, não tem o necessário discernimento para a prática do ato; *(Incluído pela Lei nº 12.015/2009)*

III – se o agente é ascendente, padrasto, madrasta, irmão, enteado, cônjuge, companheiro, tutor ou curador, preceptor ou empregador da vítima, ou se assumiu, por lei ou outra forma, obrigação de cuidado, proteção ou vigilância; ou *(Incluído pela Lei nº 12.015/2009)*

IV – há emprego de violência, grave ameaça ou fraude. *(Incluído pela Lei nº 12.015/2009)*

§ 3º. Se o crime é cometido com o fim de obter vantagem econômica, aplica-se também multa. *(Incluído pela Lei nº 12.015/2009)*

Art. 232. (Revogado). *(Revogado pela Lei nº 12.015/2009)*

Capítulo VI – Do Ultraje Público ao Pudor

Ato obsceno

Art. 233. Praticar ato obsceno em lugar público, ou aberto ou exposto ao público:

Pena – detenção, de três meses a um ano, ou multa.

Escrito ou objeto obsceno

Art. 234. Fazer, importar, exportar, adquirir ou ter sob sua guarda, para fim de comércio, de distribuição ou de exposição pública, escrito, desenho, pintura, estampa ou qualquer objeto obsceno:

Pena – detenção, de seis meses a dois anos, ou multa.

Parágrafo único. Incorre na mesma pena quem:

I – vende, distribui ou expõe à venda ou ao público qualquer dos objetos referidos neste artigo;

II – realiza, em lugar público ou acessível ao público, representação teatral, ou exibição cinematográfica de caráter obsceno, ou qualquer outro espetáculo, que tenha o mesmo caráter;

III – realiza, em lugar público ou acessível ao público, ou pelo rádio, audição ou recitação de caráter obsceno.

Capítulo VII – Disposições Gerais
(Incluído pela Lei nº 12.015/2009)

Aumento de pena *(Incluído pela Lei nº 12.015/2009)*

Art. 234-A. Nos crimes previstos neste Título a pena é aumentada: *(Incluído pela Lei nº 12.015/2009)*

I – (vetado); *(Incluído pela Lei nº 12.015/2009)*

II – (vetado); *(Incluído pela Lei nº 12.015/2009)*

III – de metade, se do crime resultar gravidez; e *(Incluído pela Lei nº 12.015/2009)*

IV – de um sexto até a metade, se o agente transmite à vítima doença sexualmente transmissível de que sabe ou deveria saber ser portador. *(Incluído pela Lei nº 12.015/2009)*

Art. 234-B. Os processos em que se apuram crimes definidos neste Título correrão em segredo de justiça. *(Incluído pela Lei nº 12.015/2009)*

Art. 234-C. (Vetado). *(Incluído pela Lei nº 12.015/2009)*

··

DISPOSIÇÕES FINAIS

··

Art. 361. Este Código entrará em vigor no dia 1º de janeiro de 1942.

Rio de Janeiro, 7 de dezembro de 1940; 119º da Independência e 52º da República.

Getúlio Vargas

DOU de 31.12.1940 – Retificação DOU de 3.1.1941

3. CÓDIGO DE PROCESSO PENAL (Excertos)

DECRETO-LEI Nº 3.689, DE 3 DE OUTUBRO DE 1941

O Presidente da República, usando da atribuição que lhe confere o art. 180 da Constituição, decreta a seguinte Lei:

LIVRO I – DO PROCESSO EM GERAL

TÍTULO I – DISPOSIÇÕES PRELIMINARES

Art. 1º. O processo penal reger-se-á, em todo o território brasileiro, por este Código, ressalvados:

I – os tratados, as convenções e regras de direito internacional;

II – as prerrogativas constitucionais do Presidente da República, dos ministros de Estado, nos crimes conexos com os do Presidente da República, e dos ministros do Supremo Tribunal Federal, nos crimes de responsabilidade (Constituição, arts. 86, 89, § 2º, e 100);

III – os processos da competência da Justiça Militar;

IV – os processos da competência do tribunal especial (Constituição, art. 122, nº 17);

V – os processos por crimes de imprensa.

Parágrafo único. Aplicar-se-á, entretanto, este Código aos processos referidos nos nºs IV e V, quando as leis especiais que os regulam não dispuserem de modo diverso.

Art. 2º. A lei processual penal aplicar-se-á desde logo, sem prejuízo da validade dos atos realizados sob a vigência da lei anterior.

Art. 3º. A lei processual penal admitirá interpretação extensiva e aplicação analógica, bem como o suplemento dos princípios gerais de direito.

TÍTULO II – DO INQUÉRITO POLICIAL

Art. 4º. A polícia judiciária será exercida pelas autoridades policiais no território de suas respectivas circunscrições e terá por fim a apuração das infrações penais e da sua autoria. *(Redação dada pela Lei nº 9.043/1995)*

Parágrafo único. A competência definida neste artigo não excluirá a de autoridades administrativas, a quem por lei seja cometida a mesma função.

Art. 5º. Nos crimes de ação pública o inquérito policial será iniciado:

I – de ofício;

II – mediante requisição da autoridade judiciária ou do Ministério Público, ou a requerimento do ofendido ou de quem tiver qualidade para representá-lo.

§ 1º. O requerimento a que se refere o nº II conterá sempre que possível:

a) a narração do fato, com todas as circunstâncias;

b) a individualização do indiciado ou seus sinais característicos e as razões de convicção ou de presunção de ser ele o autor da infração, ou os motivos de impossibilidade de o fazer;

c) a nomeação das testemunhas, com indicação de sua profissão e residência.

§ 2º. Do despacho que indeferir o requerimento de abertura de inquérito caberá recurso para o chefe de Polícia.

§ 3º. Qualquer pessoa do povo que tiver conhecimento da existência de infração penal em que caiba ação pública poderá, verbalmente ou por escrito, comunicá-la à autoridade policial, e esta, verificada a procedência das informações, mandará instaurar inquérito.

§ 4º. O inquérito, nos crimes em que a ação pública depender de representação, não poderá sem ela ser iniciado.

§ 5º. Nos crimes de ação privada, a autoridade policial somente poderá proceder a inquérito a requerimento de quem tenha qualidade para intentá-la.

Art. 6º. Logo que tiver conhecimento da prática da infração penal, a autoridade policial deverá:

I – dirigir-se ao local, providenciando para que não se alterem o estado e conservação das coisas, até a chegada dos peritos criminais; *(Redação dada pela Lei nº 8.862/1994)*

II – apreender os objetos que tiverem relação com o fato, após liberados pelos peritos criminais; *(Redação dada pela Lei nº 8.862/1994)*

III – colher todas as provas que servirem para o esclarecimento do fato e suas circunstâncias;

IV – ouvir o ofendido;

V – ouvir o indiciado, com observância, no que for aplicável, do disposto no Capítulo III do Título VII, deste Livro, devendo o respectivo termo ser assinado por duas testemunhas que lhe tenham ouvido a leitura;

VI – proceder a reconhecimento de pessoas e coisas e a acareações;

VII – determinar, se for caso, que se proceda a exame de corpo de delito e a quaisquer outras perícias;

VIII – ordenar a identificação do indiciado pelo processo datiloscópico, se possível, e fazer juntar aos autos sua folha de antecedentes;

IX – averiguar a vida pregressa do indiciado, sob o ponto de vista individual, familiar e social, sua condição econômica, sua atitude e estado de ânimo antes e depois do crime e durante ele, e quaisquer outros elementos que contribuírem para a apreciação do seu temperamento e caráter.

Art. 7º. Para verificar a possibilidade de haver a infração sido praticada de determinado modo, a autoridade policial poderá proceder à reprodução simulada dos fatos, desde que esta não contrarie a moralidade ou a ordem pública.

Art. 8º. Havendo prisão em flagrante, será observado o disposto no Capítulo II do Título IX deste Livro.

Art. 9º. Todas as peças do inquérito policial serão, num só processado, reduzidas a escrito ou datilografadas e, neste caso, rubricadas pela autoridade.

Manual de polícia judiciária: doutrina e prática

Art. 10. O inquérito deverá terminar no prazo de 10 dias, se o indiciado tiver sido preso em flagrante, ou estiver preso preventivamente, contado o prazo, nesta hipótese, a partir do dia em que se executar a ordem de prisão, ou no prazo de 30 dias, quando estiver solto, mediante fiança ou sem ela.

§ 1º. A autoridade fará minucioso relatório do que tiver sido apurado e enviará autos ao juiz competente.

§ 2º. No relatório poderá a autoridade indicar testemunhas que não tiverem sido inquiridas, mencionando o lugar onde possam ser encontradas.

§ 3º. Quando o fato for de difícil elucidação, e o indiciado estiver solto, a autoridade poderá requerer ao juiz a devolução dos autos, para ulteriores diligências, que serão realizadas no prazo marcado pelo juiz.

Art. 11. Os instrumentos do crime, bem como os objetos que interessarem à prova, acompanharão os autos do inquérito.

Art. 12. O inquérito policial acompanhará a denúncia ou queixa, sempre que servir de base a uma ou outra.

Art. 13. Incumbirá ainda à autoridade policial:

I – fornecer às autoridades judiciárias as informações necessárias à instrução e julgamento dos processos;

II – realizar as diligências requisitadas pelo juiz ou pelo Ministério Público;

III – cumprir os mandados de prisão expedidos pelas autoridades judiciárias;

IV – representar acerca da prisão preventiva.

Art. 14. O ofendido, ou seu representante legal, e o indiciado poderão requerer qualquer diligência, que será realizada, ou não, a juízo da autoridade.

Art. 15. Se o indiciado for menor, ser-lhe-á nomeado curador pela autoridade policial.

Art. 16. O Ministério Público não poderá requerer a devolução do inquérito à autoridade policial, senão para novas diligências, imprescindíveis ao oferecimento da denúncia.

Art. 17. A autoridade policial não poderá mandar arquivar autos de inquérito.

Art. 18. Depois de ordenado o arquivamento do inquérito pela autoridade judiciária, por falta de base para a denúncia, a autoridade policial poderá proceder a novas pesquisas, se de outras provas tiver notícia.

Art. 19. Nos crimes em que não couber ação pública, os autos do inquérito serão remetidos ao juízo competente, onde aguardarão a iniciativa do ofendido ou de seu representante legal, ou serão entregues ao requerente, se o pedir, mediante traslado.

Art. 20. A autoridade assegurará no inquérito o sigilo necessário à elucidação do fato ou exigido pelo interesse da sociedade.

Parágrafo único. Nos atestados de antecedentes que lhe forem solicitados, a autoridade policial não poderá mencionar quaisquer anotações referentes a instauração de inquérito contra os requerentes. *(Redação dada pela Lei nº 12.681/2012)*

Art. 21. A incomunicabilidade do indiciado dependerá sempre de despacho nos autos e somente será permitida quando o interesse da sociedade ou a conveniência da investigação o exigir.

Parágrafo único. A incomunicabilidade, que não excederá de três dias, será decretada por despacho fundamentado do Juiz, a requerimento da autoridade policial, ou do órgão do Ministério Público, respeitado, em qualquer hipótese, o disposto no art. 89, inciso III, do Estatuto da Ordem dos Advogados do Brasil (Lei nº 4.215, de 27 de abril de 1963). *(Redação dada pela Lei nº 5.010/1966)*

Art. 22. No Distrito Federal e nas comarcas em que houver mais de uma circunscrição policial, a autoridade com exercício em uma delas poderá, nos inquéritos a que esteja procedendo, ordenar diligências em circunscrição de outra, independentemente de precatórias ou requisições, e bem assim providenciará, até que compareça a autoridade competente, sobre qualquer fato que ocorra em sua presença, noutra circunscrição.

Art. 23. Ao fazer a remessa dos autos do inquérito ao juiz competente, a autoridade policial oficiará ao Instituto de Identificação e Estatística, ou repartição congênere, mencionando o juízo a que tiverem sido distribuídos, e os dados relativos à infração penal e à pessoa do indiciado.

TÍTULO VI – DAS QUESTÕES E PROCESSOS INCIDENTES

Capítulo VIII – Da Insanidade Mental do Acusado

Art. 149. Quando houver dúvida sobre a integridade mental do acusado, o juiz ordenará, de ofício ou a requerimento do Ministério Público, do defensor, do curador, do ascendente, descendente, irmão ou cônjuge do acusado, seja este submetido a exame médico-legal.

§ 1º. O exame poderá ser ordenado ainda na fase do inquérito, mediante representação da autoridade policial ao juiz competente.

§ 2º. O juiz nomeará curador ao acusado, quando determinar o exame, ficando suspenso o processo, se já iniciada a ação penal, salvo quanto às diligências que possam ser prejudicadas pelo adiamento.

Art. 150. Para o efeito do exame, o acusado, se estiver preso, será internado em manicômio judiciário, onde houver, ou, se estiver solto, e o requererem os peritos, em estabelecimento adequado que o juiz designar.

§ 1º. O exame não durará mais de quarenta e cinco dias, salvo se os peritos demonstrarem a necessidade de maior prazo.

§ 2º. Se não houver prejuízo para a marcha do processo, o juiz poderá autorizar sejam os autos entregues aos peritos, para facilitar o exame.

Art. 151. Se os peritos concluírem que o acusado era, ao tempo da infração, irresponsável nos termos do art. 22 do Código Penal, o processo prosseguirá, com a presença do curador.

Art. 152. Se se verificar que a doença mental sobreveio à infração o processo continuará suspenso até que o acusado se restabeleça, observado o § 2º do art. 149.

§ 1º. O juiz poderá, nesse caso, ordenar a internação do acusado em manicômio judiciário ou em outro estabelecimento adequado.

§ 2º. O processo retomará o seu curso, desde que se restabeleça o acusado, ficando-lhe assegurada a faculdade de reinquirir as testemunhas que houverem prestado depoimento sem a sua presença.

Art. 153. O incidente da insanidade mental processar-se-á em auto apartado, que só depois da apresentação do laudo, será apenso ao processo principal.

Art. 154. Se a insanidade mental sobrevier no curso da execução da pena, observar-se-á o disposto no art. 682.

TÍTULO VII – DA PROVA

Capítulo I – Disposições Gerais

Art. 155. O juiz formará sua convicção pela livre apreciação da prova produzida em contraditório judicial, não podendo fundamentar sua decisão exclusivamente nos elementos informativos colhidos na investigação, ressalvadas as provas cautelares, não repetíveis e antecipadas. *(Redação dada pela Lei nº 11.690/2008)*

Parágrafo único. Somente quanto ao estado das pessoas serão observadas as restrições estabelecidas na lei civil. *(Incluído pela Lei nº 11.690/2008)*

Art. 156. A prova da alegação incumbirá a quem a fizer, sendo, porém, facultado ao juiz de ofício: *(Redação dada pela Lei nº 11.690/2008)*

I – ordenar, mesmo antes de iniciada a ação penal, a produção antecipada de provas consideradas urgentes e relevantes, observando a necessidade, adequação e proporcionalidade da medida; *(Incluído pela Lei nº 11.690/2008)*

II – determinar, no curso da instrução, ou antes de proferir sentença, a realização de diligências para dirimir dúvida sobre ponto relevante. *(Incluído pela Lei nº 11.690/2008)*

242 | Manual de polícia judiciária: doutrina e prática

Art. 157. São inadmissíveis, devendo ser desentranhadas do processo, as provas ilícitas, assim entendidas as obtidas em violação a normas constitucionais ou legais. *(Redação dada pela Lei nº 11.690/2008)*

§ 1º. São também inadmissíveis as provas derivadas das ilícitas, salvo quando não evidenciado o nexo de causalidade entre umas e outras, ou quando as derivadas puderem ser obtidas por uma fonte independente das primeiras. *(Incluído pela Lei nº 11.690/2008)*

§ 2º. Considera-se fonte independente aquela que por si só, seguindo os trâmites típicos e de praxe, próprios da investigação ou instrução criminal, seria capaz de conduzir ao fato objeto da prova. *(Incluído pela Lei nº 11.690/2008)*

§ 3º. Preclusa a decisão de desentranhamento da prova declarada inadmissível, esta será inutilizada por decisão judicial, facultado às partes acompanhar o incidente. *(Incluído pela Lei nº 11.690/2008)*

§ 4º. (Vetado) *(Incluído pela Lei nº 11.690/2008)*

Capítulo II – Do Exame do Corpo de Delito, e das Perícias em Geral

Art. 158. Quando a infração deixar vestígios, será indispensável o exame de corpo de delito, direto ou indireto, não podendo supri-lo a confissão do acusado.

Art. 159. O exame de corpo de delito e outras perícias serão realizados por perito oficial, portador de diploma de curso superior. *(Redação dada pela Lei nº 11.690/2008)*

§ 1º. Na falta de perito oficial, o exame será realizado por 2 (duas) pessoas idôneas, portadoras de diploma de curso superior preferencialmente na área específica, dentre as que tiverem habilitação técnica relacionada com a natureza do exame. *(Redação dada pela Lei nº 11.690/2008)*

§ 2º. Os peritos não oficiais prestarão o compromisso de bem e fielmente desempenhar o encargo. *(Redação dada pela Lei nº 11.690/2008)*

§ 3º. Serão facultadas ao Ministério Público, ao assistente de acusação, ao ofendido, ao querelante e ao acusado a formulação de quesitos e indicação de assistente técnico. *(Incluído pela Lei nº 11.690/2008)*

§ 4º. O assistente técnico atuará a partir de sua admissão pelo juiz e após a conclusão dos exames e elaboração do laudo pelos peritos oficiais, sendo as partes intimadas desta decisão. *(Incluído pela Lei nº 11.690/2008)*

§ 5º. Durante o curso do processo judicial, é permitido às partes, quanto à perícia: *(Incluído pela Lei nº 11.690/2008)*

I – requerer a oitiva dos peritos para esclarecerem a prova ou para responderem a quesitos, desde que o mandado de intimação e os quesitos ou questões a serem esclarecidas sejam encaminhados com antecedência mínima de 10 (dez) dias, podendo apresentar as respostas em laudo complementar; *(Incluído pela Lei nº 11.690/2008)*

II – indicar assistentes técnicos que poderão apresentar pareceres em prazo a ser fixado pelo juiz ou ser inquiridos em audiência. *(Incluído pela Lei nº 11.690/2008)*

§ 6º. Havendo requerimento das partes, o material probatório que serviu de base à perícia será disponibilizado no ambiente do órgão oficial, que manterá sempre sua guarda, e na presença de perito oficial, para exame pelos assistentes, salvo se for impossível a sua conservação. *(Incluído pela Lei nº 11.690/2008)*

§ 7º. Tratando-se de perícia complexa que abranja mais de uma área de conhecimento especializado, poder-se-á designar a atuação de mais de um perito oficial, e a parte indicar mais de um assistente técnico. *(Incluído pela Lei nº 11.690/2008)*

Art. 160. Os peritos elaborarão o laudo pericial, onde descreverão minuciosamente o que examinarem, e responderão aos quesitos formulados. *(Redação dada pela Lei nº 8.862/1994)*

Parágrafo único. O laudo pericial será elaborado no prazo máximo de 10 dias, podendo este prazo ser prorrogado, em casos excepcionais, a requerimento dos peritos. *(Redação dada pela Lei nº 8.862/1994)*

Art. 161. O exame de corpo de delito poderá ser feito em qualquer dia e a qualquer hora.

Art. 162. A autópsia será feita pelo menos seis horas depois do óbito, salvo se os peritos, pela evidência dos sinais de morte, julgarem que possa ser feita antes daquele prazo, o que declararão no auto.

Parágrafo único. Nos casos de morte violenta, bastará o simples exame externo do cadáver, quando não houver infração penal que apurar, ou quando as lesões externas permitirem precisar a causa da morte e não houver necessidade de exame interno para a verificação de alguma circunstância relevante.

Art. 163. Em caso de exumação para exame cadavérico, a autoridade providenciará para que, em dia e hora previamente marcados, se realize a diligência, da qual se lavrará auto circunstanciado.

Parágrafo único. O administrador de cemitério público ou particular indicará o lugar da sepultura, sob pena de desobediência. No caso de recusa ou de falta de quem indique a sepultura, ou de encontrar-se o cadáver em lugar não destinado a inumações, a autoridade procederá às pesquisas necessárias, o que tudo constará do auto.

Art. 164. Os cadáveres serão sempre fotografados na posição em que forem encontrados, bem como, na medida do possível, todas as lesões externas e vestígios deixados no local do crime. *(Redação dada pela Lei nº 8.862/1994)*

Art. 165. Para representar as lesões encontradas no cadáver, os peritos, quando possível, juntarão ao laudo do exame provas fotográficas, esquemas ou desenhos, devidamente rubricados.

Art. 166. Havendo dúvida sobre a identidade do cadáver exumado, proceder-se-á ao reconhecimento pelo Instituto de Identificação e Estatística ou repartição congênere ou pela inquirição de testemunhas, lavrando-se auto de reconhecimento e de identidade, no qual se descreverá o cadáver, com todos os sinais e indicações.

Parágrafo único. Em qualquer caso, serão arrecadados e autenticados todos os objetos encontrados, que possam ser úteis para a identificação do cadáver.

Art. 167. Não sendo possível o exame de corpo de delito, por haverem desaparecido os vestígios, a prova testemunhal poderá suprir-lhe a falta.

Art. 168. Em caso de lesões corporais, se o primeiro exame pericial tiver sido incompleto, proceder-se-á a exame complementar por determinação da autoridade policial ou judiciária, de ofício, ou a requerimento do Ministério Público, do ofendido ou do acusado, ou de seu defensor.

§ 1º. No exame complementar, os peritos terão presente o auto de corpo de delito, a fim de suprir-lhe a deficiência ou retificá-lo.

§ 2º. Se o exame tiver por fim precisar a classificação do delito no art. 129, § 1º, I, do Código Penal, deverá ser feito logo que decorra o prazo de 30 dias, contado da data do crime.

§ 3º. A falta de exame complementar poderá ser suprida pela prova testemunhal.

Art. 169. Para o efeito de exame do local onde houver sido praticada a infração, a autoridade providenciará imediatamente para que não se altere o estado das coisas até a chegada dos peritos, que poderão instruir seus laudos com fotografias, desenhos ou esquemas elucidativos.

Parágrafo único. Os peritos registrarão, no laudo, as alterações do estado das coisas e discutirão, no relatório, as consequências dessas alterações na dinâmica dos fatos. *(Incluído pela Lei nº 8.862/1994)*

Art. 170. Nas perícias de laboratório, os peritos guardarão material suficiente para a eventualidade de nova perícia. Sempre que conveniente, os laudos serão ilustrados com provas fotográficas, ou microfotográficas, desenhos ou esquemas.

Art. 171. Nos crimes cometidos com destruição ou rompimento de obstáculo a subtração da coisa, ou por meio de escalada, os peritos, além de descrever os vestígios, indicarão com que instrumentos, por que meios e em que época presumem ter sido o fato praticado.

Art. 172. Proceder-se-á, quando necessário, à avaliação de coisas destruídas, deterioradas ou que constituam produto do crime.

Parágrafo único. Se impossível a avaliação direta, os peritos procederão à avaliação por meio dos elementos existentes nos autos e dos que resultarem de diligências.

MANUAL DE POLÍCIA JUDICIÁRIA: DOUTRINA E PRÁTICA

Art. 173. No caso de incêndio, os peritos verificarão a causa e o lugar em que houver começado, o perigo que dele tiver resultado para a vida ou para o patrimônio alheio, a extensão do dano e o seu valor e as demais circunstâncias que interessarem à elucidação do fato.

Art. 174. No exame para o reconhecimento de escritos, por comparação de letra, observar-se-á o seguinte:

I – a pessoa a quem se atribua ou se possa atribuir o escrito será intimada para o ato, se for encontrada;

II – para a comparação, poderão servir quaisquer documentos que a dita pessoa reconhecer ou já tiverem sido judicialmente reconhecidos como de seu punho, ou sobre cuja autenticidade não houver dúvida;

III – a autoridade, quando necessário, requisitará, para o exame, os documentos que existirem em arquivos ou estabelecimentos públicos, ou nestes realizará a diligência, se daí não puderem ser retirados;

IV – quando não houver escritos para a comparação ou forem insuficientes os exibidos, a autoridade mandará que a pessoa escreva o que lhe for ditado. Se estiver ausente a pessoa, mas em lugar certo, esta última diligência poderá ser feita por precatória, em que se consignarão as palavras que a pessoa será intimada a escrever.

Art. 175. Serão sujeitos a exame os instrumentos empregados para a prática da infração, a fim de se lhes verificar a natureza e a eficiência.

Art. 176. A autoridade e as partes poderão formular quesitos até o ato da diligência.

Art. 177. No exame por precatória, a nomeação dos peritos far-se-á no juízo deprecado. Havendo, porém, no caso de ação privada, acordo das partes, essa nomeação poderá ser feita pelo juiz deprecante.

Parágrafo único. Os quesitos do juiz e das partes serão transcritos na precatória.

Art. 178. No caso do art. 159, o exame será requisitado pela autoridade ao diretor da repartição, juntando--se ao processo o laudo assinado pelos peritos.

Art. 179. No caso do § 1º do art. 159, o escrivão lavrará o auto respectivo, que será assinado pelos peritos e, se presente ao exame, também pela autoridade.

Parágrafo único. No caso do art. 160, parágrafo único, o laudo, que poderá ser datilografado, será subscrito e rubricado em suas folhas por todos os peritos.

Art. 180. Se houver divergência entre os peritos, serão consignadas no auto do exame as declarações e respostas de um e de outro, ou cada um redigirá separadamente o seu laudo, e a autoridade nomeará um terceiro; se este divergir de ambos, a autoridade poderá mandar proceder a novo exame por outros peritos.

Art. 181. No caso de inobservância de formalidades, ou no caso de omissões, obscuridades ou contradições, a autoridade judiciária mandará suprir a formalidade, complementar ou esclarecer o laudo. *(Redação dada pela Lei nº 8.862/1994)*

Parágrafo único. A autoridade poderá também ordenar que se proceda a novo exame, por outros peritos, se julgar conveniente.

Art. 182. O juiz não ficará adstrito ao laudo, podendo aceitá-lo ou rejeitá-lo, no todo ou em parte.

Art. 183. Nos crimes em que não couber ação pública, observar-se-á o disposto no art. 19.

Art. 184. Salvo o caso de exame de corpo de delito, o juiz ou a autoridade policial negará a perícia requerida pelas partes, quando não for necessária ao esclarecimento da verdade.

Capítulo III – Do Interrogatório do Acusado

Art. 185. O acusado que comparecer perante a autoridade judiciária, no curso do processo penal, será qualificado e interrogado na presença de seu defensor, constituído ou nomeado. *(Redação dada pela Lei nº 10.792/2003)*

§ 1º. O interrogatório do réu preso será realizado, em sala própria, no estabelecimento em que estiver recolhido, desde que estejam garantidas a segurança do juiz, do membro do Ministério Público e dos auxiliares bem como a presença do defensor e a publicidade do ato. *(Redação dada pela Lei nº 11.900/2009)*

§ 2º. Excepcionalmente, o juiz, por decisão fundamentada, de ofício ou a requerimento das partes, poderá realizar o interrogatório do réu preso por sistema de videoconferência ou outro recurso tecnológico de transmissão de sons e imagens em tempo real, desde que a medida seja necessária para atender a uma das seguintes finalidades: *(Redação dada pela Lei nº 11.900/2009)*

I – prevenir risco à segurança pública, quando exista fundada suspeita de que o preso integre organização criminosa ou de que, por outra razão, possa fugir durante o deslocamento; *(Incluído pela Lei nº 11.900/2009)*

II – viabilizar a participação do réu no referido ato processual, quando haja relevante dificuldade para seu comparecimento em juízo, por enfermidade ou outra circunstância pessoal; *(Incluído pela Lei nº 11.900/2009)*

III – impedir a influência do réu no ânimo de testemunha ou da vítima, desde que não seja possível colher o depoimento destas por videoconferência, nos termos do art. 217 deste Código; *(Incluído pela Lei nº 11.900/2009)*

IV – responder à gravíssima questão de ordem pública. *(Incluído pela Lei nº 11.900/2009)*

§ 3º. Da decisão que determinar a realização de interrogatório por videoconferência, as partes serão intimadas com 10 (dez) dias de antecedência. *(Incluído pela Lei nº 11.900/2009)*

§ 4º. Antes do interrogatório por videoconferência, o preso poderá acompanhar, pelo mesmo sistema tecnológico, a realização de todos os atos da audiência única de instrução e julgamento de que tratam os arts. 400, 411 e 531 deste Código. *(Incluído pela Lei nº 11.900/2009)*

§ 5º. Em qualquer modalidade de interrogatório, o juiz garantirá ao réu o direito de entrevista prévia e reservada com o seu defensor; se realizado por videoconferência, fica também garantido o acesso a canais telefônicos reservados para comunicação entre o defensor que esteja no presídio e o advogado presente na sala de audiência do Fórum, e entre este e o preso. *(Incluído pela Lei nº 11.900/2009)*

§ 6º. A sala reservada no estabelecimento prisional para a realização de atos processuais por sistema de videoconferência será fiscalizada pelos corregedores e pelo juiz de cada causa, como também pelo Ministério Público e pela Ordem dos Advogados do Brasil. *(Incluído pela Lei nº 11.900/2009)*

§ 7º. Será requisitada a apresentação do réu preso em juízo nas hipóteses em que o interrogatório não se realizar na forma prevista nos §§ 1º e 2º deste artigo. *(Incluído pela Lei nº 11.900/2009)*

§ 8º. Aplica-se o disposto nos §§ 2º, 3º, 4º e 5º deste artigo, no que couber, à realização de outros atos processuais que dependam da participação de pessoa que esteja presa, como acareação, reconhecimento de pessoas e coisas, e inquirição de testemunha ou tomada de declarações do ofendido. *(Incluído pela Lei nº 11.900/2009)*

§ 9º. Na hipótese do § 8º deste artigo, fica garantido o acompanhamento do ato processual pelo acusado e seu defensor. *(Incluído pela Lei nº 11.900/2009)*

Art. 186. Depois de devidamente qualificado e cientificado do inteiro teor da acusação, o acusado será informado pelo juiz, antes de iniciar o interrogatório, do seu direito de permanecer calado e de não responder perguntas que lhe forem formuladas. *(Redação dada pela Lei nº 10.792/2003)*

Parágrafo único. O silêncio, que não importará em confissão, não poderá ser interpretado em prejuízo da defesa. *(Incluído pela Lei nº 10.792/2003)*

Art. 187. O interrogatório será constituído de duas partes: sobre a pessoa do acusado e sobre os fatos. *(Redação dada pela Lei nº 10.792/2003)*

§ 1º. Na primeira parte o interrogando será perguntado sobre a residência, meios de vida ou profissão, oportunidades sociais, lugar onde exerce a sua atividade, vida pregressa, notadamente se foi preso ou processado alguma vez e, em caso afirmativo, qual o juízo do processo, se houve suspensão condicional ou condenação, qual a pena imposta, se a cumpriu e outros dados familiares e sociais. *(Incluído pela Lei nº 10.792/2003)*

§ 2º. Na segunda parte será perguntado sobre: *(Incluído pela Lei nº 10.792/2003)*

I – ser verdadeira a acusação que lhe é feita; *(Incluído pela Lei nº 10.792/2003)*

II – não sendo verdadeira a acusação, se tem algum motivo particular a que atribuí-la, se conhece a pessoa ou pessoas a quem deva ser imputada a prática do crime, e quais sejam, e se com elas esteve antes da prática da infração ou depois dela; *(Incluído pela Lei nº 10.792/2003)*

246 | Manual de polícia judiciária: doutrina e prática

III – onde estava ao tempo em que foi cometida a infração e se teve notícia desta; *(Incluído pela Lei nº 10.792/2003)*

IV – as provas já apuradas; *(Incluído pela Lei nº 10.792/2003)*

V – se conhece as vítimas e testemunhas já inquiridas ou por inquirir, e desde quando, e se tem o que alegar contra elas; *(Incluído pela Lei nº 10.792/2003)*

VI – se conhece o instrumento com que foi praticada a infração, ou qualquer objeto que com esta se relacione e tenha sido apreendido; *(Incluído pela Lei nº 10.792/2003)*

VII – todos os demais fatos e pormenores que conduzam à elucidação dos antecedentes e circunstâncias da infração; *(Incluído pela Lei nº 10.792/2003)*

VIII – se tem algo mais a alegar em sua defesa. *(Incluído pela Lei nº 10.792/2003)*

Art. 188. Após proceder ao interrogatório, o juiz indagará das partes se restou algum fato para ser esclarecido, formulando as perguntas correspondentes se o entender pertinente e relevante. *(Redação dada pela Lei nº 10.792/2003)*

Art. 189. Se o interrogando negar a acusação, no todo ou em parte, poderá prestar esclarecimentos e indicar provas. *(Redação dada pela Lei nº 10.792/2003)*

Art. 190. Se confessar a autoria, será perguntado sobre os motivos e circunstâncias do fato e se outras pessoas concorreram para a infração, e quais sejam. *(Redação dada pela Lei nº 10.792/2003)*

Art. 191. Havendo mais de um acusado, serão interrogados separadamente. *(Redação dada pela Lei nº 10.792/2003)*

Art. 192. O interrogatório do mudo, do surdo ou do surdo-mudo será feito pela forma seguinte: *(Redação dada pela Lei nº 10.792/2003)*

I – ao surdo serão apresentadas por escrito as perguntas, que ele responderá oralmente; *(Redação dada pela Lei nº 10.792/2003)*

II – ao mudo as perguntas serão feitas oralmente, respondendo-as por escrito; *(Redação dada pela Lei nº 10.792/2003)*

III – ao surdo-mudo as perguntas serão formuladas por escrito e do mesmo modo dará as respostas. *(Redação dada pela Lei nº 10.792/2003)*

Parágrafo único. Caso o interrogando não saiba ler ou escrever, intervirá no ato, como intérprete e sob compromisso, pessoa habilitada a entendê-lo. *(Redação dada pela Lei nº 10.792/2003)*

Art. 193. Quando o interrogando não falar a língua nacional, o interrogatório será feito por meio de intérprete. *(Redação dada pela Lei nº 10.792/2003)*

Art. 194. (Revogado). *(Revogado pela Lei nº 10.792/2003)*

Art. 195. Se o interrogado não souber escrever, não puder ou não quiser assinar, tal fato será consignado no termo. *(Redação dada pela Lei nº 10.792/2003)*

Art. 196. A todo tempo o juiz poderá proceder a novo interrogatório de ofício ou a pedido fundamentado de qualquer das partes. *(Redação dada pela Lei nº 10.792/2003)*

Capítulo IV – Da Confissão

Art. 197. O valor da confissão se aferirá pelos critérios adotados para os outros elementos de prova, e para a sua apreciação o juiz deverá confrontá-la com as demais provas do processo, verificando se entre ela e estas existe compatibilidade ou concordância.

Art. 198. O silêncio do acusado não importará confissão, mas poderá constituir elemento para a formação do convencimento do juiz.

Art. 199. A confissão, quando feita fora do interrogatório, será tomada por termo nos autos, observado o disposto no art. 195.

Art. 200. A confissão será divisível e retratável, sem prejuízo do livre convencimento do juiz, fundado no exame das provas em conjunto.

Capítulo V – Do Ofendido
(Redação dada pela Lei nº 11.690/2008)

Art. 201. Sempre que possível, o ofendido será qualificado e perguntado sobre as circunstâncias da infração, quem seja ou presuma ser o seu autor, as provas que possa indicar, tomando-se por termo as suas declarações. *(Redação dada pela Lei nº 11.690/2008)*

§ 1º. Se, intimado para esse fim, deixar de comparecer sem motivo justo, o ofendido poderá ser conduzido à presença da autoridade. *(Incluído pela Lei nº 11.690/2008)*

§ 2º. O ofendido será comunicado dos atos processuais relativos ao ingresso e à saída do acusado da prisão, à designação de data para audiência e à sentença e respectivos acórdãos que a mantenham ou modifiquem. *(Incluído pela Lei nº 11.690/2008)*

§ 3º. As comunicações ao ofendido deverão ser feitas no endereço por ele indicado, admitindo-se, por opção do ofendido, o uso de meio eletrônico. *(Incluído pela Lei nº 11.690/2008)*

§ 4º. Antes do início da audiência e durante a sua realização, será reservado espaço separado para o ofendido. *(Incluído pela Lei nº 11.690/2008)*

§ 5º. Se o juiz entender necessário, poderá encaminhar o ofendido para atendimento multidisciplinar, especialmente nas áreas psicossocial, de assistência jurídica e de saúde, a expensas do ofensor ou do Estado. *(Incluído pela Lei nº 11.690/2008)*

§ 6º. O juiz tomará as providências necessárias à preservação da intimidade, vida privada, honra e imagem do ofendido, podendo, inclusive, determinar o segredo de justiça em relação aos dados, depoimentos e outras informações constantes dos autos a seu respeito para evitar sua exposição aos meios de comunicação. *(Incluído pela Lei nº 11.690/2008)*

Capítulo VI – Das Testemunhas

Art. 202. Toda pessoa poderá ser testemunha.

Art. 203. A testemunha fará, sob palavra de honra, a promessa de dizer a verdade do que souber e lhe for perguntado, devendo declarar seu nome, sua idade, seu estado e sua residência, sua profissão, lugar onde exerce sua atividade, se é parente, e em que grau, de alguma das partes, ou quais suas relações com qualquer delas, e relatar o que souber, explicando sempre as razões de sua ciência ou as circunstâncias pelas quais possa avaliar-se de sua credibilidade.

Art. 204. O depoimento será prestado oralmente, não sendo permitido à testemunha trazê-lo por escrito.

Parágrafo único. Não será vedada à testemunha, entretanto, breve consulta a apontamentos.

Art. 205. Se ocorrer dúvida sobre a identidade da testemunha, o juiz procederá à verificação pelos meios ao seu alcance, podendo, entretanto, tomar-lhe o depoimento desde logo.

Art. 206. A testemunha não poderá eximir-se da obrigação de depor. Poderão, entretanto, recusar-se a fazê-lo o ascendente ou descendente, o afim em linha reta, o cônjuge, ainda que desquitado, o irmão e o pai, a mãe, ou o filho adotivo do acusado, salvo quando não for possível, por outro modo, obter-se ou integrar-se a prova do fato e de suas circunstâncias.

Art. 207. São proibidas de depor as pessoas que, em razão de função, ministério, ofício ou profissão, devam guardar segredo, salvo se, desobrigadas pela parte interessada, quiserem dar o seu testemunho.

Art. 208. Não se deferirá o compromisso a que alude o art. 203 aos doentes e deficientes mentais e aos menores de 14 (quatorze) anos, nem às pessoas a que se refere o art. 206.

248 | Manual de polícia judiciária: doutrina e prática

Art. 209. O juiz, quando julgar necessário, poderá ouvir outras testemunhas, além das indicadas pelas partes.

§ 1º. Se ao juiz parecer conveniente, serão ouvidas as pessoas a que as testemunhas se referirem.

§ 2º. Não será computada como testemunha a pessoa que nada souber que interesse à decisão da causa.

Art. 210. As testemunhas serão inquiridas cada uma de per si, de modo que umas não saibam nem ouçam os depoimentos das outras, devendo o juiz adverti-las das penas cominadas ao falso testemunho. *(Redação dada pela Lei nº 11.690/2008)*

Parágrafo único. Antes do início da audiência e durante a sua realização, serão reservados espaços separados para a garantia da incomunicabilidade das testemunhas. *(Incluído pela Lei nº 11.690/2008)*

Art. 211. Se o juiz, ao pronunciar sentença final, reconhecer que alguma testemunha fez afirmação falsa, calou ou negou a verdade, remeterá cópia do depoimento à autoridade policial para a instauração de inquérito.

Parágrafo único. Tendo o depoimento sido prestado em plenário de julgamento, o juiz, no caso de proferir decisão na audiência (art. 538, § 2º), o tribunal (art. 561), ou o conselho de sentença, após a votação dos quesitos, poderão fazer apresentar imediatamente a testemunha à autoridade policial.

Art. 212. As perguntas serão formuladas pelas partes diretamente à testemunha, não admitindo o juiz aquelas que puderem induzir a resposta, não tiverem relação com a causa ou importarem na repetição de outra já respondida. *(Redação dada pela Lei nº 11.690/2008)*

Parágrafo único. Sobre os pontos não esclarecidos, o juiz poderá complementar a inquirição. *(Incluído pela Lei nº 11.690/2008)*

Art. 213. O juiz não permitirá que a testemunha manifeste suas apreciações pessoais, salvo quando inseparáveis da narrativa do fato.

Art. 214. Antes de iniciado o depoimento, as partes poderão contraditar a testemunha ou arguir circunstâncias ou defeitos, que a tornem suspeita de parcialidade, ou indigna de fé. O juiz fará consignar a contradita ou arguição e a resposta da testemunha, mas só excluirá a testemunha ou não lhe deferirá compromisso nos casos previstos nos arts. 207 e 208.

Art. 215. Na redação do depoimento, o juiz deverá cingir-se, tanto quanto possível, às expressões usadas pelas testemunhas, reproduzindo fielmente as suas frases.

Art. 216. O depoimento da testemunha será reduzido a termo, assinado por ela, pelo juiz e pelas partes. Se a testemunha não souber assinar, ou não puder fazê-lo, pedirá a alguém que o faça por ela, depois de lido na presença de ambos.

Art. 217. Se o juiz verificar que a presença do réu poderá causar humilhação, temor, ou sério constrangimento à testemunha ou ao ofendido, de modo que prejudique a verdade do depoimento, fará a inquirição por videoconferência e, somente na impossibilidade dessa forma, determinará a retirada do réu, prosseguindo na inquirição, com a presença do seu defensor. *(Redação dada pela Lei nº 11.690/2008)*

Parágrafo único. A adoção de qualquer das medidas previstas no *caput* deste artigo deverá constar do termo, assim como os motivos que a determinaram. *(Incluído pela Lei nº 11.690/2008)*

Art. 218. Se, regularmente intimada, a testemunha deixar de comparecer sem motivo justificado, o juiz poderá requisitar à autoridade policial a sua apresentação ou determinar seja conduzida por oficial de justiça, que poderá solicitar o auxílio da força pública.

Art. 219. O juiz poderá aplicar à testemunha faltosa a multa prevista no art. 453, sem prejuízo do processo penal por crime de desobediência, e condená-la ao pagamento das custas da diligência. *(Redação dada pela Lei nº 6.416/1977)*

Art. 220. As pessoas impossibilitadas, por enfermidade ou por velhice, de comparecer para depor, serão inquiridas onde estiverem.

Art. 221. O Presidente e o Vice-Presidente da República, os senadores e deputados federais, os ministros de Estado, os governadores de Estados e Territórios, os secretários de Estado, os prefeitos do Distrito Federal e dos Municípios, os deputados às Assembleias Legislativas Estaduais, os membros do Poder Judiciário, os ministros e juízes dos Tribunais de Contas da União, dos Estados, do Distrito Federal, bem como os do Tribunal Marítimo serão inquiridos em local, dia e hora previamente ajustados entre eles e o juiz. *(Redação dada pela Lei nº 3.653/1959)*

§ 1º. O Presidente e o Vice-Presidente da República, os presidentes do Senado Federal, da Câmara dos Deputados e do Supremo Tribunal Federal poderão optar pela prestação de depoimento por escrito, caso em que as perguntas, formuladas pelas partes e deferidas pelo juiz, lhes serão transmitidas por ofício. *(Redação dada pela Lei nº 6.416/1977)*

§ 2º. Os militares deverão ser requisitados à autoridade superior. *(Redação dada pela Lei nº 6.416/1977)*

§ 3º Aos funcionários públicos aplicar-se-á o disposto no art. 218, devendo, porém, a expedição do mandado ser imediatamente comunicada ao chefe da repartição em que servirem, com indicação do dia e da hora marcados. *(Incluído pela Lei nº 6.416/1977)*

Art. 222. A testemunha que morar fora da jurisdição do juiz será inquirida pelo juiz do lugar de sua residência, expedindo-se, para esse fim, carta precatória, com prazo razoável, intimadas as partes.

§ 1º. A expedição da precatória não suspenderá a instrução criminal.

§ 2º. Findo o prazo marcado, poderá realizar-se o julgamento, mas, a todo tempo, a precatória, uma vez devolvida, será junta aos autos.

§ 3º. Na hipótese prevista no *caput* deste artigo, a oitiva de testemunha poderá ser realizada por meio de videoconferência ou outro recurso tecnológico de transmissão de sons e imagens em tempo real, permitida a presença do defensor e podendo ser realizada, inclusive, durante a realização da audiência de instrução e julgamento. *(Incluído pela Lei nº 11.900/2009)*

Art. 222-A. As cartas rogatórias só serão expedidas se demonstrada previamente a sua imprescindibilidade, arcando a parte requerente com os custos de envio. *(Incluído pela Lei nº 11.900/2009)*

Parágrafo único. Aplica-se às cartas rogatórias o disposto nos §§ 1º e 2º do art. 222 deste Código. *(Incluído pela Lei nº 11.900/2009)*

Art. 223. Quando a testemunha não conhecer a língua nacional, será nomeado intérprete para traduzir as perguntas e respostas.

Parágrafo único. Tratando-se de mudo, surdo ou surdo-mudo, proceder-se-á na conformidade do art. 192.

Art. 224. As testemunhas comunicarão ao juiz, dentro de um ano, qualquer mudança de residência, sujeitando-se, pela simples omissão, às penas do não comparecimento.

Art. 225. Se qualquer testemunha houver de ausentar-se, ou, por enfermidade ou por velhice, inspirar receio de que ao tempo da instrução criminal já não exista, o juiz poderá, de ofício ou a requerimento de qualquer das partes, tomar-lhe antecipadamente o depoimento.

Capítulo VII – Do Reconhecimento de Pessoas e Coisas

Art. 226. Quando houver necessidade de fazer-se o reconhecimento de pessoa, proceder-se-á pela seguinte forma:

I – a pessoa que tiver de fazer o reconhecimento será convidada a descrever a pessoa que deva ser reconhecida;

II – a pessoa, cujo reconhecimento se pretender, será colocada, se possível, ao lado de outras que com ela tiverem qualquer semelhança, convidando-se quem tiver de fazer o reconhecimento a apontá-la;

III – se houver razão para recear que a pessoa chamada para o reconhecimento, por efeito de intimidação ou outra influência, não diga a verdade em face da pessoa que deve ser reconhecida, a autoridade providenciará para que esta não veja aquela;

IV – do ato de reconhecimento lavrar-se-á auto pormenorizado, subscrito pela autoridade, pela pessoa chamada para proceder ao reconhecimento e por duas testemunhas presenciais.

Parágrafo único. O disposto no nº III deste artigo não terá aplicação na fase da instrução criminal ou em plenário de julgamento.

250 | Manual de polícia judiciária: doutrina e prática

Art. 227. No reconhecimento de objeto, proceder-se-á com as cautelas estabelecidas no artigo anterior, no que for aplicável.

Art. 228. Se várias forem as pessoas chamadas a efetuar o reconhecimento de pessoa ou de objeto, cada uma fará a prova em separado, evitando-se qualquer comunicação entre elas.

Capítulo VIII – Da Acareação

Art. 229. A acareação será admitida entre acusados, entre acusado e testemunha, entre testemunhas, entre acusado ou testemunha e a pessoa ofendida, e entre as pessoas ofendidas, sempre que divergirem, em suas declarações, sobre fatos ou circunstâncias relevantes.

Parágrafo único. Os acareados serão reperguntados, para que expliquem os pontos de divergências, reduzindo-se a termo o ato de acareação.

Art. 230. Se ausente alguma testemunha, cujas declarações divirjam das de outra, que esteja presente, a esta se darão a conhecer os pontos da divergência, consignando-se no auto o que explicar ou observar. Se subsistir a discordância, expedir-se-á precatória à autoridade do lugar onde resida a testemunha ausente, transcrevendo-se as declarações desta e as da testemunha presente, nos pontos em que divergirem, bem como o texto do referido auto, a fim de que se complete a diligência, ouvindo-se a testemunha ausente, pela mesma forma estabelecida para a testemunha presente. Esta diligência só se realizará quando não importe demora prejudicial ao processo e o juiz a entenda conveniente.

Capítulo IX – Dos Documentos

Art. 231. Salvo os casos expressos em lei, as partes poderão apresentar documentos em qualquer fase do processo.

Art. 232. Consideram-se documentos quaisquer escritos, instrumentos ou papéis, públicos ou particulares.

Parágrafo único. À fotografia do documento, devidamente autenticada, se dará o mesmo valor do original.

Art. 233. As cartas particulares, interceptadas ou obtidas por meios criminosos, não serão admitidas em juízo.

Parágrafo único. As cartas poderão ser exibidas em juízo pelo respectivo destinatário, para a defesa de seu direito, ainda que não haja consentimento do signatário.

Art. 234. Se o juiz tiver notícia da existência de documento relativo a ponto relevante da acusação ou da defesa, providenciará, independentemente de requerimento de qualquer das partes, para sua juntada aos autos, se possível.

Art. 235. A letra e firma dos documentos particulares serão submetidas a exame pericial, quando contestada a sua autenticidade.

Art. 236. Os documentos em língua estrangeira, sem prejuízo de sua juntada imediata, serão, se necessário, traduzidos por tradutor público, ou, na falta, por pessoa idônea nomeada pela autoridade.

Art. 237. As públicas-formas só terão valor quando conferidas com o original, em presença da autoridade.

Art. 238. Os documentos originais, juntos a processo findo, quando não exista motivo relevante que justifique a sua conservação nos autos, poderão, mediante requerimento, e ouvido o Ministério Público, ser entregues à parte que os produziu, ficando traslado nos autos.

Capítulo X – Dos Indícios

Art. 239. Considera-se indício a circunstância conhecida e provada, que, tendo relação com o fato, autorize, por indução, concluir-se a existência de outra ou outras circunstâncias.

Capítulo XI – Da Busca e da Apreensão

Art. 240. A busca será domiciliar ou pessoal.

§ 1º. Proceder-se-á à busca domiciliar, quando fundadas razões a autorizarem, para:

a) prender criminosos;

b) apreender coisas achadas ou obtidas por meios criminosos;

c) apreender instrumentos de falsificação ou de contrafação e objetos falsificados ou contrafeitos;

d) apreender armas e munições, instrumentos utilizados na prática de crime ou destinados a fim delituoso;

e) descobrir objetos necessários à prova de infração ou à defesa do réu;

f) apreender cartas, abertas ou não, destinadas ao acusado ou em seu poder, quando haja suspeita de que o conhecimento do seu conteúdo possa ser útil à elucidação do fato;

g) apreender pessoas vítimas de crimes;

h) colher qualquer elemento de convicção.

§ 2º. Proceder-se-á à busca pessoal quando houver fundada suspeita de que alguém oculte consigo arma proibida ou objetos mencionados nas letras "b" a "f" e letra "h" do parágrafo anterior.

Art. 241. Quando a própria autoridade policial ou judiciária não a realizar pessoalmente, a busca domiciliar deverá ser precedida da expedição de mandado.

Art. 242. A busca poderá ser determinada de ofício ou a requerimento de qualquer das partes.

Art. 243. O mandado de busca deverá:

I – indicar, o mais precisamente possível, a casa em que será realizada a diligência e o nome do respectivo proprietário ou morador; ou, no caso de busca pessoal, o nome da pessoa que terá de sofrê-la ou os sinais que a identifiquem;

II – mencionar o motivo e os fins da diligência;

III – ser subscrito pelo escrivão e assinado pela autoridade que o fizer expedir.

§ 1º. Se houver ordem de prisão, constará do próprio texto do mandado de busca.

§ 2º. Não será permitida a apreensão de documento em poder do defensor do acusado, salvo quando constituir elemento do corpo de delito.

Art. 244. A busca pessoal independerá de mandado, no caso de prisão ou quando houver fundada suspeita de que a pessoa esteja na posse de arma proibida ou de objetos ou papéis que constituam corpo de delito, ou quando a medida for determinada no curso de busca domiciliar.

Art. 245. As buscas domiciliares serão executadas de dia, salvo se o morador consentir que se realizem à noite, e, antes de penetrarem na casa, os executores mostrarão e lerão o mandado ao morador, ou a quem o represente, intimando-o, em seguida, a abrir a porta.

§ 1º. Se a própria autoridade der a busca, declarará previamente sua qualidade e o objeto da diligência.

§ 2º. Em caso de desobediência, será arrombada a porta e forçada a entrada.

§ 3º. Recalcitrando o morador, será permitido o emprego de força contra coisas existentes no interior da casa, para o descobrimento do que se procura.

§ 4º. Observar-se-á o disposto nos §§ 2º e 3º, quando ausentes os moradores, devendo, neste caso, ser intimado a assistir à diligência qualquer vizinho, se houver e estiver presente.

§ 5º. Se é determinada a pessoa ou coisa que se vai procurar, o morador será intimado a mostrá-la.

§ 6º. Descoberta a pessoa ou coisa que se procura, será imediatamente apreendida e posta sob custódia da autoridade ou de seus agentes.

§ 7º. Finda a diligência, os executores lavrarão auto circunstanciado, assinando-o com duas testemunhas presenciais, sem prejuízo do disposto no § 4º.

252 | MANUAL DE POLÍCIA JUDICIÁRIA: DOUTRINA E PRÁTICA

Art. 246. Aplicar-se-á também o disposto no artigo anterior, quando se tiver de proceder a busca em compartimento habitado ou em aposento ocupado de habitação coletiva ou em compartimento não aberto ao público, onde alguém exercer profissão ou atividade.

Art. 247. Não sendo encontrada a pessoa ou coisa procurada, os motivos da diligência serão comunicados a quem tiver sofrido a busca, se o requerer.

Art. 248. Em casa habitada, a busca será feita de modo que não moleste os moradores mais do que o indispensável para o êxito da diligência.

Art. 249. A busca em mulher será feita por outra mulher, se não importar retardamento ou prejuízo da diligência.

Art. 250. A autoridade ou seus agentes poderão penetrar no território de jurisdição alheia, ainda que de outro Estado, quando, para o fim de apreensão, forem no seguimento de pessoa ou coisa, devendo apresentar-se à competente autoridade local, antes da diligência ou após, conforme a urgência desta.

§ 1º. Entender-se-á que a autoridade ou seus agentes vão em seguimento da pessoa ou coisa, quando:

a) tendo conhecimento direto de sua remoção ou transporte, a seguirem sem interrupção, embora depois a percam de vista;

b) ainda que não a tenham avistado, mas sabendo, por informações fidedignas ou circunstâncias indiciárias, que está sendo removida ou transportada em determinada direção, forem ao seu encalço.

§ 2º. Se as autoridades locais tiverem fundadas razões para duvidar da legitimidade das pessoas que, nas referidas diligências, entrarem pelos seus distritos, ou da legalidade dos mandados que apresentarem, poderão exigir as provas dessa legitimidade, mas de modo que não se frustre a diligência.

....

TÍTULO IX – DA PRISÃO, DAS MEDIDAS CAUTELARES E DA LIBERDADE PROVISÓRIA
(Redação dada pela Lei nº 12.403/2011)

Art. 282. As medidas cautelares previstas neste Título deverão ser aplicadas observando-se a: *(Redação dada pela Lei nº 12.403/2011)*

I – necessidade para aplicação da lei penal, para a investigação ou a instrução criminal e, nos casos expressamente previstos, para evitar a prática de infrações penais; *(Incluído pela Lei nº 12.403/2011)*

II – adequação da medida à gravidade do crime, circunstâncias do fato e condições pessoais do indiciado ou acusado. *(Incluído pela Lei nº 12.403/2011)*

§ 1º. As medidas cautelares poderão ser aplicadas isolada ou cumulativamente. *(Incluído pela Lei nº 12.403/2011)*

§ 2º. As medidas cautelares serão decretadas pelo juiz, de ofício ou a requerimento das partes ou, quando no curso da investigação criminal, por representação da autoridade policial ou mediante requerimento do Ministério Público. *(Incluído pela Lei nº 12.403/2011)*

§ 3º. Ressalvados os casos de urgência ou de perigo de ineficácia da medida, o juiz, ao receber o pedido de medida cautelar, determinará a intimação da parte contrária, acompanhada de cópia do requerimento e das peças necessárias, permanecendo os autos em juízo. *(Incluído pela Lei nº 12.403/2011)*

§ 4º. No caso de descumprimento de qualquer das obrigações impostas, o juiz, de ofício ou mediante requerimento do Ministério Público, de seu assistente ou do querelante, poderá substituir a medida, impor outra em cumulação, ou, em último caso, decretar a prisão preventiva (art. 312, parágrafo único). *(Incluído pela Lei nº 12.403/2011)*

§ 5º. O juiz poderá revogar a medida cautelar ou substituí-la quando verificar a falta de motivo para que subsista, bem como voltar a decretá-la, se sobrevierem razões que a justifiquem. *(Incluído pela Lei nº 12.403/2011)*

§ 6º. A prisão preventiva será determinada quando não for cabível a sua substituição por outra medida cautelar (art. 319). *(Incluído pela Lei nº 12.403/2011)*

Art. 283. Ninguém poderá ser preso senão em flagrante delito ou por ordem escrita e fundamentada da autoridade judiciária competente, em decorrência de sentença condenatória transitada em julgado ou, no curso da investigação ou do processo, em virtude de prisão temporária ou prisão preventiva. *(Redação dada pela Lei nº 12.403/2011)*

§ 1º. As medidas cautelares previstas neste Título não se aplicam à infração a que não for isolada, cumulativa ou alternativamente cominada pena privativa de liberdade. *(Incluído pela Lei nº 12.403/2011)*

§ 2º. A prisão poderá ser efetuada em qualquer dia e a qualquer hora, respeitadas as restrições relativas à inviolabilidade do domicílio. *(Incluído pela Lei nº 12.403/2011)*

Art. 284. Não será permitido o emprego de força, salvo a indispensável no caso de resistência ou de tentativa de fuga do preso.

Art. 285. A autoridade que ordenar a prisão fará expedir o respectivo mandado.

Parágrafo único. O mandado de prisão:

a) será lavrado pelo escrivão e assinado pela autoridade;

b) designará a pessoa, que tiver de ser presa, por seu nome, alcunha ou sinais característicos;

c) mencionará a infração penal que motivar a prisão;

d) declarará o valor da fiança arbitrada, quando afiançável a infração;

e) será dirigido a quem tiver qualidade para dar-lhe execução.

Art. 286. O mandado será passado em duplicata, e o executor entregará ao preso, logo depois da prisão, um dos exemplares com declaração do dia, hora e lugar da diligência. Da entrega deverá o preso passar recibo no outro exemplar; se recusar, não souber ou não puder escrever, o fato será mencionado em declaração, assinada por duas testemunhas.

Art. 287. Se a infração for inafiançável, a falta de exibição do mandado não obstará à prisão, e o preso, em tal caso, será imediatamente apresentado ao juiz que tiver expedido o mandado.

Art. 288. Ninguém será recolhido à prisão, sem que seja exibido o mandado ao respectivo diretor ou carcereiro, a quem será entregue cópia assinada pelo executor ou apresentada a guia expedida pela autoridade competente, devendo ser passado recibo da entrega do preso, com declaração de dia e hora.

Parágrafo único. O recibo poderá ser passado no próprio exemplar do mandado, se este for o documento exibido.

Art. 289. Quando o acusado estiver no território nacional, fora da jurisdição do juiz processante, será deprecada a sua prisão, devendo constar da precatória o inteiro teor do mandado. *(Redação dada pela Lei nº 12.403/2011)*

§ 1º. Havendo urgência, o juiz poderá requisitar a prisão por qualquer meio de comunicação, do qual deverá constar o motivo da prisão, bem como o valor da fiança se arbitrada. *(Incluído pela Lei nº 12.403/2011)*

§ 2º. A autoridade a quem se fizer a requisição tomará as precauções necessárias para averiguar a autenticidade da comunicação. *(Incluído pela Lei nº 12.403/2011)*

§ 3º. O juiz processante deverá providenciar a remoção do preso no prazo máximo de 30 (trinta) dias, contados da efetivação da medida. *(Incluído pela Lei nº 12.403/2011)*

Art. 289-A. O juiz competente providenciará o imediato registro do mandado de prisão em banco de dados mantido pelo Conselho Nacional de Justiça para essa finalidade. *(Incluído pela Lei nº 12.403/2011)*

§ 1º. Qualquer agente policial poderá efetuar a prisão determinada no mandado de prisão registrado no Conselho Nacional de Justiça, ainda que fora da competência territorial do juiz que o expediu. *(Incluído pela Lei nº 12.403/2011)*

§ 2º. Qualquer agente policial poderá efetuar a prisão decretada, ainda que sem registro no Conselho Nacional de Justiça, adotando as precauções necessárias para averiguar a autenticidade do mandado e comunicando ao juiz que a decretou, devendo este providenciar, em seguida, o registro do mandado na forma do *caput* deste artigo. *(Incluído pela Lei nº 12.403/2011)*

§ 3º. A prisão será imediatamente comunicada ao juiz do local de cumprimento da medida o qual providenciará a certidão extraída do registro do Conselho Nacional de Justiça e informará ao juízo que a decretou. *(Incluído pela Lei nº 12.403/2011)*

§ 4º. O preso será informado de seus direitos, nos termos do inciso LXIII do art. 5º da Constituição Federal e, caso o autuado não informe o nome de seu advogado, será comunicado à Defensoria Pública. *(Incluído pela Lei nº 12.403/2011)*

§ 5º. Havendo dúvidas das autoridades locais sobre a legitimidade da pessoa do executor ou sobre a identidade do preso, aplica-se o disposto no § 2º do art. 290 deste Código. *(Incluído pela Lei nº 12.403/2011)*

§ 6º. O Conselho Nacional de Justiça regulamentará o registro do mandado de prisão a que se refere o *caput* deste artigo. *(Incluído pela Lei nº 12.403/2011)*

Art. 290. Se o réu, sendo perseguido, passar ao território de outro município ou comarca, o executor poderá efetuar-lhe a prisão no lugar onde o alcançar, apresentando-o imediatamente à autoridade local, que, depois de lavrado, se for o caso, o auto de flagrante, providenciará para a remoção do preso.

§ 1º. Entender-se-á que o executor vai em perseguição do réu, quando:

a) tendo-o avistado, for perseguindo-o sem interrupção, embora depois o tenha perdido de vista;

b) sabendo, por indícios ou informações fidedignas, que o réu tenha passado, há pouco tempo, em tal ou qual direção, pelo lugar em que o procure, for no seu encalço.

§ 2º. Quando as autoridades locais tiverem fundadas razões para duvidar da legitimidade da pessoa do executor ou da legalidade do mandado que apresentar, poderão pôr em custódia o réu, até que fique esclarecida a dúvida.

Art. 291. A prisão em virtude de mandado entender-se-á feita desde que o executor, fazendo-se conhecer do réu, lhe apresente o mandado e o intime a acompanhá-lo.

Art. 292. Se houver, ainda que por parte de terceiros, resistência à prisão em flagrante ou à determinada por autoridade competente, o executor e as pessoas que o auxiliarem poderão usar dos meios necessários para defender-se ou para vencer a resistência, do que tudo se lavrará auto subscrito também por duas testemunhas.

Art. 293. Se o executor do mandado verificar, com segurança, que o réu entrou ou se encontra em alguma casa, o morador será intimado a entregá-lo, à vista da ordem de prisão. Se não for obedecido imediatamente, o executor convocará duas testemunhas e, sendo dia, entrará à força na casa, arrombando as portas, se preciso; sendo noite, o executor, depois da intimação ao morador, se não for atendido, fará guardar todas as saídas, tornando a casa incomunicável, e, logo que amanheça, arrombará as portas e efetuará a prisão.

Parágrafo único. O morador que se recusar a entregar o réu oculto em sua casa será levado à presença da autoridade, para que se proceda contra ele como for de direito.

Art. 294. No caso de prisão em flagrante, observar-se-á o disposto no artigo anterior, no que for aplicável.

Art. 295. Serão recolhidos a quartéis ou a prisão especial, à disposição da autoridade competente, quando sujeitos a prisão antes de condenação definitiva:

I – os ministros de Estado;

II – os governadores ou interventores de Estados ou Territórios, o prefeito do Distrito Federal, seus respectivos secretários, os prefeitos municipais, os vereadores e os chefes de Polícia; *(Redação dada pela Lei nº 3.181/1957)*

III – os membros do Parlamento Nacional, do Conselho de Economia Nacional e das Assembleias Legislativas dos Estados;

IV – os cidadãos inscritos no "Livro de Mérito";

V – os oficiais das Forças Armadas e os militares dos Estados, do Distrito Federal e dos Territórios; *(Redação dada pela Lei nº 10.258/2001)*

VI – os magistrados;

VII – os diplomados por qualquer das faculdades superiores da República;

VIII – os ministros de confissão religiosa;

IX – os ministros do Tribunal de Contas;

X – os cidadãos que já tiverem exercido efetivamente a função de jurado, salvo quando excluídos da lista por motivo de incapacidade para o exercício daquela função;

XI – os delegados de polícia e os guardas-civis dos Estados e Territórios, ativos e inativos. *(Redação dada pela Lei nº 5.126/1966)*

§ 1º. A prisão especial, prevista neste Código ou em outras leis, consiste exclusivamente no recolhimento em local distinto da prisão comum. *(Incluído pela Lei nº 10.258/2001)*

§ 2º. Não havendo estabelecimento específico para o preso especial, este será recolhido em cela distinta do mesmo estabelecimento. *(Incluído pela Lei nº 10.258/2001)*

§ 3º. A cela especial poderá consistir em alojamento coletivo, atendidos os requisitos de salubridade do ambiente, pela concorrência dos fatores de aeração, insolação e condicionamento térmico adequados à existência humana. *(Incluído pela Lei nº 10.258/2001)*

§ 4º. O preso especial não será transportado juntamente com o preso comum. *(Incluído pela Lei nº 10.258/2001)*

§ 5º. Os demais direitos e deveres do preso especial serão os mesmos do preso comum. *(Incluído pela Lei nº 10.258/2001)*

Art. 296. Os inferiores e praças de pré, onde for possível, serão recolhidos à prisão, em estabelecimentos militares, de acordo com os respectivos regulamentos.

Art. 297. Para o cumprimento de mandado expedido pela autoridade judiciária, a autoridade policial poderá expedir tantos outros quantos necessários às diligências, devendo neles ser fielmente reproduzido o teor do mandado original.

Art. 298. (Revogado). *(Revogado pela Lei nº 12.403/2011)*

Art. 299. A captura poderá ser requisitada, à vista de mandado judicial, por qualquer meio de comunicação, tomadas pela autoridade, a quem se fizer a requisição, as precauções necessárias para averiguar a autenticidade desta. *(Redação dada pela Lei nº 12.403/2011)*

Art. 300. As pessoas presas provisoriamente ficarão separadas das que já estiverem definitivamente condenadas, nos termos da lei de execução penal. *(Redação dada pela Lei nº 12.403/2011)*

Parágrafo único. O militar preso em flagrante delito, após a lavratura dos procedimentos legais, será recolhido a quartel da instituição a que pertencer, onde ficará preso à disposição das autoridades competentes. *(Incluído pela Lei nº 12.403/2011)*

Capítulo II – Da Prisão em Flagrante

Art. 301. Qualquer do povo poderá e as autoridades policiais e seus agentes deverão prender quem quer que seja encontrado em flagrante delito.

Art. 302. Considera-se em flagrante delito quem:

I – está cometendo a infração penal;

II – acaba de cometê-la;

III – é perseguido, logo após, pela autoridade, pelo ofendido ou por qualquer pessoa, em situação que faça presumir ser autor da infração;

IV – é encontrado, logo depois, com instrumentos, armas, objetos ou papéis que façam presumir ser ele autor da infração.

Art. 303. Nas infrações permanentes, entende-se o agente em flagrante delito enquanto não cessar a permanência.

Art. 304. Apresentado o preso à autoridade competente, ouvirá esta o condutor e colherá, desde logo, sua assinatura, entregando a este cópia do termo e recibo de entrega do preso. Em seguida, procederá à oitiva das

256 | Manual de polícia judiciária: doutrina e prática

testemunhas que o acompanharem e ao interrogatório do acusado sobre a imputação que lhe é feita, colhendo, após cada oitiva suas respectivas assinaturas, lavrando, a autoridade, afinal, o auto. *(Redação dada pela Lei n° 11.113/2005)*

§ 1°. Resultando das respostas fundada a suspeita contra o conduzido, a autoridade mandará recolhê-lo à prisão, exceto no caso de livrar-se solto ou de prestar fiança, e prosseguirá nos atos do inquérito ou processo, se para isso for competente; se não o for, enviará os autos à autoridade que o seja.

§ 2°. A falta de testemunhas da infração não impedirá o auto de prisão em flagrante; mas, nesse caso, com o condutor, deverão assiná-lo pelo menos duas pessoas que hajam testemunhado a apresentação do preso à autoridade.

§ 3°. Quando o acusado se recusar a assinar, não souber ou não puder fazê-lo, o auto de prisão em flagrante será assinado por duas testemunhas, que tenham ouvido sua leitura na presença deste. *(Redação dada pela Lei n° 11.113/2005)*

Art. 305. Na falta ou no impedimento do escrivão, qualquer pessoa designada pela autoridade lavrará o auto, depois de prestado o compromisso legal.

Art. 306. A prisão de qualquer pessoa e o local onde se encontre serão comunicados imediatamente ao juiz competente, ao Ministério Público e à família do preso ou à pessoa por ele indicada. *(Redação dada pela Lei n° 12.403/2011)*

§ 1°. Em até 24 (vinte e quatro) horas após a realização da prisão, será encaminhado ao juiz competente o auto de prisão em flagrante e, caso o autuado não informe o nome de seu advogado, cópia integral para a Defensoria Pública. *(Redação dada pela Lei n° 12.403/2011)*

§ 2°. No mesmo prazo, será entregue ao preso, mediante recibo, a nota de culpa, assinada pela autoridade, com o motivo da prisão, o nome do condutor e os das testemunhas. *(Redação dada pela Lei n° 12.403/2011)*

Art. 307. Quando o fato for praticado em presença da autoridade, ou contra esta, no exercício de suas funções, constarão do auto a narração deste fato, a voz de prisão, as declarações que fizer o preso e os depoimentos das testemunhas, sendo tudo assinado pela autoridade, pelo preso e pelas testemunhas e remetido imediatamente ao juiz a quem couber tomar conhecimento do fato delituoso, se não o for a autoridade que houver presidido o auto.

Art. 308. Não havendo autoridade no lugar em que se tiver efetuado a prisão, o preso será logo apresentado à do lugar mais próximo.

Art. 309. Se o réu se livrar solto, deverá ser posto em liberdade, depois de lavrado o auto de prisão em flagrante.

Art. 310. Ao receber o auto de prisão em flagrante, o juiz deverá fundamentadamente: *(Redação dada pela Lei n° 12.403/2011)*

I – relaxar a prisão ilegal; ou *(Incluído pela Lei n° 12.403/2011)*

II – converter a prisão em flagrante em preventiva, quando presentes os requisitos constantes do art. 312 deste Código, e se revelarem inadequadas ou insuficientes as medidas cautelares diversas da prisão; ou *(Incluído pela Lei n° 12.403/2011)*

III – conceder liberdade provisória, com ou sem fiança. *(Incluído pela Lei n° 12.403/2011)*

Parágrafo único. Se o juiz verificar, pelo auto de prisão em flagrante, que o agente praticou o fato nas condições constantes dos incisos I a III do *caput* do art. 23 do Decreto-Lei n° 2.848, de 7 de dezembro de 1940 – Código Penal, poderá, fundamentadamente, conceder ao acusado liberdade provisória, mediante termo de comparecimento a todos os atos processuais, sob pena de revogação. *(Redação dada pela Lei n° 12.403/2011)*

Capítulo III – Da Prisão Preventiva
(Redação dada pela Lei n° 5.349/1967)

Art. 311. Em qualquer fase da investigação policial ou do processo penal, caberá a prisão preventiva decretada pelo juiz, de ofício, se no curso da ação penal, ou a requerimento do Ministério Público, do querelante ou do assistente, ou por representação da autoridade policial. *(Redação dada pela Lei n° 12.403/2011)*

Art. 312. A prisão preventiva poderá ser decretada como garantia da ordem pública, da ordem econômica, por conveniência da instrução criminal, ou para assegurar a aplicação da lei penal, quando houver prova da existência do crime e indício suficiente de autoria. *(Redação dada pela Lei nº 12.403/2011)*

Parágrafo único. A prisão preventiva também poderá ser decretada em caso de descumprimento de qualquer das obrigações impostas por força de outras medidas cautelares (art. 282, § 4º). *(Incluído pela Lei nº 12.403/2011)*

Art. 313. Nos termos do art. 312 deste Código, será admitida a decretação da prisão preventiva: *(Redação dada pela Lei nº 12.403/2011)*

I – nos crimes dolosos punidos com pena privativa de liberdade máxima superior a 4 (quatro) anos; *(Redação dada pela Lei nº 12.403/2011)*

II – se tiver sido condenado por outro crime doloso, em sentença transitada em julgado, ressalvado o disposto no inciso I do *caput* do art. 64 do Decreto-Lei nº 2.848, de 7 de dezembro de 1940 – Código Penal; *(Redação dada pela Lei nº 12.403/2011)*

III – se o crime envolver violência doméstica e familiar contra a mulher, criança, adolescente, idoso, enfermo ou pessoa com deficiência, para garantir a execução das medidas protetivas de urgência; *(Redação dada pela Lei nº 12.403/2011)*

IV – *(Revogado pela Lei nº 12.403/2011)*

Parágrafo único. Também será admitida a prisão preventiva quando houver dúvida sobre a identidade civil da pessoa ou quando esta não fornecer elementos suficientes para esclarecê-la, devendo o preso ser colocado imediatamente em liberdade após a identificação, salvo se outra hipótese recomendar a manutenção da medida. *(Incluído pela Lei nº 12.403/2011)*

Art. 314. A prisão preventiva em nenhum caso será decretada se o juiz verificar pelas provas constantes dos autos ter o agente praticado o fato nas condições previstas nos incisos I, II e III do *caput* do art. 23 do Decreto--Lei nº 2.848, de 7 de dezembro de 1940 – Código Penal. *(Redação dada pela Lei nº 12.403/2011)*

Art. 315. A decisão que decretar, substituir ou denegar a prisão preventiva será sempre motivada. *(Redação dada pela Lei nº 12.403/2011)*

Art. 316. O juiz poderá revogar a prisão preventiva se, no correr do processo, verificar a falta de motivo para que subsista, bem como de novo decretá-la, se sobrevierem razões que a justifiquem. *(Redação dada pela Lei nº 5.349/1967)*

Capítulo IV – Da Prisão Domiciliar

(Redação dada pela Lei nº 12.403/2011)

Art. 317. A prisão domiciliar consiste no recolhimento do indiciado ou acusado em sua residência, só podendo dela ausentar-se com autorização judicial. *(Redação dada pela Lei nº 12.403/2011)*

Art. 318. Poderá o juiz substituir a prisão preventiva pela domiciliar quando o agente for: *(Redação dada pela Lei nº 12.403/2011)*

I – maior de 80 (oitenta) anos; *(Incluído pela Lei nº 12.403/2011)*

II – extremamente debilitado por motivo de doença grave; *(Incluído pela Lei nº 12.403/2011)*

III – imprescindível aos cuidados especiais de pessoa menor de 6 (seis) anos de idade ou com deficiência; *(Incluído pela Lei nº 12.403/2011)*

IV – gestante a partir do 7º (sétimo) mês de gravidez ou sendo esta de alto risco. *(Incluído pela Lei nº 12.403/2011)*

Parágrafo único. Para a substituição, o juiz exigirá prova idônea dos requisitos estabelecidos neste artigo. *(Incluído pela Lei nº 12.403/2011)*

Capítulo V – Das outras Medidas Cautelares
(Redação dada pela Lei nº 12.403/2011)

Art. 319. São medidas cautelares diversas da prisão: *(Redação dada pela Lei nº 12.403/2011)*

I – comparecimento periódico em juízo, no prazo e nas condições fixadas pelo juiz, para informar e justificar atividades; *(Redação dada pela Lei nº 12.403/2011)*

II – proibição de acesso ou frequência a determinados lugares quando, por circunstâncias relacionadas ao fato, deva o indiciado ou acusado permanecer distante desses locais para evitar o risco de novas infrações; *(Redação dada pela Lei nº 12.403/2011)*

III – proibição de manter contato com pessoa determinada quando, por circunstâncias relacionadas ao fato, deva o indiciado ou acusado dela permanecer distante; *(Redação dada pela Lei nº 12.403/2011)*

IV – proibição de ausentar-se da Comarca quando a permanência seja conveniente ou necessária para a investigação ou instrução; *(Incluído pela Lei nº 12.403/2011)*

V – recolhimento domiciliar no período noturno e nos dias de folga quando o investigado ou acusado tenha residência e trabalho fixos; *(Incluído pela Lei nº 12.403/2011)*

VI – suspensão do exercício de função pública ou de atividade de natureza econômica ou financeira quando houver justo receio de sua utilização para a prática de infrações penais; *(Incluído pela Lei nº 12.403/2011)*

VII – internação provisória do acusado nas hipóteses de crimes praticados com violência ou grave ameaça, quando os peritos concluírem ser inimputável ou semi-imputável (art. 26 do Código Penal) e houver risco de reiteração; *(Incluído pela Lei nº 12.403/2011)*

VIII – fiança, nas infrações que a admitem, para assegurar o comparecimento a atos do processo, evitar a obstrução do seu andamento ou em caso de resistência injustificada à ordem judicial; *(Incluído pela Lei nº 12.403/2011)*

IX – monitoração eletrônica. *(Incluído pela Lei nº 12.403/2011)*

§ 1º. (Revogado). *(Revogado pela Lei nº 12.403/2011)*

§ 2º. (Revogado). *(Revogado pela Lei nº 12.403/2011)*

§ 3º. (Revogado). *(Revogado pela Lei nº 12.403/2011)*

§ 4º. A fiança será aplicada de acordo com as disposições do Capítulo VI deste Título, podendo ser cumulada com outras medidas cautelares. *(Incluído pela Lei nº 12.403/2011)*

Art. 320. A proibição de ausentar-se do País será comunicada pelo juiz às autoridades encarregadas de fiscalizar as saídas do território nacional, intimando-se o indiciado ou acusado para entregar o passaporte, no prazo de 24 (vinte e quatro) horas. *(Redação dada pela Lei nº 12.403/2011)*

Capítulo VI –Da Liberdade Provisória, com ou sem Fiança

Art. 321. Ausentes os requisitos que autorizam a decretação da prisão preventiva, o juiz deverá conceder liberdade provisória, impondo, se for o caso, as medidas cautelares previstas no art. 319 deste Código e observados os critérios constantes do art. 282 deste Código. *(Redação dada pela Lei nº 12.403/2011)*

I – (revogado); *(Revogado pela Lei nº 12.403/2011)*

II – (revogado). *(Revogado pela Lei nº 12.403/2011)*

Art. 322. A autoridade policial somente poderá conceder fiança nos casos de infração cuja pena privativa de liberdade máxima não seja superior a 4 (quatro) anos. *(Redação dada pela Lei nº 12.403/2011)*

Parágrafo único. Nos demais casos, a fiança será requerida ao juiz, que decidirá em 48 (quarenta e oito) horas. *(Redação dada pela Lei nº 12.403/2011)*

Art. 323. Não será concedida fiança: *(Redação dada pela Lei nº 12.403/2011)*

I – nos crimes de racismo; *(Redação dada pela Lei nº 12.403/2011)*

II – nos crimes de tortura, tráfico ilícito de entorpecentes e drogas afins, terrorismo e nos definidos como crimes hediondos; *(Redação dada pela Lei nº 12.403/2011)*

III – nos crimes cometidos por grupos armados, civis ou militares, contra a ordem constitucional e o Estado Democrático; *(Redação dada pela Lei nº 12.403/2011)*

IV – (revogado); *(Revogado pela Lei nº 12.403/2011)*

V – (revogado). *(Revogado pela Lei nº 12.403/2011)*

Art. 324. Não será, igualmente, concedida fiança: *(Redação dada pela Lei nº 12.403/2011)*

I – aos que, no mesmo processo, tiverem quebrado fiança anteriormente concedida ou infringido, sem motivo justo, qualquer das obrigações a que se referem os arts. 327 e 328 deste Código; *(Redação dada pela Lei nº 12.403/2011)*

II – em caso de prisão civil ou militar; *(Redação dada pela Lei nº 12.403/2011)*

III –(revogado); *(Revogado pela Lei nº 12.403/2011)*

IV – quando presentes os motivos que autorizam a decretação da prisão preventiva (art. 312). *(Redação dada pela Lei nº 12.403/2011)*

Art. 325. O valor da fiança será fixado pela autoridade que a conceder nos seguintes limites: *(Redação dada pela Lei nº 12.403/2011)*

a) (revogada); *(Revogada pela Lei nº 12.403/2011)*

b) (revogada); *(Revogada pela Lei nº 12.403/2011)*

c) (revogada). *(Revogada pela Lei nº 12.403/2011)*

I – de 1 (um) a 100 (cem) salários mínimos, quando se tratar de infração cuja pena privativa de liberdade, no grau máximo, não for superior a 4 (quatro) anos; *(Incluído pela Lei nº 12.403/2011)*

II – de 10 (dez) a 200 (duzentos) salários mínimos, quando o máximo da pena privativa de liberdade cominada for superior a 4 (quatro) anos. *(Incluído pela Lei nº 12.403/2011)*

§ 1º. Se assim recomendar a situação econômica do preso, a fiança poderá ser: *(Redação dada pela Lei nº 12.403/2011)*

I – dispensada, na forma do art. 350 deste Código; *(Redação dada pela Lei nº 12.403/2011)*

II – reduzida até o máximo de 2/3 (dois terços); ou *(Redação dada pela Lei nº 12.403/2011)*

III – aumentada em até 1.000 (mil) vezes. *(Incluído pela Lei nº 12.403/2011)*

§ 2º. (Revogado). *(Revogado pela Lei nº 12.403/2011)*

I – (revogado); *(Revogado pela Lei nº 12.403/2011)*

II – (revogado); *(Revogado pela Lei nº 12.403/2011)*

III – (revogado). *(Revogado pela Lei nº 12.403/2011)*

Art. 326. Para determinar o valor da fiança, a autoridade terá em consideração a natureza da infração, as condições pessoais de fortuna e vida pregressa do acusado, as circunstâncias indicativas de sua periculosidade, bem como a importância provável das custas do processo, até final julgamento.

Art. 327. A fiança tomada por termo obrigará o afiançado a comparecer perante a autoridade, todas as vezes que for intimado para atos do inquérito e da instrução criminal e para o julgamento. Quando o réu não comparecer, a fiança será havida como quebrada.

Art. 328. O réu afiançado não poderá, sob pena de quebramento da fiança, mudar de residência, sem prévia permissão da autoridade processante, ou ausentar-se por mais de 8 (oito) dias de sua residência, sem comunicar àquela autoridade o lugar onde será encontrado.

Art. 329. Nos juízos criminais e delegacias de polícia, haverá um livro especial, com termos de abertura e de encerramento, numerado e rubricado em todas as suas folhas pela autoridade, destinado especialmente aos termos de fiança. O termo será lavrado pelo escrivão e assinado pela autoridade e por quem prestar a fiança, e dele extrair-se-á certidão para juntar-se aos autos.

260 | Manual de polícia judiciária: doutrina e prática

Parágrafo único. O réu e quem prestar a fiança serão pelo escrivão notificados das obrigações e da sanção previstas nos arts. 327 e 328, o que constará dos autos.

Art. 330. A fiança, que será sempre definitiva, consistirá em depósito de dinheiro, pedras, objetos ou metais preciosos, títulos da dívida pública, federal, estadual ou municipal, ou em hipoteca inscrita em primeiro lugar.

§ 1º. A avaliação de imóvel, ou de pedras, objetos ou metais preciosos será feita imediatamente por perito nomeado pela autoridade.

§ 2º. Quando a fiança consistir em caução de títulos da dívida pública, o valor será determinado pela sua cotação em Bolsa, e, sendo nominativos, exigir-se-á prova de que se acham livres de ônus.

Art. 331. O valor em que consistir a fiança será recolhido à repartição arrecadadora federal ou estadual, ou entregue ao depositário público, juntando-se aos autos os respectivos conhecimentos.

Parágrafo único. Nos lugares em que o depósito não se puder fazer de pronto, o valor será entregue ao escrivão ou pessoa abonada, a critério da autoridade, e dentro de três dias dar-se-á ao valor o destino que lhe assina este artigo, o que tudo constará do termo de fiança.

Art. 332. Em caso de prisão em flagrante, será competente para conceder a fiança a autoridade que presidir ao respectivo auto, e, em caso de prisão por mandado, o juiz que o houver expedido, ou a autoridade judiciária ou policial a quem tiver sido requisitada a prisão.

Art. 333. Depois de prestada a fiança, que será concedida independentemente de audiência do Ministério Público, este terá vista do processo a fim de requerer o que julgar conveniente.

Art. 334. A fiança poderá ser prestada enquanto não transitar em julgado a sentença condenatória. *(Redação dada pela Lei nº 12.403/2011)*

Art. 335. Recusando ou retardando a autoridade policial a concessão da fiança, o preso, ou alguém por ele, poderá prestá-la, mediante simples petição, perante o juiz competente, que decidirá em 48 (quarenta e oito) horas. *(Redação dada pela Lei nº 12.403/2011)*

Art. 336. O dinheiro ou objetos dados como fiança servirão ao pagamento das custas, da indenização do dano, da prestação pecuniária e da multa, se o réu for condenado. *(Redação dada pela Lei nº 12.403/2011)*

Parágrafo único. Este dispositivo terá aplicação ainda no caso da prescrição depois da sentença condenatória (art. 110 do Código Penal). *(Redação dada pela Lei nº 12.403/2011)*

Art. 337. Se a fiança for declarada sem efeito ou passar em julgado sentença que houver absolvido o acusado ou declarada extinta a ação penal, o valor que a constituir, atualizado, será restituído sem desconto, salvo o disposto no parágrafo único do art. 336 deste Código. *(Redação dada pela Lei nº 12.403/2011)*

Art. 338. A fiança que se reconheça não ser cabível na espécie será cassada em qualquer fase do processo.

Art. 339. Será também cassada a fiança quando reconhecida a existência de delito inafiançável, no caso de inovação na classificação do delito.

Art. 340. Será exigido o reforço da fiança:

I – quando a autoridade tomar, por engano, fiança insuficiente;

II – quando houver depreciação material ou perecimento dos bens hipotecados ou caucionados, ou depreciação dos metais ou pedras preciosas;

III – quando for inovada a classificação do delito.

Parágrafo único. A fiança ficará sem efeito e o réu será recolhido à prisão, quando, na conformidade deste artigo, não for reforçada.

Art. 341. Julgar-se-á quebrada a fiança quando o acusado: *(Redação dada pela Lei nº 12.403/2011)*

I – regularmente intimado para ato do processo, deixar de comparecer, sem motivo justo; *(Incluído pela Lei nº 12.403/2011)*

II – deliberadamente praticar ato de obstrução ao andamento do processo; *(Incluído pela Lei nº 12.403/2011)*

III – descumprir medida cautelar imposta cumulativamente com a fiança; *(Incluído pela Lei nº 12.403/2011)*

IV – resistir injustificadamente a ordem judicial; *(Incluído pela Lei nº 12.403/2011)*

V – praticar nova infração penal dolosa. *(Incluído pela Lei nº 12.403/2011)*

Art. 342. Se vier a ser reformado o julgamento em que se declarou quebrada a fiança, esta subsistirá em todos os seus efeitos

Art. 343. O quebramento injustificado da fiança importará na perda de metade do seu valor, cabendo ao juiz decidir sobre a imposição de outras medidas cautelares ou, se for o caso, a decretação da prisão preventiva. *(Redação dada pela Lei nº 12.403/2011)*

Art. 344. Entender-se-á perdido, na totalidade, o valor da fiança, se, condenado, o acusado não se apresentar para o início do cumprimento da pena definitivamente imposta. *(Redação dada pela Lei nº 12.403/2011)*

Art. 345. No caso de perda da fiança, o seu valor, deduzidas as custas e mais encargos a que o acusado estiver obrigado, será recolhido ao fundo penitenciário, na forma da lei. *(Redação dada pela Lei nº 12.403/2011)*

Art. 346. No caso de quebramento de fiança, feitas as deduções previstas no art. 345 deste Código, o valor restante será recolhido ao fundo penitenciário, na forma da lei. *(Redação dada pela Lei nº 12.403/2011)*

Art. 347. Não ocorrendo a hipótese do art. 345, o saldo será entregue a quem houver prestado a fiança, depois de deduzidos os encargos a que o réu estiver obrigado.

Art. 348. Nos casos em que a fiança tiver sido prestada por meio de hipoteca, a execução será promovida no juízo cível pelo órgão do Ministério Público.

Art. 349. Se a fiança consistir em pedras, objetos ou metais preciosos, o juiz determinará a venda por leiloeiro ou corretor.

Art. 350. Nos casos em que couber fiança, o juiz, verificando a situação econômica do preso, poderá conceder-lhe liberdade provisória, sujeitando-o às obrigações constantes dos arts. 327 e 328 deste Código e a outras medidas cautelares, se for o caso. *(Redação dada pela Lei nº 12.403/2011)*

Parágrafo único. Se o beneficiado descumprir, sem motivo justo, qualquer das obrigações ou medidas impostas, aplicar-se-á o disposto no § 4º do art. 282 deste Código. *(Redação dada pela Lei nº 12.403/2011)*

LIVRO VI – DISPOSIÇÕES GERAIS

Art. 810. Este Código entrará em vigor no dia 1º de janeiro de 1942.

Art. 811. Revogam-se as disposições em contrário.

Rio de Janeiro, em 3 de outubro de 1941; 120º da Independência e 53º da República.

Getúlio Vargas

DOU de 13.10.1941

4. LEI Nº 7.210, DE 11 DE JULHO DE 1984 (Excertos)

Institui a Lei de Execução Penal.

O Presidente da República, faço saber que o Congresso Nacional decreta e eu sanciono a seguinte Lei:

TÍTULO I – DO OBJETO E DA APLICAÇÃO DA LEI DE EXECUÇÃO PENAL

Art. 1º. A execução penal tem por objetivo efetivar as disposições de sentença ou decisão criminal e proporcionar condições para a harmônica integração social do condenado e do internado.

Art. 2º. A jurisdição penal dos Juízes ou Tribunais da Justiça ordinária, em todo o Território Nacional, será exercida, no processo de execução, na conformidade desta Lei e do Código de Processo Penal.

Parágrafo único. Esta Lei aplicar-se-á igualmente ao preso provisório e ao condenado pela Justiça Eleitoral ou Militar, quando recolhido a estabelecimento sujeito à jurisdição ordinária.

Art. 3º. Ao condenado e ao internado serão assegurados todos os direitos não atingidos pela sentença ou pela lei.

Parágrafo único. Não haverá qualquer distinção de natureza racial, social, religiosa ou política.

Art. 4º. O Estado deverá recorrer à cooperação da comunidade nas atividades de execução da pena e da medida de segurança.

TÍTULO V – DA EXECUÇÃO DAS PENAS EM ESPÉCIE

Capítulo I – Das Penas Privativas de Liberdade

Seção IV – Da Remição

Art. 126. O condenado que cumpre a pena em regime fechado ou semiaberto poderá remir, por trabalho ou por estudo, parte do tempo de execução da pena. *(Redação dada pela Lei nº 12.433/2011).*

§ 1º. A contagem de tempo referida no *caput* será feita à razão de: *(Redação dada pela Lei nº 12.433/2011)*

I – 1 (um) dia de pena a cada 12 (doze) horas de frequência escolar – atividade de ensino fundamental, médio, inclusive profissionalizante, ou superior, ou ainda de requalificação profissional – divididas, no mínimo, em 3 (três) dias; *(Incluído pela Lei nº 12.433/2011)*

II – 1 (um) dia de pena a cada 3 (três) dias de trabalho. *(Incluído pela Lei nº 12.433/2011)*

§ 2º. As atividades de estudo a que se refere o § 1º deste artigo poderão ser desenvolvidas de forma presencial ou por metodologia de ensino a distância e deverão ser certificadas pelas autoridades educacionais competentes dos cursos frequentados. *(Redação dada pela Lei nº 12.433/2011)*

§ 3º. Para fins de cumulação dos casos de remição, as horas diárias de trabalho e de estudo serão definidas de forma a se compatibilizarem. *(Redação dada pela Lei nº 12.433/2011)*

§ 4º. O preso impossibilitado, por acidente, de prosseguir no trabalho ou nos estudos continuará a beneficiar-se com a remição. *(Incluído pela Lei nº 12.433/2011)*

§ 5º. O tempo a remir em função das horas de estudo será acrescido de 1/3 (um terço) no caso de conclusão do ensino fundamental, médio ou superior durante o cumprimento da pena, desde que certificada pelo órgão competente do sistema de educação. *(Incluído pela Lei nº 12.433/2011)*

§ 6º. O condenado que cumpre pena em regime aberto ou semiaberto e o que usufrui liberdade condicional poderão remir, pela frequência a curso de ensino regular ou de educação profissional, parte do tempo de execução da pena ou do período de prova, observado o disposto no inciso I do § 1º deste artigo. *(Incluído pela Lei nº 12.433/2011)*

§ 7º. O disposto neste artigo aplica-se às hipóteses de prisão cautelar. *(Incluído pela Lei nº 12.433/2011)*

§ 8º. A remição será declarada pelo juiz da execução, ouvidos o Ministério Público e a defesa. *(Incluído pela Lei nº 12.433/2011)*

Art. 127. Em caso de falta grave, o juiz poderá revogar até 1/3 (um terço) do tempo remido, observado o disposto no art. 57, recomeçando a contagem a partir da data da infração disciplinar. *(Redação dada pela Lei nº 12.433/2011)*

Art. 128. O tempo remido será computado como pena cumprida, para todos os efeitos. *(Redação dada pela Lei nº 12.433/2011)*

Art. 129. A autoridade administrativa encaminhará mensalmente ao juízo da execução cópia do registro de todos os condenados que estejam trabalhando ou estudando, com informação dos dias de trabalho ou das horas de frequência escolar ou de atividades de ensino de cada um deles. *(Redação dada pela Lei nº 12.433/2011)*

§ 1º. O condenado autorizado a estudar fora do estabelecimento penal deverá comprovar mensalmente, por meio de declaração da respectiva unidade de ensino, a frequência e o aproveitamento escolar. *(Incluído pela Lei nº 12.433/2011)*

§ 2º. Ao condenado dar-se-á a relação de seus dias remidos. *(Incluído pela Lei nº 12.433/2011)*

Art. 130. Constitui o crime do art. 299 do Código Penal declarar ou atestar falsamente prestação de serviço para fim de instruir pedido de remição.

TÍTULO IX – DAS DISPOSIÇÕES FINAIS E TRANSITÓRIAS

Art. 204. Esta Lei entra em vigor concomitantemente com a lei de reforma da Parte Geral do Código Penal, revogadas as disposições em contrário, especialmente a Lei nº 3.274, de 2 de outubro de 1957.

Brasília, 11 de julho de 1984; 163º da Independência e 96º da República.

João Figueiredo
DOU de 13.7.1984

5. LEI Nº 7.960, DE 21 DE DEZEMBRO DE 1989

Dispõe sobre prisão temporária.

O Presidente da República, faço saber que o Congresso Nacional decreta e eu sanciono a seguinte Lei:

Art. 1º. Caberá prisão temporária:

I – quando imprescindível para as investigações do inquérito policial;

II – quando o indicado não tiver residência fixa ou não fornecer elementos necessários ao esclarecimento de sua identidade;

III – quando houver fundadas razões, de acordo com qualquer prova admitida na legislação penal, de autoria ou participação do indiciado nos seguintes crimes:

a) homicídio doloso (art. 121, *caput*, e seu § 2º);

b) sequestro ou cárcere privado (art. 148, *caput*, e seus §§ 1º e 2º);

c) roubo (art. 157, *caput*, e seus §§ 1º, 2º e 3º);

d) extorsão (art. 158, *caput*, e seus §§ 1º e 2º);

e) extorsão mediante sequestro (art. 159, *caput*, e seus §§ 1º, 2º e 3º);

f) estupro (art. 213, *caput*, e sua combinação com o art. 223, *caput*, e parágrafo único);

g) atentado violento ao pudor (art. 214, *caput*, e sua combinação com o art. 223, *caput*, e parágrafo único);

h) rapto violento (art. 219, e sua combinação com o art. 223, *caput*, e parágrafo único);

i) epidemia com resultado de morte (art. 267, § 1º);

j) envenenamento de água potável ou substância alimentícia ou medicinal qualificado pela morte (art. 270, *caput*, combinado com art. 285);

l) quadrilha ou bando (art. 288), todos do Código Penal;

m) genocídio (arts. 1º, 2º e 3º da Lei nº 2.889, de 1º de outubro de 1956), em qualquer de sua formas típicas;

n) tráfico de drogas (art. 12 da Lei n° 6.368, de 21 de outubro de 1976);

o) crimes contra o sistema financeiro (Lei n° 7.492, de 16 de junho de 1986).

Art. 2°. A prisão temporária será decretada pelo Juiz, em face da representação da autoridade policial ou de requerimento do Ministério Público, e terá o prazo de 5 (cinco) dias, prorrogável por igual período em caso de extrema e comprovada necessidade.

§ 1°. Na hipótese de representação da autoridade policial, o Juiz, antes de decidir, ouvirá o Ministério Público.

§ 2°. O despacho que decretar a prisão temporária deverá ser fundamentado e prolatado dentro do prazo de 24 (vinte e quatro) horas, contadas a partir do recebimento da representação ou do requerimento.

§ 3°. O Juiz poderá, de ofício, ou a requerimento do Ministério Público e do Advogado, determinar que o preso lhe seja apresentado, solicitar informações e esclarecimentos da autoridade policial e submetê-lo a exame de corpo de delito.

§ 4°. Decretada a prisão temporária, expedir-se-á mandado de prisão, em duas vias, uma das quais será entregue ao indiciado e servirá como nota de culpa.

§ 5°. A prisão somente poderá ser executada depois da expedição de mandado judicial.

§ 6°. Efetuada a prisão, a autoridade policial informará o preso dos direitos previstos no art. 5° da Constituição Federal.

§ 7°. Decorrido o prazo de cinco dias de detenção, o preso deverá ser posto imediatamente em liberdade, salvo se já tiver sido decretada sua prisão preventiva.

Art. 3°. Os presos temporários deverão permanecer, obrigatoriamente, separados dos demais detentos.

Art. 4°. O art. 4° da Lei n° 4.898, de 9 de dezembro de 1965, fica acrescido da alínea "i", com a seguinte redação:

> *"Art. 4° (...)*
>
> *i) prolongar a execução de prisão temporária, de pena ou de medida de segurança, deixando de expedir em tempo oportuno ou de cumprir imediatamente ordem de liberdade;"*

Art. 5°. Em todas as comarcas e seções judiciárias haverá um plantão permanente de vinte e quatro horas do Poder Judiciário e do Ministério Público para apreciação dos pedidos de prisão temporária.

Art. 6°. Esta Lei entra em vigor na data de sua publicação.

Art. 7°. Revogam-se as disposições em contrário.

Brasília, 21 de dezembro de 1989; 168° da Independência e 101° da República.

José Sarney

DOU de 22.12.1989

6. LEI N° 8.069, DE 13 DE JULHO DE 1990 (Excertos)

Dispõe sobre o Estatuto da Criança e do Adolescente e dá outras providências.

O Presidente da República, faço saber que o Congresso Nacional decreta e eu sanciono a seguinte Lei:

TÍTULO I – DAS DISPOSIÇÕES PRELIMINARES

Art. 1°. Esta Lei dispõe sobre a proteção integral à criança e ao adolescente.

Art. 2°. Considera-se criança, para os efeitos desta Lei, a pessoa até doze anos de idade incompletos, e adolescente aquela entre doze e dezoito anos de idade.

Parágrafo único. Nos casos expressos em lei, aplica-se excepcionalmente este Estatuto às pessoas entre dezoito e vinte e um anos de idade.

Art. 3º. A criança e o adolescente gozam de todos os direitos fundamentais inerentes à pessoa humana, sem prejuízo da proteção integral de que trata esta Lei, assegurando-se-lhes, por lei ou por outros meios, todas as oportunidades e facilidades, a fim de lhes facultar o desenvolvimento físico, mental, moral, espiritual e social, em condições de liberdade e de dignidade.

Art. 4º. É dever da família, da comunidade, da sociedade em geral e do poder público assegurar, com absoluta prioridade, a efetivação dos direitos referentes à vida, à saúde, à alimentação, à educação, ao esporte, ao lazer, à profissionalização, à cultura, à dignidade, ao respeito, à liberdade e à convivência familiar e comunitária.

Parágrafo único. A garantia de prioridade compreende:

a) primazia de receber proteção e socorro em quaisquer circunstâncias;

b) precedência de atendimento nos serviços públicos ou de relevância pública;

c) preferência na formulação e na execução das políticas sociais públicas;

d) destinação privilegiada de recursos públicos nas áreas relacionadas com a proteção à infância e à juventude.

Art. 5º. Nenhuma criança ou adolescente será objeto de qualquer forma de negligência, discriminação, exploração, violência, crueldade e opressão, punido na forma da lei qualquer atentado, por ação ou omissão, aos seus direitos fundamentais.

Art. 6º. Na interpretação desta Lei levar-se-ão em conta os fins sociais a que ela se dirige, as exigências do bem comum, os direitos e deveres individuais e coletivos, e a condição peculiar da criança e do adolescente como pessoas em desenvolvimento.

TÍTULO III – DA PRÁTICA DE ATO INFRACIONAL

Capítulo I – Disposições Gerais

Art. 103. Considera-se ato infracional a conduta descrita como crime ou contravenção penal.

Art. 104. São penalmente inimputáveis os menores de dezoito anos, sujeitos às medidas previstas nesta Lei.

Parágrafo único. Para os efeitos desta Lei, deve ser considerada a idade do adolescente à data do fato.

Art. 105. Ao ato infracional praticado por criança corresponderão as medidas previstas no art. 101.

Capítulo II – Dos Direitos Individuais

Art. 106. Nenhum adolescente será privado de sua liberdade senão em flagrante de ato infracional ou por ordem escrita e fundamentada da autoridade judiciária competente.

Parágrafo único. O adolescente tem direito à identificação dos responsáveis pela sua apreensão, devendo ser informado acerca de seus direitos.

Art. 107. A apreensão de qualquer adolescente e o local onde se encontra recolhido serão incontinente comunicados à autoridade judiciária competente e à família do apreendido ou à pessoa por ele indicada.

Parágrafo único. Examinar-se-á, desde logo e sob pena de responsabilidade, a possibilidade de liberação imediata.

Art. 108. A internação, antes da sentença, pode ser determinada pelo prazo máximo de quarenta e cinco dias.

Parágrafo único. A decisão deverá ser fundamentada e basear-se em indícios suficientes de autoria e materialidade, demonstrada a necessidade imperiosa da medida.

Art. 109. O adolescente civilmente identificado não será submetido a identificação compulsória pelos órgãos policiais, de proteção e judiciais, salvo para efeito de confrontação, havendo dúvida fundada.

Capítulo III – Das Garantias Processuais

Art. 110. Nenhum adolescente será privado de sua liberdade sem o devido processo legal.

Art. 111. São asseguradas ao adolescente, entre outras, as seguintes garantias:

I – pleno e formal conhecimento da atribuição de ato infracional, mediante citação ou meio equivalente;

II – igualdade na relação processual, podendo confrontar-se com vítimas e testemunhas e produzir todas as provas necessárias à sua defesa;

III – defesa técnica por advogado;

IV – assistência judiciária gratuita e integral aos necessitados, na forma da lei;

V – direito de ser ouvido pessoalmente pela autoridade competente;

VI – direito de solicitar a presença de seus pais ou responsável em qualquer fase do procedimento.

TÍTULO VI – DO ACESSO À JUSTIÇA

Capítulo III – Dos Procedimentos

Seção V – Da Apuração de Ato Infracional Atribuído a Adolescente

Art. 171. O adolescente apreendido por força de ordem judicial será, desde logo, encaminhado à autoridade judiciária.

Art. 172. O adolescente apreendido em flagrante de ato infracional será, desde logo, encaminhado à autoridade policial competente.

Parágrafo único. Havendo repartição policial especializada para atendimento de adolescente e em se tratando de ato infracional praticado em co-autoria com maior, prevalecerá a atribuição da repartição especializada, que, após as providências necessárias e conforme o caso, encaminhará o adulto à repartição policial própria.

Art. 173. Em caso de flagrante de ato infracional cometido mediante violência ou grave ameaça a pessoa, a autoridade policial, sem prejuízo do disposto nos arts. 106, parágrafo único, e 107, deverá:

I – lavrar auto de apreensão, ouvidos as testemunhas e o adolescente;

II – apreender o produto e os instrumentos da infração;

III – requisitar os exames ou perícias necessários à comprovação da materialidade e autoria da infração.

Parágrafo único. Nas demais hipóteses de flagrante, a lavratura do auto poderá ser substituída por boletim de ocorrência circunstanciada.

Art. 174. Comparecendo qualquer dos pais ou responsável, o adolescente será prontamente liberado pela autoridade policial, sob termo de compromisso e responsabilidade de sua apresentação ao representante do Ministério Público, no mesmo dia ou, sendo impossível, no primeiro dia útil imediato, exceto quando, pela gravidade do ato infracional e sua repercussão social, deva o adolescente permanecer sob internação para garantia de sua segurança pessoal ou manutenção da ordem pública.

Art. 175. Em caso de não liberação, a autoridade policial encaminhará, desde logo, o adolescente ao representante do Ministério Público, juntamente com cópia do auto de apreensão ou boletim de ocorrência.

§ 1º. Sendo impossível a apresentação imediata, a autoridade policial encaminhará o adolescente à entidade de atendimento, que fará a apresentação ao representante do Ministério Público no prazo de vinte e quatro horas.

§ 2º. Nas localidades onde não houver entidade de atendimento, a apresentação far-se-á pela autoridade policial. À falta de repartição policial especializada, o adolescente aguardará a apresentação em dependência separada da destinada a maiores, não podendo, em qualquer hipótese, exceder o prazo referido no parágrafo anterior.

Art. 176. Sendo o adolescente liberado, a autoridade policial encaminhará imediatamente ao representante do Ministério Público cópia do auto de apreensão ou boletim de ocorrência.

Art. 177. Se, afastada a hipótese de flagrante, houver indícios de participação de adolescente na prática de ato infracional, a autoridade policial encaminhará ao representante do Ministério Público relatório das investigações e demais documentos.

Art. 178. O adolescente a quem se atribua autoria de ato infracional não poderá ser conduzido ou transportado em compartimento fechado de veículo policial, em condições atentatórias à sua dignidade, ou que impliquem risco à sua integridade física ou mental, sob pena de responsabilidade.

Art. 179. Apresentado o adolescente, o representante do Ministério Público, no mesmo dia e à vista do auto de apreensão, boletim de ocorrência ou relatório policial, devidamente autuados pelo cartório judicial e com informação sobre os antecedentes do adolescente, procederá imediata e informalmente à sua oitiva e, em sendo possível, de seus pais ou responsável, vítima e testemunhas.

Parágrafo único. Em caso de não apresentação, o representante do Ministério Público notificará os pais ou responsável para apresentação do adolescente, podendo requisitar o concurso das polícias civil e militar.

Art. 180. Adotadas as providências a que alude o artigo anterior, o representante do Ministério Público poderá:

I – promover o arquivamento dos autos;

II – conceder a remissão;

III – representar à autoridade judiciária para aplicação de medida sócio-educativa.

Art. 181. Promovido o arquivamento dos autos ou concedida a remissão pelo representante do Ministério Público, mediante termo fundamentado, que conterá o resumo dos fatos, os autos serão conclusos à autoridade judiciária para homologação.

§ 1º. Homologado o arquivamento ou a remissão, a autoridade judiciária determinará, conforme o caso, o cumprimento da medida.

§ 2º. Discordando, a autoridade judiciária fará remessa dos autos ao Procurador-Geral de Justiça, mediante despacho fundamentado, e este oferecerá representação, designará outro membro do Ministério Público para apresentá-la, ou ratificará o arquivamento ou a remissão, que só então estará a autoridade judiciária obrigada a homologar.

Art. 182. Se, por qualquer razão, o representante do Ministério Público não promover o arquivamento ou conceder a remissão, oferecerá representação à autoridade judiciária, propondo a instauração de procedimento para aplicação da medida sócio-educativa que se afigurar a mais adequada.

§ 1º. A representação será oferecida por petição, que conterá o breve resumo dos fatos e a classificação do ato infracional e, quando necessário, o rol de testemunhas, podendo ser deduzida oralmente, em sessão diária instalada pela autoridade judiciária.

§ 2º. A representação independe de prova pré-constituída da autoria e materialidade.

Art. 183. O prazo máximo e improrrogável para a conclusão do procedimento, estando o adolescente internado provisoriamente, será de quarenta e cinco dias.

Art. 184. Oferecida a representação, a autoridade judiciária designará audiência de apresentação do adolescente, decidindo, desde logo, sobre a decretação ou manutenção da internação, observado o disposto no art. 108 e parágrafo.

§ 1º. O adolescente e seus pais ou responsável serão cientificados do teor da representação, e notificados a comparecer à audiência, acompanhados de advogado.

§ 2º. Se os pais ou responsável não forem localizados, a autoridade judiciária dará curador especial ao adolescente.

§ 3º. Não sendo localizado o adolescente, a autoridade judiciária expedirá mandado de busca e apreensão, determinando o sobrestamento do feito, até a efetiva apresentação.

§ 4º. Estando o adolescente internado, será requisitada a sua apresentação, sem prejuízo da notificação dos pais ou responsável.

Art. 185. A internação, decretada ou mantida pela autoridade judiciária, não poderá ser cumprida em estabelecimento prisional.

§ 1º. Inexistindo na comarca entidade com as características definidas no art. 123, o adolescente deverá ser imediatamente transferido para a localidade mais próxima.

§ 2º. Sendo impossível a pronta transferência, o adolescente aguardará sua remoção em repartição policial, desde que em seção isolada dos adultos e com instalações apropriadas, não podendo ultrapassar o prazo máximo de cinco dias, sob pena de responsabilidade.

Art. 186. Comparecendo o adolescente, seus pais ou responsável, a autoridade judiciária procederá à oitiva dos mesmos, podendo solicitar opinião de profissional qualificado.

§ 1º. Se a autoridade judiciária entender adequada a remissão, ouvirá o representante do Ministério Público, proferindo decisão.

§ 2º. Sendo o fato grave, passível de aplicação de medida de internação ou colocação em regime de semi-liberdade, a autoridade judiciária, verificando que o adolescente não possui advogado constituído, nomeará defensor, designando, desde logo, audiência em continuação, podendo determinar a realização de diligências e estudo do caso.

§ 3º. O advogado constituído ou o defensor nomeado, no prazo de três dias contado da audiência de apresentação, oferecerá defesa prévia e rol de testemunhas.

§ 4º. Na audiência em continuação, ouvidas as testemunhas arroladas na representação e na defesa prévia, cumpridas as diligências e juntado o relatório da equipe interprofissional, será dada a palavra ao representante do Ministério Público e ao defensor, sucessivamente, pelo tempo de vinte minutos para cada um, prorrogável por mais dez, a critério da autoridade judiciária, que em seguida proferirá decisão.

Art. 187. Se o adolescente, devidamente notificado, não comparecer, injustificadamente à audiência de apresentação, a autoridade judiciária designará nova data, determinando sua condução coercitiva.

Art. 188. A remissão, como forma de extinção ou suspensão do processo, poderá ser aplicada em qualquer fase do procedimento, antes da sentença.

Art. 189. A autoridade judiciária não aplicará qualquer medida, desde que reconheça na sentença:

I – estar provada a inexistência do fato;

II – não haver prova da existência do fato;

III – não constituir o fato ato infracional;

IV – não existir prova de ter o adolescente concorrido para o ato infracional.

Parágrafo único. Na hipótese deste artigo, estando o adolescente internado, será imediatamente colocado em liberdade.

Art. 190. A intimação da sentença que aplicar medida de internação ou regime de semiliberdade será feita:

I – ao adolescente e ao seu defensor;

II – quando não for encontrado o adolescente, a seus pais ou responsável, sem prejuízo do defensor.

§ 1º. Sendo outra a medida aplicada, a intimação far-se-á unicamente na pessoa do defensor.

§ 2º. Recaindo a intimação na pessoa do adolescente, deverá este manifestar se deseja ou não recorrer da sentença.

TÍTULO VII – DOS CRIMES E DAS INFRAÇÕES ADMINISTRATIVAS

Capítulo I – Dos Crimes

Seção I – Disposições Gerais

Art. 225. Este Capítulo dispõe sobre crimes praticados contra a criança e o adolescente, por ação ou omissão, sem prejuízo do disposto na legislação penal.

Art. 226. Aplicam-se aos crimes definidos nesta Lei as normas da Parte Geral do Código Penal e, quanto ao processo, as pertinentes ao Código de Processo Penal.

Art. 227. Os crimes definidos nesta Lei são de ação pública incondicionada.

Seção II – Dos Crimes em Espécie

Art. 228. Deixar o encarregado de serviço ou o dirigente de estabelecimento de atenção à saúde de gestante de manter registro das atividades desenvolvidas, na forma e prazo referidos no art. 10 desta Lei, bem como de fornecer à parturiente ou a seu responsável, por ocasião da alta médica, declaração de nascimento, onde constem as intercorrências do parto e do desenvolvimento do neonato:

Pena – detenção de seis meses a dois anos.

Parágrafo único. Se o crime é culposo:

Pena – detenção de dois a seis meses, ou multa.

Art. 229. Deixar o médico, enfermeiro ou dirigente de estabelecimento de atenção à saúde de gestante de identificar corretamente o neonato e a parturiente, por ocasião do parto, bem como deixar de proceder aos exames referidos no art. 10 desta Lei:

Pena – detenção de seis meses a dois anos.

Parágrafo único. Se o crime é culposo:

Pena – detenção de dois a seis meses, ou multa.

Art. 230. Privar a criança ou o adolescente de sua liberdade, procedendo à sua apreensão sem estar em flagrante de ato infracional ou inexistindo ordem escrita da autoridade judiciária competente:

Pena – detenção de seis meses a dois anos.

Parágrafo único. Incide na mesma pena aquele que procede à apreensão sem observância das formalidades legais.

Art. 231. Deixar a autoridade policial responsável pela apreensão de criança ou adolescente de fazer imediata comunicação à autoridade judiciária competente e à família do apreendido ou à pessoa por ele indicada:

Pena – detenção de seis meses a dois anos.

Art. 232. Submeter criança ou adolescente sob sua autoridade, guarda ou vigilância a vexame ou a constrangimento:

Pena – detenção de seis meses a dois anos.

Art. 233. (Revogado). *(Revogado pela Lei nº 9.455/1997)*

Art. 234. Deixar a autoridade competente, sem justa causa, de ordenar a imediata liberação de criança ou adolescente, tão logo tenha conhecimento da ilegalidade da apreensão:

Pena – detenção de seis meses a dois anos.

Art. 235. Descumprir, injustificadamente, prazo fixado nesta Lei em benefício de adolescente privado de liberdade:

Pena – detenção de seis meses a dois anos.

Art. 236. Impedir ou embaraçar a ação de autoridade judiciária, membro do Conselho Tutelar ou representante do Ministério Público no exercício de função prevista nesta Lei:

Pena – detenção de seis meses a dois anos.

Art. 237. Subtrair criança ou adolescente ao poder de quem o tem sob sua guarda em virtude de lei ou ordem judicial, com o fim de colocação em lar substituto:

Pena – reclusão de dois a seis anos, e multa.

Art. 238. Prometer ou efetivar a entrega de filho ou pupilo a terceiro, mediante paga ou recompensa:

Pena – reclusão de um a quatro anos, e multa.

Parágrafo único. Incide nas mesmas penas quem oferece ou efetiva a paga ou recompensa.

Art. 239. Promover ou auxiliar a efetivação de ato destinado ao envio de criança ou adolescente para o exterior com inobservância das formalidades legais ou com o fito de obter lucro:

Pena – reclusão de quatro a seis anos, e multa.

Parágrafo único. Se há emprego de violência, grave ameaça ou fraude: *(Incluído pela Lei nº 10.764/2003)*

Pena – reclusão, de 6 (seis) a 8 (oito) anos, além da pena correspondente à violência. *(Incluído pela Lei nº 10.764/2003)*

Art. 240. Produzir, reproduzir, dirigir, fotografar, filmar ou registrar, por qualquer meio, cena de sexo explícito ou pornográfica, envolvendo criança ou adolescente: *(Redação dada pela Lei nº 11.829/2008)*

Pena – reclusão, de 4 (quatro) a 8 (oito) anos, e multa. *(Redação dada pela Lei nº 11.829/2008)*

§ 1º. Incorre nas mesmas penas quem agencia, facilita, recruta, coage, ou de qualquer modo intermedeia a participação de criança ou adolescente nas cenas referidas no *caput* deste artigo, ou ainda quem com esses contracena. *(Redação dada pela Lei nº 11.829/2008)*

§ 2º. Aumenta-se a pena de 1/3 (um terço) se o agente comete o crime: *(Redação dada pela Lei nº 11.829/2008)*

I – no exercício de cargo ou função pública ou a pretexto de exercê-la; *(Redação dada pela Lei nº 11.829/2008)*

II – prevalecendo-se de relações domésticas, de coabitação ou de hospitalidade; ou *(Redação dada pela Lei nº 11.829/2008)*

III – prevalecendo-se de relações de parentesco consanguíneo ou afim até o terceiro grau, ou por adoção, de tutor, curador, preceptor, empregador da vítima ou de quem, a qualquer outro título, tenha autoridade sobre ela, ou com seu consentimento. *(Redação dada pela Lei nº 11.829/2008)*

Art. 241. Vender ou expor à venda fotografia, vídeo ou outro registro que contenha cena de sexo explícito ou pornográfica envolvendo criança ou adolescente: *(Redação dada pela Lei nº 11.829/2008)*

Pena – reclusão, de 4 (quatro) a 8 (oito) anos, e multa. *(Redação dada pela Lei nº 11.829/2008)*

Art. 241-A. Oferecer, trocar, disponibilizar, transmitir, distribuir, publicar ou divulgar por qualquer meio, inclusive por meio de sistema de informática ou telemático, fotografia, vídeo ou outro registro que contenha cena de sexo explícito ou pornográfica envolvendo criança ou adolescente: *(Incluído pela Lei nº 11.829/2008)*

Pena – reclusão, de 3 (três) a 6 (seis) anos, e multa. *(Incluído pela Lei nº 11.829/2008)*

§ 1º. Nas mesmas penas incorre quem: *(Incluído pela Lei nº 11.829/2008)*

I – assegura os meios ou serviços para o armazenamento das fotografias, cenas ou imagens de que trata o *caput* deste artigo; *(Incluído pela Lei nº 11.829/2008)*

II – assegura, por qualquer meio, o acesso por rede de computadores às fotografias, cenas ou imagens de que trata o *caput* deste artigo. *(Incluído pela Lei nº 11.829/2008)*

§ 2º. As condutas tipificadas nos incisos I e II do § 1º deste artigo são puníveis quando o responsável legal pela prestação do serviço, oficialmente notificado, deixa de desabilitar o acesso ao conteúdo ilícito de que trata o *caput* deste artigo. *(Incluído pela Lei nº 11.829/2008)*

Art. 241-B. Adquirir, possuir ou armazenar, por qualquer meio, fotografia, vídeo ou outra forma de registro que contenha cena de sexo explícito ou pornográfica envolvendo criança ou adolescente: *(Incluído pela Lei nº 11.829/2008)*

Pena – reclusão, de 1 (um) a 4 (quatro) anos, e multa. *(Incluído pela Lei nº 11.829/2008)*

§ 1º. A pena é diminuída de 1 (um) a 2/3 (dois terços) se de pequena quantidade o material a que se refere o *caput* deste artigo. *(Incluído pela Lei nº 11.829/2008)*

§ 2º. Não há crime se a posse ou o armazenamento tem a finalidade de comunicar às autoridades competentes a ocorrência das condutas descritas nos arts. 240, 241, 241-A e 241-C desta Lei, quando a comunicação for feita por: *(Incluído pela Lei nº 11.829/2008)*

I – agente público no exercício de suas funções; *(Incluído pela Lei nº 11.829/2008)*

II – membro de entidade, legalmente constituída, que inclua, entre suas finalidades institucionais, o recebimento, o processamento e o encaminhamento de notícia dos crimes referidos neste parágrafo; *(Incluído pela Lei nº 11.829/2008)*

III – representante legal e funcionários responsáveis de provedor de acesso ou serviço prestado por meio de rede de computadores, até o recebimento do material relativo à notícia feita à autoridade policial, ao Ministério Público ou ao Poder Judiciário. *(Incluído pela Lei nº 11.829/2008)*

§ 3º. As pessoas referidas no § 2º deste artigo deverão manter sob sigilo o material ilícito referido. *(Incluído pela Lei nº 11.829/2008)*

Art. 241-C. Simular a participação de criança ou adolescente em cena de sexo explícito ou pornográfica por meio de adulteração, montagem ou modificação de fotografia, vídeo ou qualquer outra forma de representação visual: *(Incluído pela Lei nº 11.829/2008)*

Pena – reclusão, de 1 (um) a 3 (três) anos, e multa. *(Incluído pela Lei nº 11.829/2008)*

Parágrafo único. Incorre nas mesmas penas quem vende, expõe à venda, disponibiliza, distribui, publica ou divulga por qualquer meio, adquire, possui ou armazena o material produzido na forma do *caput* deste artigo. *(Incluído pela Lei nº 11.829/2008)*

Art. 241-D. Aliciar, assediar, instigar ou constranger, por qualquer meio de comunicação, criança, com o fim de com ela praticar ato libidinoso: *(Incluído pela Lei nº 11.829/2008)*

Pena – reclusão, de 1 (um) a 3 (três) anos, e multa. *(Incluído pela Lei nº 11.829/2008)*

Parágrafo único. Nas mesmas penas incorre quem: *(Incluído pela Lei nº 11.829/2008)*

I – facilita ou induz o acesso à criança de material contendo cena de sexo explícito ou pornográfica com o fim de com ela praticar ato libidinoso; *(Incluído pela Lei nº 11.829/2008)*

II – pratica as condutas descritas no *caput* deste artigo com o fim de induzir criança a se exibir de forma pornográfica ou sexualmente explícita. *(Incluído pela Lei nº 11.829/2008)*

Art. 241-E. Para efeito dos crimes previstos nesta Lei, a expressão "cena de sexo explícito ou pornográfica" compreende qualquer situação que envolva criança ou adolescente em atividades sexuais explícitas, reais ou simuladas, ou exibição dos órgãos genitais de uma criança ou adolescente para fins primordialmente sexuais. *(Incluído pela Lei nº 11.829/2008)*

Art. 242. Vender, fornecer ainda que gratuitamente ou entregar, de qualquer forma, a criança ou adolescente arma, munição ou explosivo:

Pena – reclusão, de 3 (três) a 6 (seis) anos. *(Redação dada pela Lei nº 10.764/2003)*

Art. 243. Vender, fornecer ainda que gratuitamente, ministrar ou entregar, de qualquer forma, a criança ou adolescente, sem justa causa, produtos cujos componentes possam causar dependência física ou psíquica, ainda que por utilização indevida:

Pena – detenção de 2 (dois) a 4 (quatro) anos, e multa, se o fato não constitui crime mais grave. *(Redação dada pela Lei nº 10.764/2003)*

Art. 244. Vender, fornecer ainda que gratuitamente ou entregar, de qualquer forma, a criança ou adolescente fogos de estampido ou de artifício, exceto aqueles que, pelo seu reduzido potencial, sejam incapazes de provocar qualquer dano físico em caso de utilização indevida:

Pena – detenção de seis meses a dois anos, e multa.

Art. 244-A. Submeter criança ou adolescente, como tais definidos no caput do art. 2º desta Lei, à prostituição ou à exploração sexual: *(Incluído pela Lei nº 9.975/2000)*

Pena – reclusão de quatro a dez anos, e multa. *(Incluído pela Lei nº 9.975/2000)*

§ 1º. Incorrem nas mesmas penas o proprietário, o gerente ou o responsável pelo local em que se verifique a submissão de criança ou adolescente às práticas referidas no *caput* deste artigo. *(Incluído pela Lei nº 9.975/2000)*

§ 2º. Constitui efeito obrigatório da condenação a cassação da licença de localização e de funcionamento do estabelecimento. *(Incluído pela Lei nº 9.975/2000)*

Art. 244-B. Corromper ou facilitar a corrupção de menor de 18 (dezoito) anos, com ele praticando infração penal ou induzindo-o a praticá-la: *(Incluído pela Lei nº 12.015/2009)*

Pena – reclusão, de 1 (um) a 4 (quatro) anos. *(Incluído pela Lei nº 12.015/2009)*

§ 1º. Incorre nas penas previstas no *caput* deste artigo quem pratica as condutas ali tipificadas utilizando-se de quaisquer meios eletrônicos, inclusive salas de bate-papo da internet. *(Incluído pela Lei nº 12.015/2009)*

§ 2º. As penas previstas no *caput* deste artigo são aumentadas de um terço no caso de a infração cometida ou induzida estar incluída no rol do art. 1º da Lei nº 8.072, de 25 de julho de 1990. *(Incluído pela Lei nº 12.015/2009)*

DISPOSIÇÕES FINAIS E TRANSITÓRIAS

Art. 266. Esta Lei entra em vigor noventa dias após sua publicação.

Parágrafo único. Durante o período de vacância deverão ser promovidas atividades e campanhas de divulgação e esclarecimentos acerca do disposto nesta Lei.

Art. 267. Revogam-se as Leis nº 4.513, de 1º de dezembro de 1964, e 6.697, de 10 de outubro de 1979 (Código de Menores), e as demais disposições em contrário.

Brasília, 13 de julho de 1990; 169º da Independência e 102º da República.

Fernando Collor

DOU de 16.7.1990 – Retificado em 27.9.1990

7. LEI Nº 8.072, DE 25 DE JULHO DE 1990

Dispõe sobre os crimes hediondos, nos termos do art. 5º, inciso XLIII, da Constituição Federal, e determina outras providências.

O Presidente da República, faço saber que o Congresso Nacional decreta e eu sanciono a seguinte lei:

Art. 1º. São considerados hediondos os seguintes crimes, todos tipificados no Decreto-Lei nº 2.848, de 7 de dezembro de 1940 – Código Penal, consumados ou tentados: *(Redação dada pela Lei nº 8.930/1994)*

I – homicídio (art. 121), quando praticado em atividade típica de grupo de extermínio, ainda que cometido por um só agente, e homicídio qualificado (art. 121, § 2º, I, II, III, IV e V); *(Incluído pela Lei nº 8.930/1994)*

II – latrocínio (art. 157, § 3º, *in fine*); *(Inciso incluído pela Lei nº 8.930/1994)*

III – extorsão qualificada pela morte (art. 158, § 2º); *(Incluído pela Lei nº 8.930/1994)*

IV – extorsão mediante sequestro e na forma qualificada (art. 159, *caput*, e §§ 1º, 2º e 3º); *(Incluído pela Lei nº 8.930/1994)*

V – estupro (art. 213, *caput* e §§ 1º e 2º); *(Redação dada pela Lei nº 12.015/2009)*

VI – estupro de vulnerável (art. 217-A, *caput* e §§ 1º, 2º, 3º e 4º); *(Redação dada pela Lei nº 12.015/2009)*

VII – epidemia com resultado morte (art. 267, § 1º). *(Incluído pela Lei nº 8.930/1994)*

VII-A – (vetado) *(Incluído pela Lei nº 9.695/1998)*

VII-B – falsificação, corrupção, adulteração ou alteração de produto destinado a fins terapêuticos ou medicinais (art. 273, *caput* e § 1º, § 1º-A e § 1º-B, com a redação dada pela Lei nº 9.677, de 2 de julho de 1998). *(Incluído pela Lei nº 9.695/1998)*

Parágrafo único. Considera-se também hediondo o crime de genocídio previsto nos arts. 1º, 2º e 3º da Lei nº 2.889, de 1º de outubro de 1956, tentado ou consumado. *(Incluído pela Lei nº 8.930/1994)*

Art. 2º. Os crimes hediondos, a prática da tortura, o tráfico ilícito de entorpecentes e drogas afins e o terrorismo são insuscetíveis de:

I – anistia, graça e indulto;

II – fiança. *(Redação dada pela Lei nº 11.464/2007)*

§ 1º. A pena por crime previsto neste artigo será cumprida inicialmente em regime fechado. *(Redação dada pela Lei nº 11.464/2007)*

§ 2º. A progressão de regime, no caso dos condenados aos crimes previstos neste artigo, dar-se-á após o cumprimento de 2/5 (dois quintos) da pena, se o apenado for primário, e de 3/5 (três quintos), se reincidente. *(Redação dada pela Lei nº 11.464/2007)*

§ 3º. Em caso de sentença condenatória, o juiz decidirá fundamentadamente se o réu poderá apelar em liberdade. *(Redação dada pela Lei nº 11.464/2007)*

§ 4º. A prisão temporária, sobre a qual dispõe a Lei nº 7.960, de 21 de dezembro de 1989, nos crimes previstos neste artigo, terá o prazo de 30 (trinta) dias, prorrogável por igual período em caso de extrema e comprovada necessidade. *(Incluído pela Lei nº 11.464/2007)*

Art. 3º. A União manterá estabelecimentos penais, de segurança máxima, destinados ao cumprimento de penas impostas a condenados de alta periculosidade, cuja permanência em presídios estaduais ponha em risco a ordem ou incolumidade pública.

Art. 4º. (Vetado).

Art. 5º. Ao art. 83 do Código Penal é acrescido o seguinte inciso:

"*Art. 83. (...)*

V – cumprido mais de dois terços da pena, nos casos de condenação por crime hediondo, prática da tortura, tráfico ilícito de entorpecentes e drogas afins, e terrorismo, se o apenado não for reincidente específico em crimes dessa natureza."

Art. 6º. Os arts. 157, § 3º; 159, *caput* e seus §§ 1º, 2º e 3º; 213; 214; 223, *caput* e seu parágrafo único; 267, *caput,* e 270, *caput*, todos do Código Penal, passam a vigorar com a seguinte redação:

"*Art. 157. (...)*

§ 3º Se da violência resulta lesão corporal grave, a pena é de reclusão, de cinco a quinze anos, além da multa; se resulta morte, a reclusão é de vinte a trinta anos, sem prejuízo da multa. (...)

Art. 159. (...): Pena – reclusão, de oito a quinze anos.

§ 1º. (...): Pena – reclusão, de doze a vinte anos.

§ 2º. (...): Pena – reclusão, de dezesseis a vinte e quatro anos.

§ 3º. (...): Pena – reclusão, de vinte e quatro a trinta anos. (...)

Art. 213. (...): Pena – reclusão, de seis a dez anos.

Art. 214. (...): Pena – reclusão, de seis a dez anos. (...)

Art. 223. (...): Pena – reclusão, de oito a doze anos.

Parágrafo único. (...): Pena – reclusão, de doze a vinte e cinco anos. (...)

Art. 267. (...): Pena – reclusão, de dez a quinze anos. (...)

Art. 270. (...): Pena – reclusão, de dez a quinze anos. (...)"

Art. 7º. Ao art. 159 do Código Penal fica acrescido o seguinte parágrafo:

"*Art. 159. (...)*

§ 4º Se o crime é cometido por quadrilha ou bando, o coautor que denunciá-lo à autoridade, facilitando a libertação do sequestrado, terá sua pena reduzida de um a dois terços."

Art. 8º. Será de três a seis anos de reclusão a pena prevista no art. 288 do Código Penal, quando se tratar de crimes hediondos, prática da tortura, tráfico ilícito de entorpecentes e drogas afins ou terrorismo.

Parágrafo único. O participante e o associado que denunciar à autoridade o bando ou quadrilha, possibilitando seu desmantelamento, terá a pena reduzida de um a dois terços.

Art. 9º. As penas fixadas no art. 6º para os crimes capitulados nos arts. 157, § 3º, 158, § 2º, 159, *caput* e seus §§ 1º, 2º e 3º, 213, *caput* e sua combinação com o art. 223, *caput* e parágrafo único, 214 e sua combinação com o art. 223, *caput* e parágrafo único, todos do Código Penal, são acrescidas de metade, respeitado o limite superior de trinta anos de reclusão, estando a vítima em qualquer das hipóteses referidas no art. 224 também do Código Penal.

Art. 10. O art. 35 da Lei nº 6.368, de 21 de outubro de 1976, passa a vigorar acrescido de parágrafo único, com a seguinte redação:

"*Art. 35. (...)*

Parágrafo único. Os prazos procedimentais deste capítulo serão contados em dobro quando se tratar dos crimes previstos nos arts. 12, 13 e 14."

Art. 11. (Vetado).

Art. 12. Esta Lei entra em vigor na data de sua publicação.

Art. 13. Revogam-se as disposições em contrário.

Brasília, 25 de julho de 1990; 169º da Independência e 102º da República.

Fernando Collor

DOU de 26.7.1990

8. LEI Nº 8.078, DE 11 DE SETEMBRO DE 1990 (Excertos)

Dispõe sobre a proteção do consumidor e dá outras providências.

O Presidente da República, faço saber que o Congresso Nacional decreta e eu sanciono a seguinte lei:

TÍTULO I – DOS DIREITOS DO CONSUMIDOR

Capítulo I – Disposições Gerais

Art. 1º. O presente código estabelece normas de proteção e defesa do consumidor, de ordem pública e interesse social, nos termos dos arts. 5º, inciso XXXII, 170, inciso V, da Constituição Federal e art. 48 de suas Disposições Transitórias.

Art. 2º. Consumidor é toda pessoa física ou jurídica que adquire ou utiliza produto ou serviço como destinatário final.

Parágrafo único. Equipara-se a consumidor a coletividade de pessoas, ainda que indetermináveis, que haja intervindo nas relações de consumo.

Art. 3º. Fornecedor é toda pessoa física ou jurídica, pública ou privada, nacional ou estrangeira, bem como os entes despersonalizados, que desenvolvem atividade de produção, montagem, criação, construção, transformação, importação, exportação, distribuição ou comercialização de produtos ou prestação de serviços.

§ 1º. Produto é qualquer bem, móvel ou imóvel, material ou imaterial.

§ 2º. Serviço é qualquer atividade fornecida no mercado de consumo, mediante remuneração, inclusive as de natureza bancária, financeira, de crédito e securitária, salvo as decorrentes das relações de caráter trabalhista.

TÍTULO II – DAS INFRAÇÕES PENAIS

Art. 61. Constituem crimes contra as relações de consumo previstas neste código, sem prejuízo do disposto no Código Penal e leis especiais, as condutas tipificadas nos artigos seguintes.

Art. 62. (Vetado).

Art. 63. Omitir dizeres ou sinais ostensivos sobre a nocividade ou periculosidade de produtos, nas embalagens, nos invólucros, recipientes ou publicidade:

Pena – Detenção de seis meses a dois anos e multa.

§ 1º. Incorrerá nas mesmas penas quem deixar de alertar, mediante recomendações escritas ostensivas, sobre a periculosidade do serviço a ser prestado.

§ 2º. Se o crime é culposo:

Pena – Detenção de um a seis meses ou multa.

Art. 64. Deixar de comunicar à autoridade competente e aos consumidores a nocividade ou periculosidade de produtos cujo conhecimento seja posterior à sua colocação no mercado:

Pena – Detenção de seis meses a dois anos e multa.

Parágrafo único. Incorrerá nas mesmas penas quem deixar de retirar do mercado, imediatamente quando determinado pela autoridade competente, os produtos nocivos ou perigosos, na forma deste artigo.

Art. 65. Executar serviço de alto grau de periculosidade, contrariando determinação de autoridade competente:

Pena – Detenção de seis meses a dois anos e multa.

Parágrafo único. As penas deste artigo são aplicáveis sem prejuízo das correspondentes à lesão corporal e à morte.

Art. 66. Fazer afirmação falsa ou enganosa, ou omitir informação relevante sobre a natureza, característica, qualidade, quantidade, segurança, desempenho, durabilidade, preço ou garantia de produtos ou serviços:

Pena – Detenção de três meses a um ano e multa.

§ 1º. Incorrerá nas mesmas penas quem patrocinar a oferta.

§ 2º. Se o crime é culposo;

Pena – Detenção de um a seis meses ou multa.

Art. 67. Fazer ou promover publicidade que sabe ou deveria saber ser enganosa ou abusiva:

Pena – Detenção de três meses a um ano e multa.

Parágrafo único. (Vetado).

Art. 68. Fazer ou promover publicidade que sabe ou deveria saber ser capaz de induzir o consumidor a se comportar de forma prejudicial ou perigosa a sua saúde ou segurança:

Pena – Detenção de seis meses a dois anos e multa:

Parágrafo único. (Vetado).

Art. 69. Deixar de organizar dados fáticos, técnicos e científicos que dão base à publicidade:

Pena – Detenção de um a seis meses ou multa.

Art. 70. Empregar na reparação de produtos, peça ou componentes de reposição usados, sem autorização do consumidor:

Pena – Detenção de três meses a um ano e multa.

Art. 71. Utilizar, na cobrança de dívidas, de ameaça, coação, constrangimento físico ou moral, afirmações falsas incorretas ou enganosas ou de qualquer outro procedimento que exponha o consumidor, injustificadamente, a ridículo ou interfira com seu trabalho, descanso ou lazer:

Pena – Detenção de três meses a um ano e multa.

Art. 72. Impedir ou dificultar o acesso do consumidor às informações que sobre ele constem em cadastros, banco de dados, fichas e registros:

Pena – Detenção de seis meses a um ano ou multa.

Art. 73. Deixar de corrigir imediatamente informação sobre consumidor constante de cadastro, banco de dados, fichas ou registros que sabe ou deveria saber ser inexata:

Pena – Detenção de um a seis meses ou multa.

Art. 74. Deixar de entregar ao consumidor o termo de garantia adequadamente preenchido e com especificação clara de seu conteúdo;

Pena – Detenção de um a seis meses ou multa.

Art. 75. Quem, de qualquer forma, concorrer para os crimes referidos neste código, incide as penas a esses cominadas na medida de sua culpabilidade, bem como o diretor, administrador ou gerente da pessoa jurídica que promover, permitir ou por qualquer modo aprovar o fornecimento, oferta, exposição à venda ou manutenção em depósito de produtos ou a oferta e prestação de serviços nas condições por ele proibidas.

Art. 76. São circunstâncias agravantes dos crimes tipificados neste código:

I – serem cometidos em época de grave crise econômica ou por ocasião de calamidade;

II – ocasionarem grave dano individual ou coletivo;

III – dissimular-se a natureza ilícita do procedimento;

IV – quando cometidos:

a) por servidor público, ou por pessoa cuja condição econômico-social seja manifestamente superior à da vítima;

b) em detrimento de operário ou rurícola; de menor de dezoito ou maior de sessenta anos ou de pessoas portadoras de deficiência mental interditadas ou não;

V – serem praticados em operações que envolvam alimentos, medicamentos ou quaisquer outros produtos ou serviços essenciais.

Art. 77. A pena pecuniária prevista nesta Seção será fixada em dias-multa, correspondente ao mínimo e ao máximo de dias de duração da pena privativa da liberdade cominada ao crime. Na individualização desta multa, o juiz observará o disposto no art. 60, §1º, do Código Penal.

Art. 78. Além das penas privativas de liberdade e de multa, podem ser impostas, cumulativa ou alternadamente, observado o disposto nos arts. 44 a 47 do Código Penal:

I – a interdição temporária de direitos;

II – a publicação em órgãos de comunicação de grande circulação ou audiência, às expensas do condenado, de notícia sobre os fatos e a condenação;

III – a prestação de serviços à comunidade.

Art. 79. O valor da fiança, nas infrações de que trata este código, será fixado pelo juiz, ou pela autoridade que presidir o inquérito, entre cem e duzentas mil vezes o valor do Bônus do Tesouro Nacional (BTN), ou índice equivalente que venha a substituí-lo.

Parágrafo único. Se assim recomendar a situação econômica do indiciado ou réu, a fiança poderá ser:

a) reduzida até a metade do seu valor mínimo;

b) aumentada pelo juiz até vinte vezes.

Art. 80. No processo penal atinente aos crimes previstos neste código, bem como a outros crimes e contravenções que envolvam relações de consumo, poderão intervir, como assistentes do Ministério Público, os legitimados indicados no art. 82, inciso III e IV, aos quais também é facultado propor ação penal subsidiária, se a denúncia não for oferecida no prazo legal.

TÍTULO VI – DISPOSIÇÕES FINAIS

Art. 118. Este Código entrará em vigor dentro de cento e oitenta dias a contar de sua publicação.

Art. 119. Revogam-se as disposições em contrário.

Brasília, 11 de setembro de 1990; 169° da Independência e 102° da República.

Fernando Collor

DOU de 12.9.1990 (Edição Extra) – Retificado no DOU de 10.1.2007

9. LEI Nº 9.099, DE 26 DE SETEMBRO 1995 (Excertos)

Dispõe sobre os Juizados Especiais Cíveis e Criminais e dá outras providências.

O Presidente da República, faço saber que o Congresso Nacional decreta e eu sanciono a seguinte Lei:

Capítulo I – Disposições Gerais

Art. 1º. Os Juizados Especiais Cíveis e Criminais, órgãos da Justiça Ordinária, serão criados pela União, no Distrito Federal e nos Territórios, e pelos Estados, para conciliação, processo, julgamento e execução, nas causas de sua competência.

Art. 2º. O processo orientar-se-á pelos critérios da oralidade, simplicidade, informalidade, economia processual e celeridade, buscando, sempre que possível, a conciliação ou a transação.

Capítulo II – Dos Juizados Especiais Cíveis

Seção I – Da Competência

Art. 3º. O Juizado Especial Cível tem competência para conciliação, processo e julgamento das causas cíveis de menor complexidade, assim consideradas:

I – as causas cujo valor não exceda a quarenta vezes o salário mínimo;

II – as enumeradas no art. 275, inciso II, do Código de Processo Civil;

III – a ação de despejo para uso próprio;

IV – as ações possessórias sobre bens imóveis de valor não excedente ao fixado no inciso I deste artigo.

§ 1º. Compete ao Juizado Especial promover a execução:

I – dos seus julgados;

II – dos títulos executivos extrajudiciais, no valor de até quarenta vezes o salário mínimo, observado o disposto no § 1º do art. 8º desta Lei.

§ 2º. Ficam excluídas da competência do Juizado Especial as causas de natureza alimentar, falimentar, fiscal e de interesse da Fazenda Pública, e também as relativas a acidentes de trabalho, a resíduos e ao estado e capacidade das pessoas, ainda que de cunho patrimonial.

§ 3º. A opção pelo procedimento previsto nesta Lei importará em renúncia ao crédito excedente ao limite estabelecido neste artigo, exceetuada a hipótese de conciliação.

Art. 4º. É competente, para as causas previstas nesta Lei, o Juizado do foro:

I – do domicílio do réu ou, a critério do autor, do local onde aquele exerça atividades profissionais ou econômicas ou mantenha estabelecimento, filial, agência, sucursal ou escritório;

II – do lugar onde a obrigação deva ser satisfeita;

III – do domicílio do autor ou do local do ato ou fato, nas ações para reparação de dano de qualquer natureza.

Parágrafo único. Em qualquer hipótese, poderá a ação ser proposta no foro previsto no inciso I deste artigo.

Seção XI – Das Provas

Art. 32. Todos os meios de prova moralmente legítimos, ainda que não especificados em lei, são hábeis para provar a veracidade dos fatos alegados pelas partes.

Art. 33. Todas as provas serão produzidas na audiência de instrução e julgamento, ainda que não requeridas previamente, podendo o Juiz limitar ou excluir as que considerar excessivas, impertinentes ou protelatórias.

Art. 34. As testemunhas, até o máximo de três para cada parte, comparecerão à audiência de instrução e julgamento levadas pela parte que as tenha arrolado, independentemente de intimação, ou mediante esta, se assim for requerido.

§ 1º. O requerimento para intimação das testemunhas será apresentado à Secretaria no mínimo cinco dias antes da audiência de instrução e julgamento.

§ 2º. Não comparecendo a testemunha intimada, o Juiz poderá determinar sua imediata condução, valendo-se, se necessário, do concurso da força pública.

Art. 35. Quando a prova do fato exigir, o Juiz poderá inquirir técnicos de sua confiança, permitida às partes a apresentação de parecer técnico.

Parágrafo único. No curso da audiência, poderá o Juiz, de ofício ou a requerimento das partes, realizar inspeção em pessoas ou coisas, ou determinar que o faça pessoa de sua confiança, que lhe relatará informalmente o verificado.

Art. 36. A prova oral não será reduzida a escrito, devendo a sentença referir, no essencial, os informes trazidos nos depoimentos.

Art. 37. A instrução poderá ser dirigida por Juiz leigo, sob a supervisão de Juiz togado.

Capítulo III – Dos Juizados Especiais Criminais

Seção II – Da Fase Preliminar

Art. 69. A autoridade policial que tomar conhecimento da ocorrência lavrará termo circunstanciado e o encaminhará imediatamente ao Juizado, com o autor do fato e a vítima, providenciando-se as requisições dos exames periciais necessários.

Parágrafo único. Ao autor do fato que, após a lavratura do termo, for imediatamente encaminhado ao juizado ou assumir o compromisso de a ele comparecer, não se imporá prisão em flagrante, nem se exigirá fiança. Em caso de violência doméstica, o juiz poderá determinar, como medida de cautela, seu afastamento do lar, domicílio ou local de convivência com a vítima. *(Redação dada pela Lei nº 10.455/2002)*

Art. 70. Comparecendo o autor do fato e a vítima, e não sendo possível a realização imediata da audiência preliminar, será designada data próxima, da qual ambos sairão cientes.

Art. 71. Na falta do comparecimento de qualquer dos envolvidos, a Secretaria providenciará sua intimação e, se for o caso, a do responsável civil, na forma dos arts. 67 e 68 desta Lei.

Art. 72. Na audiência preliminar, presente o representante do Ministério Público, o autor do fato e a vítima e, se possível, o responsável civil, acompanhados por seus advogados, o Juiz esclarecerá sobre a possibilidade da composição dos danos e da aceitação da proposta de aplicação imediata de pena não privativa de liberdade.

Art. 73. A conciliação será conduzida pelo Juiz ou por conciliador sob sua orientação.

Parágrafo único. Os conciliadores são auxiliares da Justiça, recrutados, na forma da lei local, preferentemente entre bacharéis em Direito, excluídos os que exerçam funções na administração da Justiça Criminal.

Art. 74. A composição dos danos civis será reduzida a escrito e, homologada pelo Juiz mediante sentença irrecorrível, terá eficácia de título a ser executado no juízo civil competente.

Parágrafo único. Tratando-se de ação penal de iniciativa privada ou de ação penal pública condicionada à representação, o acordo homologado acarreta a renúncia ao direito de queixa ou representação.

Art. 75. Não obtida a composição dos danos civis, será dada imediatamente ao ofendido a oportunidade de exercer o direito de representação verbal, que será reduzida a termo.

Parágrafo único. O não oferecimento da representação na audiência preliminar não implica decadência do direito, que poderá ser exercido no prazo previsto em lei.

Art. 76. Havendo representação ou tratando-se de crime de ação penal pública incondicionada, não sendo caso de arquivamento, o Ministério Público poderá propor a aplicação imediata de pena restritiva de direitos ou multas, a ser especificada na proposta.

§ 1º. Nas hipóteses de ser a pena de multa a única aplicável, o Juiz poderá reduzi-la até a metade.

§ 2º. Não se admitirá a proposta se ficar comprovado:

I – ter sido o autor da infração condenado, pela prática de crime, à pena privativa de liberdade, por sentença definitiva;

II – ter sido o agente beneficiado anteriormente, no prazo de cinco anos, pela aplicação de pena restritiva ou multa, nos termos deste artigo;

III – não indicarem os antecedentes, a conduta social e a personalidade do agente, bem como os motivos e as circunstâncias, ser necessária e suficiente a adoção da medida.

§ 3º. Aceita a proposta pelo autor da infração e seu defensor, será submetida à apreciação do Juiz.

§ 4º. Acolhendo a proposta do Ministério Público aceita pelo autor da infração, o Juiz aplicará a pena restritiva de direitos ou multa, que não importará em reincidência, sendo registrada apenas para impedir novamente o mesmo benefício no prazo de cinco anos.

§ 5º. Da sentença prevista no parágrafo anterior caberá a apelação referida no art. 82 desta Lei.

§ 6º. A imposição da sanção de que trata o § 4º deste artigo não constará de certidão de antecedentes criminais, salvo para os fins previstos no mesmo dispositivo, e não terá efeitos civis, cabendo aos interessados propor ação cabível no juízo cível.

Capítulo IV – Disposições Finais e Transitórias

Art. 96. Esta Lei entra em vigor no prazo de sessenta dias após a sua publicação.

Art. 97. Ficam revogadas a Lei nº 4.611, de 2 de abril de 1965, e a Lei nº 7.244, de 7 de novembro de 1984.

Brasília, 26 de setembro de 1995; 174º da Independência e 107º da República.

Fernando Henrique Cardoso

DOU de 27.9.1995

10. LEI Nº 9.296, DE 24 DE JULHO DE 1996

Regulamenta o inciso XII, parte final, do art. 5º da Constituição Federal.

O Presidente da República, faço saber que o Congresso Nacional decreta e eu sanciono a seguinte Lei:

Art. 1º. A interceptação de comunicações telefônicas, de qualquer natureza, para prova em investigação criminal e em instrução processual penal, observará o disposto nesta Lei e dependerá de ordem do juiz competente da ação principal, sob segredo de justiça.

Parágrafo único. O disposto nesta Lei aplica-se à interceptação do fluxo de comunicações em sistemas de informática e telemática.

Art. 2º. Não será admitida a interceptação de comunicações telefônicas quando ocorrer qualquer das seguintes hipóteses:

I – não houver indícios razoáveis da autoria ou participação em infração penal;

II – a prova puder ser feita por outros meios disponíveis;

III – o fato investigado constituir infração penal punida, no máximo, com pena de detenção.

Parágrafo único. Em qualquer hipótese deve ser descrita com clareza a situação objeto da investigação, inclusive com a indicação e qualificação dos investigados, salvo impossibilidade manifesta, devidamente justificada.

Art. 3º. A interceptação das comunicações telefônicas poderá ser determinada pelo juiz, de ofício ou a requerimento:

I – da autoridade policial, na investigação criminal;

II – do representante do Ministério Público, na investigação criminal e na instrução processual penal.

Art. 4º. O pedido de interceptação de comunicação telefônica conterá a demonstração de que a sua realização é necessária à apuração de infração penal, com indicação dos meios a serem empregados.

§ 1º. Excepcionalmente, o juiz poderá admitir que o pedido seja formulado verbalmente, desde que estejam presentes os pressupostos que autorizem a interceptação, caso em que a concessão será condicionada à sua redução a termo.

§ 2º. O juiz, no prazo máximo de vinte e quatro horas, decidirá sobre o pedido.

Art. 5º. A decisão será fundamentada, sob pena de nulidade, indicando também a forma de execução da diligência, que não poderá exceder o prazo de quinze dias, renovável por igual tempo uma vez comprovada a indispensabilidade do meio de prova.

Art. 6º. Deferido o pedido, a autoridade policial conduzirá os procedimentos de interceptação, dando ciência ao Ministério Público, que poderá acompanhar a sua realização.

§ 1º. No caso de a diligência possibilitar a gravação da comunicação interceptada, será determinada a sua transcrição.

§ 2º. Cumprida a diligência, a autoridade policial encaminhará o resultado da interceptação ao juiz, acompanhado de auto circunstanciado, que deverá conter o resumo das operações realizadas.

§ 3º. Recebidos esses elementos, o juiz determinará a providência do art. 8º, ciente o Ministério Público.

Art. 7º. Para os procedimentos de interceptação de que trata esta Lei, a autoridade policial poderá requisitar serviços e técnicos especializados às concessionárias de serviço público.

Art. 8º. A interceptação de comunicação telefônica, de qualquer natureza, ocorrerá em autos apartados, apensados aos autos do inquérito policial ou do processo criminal, preservando-se o sigilo das diligências, gravações e transcrições respectivas.

Parágrafo único. A apensação somente poderá ser realizada imediatamente antes do relatório da autoridade, quando se tratar de inquérito policial (Código de Processo Penal, art. 10, § 1º) ou na conclusão do processo ao juiz para o despacho decorrente do disposto nos arts. 407, 502 ou 538 do Código de Processo Penal.

Art. 9º. A gravação que não interessar à prova será inutilizada por decisão judicial, durante o inquérito, a instrução processual ou após esta, em virtude de requerimento do Ministério Público ou da parte interessada.

Parágrafo único. O incidente de inutilização será assistido pelo Ministério Público, sendo facultada a presença do acusado ou de seu representante legal.

Art. 10. Constitui crime realizar interceptação de comunicações telefônicas, de informática ou telemática, ou quebrar segredo da Justiça, sem autorização judicial ou com objetivos não autorizados em lei.

Pena – reclusão, de dois a quatro anos, e multa.

Art. 11. Esta Lei entra em vigor na data de sua publicação.

Art. 12. Revogam-se as disposições em contrário.

Brasília, 24 de julho de 1996; 175º da Independência e 108º da República.

Fernando Henrique Cardoso
DOU de 25.7.1996

11. LEI Nº 9.503, DE 23 DE SETEMBRO DE 1997 (Excertos)

Institui o Código de Trânsito Brasileiro.

O Presidente da República, faço saber que o Congresso Nacional decreta e eu sanciono a seguinte Lei:

....

Capítulo XIX – Dos Crimes de Trânsito

Seção I – Disposições Gerais

Art. 291. Aos crimes cometidos na direção de veículos automotores, previstos neste Código, aplicam-se as normas gerais do Código Penal e do Código de Processo Penal, se este Capítulo não dispuser de modo diverso, bem como a Lei nº 9.099, de 26 de setembro de 1995, no que couber.

§ 1º. Aplica-se aos crimes de trânsito de lesão corporal culposa o disposto nos arts. 74, 76 e 88 da Lei nº 9.099, de 26 de setembro de 1995, exceto se o agente estiver: *(Renumerado do parágrafo único pela Lei nº 11.705/2008)*

I – sob a influência de álcool ou qualquer outra substância psicoativa que determine dependência; *(Incluído pela Lei nº 11.705/2008)*

II – participando, em via pública, de corrida, disputa ou competição automobilística, de exibição ou demonstração de perícia em manobra de veículo automotor, não autorizada pela autoridade competente; *(Incluído pela Lei nº 11.705/2008)*

III – transitando em velocidade superior à máxima permitida para a via em 50 km/h (cinquenta quilômetros por hora). *(Incluído pela Lei nº 11.705/2008)*

§ 2º. Nas hipóteses previstas no § 1º deste artigo, deverá ser instaurado inquérito policial para a investigação da infração penal. *(Incluído pela Lei nº 11.705/2008)*

Art. 292. A suspensão ou a proibição de se obter a permissão ou a habilitação para dirigir veículo automotor pode ser imposta como penalidade principal, isolada ou cumulativamente com outras penalidades.

Art. 293. A penalidade de suspensão ou de proibição de se obter a permissão ou a habilitação, para dirigir veículo automotor, tem a duração de dois meses a cinco anos.

§ 1º. Transitada em julgado a sentença condenatória, o réu será intimado a entregar à autoridade judiciária, em quarenta e oito horas, a Permissão para Dirigir ou a Carteira de Habilitação.

§ 2º. A penalidade de suspensão ou de proibição de se obter a permissão ou a habilitação para dirigir veículo automotor não se inicia enquanto o sentenciado, por efeito de condenação penal, estiver recolhido a estabelecimento prisional.

Art. 294. Em qualquer fase da investigação ou da ação penal, havendo necessidade para a garantia da ordem pública, poderá o juiz, como medida cautelar, de ofício, ou a requerimento do Ministério Público ou ainda mediante representação da autoridade policial, decretar, em decisão motivada, a suspensão da permissão ou da habilitação para dirigir veículo automotor, ou a proibição de sua obtenção.

Parágrafo único. Da decisão que decretar a suspensão ou a medida cautelar, ou da que indeferir o requerimento do Ministério Público, caberá recurso em sentido estrito, sem efeito suspensivo.

Art. 295. A suspensão para dirigir veículo automotor ou a proibição de se obter a permissão ou a habilitação será sempre comunicada pela autoridade judiciária ao Conselho Nacional de Trânsito – CONTRAN, e ao órgão de trânsito do Estado em que o indiciado ou réu for domiciliado ou residente.

Art. 296. Se o réu for reincidente na prática de crime previsto neste Código, o juiz aplicará a penalidade de suspensão da permissão ou habilitação para dirigir veículo automotor, sem prejuízo das demais sanções penais cabíveis. *(Redação dada pela Lei nº 11.705/2008)*

Art. 297. A penalidade de multa reparatória consiste no pagamento, mediante depósito judicial em favor da vítima, ou seus sucessores, de quantia calculada com base no disposto no § 1º do art. 49 do Código Penal, sempre que houver prejuízo material resultante do crime.

§ 1º. A multa reparatória não poderá ser superior ao valor do prejuízo demonstrado no processo.

§ 2º. Aplica-se à multa reparatória o disposto nos arts. 50 a 52 do Código Penal.

§ 3º. Na indenização civil do dano, o valor da multa reparatória será descontado.

Art. 298. São circunstâncias que sempre agravam as penalidades dos crimes de trânsito ter o condutor do veículo cometido a infração:

I – com dano potencial para duas ou mais pessoas ou com grande risco de grave dano patrimonial a terceiros;

II – utilizando o veículo sem placas, com placas falsas ou adulteradas;

III – sem possuir Permissão para Dirigir ou Carteira de Habilitação;

IV – com Permissão para Dirigir ou Carteira de Habilitação de categoria diferente da do veículo;

V – quando a sua profissão ou atividade exigir cuidados especiais com o transporte de passageiros ou de carga;

VI – utilizando veículo em que tenham sido adulterados equipamentos ou características que afetem a sua segurança ou o seu funcionamento de acordo com os limites de velocidade prescritos nas especificações do fabricante;

VII – sobre faixa de trânsito temporária ou permanentemente destinada a pedestres.

Art. 299. (Vetado)

Art. 300. (Vetado)

Art. 301. Ao condutor de veículo, nos casos de acidentes de trânsito de que resulte vítima, não se imporá a prisão em flagrante, nem se exigirá fiança, se prestar pronto e integral socorro àquela.

Seção II – Dos Crimes em Espécie

Art. 302. Praticar homicídio culposo na direção de veículo automotor:

Penas – detenção, de dois a quatro anos, e suspensão ou proibição de se obter a permissão ou a habilitação para dirigir veículo automotor.

Parágrafo único. No homicídio culposo cometido na direção de veículo automotor, a pena é aumentada de um terço à metade, se o agente:

I – não possuir Permissão para Dirigir ou Carteira de Habilitação;

II – praticá-lo em faixa de pedestres ou na calçada;

III – deixar de prestar socorro, quando possível fazê-lo sem risco pessoal, à vítima do acidente;

IV – no exercício de sua profissão ou atividade, estiver conduzindo veículo de transporte de passageiros;

V – (revogado). *(Incluído pela Lei nº 11.275/2006 e revogado pela Lei nº 11.705/2008)*

Art. 303. Praticar lesão corporal culposa na direção de veículo automotor:

Penas – detenção, de seis meses a dois anos e suspensão ou proibição de se obter a permissão ou a habilitação para dirigir veículo automotor.

Parágrafo único. Aumenta-se a pena de um terço à metade, se ocorrer qualquer das hipóteses do parágrafo único do artigo anterior.

Art. 304. Deixar o condutor do veículo, na ocasião do acidente, de prestar imediato socorro à vítima, ou, não podendo fazê-lo diretamente, por justa causa, deixar de solicitar auxílio da autoridade pública:

Penas – detenção, de seis meses a um ano, ou multa, se o fato não constituir elemento de crime mais grave.

Parágrafo único. Incide nas penas previstas neste artigo o condutor do veículo, ainda que a sua omissão seja suprida por terceiros ou que se trate de vítima com morte instantânea ou com ferimentos leves.

Art. 305. Afastar-se o condutor do veículo do local do acidente, para fugir à responsabilidade penal ou civil que lhe possa ser atribuída:

Penas – detenção, de seis meses a um ano, ou multa.

Art. 306. Conduzir veículo automotor com capacidade psicomotora alterada em razão da influência de álcool ou de outra substância psicoativa que determine dependência: *(Redação dada pela Lei nº 12.760/2012)*

Penas – detenção, de seis meses a três anos, multa e suspensão ou proibição de se obter a permissão ou a habilitação para dirigir veículo automotor.

§ 1º. As condutas previstas no *caput* serão constatadas por: *(Incluído pela Lei nº 12.760/2012)*

I – concentração igual ou superior a 6 decigramas de álcool por litro de sangue ou igual ou superior a 0,3 miligrama de álcool por litro de ar alveolar; ou *(Incluído pela Lei nº 12.760/2012)*

II – sinais que indiquem, na forma disciplinada pelo CONTRAN, alteração da capacidade psicomotora. *(Incluído pela Lei nº 12.760/2012)*

§ 2º. A verificação do disposto neste artigo poderá ser obtida mediante teste de alcoolemia, exame clínico, perícia, vídeo, prova testemunhal ou outros meios de prova em direito admitidos, observado o direito à contra-prova. *(Incluído pela Lei nº 12.760/2012)*

§ 3º. O CONTRAN disporá sobre a equivalência entre os distintos testes de alcoolemia para efeito de caracterização do crime tipificado neste artigo. *(Incluído pela Lei nº 12.760/2012)*

Art. 307. Violar a suspensão ou a proibição de se obter a permissão ou a habilitação para dirigir veículo automotor imposta com fundamento neste Código:

Penas – detenção, de seis meses a um ano e multa, com nova imposição adicional de idêntico prazo de suspensão ou de proibição.

Parágrafo único. Nas mesmas penas incorre o condenado que deixa de entregar, no prazo estabelecido no § 1º do art. 293, a Permissão para Dirigir ou a Carteira de Habilitação.

Art. 308. Participar, na direção de veículo automotor, em via pública, de corrida, disputa ou competição automobilística não autorizada pela autoridade competente, desde que resulte dano potencial à incolumidade pública ou privada:

Penas – detenção, de seis meses a dois anos, multa e suspensão ou proibição de se obter a permissão ou a habilitação para dirigir veículo automotor.

Art. 309. Dirigir veículo automotor, em via pública, sem a devida Permissão para Dirigir ou Habilitação ou, ainda, se cassado o direito de dirigir, gerando perigo de dano:

Penas – detenção, de seis meses a um ano, ou multa.

Art. 310. Permitir, confiar ou entregar a direção de veículo automotor a pessoa não habilitada, com habilitação cassada ou com o direito de dirigir suspenso, ou, ainda, a quem, por seu estado de saúde, física ou mental, ou por embriaguez, não esteja em condições de conduzi-lo com segurança:

Penas – detenção, de seis meses a um ano, ou multa.

Art. 310-A. (Vetado). *(Incluído pela Lei nº 12.619/2012)*

Art. 311. Trafegar em velocidade incompatível com a segurança nas proximidades de escolas, hospitais, estações de embarque e desembarque de passageiros, logradouros estreitos, ou onde haja grande movimentação ou concentração de pessoas, gerando perigo de dano:

284 | Manual de polícia judiciária: doutrina e prática

Penas – detenção, de seis meses a um ano, ou multa.

Art. 312. Inovar artificiosamente, em caso de acidente automobilístico com vítima, na pendência do respectivo procedimento policial preparatório, inquérito policial ou processo penal, o estado de lugar, de coisa ou de pessoa, a fim de induzir a erro o agente policial, o perito, ou juiz:

Penas – detenção, de seis meses a um ano, ou multa.

Parágrafo único. Aplica-se o disposto neste artigo, ainda que não iniciados, quando da inovação, o procedimento preparatório, o inquérito ou o processo aos quais se refere.

Capítulo XX – Disposições Finais e Transitórias

Art. 340. Este Código entra em vigor 120 (cento e vinte) dias após a data de sua publicação.

Art. 341. Ficam revogadas as Leis nºs 5.108, de 21 de setembro de 1966, 5.693, de 16 de agosto de 1971, 5.820, de 10 de novembro de 1972, 6.124, de 25 de outubro de 1974, 6.308, de 15 de dezembro de 1975, 6.369, de 27 de outubro de 1976, 6.731, de 4 de dezembro de 1979, 7.031, de 20 de setembro de 1982, 7.052, de 2 de dezembro de 1982, 8.102, de 10 de dezembro de 1990, os arts. 1º a 6º e 11 do Decreto-Lei 237, de 28 de fevereiro de 1967, e os Decretos-Leis nºs 584, de 16 de maio de 1969, 912, de 2 de outubro de 1969, e 2.448, de 21 de junho de 1988.

Brasília, 23 de setembro de 1997; 176º da Independência e 109º da República.

Fernando Henrique Cardoso

DOU de 24.9.1997 – Retificação DOU de 25.9.1997

12. LEI Nº 9.605, DE 12 DE FEVEREIRO DE 1998 (Excertos)

Dispõe sobre as sanções penais e administrativas derivadas de condutas e atividades lesivas ao meio ambiente, e dá outras providências.

O Presidente da República, faço saber que o Congresso Nacional decreta e eu sanciono a seguinte Lei:

Capítulo I – Disposições Gerais

Art. 1º. (Vetado).

Art. 2º. Quem, de qualquer forma, concorre para a prática dos crimes previstos nesta Lei, incide nas penas a estes cominadas, na medida da sua culpabilidade, bem como o diretor, o administrador, o membro de conselho e de órgão técnico, o auditor, o gerente, o preposto ou mandatário de pessoa jurídica, que, sabendo da conduta criminosa de outrem, deixar de impedir a sua prática, quando podia agir para evitá-la.

Art. 3º. As pessoas jurídicas serão responsabilizadas administrativa, civil e penalmente conforme o disposto nesta Lei, nos casos em que a infração seja cometida por decisão de seu representante legal ou contratual, ou de seu órgão colegiado, no interesse ou benefício da sua entidade.

Parágrafo único. A responsabilidade das pessoas jurídicas não exclui a das pessoas físicas, autoras, coautoras ou partícipes do mesmo fato.

Art. 4º. Poderá ser desconsiderada a pessoa jurídica sempre que sua personalidade for obstáculo ao ressarcimento de prejuízos causados à qualidade do meio ambiente.

Art. 5º. (Vetado).

Capítulo II – Da Aplicação da Pena

Art. 6º. Para imposição e gradação da penalidade, a autoridade competente observará:

I – a gravidade do fato, tendo em vista os motivos da infração e suas consequências para a saúde pública e para o meio ambiente;

II – os antecedentes do infrator quanto ao cumprimento da legislação de interesse ambiental;

III – a situação econômica do infrator, no caso de multa.

Art. 7º. As penas restritivas de direitos são autônomas e substituem as privativas de liberdade quando:

I – tratar-se de crime culposo ou for aplicada a pena privativa de liberdade inferior a quatro anos;

II – a culpabilidade, os antecedentes, a conduta social e a personalidade do condenado, bem como os motivos e as circunstâncias do crime indicarem que a substituição seja suficiente para efeitos de reprovação e prevenção do crime.

Parágrafo único. As penas restritivas de direitos a que se refere este artigo terão a mesma duração da pena privativa de liberdade substituída.

Art. 8º. As penas restritivas de direito são:

I – prestação de serviços à comunidade;

II – interdição temporária de direitos;

III – suspensão parcial ou total de atividades;

IV – prestação pecuniária;

V – recolhimento domiciliar.

Art. 9º. A prestação de serviços à comunidade consiste na atribuição ao condenado de tarefas gratuitas junto a parques e jardins públicos e unidades de conservação, e, no caso de dano da coisa particular, pública ou tombada, na restauração desta, se possível.

Art. 10. As penas de interdição temporária de direito são a proibição de o condenado contratar com o Poder Público, de receber incentivos fiscais ou quaisquer outros benefícios, bem como de participar de licitações, pelo prazo de cinco anos, no caso de crimes dolosos, e de três anos, no de crimes culposos.

Art. 11. A suspensão de atividades será aplicada quando estas não estiverem obedecendo às prescrições legais.

Art. 12. A prestação pecuniária consiste no pagamento em dinheiro à vítima ou à entidade pública ou privada com fim social, de importância, fixada pelo juiz, não inferior a um salário mínimo nem superior a trezentos e sessenta salários mínimos. O valor pago será deduzido do montante de eventual reparação civil a que for condenado o infrator.

Art. 13. O recolhimento domiciliar baseia-se na autodisciplina e senso de responsabilidade do condenado, que deverá, sem vigilância, trabalhar, frequentar curso ou exercer atividade autorizada, permanecendo recolhido nos dias e horários de folga em residência ou em qualquer local destinado a sua moradia habitual, conforme estabelecido na sentença condenatória.

Art. 14. São circunstâncias que atenuam a pena:

I – baixo grau de instrução ou escolaridade do agente;

II – arrependimento do infrator, manifestado pela espontânea reparação do dano, ou limitação significativa da degradação ambiental causada;

III – comunicação prévia pelo agente do perigo iminente de degradação ambiental;

IV – colaboração com os agentes encarregados da vigilância e do controle ambiental.

Art. 15. São circunstâncias que agravam a pena, quando não constituem ou qualificam o crime:

I – reincidência nos crimes de natureza ambiental;

II – ter o agente cometido a infração:

a) para obter vantagem pecuniária;

b) coagindo outrem para a execução material da infração;

c) afetando ou expondo a perigo, de maneira grave, a saúde pública ou o meio ambiente;

d) concorrendo para danos à propriedade alheia;

e) atingindo áreas de unidades de conservação ou áreas sujeitas, por ato do Poder Público, a regime especial de uso;

f) atingindo áreas urbanas ou quaisquer assentamentos humanos;

g) em período de defeso à fauna;

h) em domingos ou feriados;

i) à noite;

j) em épocas de seca ou inundações;

l) no interior do espaço territorial especialmente protegido;

m) com o emprego de métodos cruéis para abate ou captura de animais;

n) mediante fraude ou abuso de confiança;

o) mediante abuso do direito de licença, permissão ou autorização ambiental;

p) no interesse de pessoa jurídica mantida, total ou parcialmente, por verbas públicas ou beneficiada por incentivos fiscais;

q) atingindo espécies ameaçadas, listadas em relatórios oficiais das autoridades competentes;

r) facilitada por funcionário público no exercício de suas funções.

Art. 16. Nos crimes previstos nesta Lei, a suspensão condicional da pena pode ser aplicada nos casos de condenação a pena privativa de liberdade não superior a três anos.

Art. 17. A verificação da reparação a que se refere o § 2º do art. 78 do Código Penal será feita mediante laudo de reparação do dano ambiental, e as condições a serem impostas pelo juiz deverão relacionar-se com a proteção ao meio ambiente.

Art. 18. A multa será calculada segundo os critérios do Código Penal; se revelar-se ineficaz, ainda que aplicada no valor máximo, poderá ser aumentada até três vezes, tendo em vista o valor da vantagem econômica auferida.

Art. 19. A perícia de constatação do dano ambiental, sempre que possível, fixará o montante do prejuízo causado para efeitos de prestação de fiança e cálculo de multa.

Parágrafo único. A perícia produzida no inquérito civil ou no juízo cível poderá ser aproveitada no processo penal, instaurando-se o contraditório.

Art. 20. A sentença penal condenatória, sempre que possível, fixará o valor mínimo para reparação dos danos causados pela infração, considerando os prejuízos sofridos pelo ofendido ou pelo meio ambiente.

Parágrafo único. Transitada em julgado a sentença condenatória, a execução poderá efetuar-se pelo valor fixado nos termos do *caput*, sem prejuízo da liquidação para apuração do dano efetivamente sofrido.

Art. 21. As penas aplicáveis isolada, cumulativa ou alternativamente às pessoas jurídicas, de acordo com o disposto no art. 3º, são:

I – multa;

II – restritivas de direitos;

III – prestação de serviços à comunidade.

Art. 22. As penas restritivas de direitos da pessoa jurídica são:

I – suspensão parcial ou total de atividades;

II – interdição temporária de estabelecimento, obra ou atividade;

III – proibição de contratar com o Poder Público, bem como dele obter subsídios, subvenções ou doações.

§ 1º. A suspensão de atividades será aplicada quando estas não estiverem obedecendo às disposições legais ou regulamentares, relativas à proteção do meio ambiente.

§ 2º. A interdição será aplicada quando o estabelecimento, obra ou atividade estiver funcionando sem a devida autorização, ou em desacordo com a concedida, ou com violação de disposição legal ou regulamentar.

§ 3º. A proibição de contratar com o Poder Público e dele obter subsídios, subvenções ou doações não poderá exceder o prazo de dez anos.

Art. 23. A prestação de serviços à comunidade pela pessoa jurídica consistirá em:

I – custeio de programas e de projetos ambientais;

II – execução de obras de recuperação de áreas degradadas;

III – manutenção de espaços públicos;

IV – contribuições a entidades ambientais ou culturais públicas.

Art. 24. A pessoa jurídica constituída ou utilizada, preponderantemente, com o fim de permitir, facilitar ou ocultar a prática de crime definido nesta Lei terá decretada sua liquidação forçada, seu patrimônio será considerado instrumento do crime e como tal perdido em favor do Fundo Penitenciário Nacional.

Capítulo III – Da Apreensão do Produto e do Instrumento de Infração Administrativa ou de Crime

Art. 25. Verificada a infração, serão apreendidos seus produtos e instrumentos, lavrando-se os respectivos autos.

§ 1º. Os animais serão libertados em seu *habitat* ou entregues a jardins zoológicos, fundações ou entidades assemelhadas, desde que fiquem sob a responsabilidade de técnicos habilitados.

§ 2º. Tratando-se de produtos perecíveis ou madeiras, serão estes avaliados e doados a instituições científicas, hospitalares, penais e outras com fins beneficentes.

§ 3º. Os produtos e subprodutos da fauna não perecíveis serão destruídos ou doados a instituições científicas, culturais ou educacionais.

§ 4º. Os instrumentos utilizados na prática da infração serão vendidos, garantida a sua descaracterização por meio da reciclagem.

Capítulo IV – Da Ação e do Processo Penal

Art. 26. Nas infrações penais previstas nesta Lei, a ação penal é pública incondicionada.

Parágrafo único. (Vetado).

Art. 27. Nos crimes ambientais de menor potencial ofensivo, a proposta de aplicação imediata de pena restritiva de direitos ou multa, prevista no art. 76 da Lei nº 9.099, de 26 de setembro de 1995, somente poderá ser formulada desde que tenha havido a prévia composição do dano ambiental, de que trata o art. 74 da mesma lei, salvo em caso de comprovada impossibilidade.

Art. 28. As disposições do art. 89 da Lei nº 9.099, de 26 de setembro de 1995, aplicam-se aos crimes de menor potencial ofensivo definidos nesta Lei, com as seguintes modificações:

I – a declaração de extinção de punibilidade, de que trata o § 5º do artigo referido no *caput*, dependerá de laudo de constatação de reparação do dano ambiental, ressalvada a impossibilidade prevista no inciso I do § 1º do mesmo artigo;

II – na hipótese de o laudo de constatação comprovar não ter sido completa a reparação, o prazo de suspensão do processo será prorrogado, até o período máximo previsto no artigo referido no *caput*, acrescido de mais um ano, com suspensão do prazo da prescrição;

III – no período de prorrogação, não se aplicarão as condições dos incisos II, III e IV do § 1º do artigo mencionado no *caput*;

IV – findo o prazo de prorrogação, proceder-se-á à lavratura de novo laudo de constatação de reparação do dano ambiental, podendo, conforme seu resultado, ser novamente prorrogado o período de suspensão, até o máximo previsto no inciso II deste artigo, observado o disposto no inciso III;

V – esgotado o prazo máximo de prorrogação, a declaração de extinção de punibilidade dependerá de laudo de constatação que comprove ter o acusado tomado as providências necessárias à reparação integral do dano.

Capítulo V – Dos Crimes contra o Meio Ambiente

Seção I – Dos Crimes contra a Fauna

Art. 29. Matar, perseguir, caçar, apanhar, utilizar espécimes da fauna silvestre, nativos ou em rota migratória, sem a devida permissão, licença ou autorização da autoridade competente, ou em desacordo com a obtida:

Pena – detenção de seis meses a um ano, e multa.

§ 1º. Incorre nas mesmas penas:

I – quem impede a procriação da fauna, sem licença, autorização ou em desacordo com a obtida;

II – quem modifica, danifica ou destrói ninho, abrigo ou criadouro natural;

III – quem vende, expõe à venda, exporta ou adquire, guarda, tem em cativeiro ou depósito, utiliza ou transporta ovos, larvas ou espécimes da fauna silvestre, nativa ou em rota migratória, bem como produtos e objetos dela oriundos, provenientes de criadouros não autorizados ou sem a devida permissão, licença ou autorização da autoridade competente.

§ 2º. No caso de guarda doméstica de espécie silvestre não considerada ameaçada de extinção, pode o juiz, considerando as circunstâncias, deixar de aplicar a pena.

§ 3º. São espécimes da fauna silvestre todos aqueles pertencentes às espécies nativas, migratórias e quaisquer outras, aquáticas ou terrestres, que tenham todo ou parte de seu ciclo de vida ocorrendo dentro dos limites do território brasileiro, ou águas jurisdicionais brasileiras.

§ 4º. A pena é aumentada de metade, se o crime é praticado:

I – contra espécie rara ou considerada ameaçada de extinção, ainda que somente no local da infração;

II – em período proibido à caça;

III – durante a noite;

IV – com abuso de licença;

V – em unidade de conservação;

VI – com emprego de métodos ou instrumentos capazes de provocar destruição em massa.

§ 5º. A pena é aumentada até o triplo, se o crime decorre do exercício de caça profissional.

§ 6º. As disposições deste artigo não se aplicam aos atos de pesca.

Art. 30. Exportar para o exterior peles e couros de anfíbios e répteis em bruto, sem a autorização da autoridade ambiental competente:

Pena – reclusão, de um a três anos, e multa.

Art. 31. Introduzir espécime animal no País, sem parecer técnico oficial favorável e licença expedida por autoridade competente:

Pena – detenção, de três meses a um ano, e multa.

Art. 32. Praticar ato de abuso, maus-tratos, ferir ou mutilar animais silvestres, domésticos ou domesticados, nativos ou exóticos:

Pena – detenção, de três meses a um ano, e multa.

§ 1º. Incorre nas mesmas penas quem realiza experiência dolorosa ou cruel em animal vivo, ainda que para fins didáticos ou científicos, quando existirem recursos alternativos.

§ 2º. A pena é aumentada de um sexto a um terço, se ocorre morte do animal.

Art. 33. Provocar, pela emissão de efluentes ou carreamento de materiais, o perecimento de espécimes da fauna aquática existentes em rios, lagos, açudes, lagoas, baías ou águas jurisdicionais brasileiras:

Pena – detenção, de um a três anos, ou multa, ou ambas cumulativamente.

Parágrafo único. Incorre nas mesmas penas:

I – quem causa degradação em viveiros, açudes ou estações de aquicultura de domínio público;

II – quem explora campos naturais de invertebrados aquáticos e algas, sem licença, permissão ou autorização da autoridade competente;

III – quem fundeia embarcações ou lança detritos de qualquer natureza sobre bancos de moluscos ou corais, devidamente demarcados em carta náutica.

Art. 34. Pescar em período no qual a pesca seja proibida ou em lugares interditados por órgão competente:

Pena – detenção de um ano a três anos ou multa, ou ambas as penas cumulativamente.

Parágrafo único. Incorre nas mesmas penas quem:

I – pesca espécies que devam ser preservadas ou espécimes com tamanhos inferiores aos permitidos;

II – pesca quantidades superiores às permitidas, ou mediante a utilização de aparelhos, petrechos, técnicas e métodos não permitidos;

III – transporta, comercializa, beneficia ou industrializa espécimes provenientes da coleta, apanha e pesca proibidas.

Art. 35. Pescar mediante a utilização de:

I – explosivos ou substâncias que, em contato com a água, produzam efeito semelhante;

II – substâncias tóxicas, ou outro meio proibido pela autoridade competente:

Pena – reclusão de um ano a cinco anos.

Art. 36. Para os efeitos desta Lei, considera-se pesca todo ato tendente a retirar, extrair, coletar, apanhar, apreender ou capturar espécimes dos grupos dos peixes, crustáceos, moluscos e vegetais hidróbios, suscetíveis ou não de aproveitamento econômico, ressalvadas as espécies ameaçadas de extinção, constantes nas listas oficiais da fauna e da flora.

Art. 37. Não é crime o abate de animal, quando realizado:

I – em estado de necessidade, para saciar a fome do agente ou de sua família;

II – para proteger lavouras, pomares e rebanhos da ação predatória ou destruidora de animais, desde que legal e expressamente autorizado pela autoridade competente;

III – (vetado);

IV – por ser nocivo o animal, desde que assim caracterizado pelo órgão competente.

Seção II – Dos Crimes contra a Flora

Art. 38. Destruir ou danificar floresta considerada de preservação permanente, mesmo que em formação, ou utilizá-la com infringência das normas de proteção:

Pena – detenção, de um a três anos, ou multa, ou ambas as penas cumulativamente.

Parágrafo único. Se o crime for culposo, a pena será reduzida à metade.

Art. 38-A. Destruir ou danificar vegetação primária ou secundária, em estágio avançado ou médio de regeneração, do Bioma Mata Atlântica, ou utilizá-la com infringência das normas de proteção: *(Incluído pela Lei nº 11.428/2006)*

Pena – detenção, de 1 (um) a 3 (três) anos, ou multa, ou ambas as penas cumulativamente. *(Incluído pela Lei nº 11.428/2006)*

Parágrafo único. Se o crime for culposo, a pena será reduzida à metade. *(Incluído pela Lei nº 11.428/2006)*

Art. 39. Cortar árvores em floresta considerada de preservação permanente, sem permissão da autoridade competente:

Pena – detenção, de um a três anos, ou multa, ou ambas as penas cumulativamente.

Art. 40. Causar dano direto ou indireto às Unidades de Conservação e às áreas de que trata o art. 27 do Decreto n° 99.274, de 6 de junho de 1990, independentemente de sua localização:

Pena – reclusão, de um a cinco anos.

§ 1°. Entende-se por Unidades de Conservação de Proteção Integral as Estações Ecológicas, as Reservas Biológicas, os Parques Nacionais, os Monumentos Naturais e os Refúgios de Vida Silvestre. *(Redação dada pela Lei n° 9.985/2000)*

§ 2°. A ocorrência de dano afetando espécies ameaçadas de extinção no interior das Unidades de Conservação de Proteção Integral será considerada circunstância agravante para a fixação da pena. *(Redação dada pela Lei n° 9.985/2000)*

§ 3°. Se o crime for culposo, a pena será reduzida à metade.

Art. 40-A. (Vetado). *(Incluído pela Lei n° 9.985/2000)*

§ 1°. Entende-se por Unidades de Conservação de Uso Sustentável as Áreas de Proteção Ambiental, as Áreas de Relevante Interesse Ecológico, as Florestas Nacionais, as Reservas Extrativistas, as Reservas de Fauna, as Reservas de Desenvolvimento Sustentável e as Reservas Particulares do Patrimônio Natural. *(Incluído pela Lei n° 9.985/2000)*

§ 2°. A ocorrência de dano afetando espécies ameaçadas de extinção no interior das Unidades de Conservação de Uso Sustentável será considerada circunstância agravante para a fixação da pena. *(Incluído pela Lei n° 9.985/2000)*

§ 3°. Se o crime for culposo, a pena será reduzida à metade. *(Incluído pela Lei n° 9.985/2000)*

Art. 41. Provocar incêndio em mata ou floresta:

Pena – reclusão, de dois a quatro anos, e multa.

Parágrafo único. Se o crime é culposo, a pena é de detenção de seis meses a um ano, e multa.

Art. 42. Fabricar, vender, transportar ou soltar balões que possam provocar incêndios nas florestas e demais formas de vegetação, em áreas urbanas ou qualquer tipo de assentamento humano:

Pena – detenção de um a três anos ou multa, ou ambas as penas cumulativamente.

Art. 43. (Vetado).

Art. 44. Extrair de florestas de domínio público ou consideradas de preservação permanente, sem prévia autorização, pedra, areia, cal ou qualquer espécie de minerais:

Pena – detenção, de seis meses a um ano, e multa.

Art. 45. Cortar ou transformar em carvão madeira de lei, assim classificada por ato do Poder Público, para fins industriais, energéticos ou para qualquer outra exploração, econômica ou não, em desacordo com as determinações legais:

Pena – reclusão, de um a dois anos, e multa.

Art. 46. Receber ou adquirir, para fins comerciais ou industriais, madeira, lenha, carvão e outros produtos de origem vegetal, sem exigir a exibição de licença do vendedor, outorgada pela autoridade competente, e sem munir-se da via que deverá acompanhar o produto até final beneficiamento:

Pena – detenção, de seis meses a um ano, e multa.

Parágrafo único. Incorre nas mesmas penas quem vende, expõe à venda, tem em depósito, transporta ou guarda madeira, lenha, carvão e outros produtos de origem vegetal, sem licença válida para todo o tempo da viagem ou do armazenamento, outorgada pela autoridade competente.

Art. 47. (Vetado).

Art. 48. Impedir ou dificultar a regeneração natural de florestas e demais formas de vegetação:

Pena – detenção, de seis meses a um ano, e multa.

Art. 49. Destruir, danificar, lesar ou maltratar, por qualquer modo ou meio, plantas de ornamentação de logradouros públicos ou em propriedade privada alheia:

Pena – detenção, de três meses a um ano, ou multa, ou ambas as penas cumulativamente.

Parágrafo único. No crime culposo, a pena é de um a seis meses, ou multa.

Art. 50. Destruir ou danificar florestas nativas ou plantadas ou vegetação fixadora de dunas, protetora de mangues, objeto de especial preservação:

Pena – detenção, de três meses a um ano, e multa.

Art. 50-A. Desmatar, explorar economicamente ou degradar floresta, plantada ou nativa, em terras de domínio público ou devolutas, sem autorização do órgão competente: *(Incluído pela Lei nº 11.284/2006)*

Pena – reclusão de 2 (dois) a 4 (quatro) anos e multa. *(Incluído pela Lei nº 11.284/2006)*

§ 1º. Não é crime a conduta praticada quando necessária à subsistência imediata pessoal do agente ou de sua família. *(Incluído pela Lei nº 11.284/2006)*

§ 2º. Se a área explorada for superior a 1.000 ha (mil hectares), a pena será aumentada de 1 (um) ano por milhar de hectare. *(Incluído pela Lei nº 11.284/2006)*

Art. 51. Comercializar motosserra ou utilizá-la em florestas e nas demais formas de vegetação, sem licença ou registro da autoridade competente:

Pena – detenção, de três meses a um ano, e multa.

Art. 52. Penetrar em Unidades de Conservação conduzindo substâncias ou instrumentos próprios para caça ou para exploração de produtos ou subprodutos florestais, sem licença da autoridade competente:

Pena – detenção, de seis meses a um ano, e multa.

Art. 53. Nos crimes previstos nesta Seção, a pena é aumentada de um sexto a um terço se:

I – do fato resulta a diminuição de águas naturais, a erosão do solo ou a modificação do regime climático;

II – o crime é cometido:

a) no período de queda das sementes;

b) no período de formação de vegetações;

c) contra espécies raras ou ameaçadas de extinção, ainda que a ameaça ocorra somente no local da infração;

d) em época de seca ou inundação;

e) durante a noite, em domingo ou feriado.

Seção III – Da Poluição e outros Crimes Ambientais

Art. 54. Causar poluição de qualquer natureza em níveis tais que resultem ou possam resultar em danos à saúde humana, ou que provoquem a mortandade de animais ou a destruição significativa da flora:

Pena – reclusão, de um a quatro anos, e multa.

§ 1º. Se o crime é culposo:

Pena – detenção, de seis meses a um ano, e multa.

§ 2º. Se o crime:

I – tornar uma área, urbana ou rural, imprópria para a ocupação humana;

II – causar poluição atmosférica que provoque a retirada, ainda que momentânea, dos habitantes das áreas afetadas, ou que cause danos diretos à saúde da população;

III – causar poluição hídrica que torne necessária a interrupção do abastecimento público de água de uma comunidade;

IV – dificultar ou impedir o uso público das praias;

V – ocorrer por lançamento de resíduos sólidos, líquidos ou gasosos, ou detritos, óleos ou substâncias oleosas, em desacordo com as exigências estabelecidas em leis ou regulamentos:

Pena – reclusão, de um a cinco anos.

§ 3º. Incorre nas mesmas penas previstas no parágrafo anterior quem deixar de adotar, quando assim o exigir a autoridade competente, medidas de precaução em caso de risco de dano ambiental grave ou irreversível.

Art. 55. Executar pesquisa, lavra ou extração de recursos minerais sem a competente autorização, permissão, concessão ou licença, ou em desacordo com a obtida:

Pena – detenção, de seis meses a um ano, e multa.

Parágrafo único. Nas mesmas penas incorre quem deixa de recuperar a área pesquisada ou explorada, nos termos da autorização, permissão, licença, concessão ou determinação do órgão competente.

Art. 56. Produzir, processar, embalar, importar, exportar, comercializar, fornecer, transportar, armazenar, guardar, ter em depósito ou usar produto ou substância tóxica, perigosa ou nociva à saúde humana ou ao meio ambiente, em desacordo com as exigências estabelecidas em leis ou nos seus regulamentos:

Pena – reclusão, de um a quatro anos, e multa.

§ 1º. Nas mesmas penas incorre quem: *(Redação dada pela Lei nº 12.305/2010)*

I – abandona os produtos ou substâncias referidos no *caput* ou os utiliza em desacordo com as normas ambientais ou de segurança; *(Incluído pela Lei nº 12.305/2010)*

II – manipula, acondiciona, armazena, coleta, transporta, reutiliza, recicla ou dá destinação final a resíduos perigosos de forma diversa da estabelecida em lei ou regulamento. *(Incluído pela Lei nº 12.305/2010)*

§ 2º. Se o produto ou a substância for nuclear ou radioativa, a pena é aumentada de um sexto a um terço.

§ 3º. Se o crime é culposo:

Pena – detenção, de seis meses a um ano, e multa.

Art. 57. (Vetado).

Art. 58. Nos crimes dolosos previstos nesta Seção, as penas serão aumentadas:

I – de um sexto a um terço, se resulta dano irreversível à flora ou ao meio ambiente em geral;

II – de um terço até a metade, se resulta lesão corporal de natureza grave em outrem;

III – até o dobro, se resultar a morte de outrem.

Parágrafo único. As penalidades previstas neste artigo somente serão aplicadas se do fato não resultar crime mais grave.

Art. 59. (Vetado).

Art. 60. Construir, reformar, ampliar, instalar ou fazer funcionar, em qualquer parte do território nacional, estabelecimentos, obras ou serviços potencialmente poluidores, sem licença ou autorização dos órgãos ambientais competentes, ou contrariando as normas legais e regulamentares pertinentes:

Pena – detenção, de um a seis meses, ou multa, ou ambas as penas cumulativamente.

Art. 61. Disseminar doença ou praga ou espécies que possam causar dano à agricultura, à pecuária, à fauna, à flora ou aos ecossistemas:

Pena – reclusão, de um a quatro anos, e multa.

Seção IV – Dos Crimes contra o Ordenamento Urbano e o Patrimônio Cultural

Art. 62. Destruir, inutilizar ou deteriorar:

I – bem especialmente protegido por lei, ato administrativo ou decisão judicial;

II – arquivo, registro, museu, biblioteca, pinacoteca, instalação científica ou similar protegido por lei, ato administrativo ou decisão judicial:

Pena – reclusão, de um a três anos, e multa.

Parágrafo único. Se o crime for culposo, a pena é de seis meses a um ano de detenção, sem prejuízo da multa.

Art. 63. Alterar o aspecto ou estrutura de edificação ou local especialmente protegido por lei, ato administrativo ou decisão judicial, em razão de seu valor paisagístico, ecológico, turístico, artístico, histórico, cultural, religioso, arqueológico, etnográfico ou monumental, sem autorização da autoridade competente ou em desacordo com a concedida:

Pena – reclusão, de um a três anos, e multa.

Art. 64. Promover construção em solo não edificável, ou no seu entorno, assim considerado em razão de seu valor paisagístico, ecológico, artístico, turístico, histórico, cultural, religioso, arqueológico, etnográfico ou monumental, sem autorização da autoridade competente ou em desacordo com a concedida:

Pena – detenção, de seis meses a um ano, e multa.

Art. 65. Pichar ou por outro meio conspurcar edificação ou monumento urbano: *(Redação dada pela Lei nº 12.408/2011)*

Pena – detenção, de 3 (três) meses a 1 (um) ano, e multa. *(Redação dada pela Lei nº 12.408/2011)*

§ 1º. Se o ato for realizado em monumento ou coisa tombada em virtude do seu valor artístico, arqueológico ou histórico, a pena é de 6 (seis) meses a 1 (um) ano de detenção e multa. *(Renumerado do parágrafo único pela Lei nº 12.408/2011)*

§ 2º. Não constitui crime a prática de grafite realizada com o objetivo de valorizar o patrimônio público ou privado mediante manifestação artística, desde que consentida pelo proprietário e, quando couber, pelo locatário ou arrendatário do bem privado e, no caso de bem público, com a autorização do órgão competente e a observância das posturas municipais e das normas editadas pelos órgãos governamentais responsáveis pela preservação e conservação do patrimônio histórico e artístico nacional. *(Incluído pela Lei nº 12.408/2011)*

Seção V – Dos Crimes contra a Administração Ambiental

Art. 66. Fazer o funcionário público afirmação falsa ou enganosa, omitir a verdade, sonegar informações ou dados técnico-científicos em procedimentos de autorização ou de licenciamento ambiental:

Pena – reclusão, de um a três anos, e multa.

Art. 67. Conceder o funcionário público licença, autorização ou permissão em desacordo com as normas ambientais, para as atividades, obras ou serviços cuja realização depende de ato autorizativo do Poder Público:

Pena – detenção, de um a três anos, e multa.

Parágrafo único. Se o crime é culposo, a pena é de três meses a um ano de detenção, sem prejuízo da multa.

Art. 68. Deixar, aquele que tiver o dever legal ou contratual de fazê-lo, de cumprir obrigação de relevante interesse ambiental:

Pena – detenção, de um a três anos, e multa.

Parágrafo único. Se o crime é culposo, a pena é de três meses a um ano, sem prejuízo da multa.

Art. 69. Obstar ou dificultar a ação fiscalizadora do Poder Público no trato de questões ambientais:

Pena – detenção, de um a três anos, e multa.

Art. 69-A. Elaborar ou apresentar, no licenciamento, concessão florestal ou qualquer outro procedimento administrativo, estudo, laudo ou relatório ambiental total ou parcialmente falso ou enganoso, inclusive por omissão: *(Incluído pela Lei nº 11.284/2006)*

Pena – reclusão, de 3 (três) a 6 (seis) anos, e multa. *(Incluído pela Lei nº 11.284/2006)*

§ 1º. Se o crime é culposo: *(Incluído pela Lei nº 11.284/2006)*

Pena – detenção, de 1 (um) a 3 (três) anos. *(Incluído pela Lei nº 11.284/2006)*

§ 2º. A pena é aumentada de 1/3 (um terço) a 2/3 (dois terços), se há dano significativo ao meio ambiente, em decorrência do uso da informação falsa, incompleta ou enganosa. *(Incluído pela Lei nº 11.284/2006)*

Capítulo VI – Da Infração Administrativa

Art. 70. Considera-se infração administrativa ambiental toda ação ou omissão que viole as regras jurídicas de uso, gozo, promoção, proteção e recuperação do meio ambiente.

§ 1º. São autoridades competentes para lavrar auto de infração ambiental e instaurar processo administrativo os funcionários de órgãos ambientais integrantes do Sistema Nacional de Meio Ambiente – SISNAMA, designados para as atividades de fiscalização, bem como os agentes das Capitanias dos Portos, do Ministério da Marinha.

§ 2º. Qualquer pessoa, constatando infração ambiental, poderá dirigir representação às autoridades relacionadas no parágrafo anterior, para efeito do exercício do seu poder de polícia.

§ 3º. A autoridade ambiental que tiver conhecimento de infração ambiental é obrigada a promover a sua apuração imediata, mediante processo administrativo próprio, sob pena de corresponsabilidade.

Capítulo VIII – Disposições Finais

Art. 79. Aplicam-se subsidiariamente a esta Lei as disposições do Código Penal e do Código de Processo Penal.

Brasília, 12 de fevereiro de 1998; 177º da Independência e 110º da República.
Fernando Henrique Cardoso
DOU de 13.2.1998 – Retificação DOU de 17.2.1998

13. LEI Nº 9.613, DE 3 DE MARÇO DE 1998 (Excertos)

Dispõe sobre os crimes de "lavagem" ou ocultação de bens, direitos e valores; a prevenção da utilização do sistema financeiro para os ilícitos previstos nesta Lei; cria o Conselho de Controle de Atividades Financeiras – COAF, e dá outras providências.

O Presidente da República, faço saber que o Congresso Nacional decreta e eu sanciono a seguinte Lei:

Capítulo I – Dos Crimes de "Lavagem" ou Ocultação de Bens, Direitos e Valores

Art. 1º. Ocultar ou dissimular a natureza, origem, localização, disposição, movimentação ou propriedade de bens, direitos ou valores provenientes, direta ou indiretamente, de infração penal. *(Redação dada pela Lei nº 12.683/2012)*

I a VIII – (Revogados). *(Revogados pela Lei nº 12.683/2012)*

Pena: reclusão, de 3 (três) a 10 (dez) anos, e multa. *(Redação dada pela Lei nº 12.683/2012)*

§ 1º. Incorre na mesma pena quem, para ocultar ou dissimular a utilização de bens, direitos ou valores provenientes de infração penal: *(Redação dada pela Lei nº 12.683/2012)*

I – os converte em ativos lícitos;

II – os adquire, recebe, troca, negocia, dá ou recebe em garantia, guarda, tem em depósito, movimenta ou transfere;

III – importa ou exporta bens com valores não correspondentes aos verdadeiros.

§ 2º. Incorre, ainda, na mesma pena quem: *(Redação dada pela Lei nº 12.683/2012)*

I – utiliza, na atividade econômica ou financeira, bens, direitos ou valores provenientes de infração penal; *(Redação dada pela Lei nº 12.683/2012)*

II – participa de grupo, associação ou escritório tendo conhecimento de que sua atividade principal ou secundária é dirigida à prática de crimes previstos nesta Lei.

§ 3º. A tentativa é punida nos termos do parágrafo único do art. 14 do Código Penal.

§ 4º. A pena será aumentada de um a dois terços, se os crimes definidos nesta Lei forem cometidos de forma reiterada ou por intermédio de organização criminosa. *(Redação dada pela Lei nº 12.683/2012)*

§ 5º. A pena poderá ser reduzida de um a dois terços e ser cumprida em regime aberto ou semiaberto, facultando-se ao juiz deixar de aplicá-la ou substituí-la, a qualquer tempo, por pena restritiva de direitos, se o autor, coautor ou partícipe colaborar espontaneamente com as autoridades, prestando esclarecimentos que conduzam à apuração das infrações penais, à identificação dos autores, coautores e partícipes, ou à localização dos bens, direitos ou valores objeto do crime. *(Redação dada pela Lei nº 12.683/2012)*

Capítulo II – Disposições Processuais Especiais

Art. 2º. O processo e julgamento dos crimes previstos nesta Lei:

I – obedecem às disposições relativas ao procedimento comum dos crimes punidos com reclusão, da competência do juiz singular;

II – independem do processo e julgamento das infrações penais antecedentes, ainda que praticados em outro país, cabendo ao juiz competente para os crimes previstos nesta Lei a decisão sobre a unidade de processo e julgamento; *(Redação dada pela Lei nº 12.683/2012)*

III – são da competência da Justiça Federal:

a) quando praticados contra o sistema financeiro e a ordem econômico-financeira, ou em detrimento de bens, serviços ou interesses da União, ou de suas entidades autárquicas ou empresas públicas;

b) quando a infração penal antecedente for de competência da Justiça Federal. *(Redação dada pela Lei nº 12.683/2012)*

§ 1º. A denúncia será instruída com indícios suficientes da existência da infração penal antecedente, sendo puníveis os fatos previstos nesta Lei, ainda que desconhecido ou isento de pena o autor, ou extinta a punibilidade da infração penal antecedente. *(Redação dada pela Lei nº 12.683/2012)*

§ 2º. No processo por crime previsto nesta Lei, não se aplica o disposto no art. 366 do Decreto-Lei nº 3.689, de 3 de outubro de 1941 (Código de Processo Penal), devendo o acusado que não comparecer nem constituir advogado ser citado por edital, prosseguindo o feito até o julgamento, com a nomeação de defensor dativo. *(Redação dada pela Lei nº 12.683/2012)*

Art. 3º. (Revogado). *(Revogado pela Lei nº 12.683/2012)*

Art. 4º. O juiz, de ofício, a requerimento do Ministério Público ou mediante representação do delegado de polícia, ouvido o Ministério Público em 24 (vinte e quatro) horas, havendo indícios suficientes de infração penal, poderá decretar medidas assecuratórias de bens, direitos ou valores do investigado ou acusado, ou existentes em nome de interpostas pessoas, que sejam instrumento, produto ou proveito dos crimes previstos nesta Lei ou das infrações penais antecedentes. *(Redação dada pela Lei nº 12.683/2012)*

§ 1º. Proceder-se-á à alienação antecipada para preservação do valor dos bens sempre que estiverem sujeitos a qualquer grau de deterioração ou depreciação, ou quando houver dificuldade para sua manutenção. *(Redação dada pela Lei nº 12.683/2012)*

§ 2º. O juiz determinará a liberação total ou parcial dos bens, direitos e valores quando comprovada a licitude de sua origem, mantendo-se a constrição dos bens, direitos e valores necessários e suficientes à reparação dos danos e ao pagamento de prestações pecuniárias, multas e custas decorrentes da infração penal. *(Redação dada pela Lei nº 12.683/2012)*

§ 3º. Nenhum pedido de liberação será conhecido sem o comparecimento pessoal do acusado ou de interposta pessoa a que se refere o *caput* deste artigo, podendo o juiz determinar a prática de atos necessários à conservação de bens, direitos ou valores, sem prejuízo do disposto no § 1º. *(Redação dada pela Lei nº 12.683/2012)*

§ 4º. Poderão ser decretadas medidas assecuratórias sobre bens, direitos ou valores para reparação do dano decorrente da infração penal antecedente ou da prevista nesta Lei ou para pagamento de prestação pecuniária, multa e custas. *(Redação dada pela Lei nº 12.683/2012)*

296 | MANUAL DE POLÍCIA JUDICIÁRIA: DOUTRINA E PRÁTICA

Art. 4º-A. A alienação antecipada para preservação de valor de bens sob constrição será decretada pelo juiz, de ofício, a requerimento do Ministério Público ou por solicitação da parte interessada, mediante petição autônoma, que será autuada em apartado e cujos autos terão tramitação em separado em relação ao processo principal. *(Incluído pela Lei nº 12.683/2012)*

§ 1º. O requerimento de alienação deverá conter a relação de todos os demais bens, com a descrição e a especificação de cada um deles, e informações sobre quem os detém e local onde se encontram. *(Incluído pela Lei nº 12.683/2012)*

§ 2º. O juiz determinará a avaliação dos bens, nos autos apartados, e intimará o Ministério Público. *(Incluído pela Lei nº 12.683/2012)*

§ 3º. Feita a avaliação e dirimidas eventuais divergências sobre o respectivo laudo, o juiz, por sentença, homologará o valor atribuído aos bens e determinará sejam alienados em leilão ou pregão, preferencialmente eletrônico, por valor não inferior a 75% (setenta e cinco por cento) da avaliação. *(Incluído pela Lei nº 12.683/2012)*

§ 4º. Realizado o leilão, a quantia apurada será depositada em conta judicial remunerada, adotando-se a seguinte disciplina: *(Incluído pela Lei nº 12.683/2012)*

I – nos processos de competência da Justiça Federal e da Justiça do Distrito Federal: *(Incluído pela Lei nº 12.683/2012)*

a) os depósitos serão efetuados na Caixa Econômica Federal ou em instituição financeira pública, mediante documento adequado para essa finalidade; *(Incluída pela Lei nº 12.683/2012)*

b) os depósitos serão repassados pela Caixa Econômica Federal ou por outra instituição financeira pública para a Conta Única do Tesouro Nacional, independentemente de qualquer formalidade, no prazo de 24 (vinte e quatro) horas; e *(Incluída pela Lei nº 12.683/2012)*

c) os valores devolvidos pela Caixa Econômica Federal ou por instituição financeira pública serão debitados à Conta Única do Tesouro Nacional, em subconta de restituição; *(Incluída pela Lei nº 12.683/2012)*

II – nos processos de competência da Justiça dos Estados: *(Incluído pela Lei nº 12.683/2012)*

a) os depósitos serão efetuados em instituição financeira designada em lei, preferencialmente pública, de cada Estado ou, na sua ausência, em instituição financeira pública da União; *(Incluída pela Lei nº 12.683/2012)*

b) os depósitos serão repassados para a conta única de cada Estado, na forma da respectiva legislação. *(Incluída pela Lei nº 12.683/2012)*

§ 5º. Mediante ordem da autoridade judicial, o valor do depósito, após o trânsito em julgado da sentença proferida na ação penal, será: *(Incluído pela Lei nº 12.683/2012)*

I – em caso de sentença condenatória, nos processos de competência da Justiça Federal e da Justiça do Distrito Federal, incorporado definitivamente ao patrimônio da União, e, nos processos de competência da Justiça Estadual, incorporado ao patrimônio do Estado respectivo; *(Incluído pela Lei nº 12.683/2012)*

II – em caso de sentença absolutória extintiva de punibilidade, colocado à disposição do réu pela instituição financeira, acrescido da remuneração da conta judicial. *(Incluído pela Lei nº 12.683/2012)*

§ 6º. A instituição financeira depositária manterá controle dos valores depositados ou devolvidos. *(Incluído pela Lei nº 12.683/2012)*

§ 7º. Serão deduzidos da quantia apurada no leilão todos os tributos e multas incidentes sobre o bem alienado, sem prejuízo de iniciativas que, no âmbito da competência de cada ente da Federação, venham a desonerar bens sob constrição judicial daqueles ônus. *(Incluído pela Lei nº 12.683/2012)*

§ 8º. Feito o depósito a que se refere o § 4º deste artigo, os autos da alienação serão apensados aos do processo principal. *(Incluído pela Lei nº 12.683/2012)*

§ 9º. Terão apenas efeito devolutivo os recursos interpostos contra as decisões proferidas no curso do procedimento previsto neste artigo. *(Incluído pela Lei nº 12.683/2012)*

§ 10. Sobrevindo o trânsito em julgado de sentença penal condenatória, o juiz decretará, em favor, conforme o caso, da União ou do Estado: *(Incluído pela Lei nº 12.683/2012)*

I – a perda dos valores depositados na conta remunerada e da fiança; *(Incluído pela Lei nº 12.683/2012)*

II – a perda dos bens não alienados antecipadamente e daqueles aos quais não foi dada destinação prévia; e *(Incluído pela Lei nº 12.683/2012)*

III – a perda dos bens não reclamados no prazo de 90 (noventa) dias após o trânsito em julgado da sentença condenatória, ressalvado o direito de lesado ou terceiro de boa-fé. *(Incluído pela Lei nº 12.683/2012)*

§ 11. Os bens a que se referem os incisos II e III do § 10 deste artigo serão adjudicados ou levados a leilão, depositando-se o saldo na conta única do respectivo ente. *(Incluído pela Lei nº 12.683/2012)*

§ 12. O juiz determinará ao registro público competente que emita documento de habilitação à circulação e utilização dos bens colocados sob o uso e custódia das entidades a que se refere o *caput* deste artigo. *(Incluído pela Lei nº 12.683/2012)*

§ 13. Os recursos decorrentes da alienação antecipada de bens, direitos e valores oriundos do crime de tráfico ilícito de drogas e que tenham sido objeto de dissimulação e ocultação nos termos desta Lei permanecem submetidos à disciplina definida em lei específica. *(Incluído pela Lei nº 12.683/2012)*

Art. 4º-B. A ordem de prisão de pessoas ou as medidas assecuratórias de bens, direitos ou valores poderão ser suspensas pelo juiz, ouvido o Ministério Público, quando a sua execução imediata puder comprometer as investigações. *(Incluído pela Lei nº 12.683/2012)*

Art. 5º. Quando as circunstâncias o aconselharem, o juiz, ouvido o Ministério Público, nomeará pessoa física ou jurídica qualificada para a administração dos bens, direitos ou valores sujeitos a medidas assecuratórias, mediante termo de compromisso. *(Redação dada pela Lei nº 12.683/2012)*

Art. 6º. A pessoa responsável pela administração dos bens: *(Redação dada pela Lei nº 12.683/2012)*

I – fará jus a uma remuneração, fixada pelo juiz, que será satisfeita com o produto dos bens objeto da administração;

II – prestará, por determinação judicial, informações periódicas da situação dos bens sob sua administração, bem como explicações e detalhamentos sobre investimentos e reinvestimentos realizados.

Parágrafo único. Os atos relativos à administração dos bens sujeitos a medidas assecuratórias serão levados ao conhecimento do Ministério Público, que requererá o que entender cabível. *(Redação dada pela Lei nº 12.683/2012)*

Capítulo XX – Disposições Gerais
(Incluído dada pela Lei nº 12.683/2012)

Art. 18. Esta Lei entra em vigor na data de sua publicação.

Brasília, 3 de março de 1998; 177º da Independência e 110º da República.

Fernando Henrique Cardoso

DOU de 4.3.1998

14. LEI Nº 9.807, DE 13 DE JULHO DE 1999

Estabelece normas para a organização e a manutenção de programas especiais de proteção a vítimas e a testemunhas ameaçadas, institui o Programa Federal de Assistência a Vítimas e a Testemunhas Ameaçadas e dispõe sobre a proteção de acusados ou condenados que tenham voluntariamente prestado efetiva colaboração à investigação policial e ao processo criminal.

O Presidente da República,

Faço saber que o Congresso Nacional decreta e eu sanciono a seguinte Lei:

Capítulo I – Da Proteção Especial a Vítimas e a Testemunhas

Art. 1º. As medidas de proteção requeridas por vítimas ou por testemunhas de crimes que estejam coagidas ou expostas a grave ameaça em razão de colaborarem com a investigação ou processo criminal serão prestadas pela União, pelos Estados e pelo Distrito Federal, no âmbito das respectivas competências, na forma de programas especiais organizados com base nas disposições desta Lei.

§ 1º. A União, os Estados e o Distrito Federal poderão celebrar convênios, acordos, ajustes ou termos de parceria entre si ou com entidades não governamentais objetivando a realização dos programas.

§ 2º. A supervisão e a fiscalização dos convênios, acordos, ajustes e termos de parceria de interesse da União ficarão a cargo do órgão do Ministério da Justiça com atribuições para a execução da política de direitos humanos.

Art. 2º. A proteção concedida pelos programas e as medidas dela decorrentes levarão em conta a gravidade da coação ou da ameaça à integridade física ou psicológica, a dificuldade de preveni-las ou reprimi-las pelos meios convencionais e a sua importância para a produção da prova.

§ 1º. A proteção poderá ser dirigida ou estendida ao cônjuge ou companheiro, ascendentes, descendentes e dependentes que tenham convivência habitual com a vítima ou testemunha, conforme o especificamente necessário em cada caso.

§ 2º. Estão excluídos da proteção os indivíduos cuja personalidade ou conduta seja incompatível com as restrições de comportamento exigidas pelo programa, os condenados que estejam cumprindo pena e os indiciados ou acusados sob prisão cautelar em qualquer de suas modalidades. Tal exclusão não trará prejuízo a eventual prestação de medidas de preservação da integridade física desses indivíduos por parte dos órgãos de segurança pública.

§ 3º. O ingresso no programa, as restrições de segurança e demais medidas por ele adotadas terão sempre a anuência da pessoa protegida, ou de seu representante legal.

§ 4º. Após ingressar no programa, o protegido ficará obrigado ao cumprimento das normas por ele prescritas.

§ 5º. As medidas e providências relacionadas com os programas serão adotadas, executadas e mantidas em sigilo pelos protegidos e pelos agentes envolvidos em sua execução.

Art. 3º. Toda admissão no programa ou exclusão dele será precedida de consulta ao Ministério Público sobre o disposto no art. 2º e deverá ser subsequentemente comunicada à autoridade policial ou ao juiz competente.

Art. 4º. Cada programa será dirigido por um conselho deliberativo em cuja composição haverá representantes do Ministério Público, do Poder Judiciário e de órgãos públicos e privados relacionados com a segurança pública e a defesa dos direitos humanos.

§ 1º. A execução das atividades necessárias ao programa ficará a cargo de um dos órgãos representados no conselho deliberativo, devendo os agentes dela incumbidos ter formação e capacitação profissional compatíveis com suas tarefas.

§ 2º. Os órgãos policiais prestarão a colaboração e o apoio necessários à execução de cada programa.

Art. 5º. A solicitação objetivando ingresso no programa poderá ser encaminhada ao órgão executor:

I – pelo interessado;

II – por representante do Ministério Público;

III – pela autoridade policial que conduz a investigação criminal;

IV – pelo juiz competente para a instrução do processo criminal;

V – por órgãos públicos e entidades com atribuições de defesa dos direitos humanos.

§ 1º. A solicitação será instruída com a qualificação da pessoa a ser protegida e com informações sobre a sua vida pregressa, o fato delituoso e a coação ou ameaça que a motiva.

§ 2º. Para fins de instrução do pedido, o órgão executor poderá solicitar, com a aquiescência do interessado:

I – documentos ou informações comprobatórios de sua identidade, estado civil, situação profissional, patrimônio e grau de instrução, e da pendência de obrigações civis, administrativas, fiscais, financeiras ou penais;

II – exames ou pareceres técnicos sobre a sua personalidade, estado físico ou psicológico.

§ 3º. Em caso de urgência e levando em consideração a procedência, gravidade e a iminência da coação ou ameaça, a vítima ou testemunha poderá ser colocada provisoriamente sob a custódia de órgão policial, pelo órgão executor, no aguardo de decisão do conselho deliberativo, com comunicação imediata a seus membros e ao Ministério Público.

Art. 6º. O conselho deliberativo decidirá sobre:

I – o ingresso do protegido no programa ou a sua exclusão;

II – as providências necessárias ao cumprimento do programa.

Parágrafo único. As deliberações do conselho serão tomadas por maioria absoluta de seus membros e sua execução ficará sujeita à disponibilidade orçamentária.

Art. 7º. Os programas compreendem, dentre outras, as seguintes medidas, aplicáveis isolada ou cumulativamente em benefício da pessoa protegida, segundo a gravidade e as circunstâncias de cada caso:

I – segurança na residência, incluindo o controle de telecomunicações;

II – escolta e segurança nos deslocamentos da residência, inclusive para fins de trabalho ou para a prestação de depoimentos;

III – transferência de residência ou acomodação provisória em local compatível com a proteção;

IV – preservação da identidade, imagem e dados pessoais;

V – ajuda financeira mensal para prover as despesas necessárias à subsistência individual ou familiar, no caso de a pessoa protegida estar impossibilitada de desenvolver trabalho regular ou de inexistência de qualquer fonte de renda;

VI – suspensão temporária das atividades funcionais, sem prejuízo dos respectivos vencimentos ou vantagens, quando servidor público ou militar;

VII – apoio e assistência social, médica e psicológica;

VIII – sigilo em relação aos atos praticados em virtude da proteção concedida;

IX – apoio do órgão executor do programa para o cumprimento de obrigações civis e administrativas que exijam o comparecimento pessoal.

Parágrafo único. A ajuda financeira mensal terá um teto fixado pelo conselho deliberativo no início de cada exercício financeiro.

Art. 8º. Quando entender necessário, poderá o conselho deliberativo solicitar ao Ministério Público que requeira ao juiz a concessão de medidas cautelares direta ou indiretamente relacionadas com a eficácia da proteção.

Art. 9º. Em casos excepcionais e considerando as características e gravidade da coação ou ameaça, poderá o conselho deliberativo encaminhar requerimento da pessoa protegida ao juiz competente para registros públicos objetivando a alteração de nome completo.

§ 1º. A alteração de nome completo poderá estender-se às pessoas mencionadas no § 1º do art. 2º desta Lei, inclusive aos filhos menores, e será precedida das providências necessárias ao resguardo de direitos de terceiros.

§ 2º. O requerimento será sempre fundamentado e o juiz ouvirá previamente o Ministério Público, determinando, em seguida, que o procedimento tenha rito sumaríssimo e corra em segredo de justiça.

§ 3º. Concedida a alteração pretendida, o juiz determinará na sentença, observando o sigilo indispensável à proteção do interessado:

I – a averbação no registro original de nascimento da menção de que houve alteração de nome completo em conformidade com o estabelecido nesta Lei, com expressa referência à sentença autorizatória e ao juiz que a exarou e sem a aposição do nome alterado;

II – a determinação aos órgãos competentes para o fornecimento dos documentos decorrentes da alteração;

III – a remessa da sentença ao órgão nacional competente para o registro único de identificação civil, cujo procedimento obedecerá às necessárias restrições de sigilo.

§ 4º. O conselho deliberativo, resguardado o sigilo das informações, manterá controle sobre a localização do protegido cujo nome tenha sido alterado.

§ 5º. Cessada a coação ou ameaça que deu causa à alteração, ficará facultado ao protegido solicitar ao juiz competente o retorno à situação anterior, com a alteração para o nome original, em petição que será encaminhada pelo conselho deliberativo e terá manifestação prévia do Ministério Público.

Art. 10. A exclusão da pessoa protegida de programa de proteção a vítimas e a testemunhas poderá ocorrer a qualquer tempo:

I – por solicitação do próprio interessado;

II – por decisão do conselho deliberativo, em consequência de:

a) cessação dos motivos que ensejaram a proteção;

b) conduta incompatível do protegido.

Art. 11. A proteção oferecida pelo programa terá a duração máxima de dois anos.

Parágrafo único. Em circunstâncias excepcionais, perdurando os motivos que autorizam a admissão, a permanência poderá ser prorrogada.

Art. 12. Fica instituído, no âmbito do órgão do Ministério da Justiça com atribuições para a execução da política de direitos humanos, o Programa Federal de Assistência a Vítimas e a Testemunhas Ameaçadas, a ser regulamentado por decreto do Poder Executivo.

Capítulo II – Da Proteção aos Réus Colaboradores

Art. 13. Poderá o juiz, de ofício ou a requerimento das partes, conceder o perdão judicial e a consequente extinção da punibilidade ao acusado que, sendo primário, tenha colaborado efetiva e voluntariamente com a investigação e o processo criminal, desde que dessa colaboração tenha resultado:

I – a identificação dos demais coautores ou partícipes da ação criminosa;

II – a localização da vítima com a sua integridade física preservada;

III – a recuperação total ou parcial do produto do crime.

Parágrafo único. A concessão do perdão judicial levará em conta a personalidade do beneficiado e a natureza, circunstâncias, gravidade e repercussão social do fato criminoso.

Art. 14. O indiciado ou acusado que colaborar voluntariamente com a investigação policial e o processo criminal na identificação dos demais coautores ou partícipes do crime, na localização da vítima com vida e na recuperação total ou parcial do produto do crime, no caso de condenação, terá pena reduzida de um a dois terços.

Art. 15. Serão aplicadas em benefício do colaborador, na prisão ou fora dela, medidas especiais de segurança e proteção a sua integridade física, considerando ameaça ou coação eventual ou efetiva.

§ 1º. Estando sob prisão temporária, preventiva ou em decorrência de flagrante delito, o colaborador será custodiado em dependência separada dos demais presos.

§ 2º. Durante a instrução criminal, poderá o juiz competente determinar em favor do colaborador qualquer das medidas previstas no art. 8º desta Lei.

§ 3º. No caso de cumprimento da pena em regime fechado, poderá o juiz criminal determinar medidas especiais que proporcionem a segurança do colaborador em relação aos demais apenados.

Disposições Gerais

Art. 16. O art. 57 da Lei nº 6.015, de 31 de dezembro de 1973, fica acrescido do seguinte § 7º:

"§ 7º. Quando a alteração de nome for concedida em razão de fundada coação ou ameaça decorrente de colaboração com a apuração de crime, o juiz competente determinará que haja a averbação no registro de origem de menção da existência de sentença concessiva da alteração, sem a averbação do nome alterado, que somente poderá ser procedida mediante determinação posterior, que levará em consideração a cessação da coação ou ameaça que deu causa à alteração."

Art. 17. O parágrafo único do art. 58 da Lei nº 6.015, de 31 de dezembro de 1973, com a redação dada pela Lei nº 9.708, de 18 de novembro de 1998, passa a ter a seguinte redação:

"Parágrafo único. A substituição do prenome será ainda admitida em razão de fundada coação ou ameaça decorrente da colaboração com a apuração de crime, por determinação, em sentença, de juiz competente, ouvido o Ministério Público." (NR)

Art. 18. O art. 18 da Lei nº 6.015, de 31 de dezembro de 1973, passa a ter a seguinte redação:

"Art. 18. Ressalvado o disposto nos arts. 45, 57, § 7º, e 95, parágrafo único, a certidão será lavrada independentemente de despacho judicial, devendo mencionar o livro de registro ou o documento arquivado no cartório." (NR)

Art. 19. A União poderá utilizar estabelecimentos especialmente destinados ao cumprimento de pena de condenados que tenham prévia e voluntariamente prestado a colaboração de que trata esta Lei.

Parágrafo único. Para fins de utilização desses estabelecimentos, poderá a União celebrar convênios com os Estados e o Distrito Federal.

Art. 19-A. Terão prioridade na tramitação o inquérito e o processo criminal em que figure indiciado, acusado, vítima ou réu colaboradores, vítima ou testemunha protegidas pelos programas de que trata esta Lei. *(Incluído pela Lei nº 12.483/2011)*

Parágrafo único. Qualquer que seja o rito processual criminal, o juiz, após a citação, tomará antecipadamente o depoimento das pessoas incluídas nos programas de proteção previstos nesta Lei, devendo justificar a eventual impossibilidade de fazê-lo no caso concreto ou o possível prejuízo que a oitiva antecipada traria para a instrução criminal. *(Incluído pela Lei nº 12.483/2011)*

Art. 20. As despesas decorrentes da aplicação desta Lei, pela União, correrão à conta de dotação consignada no orçamento.

Art. 21. Esta Lei entra em vigor na data de sua publicação.

Brasília, 13 de julho de 1999; 178º da Independência e 111º da República.

Fernando Henrique Cardoso

DOU de 14.7.1999

15. LEI COMPLEMENTAR Nº 105, DE 10 DE JANEIRO DE 2001

Dispõe sobre o sigilo das operações de instituições financeiras e dá outras providências.

O Presidente da República,

Faço saber que o Congresso Nacional decreta e eu sanciono a seguinte Lei Complementar:

Art. 1º. As instituições financeiras conservarão sigilo em suas operações ativas e passivas e serviços prestados.

§ 1º. São consideradas instituições financeiras, para os efeitos desta Lei Complementar:

I – os bancos de qualquer espécie;

II – distribuidoras de valores mobiliários;

III – corretoras de câmbio e de valores mobiliários;

IV – sociedades de crédito, financiamento e investimentos;

V – sociedades de crédito imobiliário;

VI – administradoras de cartões de crédito;

VII – sociedades de arrendamento mercantil;

VIII – administradoras de mercado de balcão organizado;

IX – cooperativas de crédito;

X – associações de poupança e empréstimo;

XI – bolsas de valores e de mercadorias e futuros;

XII – entidades de liquidação e compensação;

XIII – outras sociedades que, em razão da natureza de suas operações, assim venham a ser consideradas pelo Conselho Monetário Nacional.

§ 2º. As empresas de fomento comercial ou *factoring*, para os efeitos desta Lei Complementar, obedecerão às normas aplicáveis às instituições financeiras previstas no § 1º.

§ 3º. Não constitui violação do dever de sigilo:

I – a troca de informações entre instituições financeiras, para fins cadastrais, inclusive por intermédio de centrais de risco, observadas as normas baixadas pelo Conselho Monetário Nacional e pelo Banco Central do Brasil;

II – o fornecimento de informações constantes de cadastro de emitentes de cheques sem provisão de fundos e de devedores inadimplentes, a entidades de proteção ao crédito, observadas as normas baixadas pelo Conselho Monetário Nacional e pelo Banco Central do Brasil;

III – o fornecimento das informações de que trata o § 2º do art. 11 da Lei nº 9.311, de 24 de outubro de 1996;

IV – a comunicação, às autoridades competentes, da prática de ilícitos penais ou administrativos, abrangendo o fornecimento de informações sobre operações que envolvam recursos provenientes de qualquer prática criminosa;

V – a revelação de informações sigilosas com o consentimento expresso dos interessados;

VI – a prestação de informações nos termos e condições estabelecidos nos arts. 2º, 3º, 4º, 5º, 6º, 7º e 9º desta Lei Complementar.

§ 4º. A quebra de sigilo poderá ser decretada, quando necessária para apuração de ocorrência de qualquer ilícito, em qualquer fase do inquérito ou do processo judicial, e especialmente nos seguintes crimes:

I – de terrorismo;

II – de tráfico ilícito de substâncias entorpecentes ou drogas afins;

III – de contrabando ou tráfico de armas, munições ou material destinado a sua produção;

IV – de extorsão mediante sequestro;

V – contra o sistema financeiro nacional;

VI – contra a Administração Pública;

VII – contra a ordem tributária e a previdência social;

VIII – lavagem de dinheiro ou ocultação de bens, direitos e valores;

IX – praticado por organização criminosa.

Art. 2º. O dever de sigilo é extensivo ao Banco Central do Brasil, em relação às operações que realizar e às informações que obtiver no exercício de suas atribuições.

§ 1º. O sigilo, inclusive quanto a contas de depósitos, aplicações e investimentos mantidos em instituições financeiras, não pode ser oposto ao Banco Central do Brasil:

I – no desempenho de suas funções de fiscalização, compreendendo a apuração, a qualquer tempo, de ilícitos praticados por controladores, administradores, membros de conselhos estatutários, gerentes, mandatários e prepostos de instituições financeiras;

II – ao proceder a inquérito em instituição financeira submetida a regime especial.

§ 2º. As comissões encarregadas dos inquéritos a que se refere o inciso II do § 1º poderão examinar quaisquer documentos relativos a bens, direitos e obrigações das instituições financeiras, de seus controladores, administradores, membros de conselhos estatutários, gerentes, mandatários e prepostos, inclusive contas correntes e operações com outras instituições financeiras.

§ 3º. O disposto neste artigo aplica-se à Comissão de Valores Mobiliários, quando se tratar de fiscalização de operações e serviços no mercado de valores mobiliários, inclusive nas instituições financeiras que sejam companhias abertas.

§ 4º. O Banco Central do Brasil e a Comissão de Valores Mobiliários, em suas áreas de competência, poderão firmar convênios:

I – com outros órgãos públicos fiscalizadores de instituições financeiras, objetivando a realização de fiscalizações conjuntas, observadas as respectivas competências;

II – com bancos centrais ou entidades fiscalizadoras de outros países, objetivando:

a) a fiscalização de filiais e subsidiárias de instituições financeiras estrangeiras, em funcionamento no Brasil e de filiais e subsidiárias, no exterior, de instituições financeiras brasileiras;

b) a cooperação mútua e o intercâmbio de informações para a investigação de atividades ou operações que impliquem aplicação, negociação, ocultação ou transferência de ativos financeiros e de valores mobiliários relacionados com a prática de condutas ilícitas.

§ 5º. O dever de sigilo de que trata esta Lei Complementar estende-se aos órgãos fiscalizadores mencionados no § 4º e a seus agentes.

§ 6º. O Banco Central do Brasil, a Comissão de Valores Mobiliários e os demais órgãos de fiscalização, nas áreas de suas atribuições, fornecerão ao Conselho de Controle de Atividades Financeiras – COAF, de que trata o art. 14 da Lei nº 9.613, de 3 de março de 1998, as informações cadastrais e de movimento de valores relativos às operações previstas no inciso I do art. 11 da referida Lei.

Art. 3º. Serão prestadas pelo Banco Central do Brasil, pela Comissão de Valores Mobiliários e pelas instituições financeiras as informações ordenadas pelo Poder Judiciário, preservado o seu caráter sigiloso mediante acesso restrito às partes, que delas não poderão servir-se para fins estranhos à lide.

§ 1º. Dependem de prévia autorização do Poder Judiciário a prestação de informações e o fornecimento de documentos sigilosos solicitados por comissão de inquérito administrativo destinada a apurar responsabilidade de servidor público por infração praticada no exercício de suas atribuições, ou que tenha relação com as atribuições do cargo em que se encontre investido.

§ 2º. Nas hipóteses do § 1º, o requerimento de quebra de sigilo independe da existência de processo judicial em curso.

§ 3º. Além dos casos previstos neste artigo o Banco Central do Brasil e a Comissão de Valores Mobiliários fornecerão à Advocacia-Geral da União as informações e os documentos necessários à defesa da União nas ações em que seja parte.

Art. 4º. O Banco Central do Brasil e a Comissão de Valores Mobiliários, nas áreas de suas atribuições, e as instituições financeiras fornecerão ao Poder Legislativo Federal as informações e os documentos sigilosos que, fundamentadamente, se fizerem necessários ao exercício de suas respectivas competências constitucionais e legais.

§ 1º. As comissões parlamentares de inquérito, no exercício de sua competência constitucional e legal de ampla investigação, obterão as informações e documentos sigilosos de que necessitarem, diretamente das instituições financeiras, ou por intermédio do Banco Central do Brasil ou da Comissão de Valores Mobiliários.

§ 2º. As solicitações de que trata este artigo deverão ser previamente aprovadas pelo Plenário da Câmara dos Deputados, do Senado Federal, ou do plenário de suas respectivas comissões parlamentares de inquérito.

Art. 5º. O Poder Executivo disciplinará, inclusive quanto à periodicidade e aos limites de valor, os critérios segundo os quais as instituições financeiras informarão à administração tributária da União, as operações financeiras efetuadas pelos usuários de seus serviços.

§ 1º. Consideram-se operações financeiras, para os efeitos deste artigo:

I – depósitos à vista e a prazo, inclusive em conta de poupança;

II – pagamentos efetuados em moeda corrente ou em cheques;

III – emissão de ordens de crédito ou documentos assemelhados;

IV – resgates em contas de depósitos à vista ou a prazo, inclusive de poupança;

V – contratos de mútuo;

VI – descontos de duplicatas, notas promissórias e outros títulos de crédito;

VII – aquisições e vendas de títulos de renda fixa ou variável;

VIII – aplicações em fundos de investimentos;

IX – aquisições de moeda estrangeira;

X – conversões de moeda estrangeira em moeda nacional;

XI – transferências de moeda e outros valores para o exterior;

XII – operações com ouro, ativo financeiro;

XIII – operações com cartão de crédito;

XIV – operações de arrendamento mercantil; e

XV – quaisquer outras operações de natureza semelhante que venham a ser autorizadas pelo Banco Central do Brasil, Comissão de Valores Mobiliários ou outro órgão competente.

§ 2º. As informações transferidas na forma do *caput* deste artigo restringir-se-ão a informes relacionados com a identificação dos titulares das operações e os montantes globais mensalmente movimentados, vedada a inserção de qualquer elemento que permita identificar a sua origem ou a natureza dos gastos a partir deles efetuados.

§ 3º. Não se incluem entre as informações de que trata este artigo as operações financeiras efetuadas pelas administrações direta e indireta da União, dos Estados, do Distrito Federal e dos Municípios.

§ 4º. Recebidas as informações de que trata este artigo, se detectados indícios de falhas, incorreções ou omissões, ou de cometimento de ilícito fiscal, a autoridade interessada poderá requisitar as informações e os documentos de que necessitar, bem como realizar fiscalização ou auditoria para a adequada apuração dos fatos.

§ 5º. As informações a que refere este artigo serão conservadas sob sigilo fiscal, na forma da legislação em vigor.

Art. 6º. As autoridades e os agentes fiscais tributários da União, dos Estados, do Distrito Federal e dos Municípios somente poderão examinar documentos, livros e registros de instituições financeiras, inclusive os referentes a contas de depósitos e aplicações financeiras, quando houver processo administrativo instaurado ou procedimento fiscal em curso e tais exames sejam considerados indispensáveis pela autoridade administrativa competente.

Parágrafo único. O resultado dos exames, as informações e os documentos a que se refere este artigo serão conservados em sigilo, observada a legislação tributária.

Art. 7º. Sem prejuízo do disposto no § 3º do art. 2º, a Comissão de Valores Mobiliários, instaurado inquérito administrativo, poderá solicitar à autoridade judiciária competente o levantamento do sigilo junto às instituições financeiras de informações e documentos relativos a bens, direitos e obrigações de pessoa física ou jurídica submetida ao seu poder disciplinar.

Parágrafo único. O Banco Central do Brasil e a Comissão de Valores Mobiliários, manterão permanente intercâmbio de informações acerca dos resultados das inspeções que realizarem, dos inquéritos que instaurarem e das penalidades que aplicarem, sempre que as informações forem necessárias ao desempenho de suas atividades.

Art. 8º. O cumprimento das exigências e formalidades previstas nos arts. 4º, 6º e 7º, será expressamente declarado pelas autoridades competentes nas solicitações dirigidas ao Banco Central do Brasil, à Comissão de Valores Mobiliários ou às instituições financeiras.

Art. 9º. Quando, no exercício de suas atribuições, o Banco Central do Brasil e a Comissão de Valores Mobiliários verificarem a ocorrência de crime definido em lei como de ação pública, ou indícios da prática de tais crimes, informarão ao Ministério Público, juntando à comunicação os documentos necessários à apuração ou comprovação dos fatos.

§ 1º. A comunicação de que trata este artigo será efetuada pelos Presidentes do Banco Central do Brasil e da Comissão de Valores Mobiliários, admitida delegação de competência, no prazo máximo de quinze dias, a contar do recebimento do processo, com manifestação dos respectivos serviços jurídicos.

§ 2º. Independentemente do disposto no *caput* deste artigo, o Banco Central do Brasil e a Comissão de Valores Mobiliários comunicarão aos órgãos públicos competentes as irregularidades e os ilícitos administrativos de que tenham conhecimento, ou indícios de sua prática, anexando os documentos pertinentes.

Art. 10. A quebra de sigilo, fora das hipóteses autorizadas nesta Lei Complementar, constitui crime e sujeita os responsáveis à pena de reclusão, de um a quatro anos, e multa, aplicando-se, no que couber, o Código Penal, sem prejuízo de outras sanções cabíveis.

Parágrafo único. Incorre nas mesmas penas quem omitir, retardar injustificadamente ou prestar falsamente as informações requeridas nos termos desta Lei Complementar.

Art. 11. O servidor público que utilizar ou viabilizar a utilização de qualquer informação obtida em decorrência da quebra de sigilo de que trata esta Lei Complementar responde pessoal e diretamente pelos danos decorrentes, sem prejuízo da responsabilidade objetiva da entidade pública, quando comprovado que o servidor agiu de acordo com orientação oficial.

Art. 12. Esta Lei Complementar entra em vigor na data de sua publicação.

Art. 13. Revoga-se o art. 38 da Lei nº 4.595, de 31 de dezembro de 1964.

Brasília, 10 de janeiro de 2001; 180º da Independência e 113º da República.

Fernando Henrique Cardoso

DOU de 11.1.2001

16. LEI Nº 11.340, DE 7 DE AGOSTO DE 2006 (Excertos)

Cria mecanismos para coibir a violência doméstica e familiar contra a mulher, nos termos do § 8º do art. 226 da Constituição Federal, da Convenção sobre a Eliminação de Todas as Formas de Discriminação contra as Mulheres e da Convenção Interamericana para Prevenir, Punir e Erradicar a Violência contra a Mulher; dispõe sobre a criação dos Juizados de Violência Doméstica e Familiar contra a Mulher; altera o Código de Processo Penal, o Código Penal e a Lei de Execução Penal; e dá outras providências.

O Presidente da República, faço saber que o Congresso Nacional decreta e eu sanciono a seguinte Lei:

TÍTULO I – DISPOSIÇÕES PRELIMINARES

Art. 1º. Esta Lei cria mecanismos para coibir e prevenir a violência doméstica e familiar contra a mulher, nos termos do § 8º do art. 226 da Constituição Federal, da Convenção sobre a Eliminação de Todas as Formas de Violência contra a Mulher, da Convenção Interamericana para Prevenir, Punir e Erradicar a Violência contra a Mulher e de outros tratados internacionais ratificados pela República Federativa do Brasil; dispõe sobre a criação dos Juizados de Violência Doméstica e Familiar contra a Mulher; e estabelece medidas de assistência e proteção às mulheres em situação de violência doméstica e familiar.

Art. 2º. Toda mulher, independentemente de classe, raça, etnia, orientação sexual, renda, cultura, nível educacional, idade e religião, goza dos direitos fundamentais inerentes à pessoa humana, sendo-lhe asseguradas

306 | Manual de polícia judiciária: doutrina e prática

as oportunidades e facilidades para viver sem violência, preservar sua saúde física e mental e seu aperfeiçoamento moral, intelectual e social.

Art. 3º. Serão asseguradas às mulheres as condições para o exercício efetivo dos direitos à vida, à segurança, à saúde, à alimentação, à educação, à cultura, à moradia, ao acesso à justiça, ao esporte, ao lazer, ao trabalho, à cidadania, à liberdade, à dignidade, ao respeito e à convivência familiar e comunitária.

§ 1º. O poder público desenvolverá políticas que visem garantir os direitos humanos das mulheres no âmbito das relações domésticas e familiares no sentido de resguardá-las de toda forma de negligência, discriminação, exploração, violência, crueldade e opressão.

§ 2º. Cabe à família, à sociedade e ao poder público criar as condições necessárias para o efetivo exercício dos direitos enunciados no *caput*.

Art. 4º. Na interpretação desta Lei, serão considerados os fins sociais a que ela se destina e, especialmente, as condições peculiares das mulheres em situação de violência doméstica e familiar.

TÍTULO II – DA VIOLÊNCIA DOMÉSTICA E FAMILIAR CONTRA A MULHER

Capítulo I – Disposições Gerais

Art. 5º. Para os efeitos desta Lei, configura violência doméstica e familiar contra a mulher qualquer ação ou omissão baseada no gênero que lhe cause morte, lesão, sofrimento físico, sexual ou psicológico e dano moral ou patrimonial:

I – no âmbito da unidade doméstica, compreendida como o espaço de convívio permanente de pessoas, com ou sem vínculo familiar, inclusive as esporadicamente agregadas;

II – no âmbito da família, compreendida como a comunidade formada por indivíduos que são ou se consideram aparentados, unidos por laços naturais, por afinidade ou por vontade expressa;

III – em qualquer relação íntima de afeto, na qual o agressor conviva ou tenha convivido com a ofendida, independentemente de coabitação.

Parágrafo único. As relações pessoais enunciadas neste artigo independem de orientação sexual.

Art. 6º. A violência doméstica e familiar contra a mulher constitui uma das formas de violação dos direitos humanos.

Capítulo II – Das Formas de Violência Doméstica e Familiar contra a Mulher

Art. 7º. São formas de violência doméstica e familiar contra a mulher, entre outras:

I – a violência física, entendida como qualquer conduta que ofenda sua integridade ou saúde corporal;

II – a violência psicológica, entendida como qualquer conduta que lhe cause dano emocional e diminuição da autoestima ou que lhe prejudique e perturbe o pleno desenvolvimento ou que vise degradar ou controlar suas ações, comportamentos, crenças e decisões, mediante ameaça, constrangimento, humilhação, manipulação, isolamento, vigilância constante, perseguição contumaz, insulto, chantagem, ridicularização, exploração e limitação do direito de ir e vir ou qualquer outro meio que lhe cause prejuízo à saúde psicológica e à autodeterminação;

III – a violência sexual, entendida como qualquer conduta que a constranja a presenciar, a manter ou a participar de relação sexual não desejada, mediante intimidação, ameaça, coação ou uso da força; que a induza a comercializar ou a utilizar, de qualquer modo, a sua sexualidade, que a impeça de usar qualquer método contraceptivo ou que a force ao matrimônio, à gravidez, ao aborto ou à prostituição, mediante coação, chantagem, suborno ou manipulação; ou que limite ou anule o exercício de seus direitos sexuais e reprodutivos;

IV – a violência patrimonial, entendida como qualquer conduta que configure retenção, subtração, destruição parcial ou total de seus objetos, instrumentos de trabalho, documentos pessoais, bens, valores e direitos ou recursos econômicos, incluindo os destinados a satisfazer suas necessidades;

V – a violência moral, entendida como qualquer conduta que configure calúnia, difamação ou injúria.

TÍTULO III
DA ASSISTÊNCIA À MULHER EM SITUAÇÃO DE VIOLÊNCIA DOMÉSTICA E FAMILIAR

Capítulo III – Do Atendimento pela Autoridade Policial

Art. 10. Na hipótese da iminência ou da prática de violência doméstica e familiar contra a mulher, a autoridade policial que tomar conhecimento da ocorrência adotará, de imediato, as providências legais cabíveis.

Parágrafo único. Aplica-se o disposto no *caput* deste artigo ao descumprimento de medida protetiva de urgência deferida.

Art. 11. No atendimento à mulher em situação de violência doméstica e familiar, a autoridade policial deverá, entre outras providências:

I – garantir proteção policial, quando necessário, comunicando de imediato ao Ministério Público e ao Poder Judiciário;

II – encaminhar a ofendida ao hospital ou posto de saúde e ao Instituto Médico Legal;

III – fornecer transporte para a ofendida e seus dependentes para abrigo ou local seguro, quando houver risco de vida;

IV – se necessário, acompanhar a ofendida para assegurar a retirada de seus pertences do local da ocorrência ou do domicílio familiar;

V – informar à ofendida os direitos a ela conferidos nesta Lei e os serviços disponíveis.

Art. 12. Em todos os casos de violência doméstica e familiar contra a mulher, feito o registro da ocorrência, deverá a autoridade policial adotar, de imediato, os seguintes procedimentos, sem prejuízo daqueles previstos no Código de Processo Penal:

I – ouvir a ofendida, lavrar o boletim de ocorrência e tomar a representação a termo, se apresentada;

II – colher todas as provas que servirem para o esclarecimento do fato e de suas circunstâncias;

III – remeter, no prazo de 48 (quarenta e oito) horas, expediente apartado ao juiz com o pedido da ofendida, para a concessão de medidas protetivas de urgência;

IV – determinar que se proceda ao exame de corpo de delito da ofendida e requisitar outros exames periciais necessários;

V – ouvir o agressor e as testemunhas;

VI – ordenar a identificação do agressor e fazer juntar aos autos sua folha de antecedentes criminais, indicando a existência de mandado de prisão ou registro de outras ocorrências policiais contra ele;

VII – remeter, no prazo legal, os autos do inquérito policial ao juiz e ao Ministério Público.

§ 1º. O pedido da ofendida será tomado a termo pela autoridade policial e deverá conter:

I – qualificação da ofendida e do agressor;

II – nome e idade dos dependentes;

III – descrição sucinta do fato e das medidas protetivas solicitadas pela ofendida.

§ 2º. A autoridade policial deverá anexar ao documento referido no § 1º o boletim de ocorrência e cópia de todos os documentos disponíveis em posse da ofendida.

§ 3º. Serão admitidos como meios de prova os laudos ou prontuários médicos fornecidos por hospitais e postos de saúde.

TÍTULO IV – DOS PROCEDIMENTOS

Capítulo I – Disposições Gerais

Art. 13. Ao processo, ao julgamento e à execução das causas cíveis e criminais decorrentes da prática de violência doméstica e familiar contra a mulher aplicar-se-ão as normas dos Códigos de Processo Penal e Processo Civil e da legislação específica relativa à criança, ao adolescente e ao idoso que não conflitarem com o estabelecido nesta Lei.

Art. 14. Os Juizados de Violência Doméstica e Familiar contra a Mulher, órgãos da Justiça Ordinária com competência cível e criminal, poderão ser criados pela União, no Distrito Federal e nos Territórios, e pelos Estados, para o processo, o julgamento e a execução das causas decorrentes da prática de violência doméstica e familiar contra a mulher.

Parágrafo único. Os atos processuais poderão realizar-se em horário noturno, conforme dispuserem as normas de organização judiciária.

Art. 15. É competente, por opção da ofendida, para os processos cíveis regidos por esta Lei, o Juizado:

I – do seu domicílio ou de sua residência;

II – do lugar do fato em que se baseou a demanda;

III – do domicílio do agressor.

Art. 16. Nas ações penais públicas condicionadas à representação da ofendida de que trata esta Lei, só será admitida a renúncia à representação perante o juiz, em audiência especialmente designada com tal finalidade, antes do recebimento da denúncia e ouvido o Ministério Público.

Art. 17. É vedada a aplicação, nos casos de violência doméstica e familiar contra a mulher, de penas de cesta básica ou outras de prestação pecuniária, bem como a substituição de pena que implique o pagamento isolado de multa.

Capítulo II – Das Medidas Protetivas de Urgência

Seção I – Disposições Gerais

Art. 18. Recebido o expediente com o pedido da ofendida, caberá ao juiz, no prazo de 48 (quarenta e oito) horas:

I – conhecer do expediente e do pedido e decidir sobre as medidas protetivas de urgência;

II – determinar o encaminhamento da ofendida ao órgão de assistência judiciária, quando for o caso;

III – comunicar ao Ministério Público para que adote as providências cabíveis.

Art. 19. As medidas protetivas de urgência poderão ser concedidas pelo juiz, a requerimento do Ministério Público ou a pedido da ofendida.

§ 1º. As medidas protetivas de urgência poderão ser concedidas de imediato, independentemente de audiência das partes e de manifestação do Ministério Público, devendo este ser prontamente comunicado.

§ 2º. As medidas protetivas de urgência serão aplicadas isolada ou cumulativamente, e poderão ser substituídas a qualquer tempo por outras de maior eficácia, sempre que os direitos reconhecidos nesta Lei forem ameaçados ou violados.

§ 3º. Poderá o juiz, a requerimento do Ministério Público ou a pedido da ofendida, conceder novas medidas protetivas de urgência ou rever aquelas já concedidas, se entender necessário à proteção da ofendida, de seus familiares e de seu patrimônio, ouvido o Ministério Público.

Art. 20. Em qualquer fase do inquérito policial ou da instrução criminal, caberá a prisão preventiva do agressor, decretada pelo juiz, de ofício, a requerimento do Ministério Público ou mediante representação da autoridade policial.

Parágrafo único. O juiz poderá revogar a prisão preventiva se, no curso do processo, verificar a falta de motivo para que subsista, bem como de novo decretá-la, se sobrevierem razões que a justifiquem.

Art. 21. A ofendida deverá ser notificada dos atos processuais relativos ao agressor, especialmente dos pertinentes ao ingresso e à saída da prisão, sem prejuízo da intimação do advogado constituído ou do defensor público.

Parágrafo único. A ofendida não poderá entregar intimação ou notificação ao agressor.

Seção II – Das Medidas Protetivas de Urgência que Obrigam o Agressor

Art. 22. Constatada a prática de violência doméstica e familiar contra a mulher, nos termos desta Lei, o juiz poderá aplicar, de imediato, ao agressor, em conjunto ou separadamente, as seguintes medidas protetivas de urgência, entre outras:

I – suspensão da posse ou restrição do porte de armas, com comunicação ao órgão competente, nos termos da Lei nº 10.826, de 22 de dezembro de 2003;

II – afastamento do lar, domicílio ou local de convivência com a ofendida;

III – proibição de determinadas condutas, entre as quais:

a) aproximação da ofendida, de seus familiares e das testemunhas, fixando o limite mínimo de distância entre estes e o agressor;

b) contato com a ofendida, seus familiares e testemunhas por qualquer meio de comunicação;

c) frequentação de determinados lugares a fim de preservar a integridade física e psicológica da ofendida;

IV – restrição ou suspensão de visitas aos dependentes menores, ouvida a equipe de atendimento multidisciplinar ou serviço similar;

V – prestação de alimentos provisionais ou provisórios.

§ 1º. As medidas referidas neste artigo não impedem a aplicação de outras previstas na legislação em vigor, sempre que a segurança da ofendida ou as circunstâncias o exigirem, devendo a providência ser comunicada ao Ministério Público.

§ 2º. Na hipótese de aplicação do inciso I, encontrando-se o agressor nas condições mencionadas no *caput* e incisos do art. 6º da Lei nº 10.826, de 22 de dezembro de 2003, o juiz comunicará ao respectivo órgão, corporação ou instituição as medidas protetivas de urgência concedidas e determinará a restrição do porte de armas, ficando o superior imediato do agressor responsável pelo cumprimento da determinação judicial, sob pena de incorrer nos crimes de prevaricação ou de desobediência, conforme o caso.

§ 3º. Para garantir a efetividade das medidas protetivas de urgência, poderá o juiz requisitar, a qualquer momento, auxílio da força policial.

§ 4º. Aplica-se às hipóteses previstas neste artigo, no que couber, o disposto no *caput* e nos §§ 5º e 6º do art. 461 da Lei nº 5.869, de 11 de janeiro de 1973 (Código de Processo Civil).

Seção III – Das Medidas Protetivas de Urgência à Ofendida

Art. 23. Poderá o juiz, quando necessário, sem prejuízo de outras medidas:

I – encaminhar a ofendida e seus dependentes a programa oficial ou comunitário de proteção ou de atendimento;

II – determinar a recondução da ofendida e a de seus dependentes ao respectivo domicílio, após afastamento do agressor;

III – determinar o afastamento da ofendida do lar, sem prejuízo dos direitos relativos a bens, guarda dos filhos e alimentos;

IV – determinar a separação de corpos.

Art. 24. Para a proteção patrimonial dos bens da sociedade conjugal ou daqueles de propriedade particular da mulher, o juiz poderá determinar, liminarmente, as seguintes medidas, entre outras:

I – restituição de bens indevidamente subtraídos pelo agressor à ofendida;

II – proibição temporária para a celebração de atos e contratos de compra, venda e locação de propriedade em comum, salvo expressa autorização judicial;

III – suspensão das procurações conferidas pela ofendida ao agressor;

IV – prestação de caução provisória, mediante depósito judicial, por perdas e danos materiais decorrentes da prática de violência doméstica e familiar contra a ofendida.

Parágrafo único. Deverá o juiz oficiar ao cartório competente para os fins previstos nos incisos II e III deste artigo.

Capítulo III – Da Atuação Do Ministério Público

Art. 25. O Ministério Público intervirá, quando não for parte, nas causas cíveis e criminais decorrentes da violência doméstica e familiar contra a mulher.

Art. 26. Caberá ao Ministério Público, sem prejuízo de outras atribuições, nos casos de violência doméstica e familiar contra a mulher, quando necessário:

I – requisitar força policial e serviços públicos de saúde, de educação, de assistência social e de segurança, entre outros;

II – fiscalizar os estabelecimentos públicos e particulares de atendimento à mulher em situação de violência doméstica e familiar, e adotar, de imediato, as medidas administrativas ou judiciais cabíveis no tocante a quaisquer irregularidades constatadas;

III – cadastrar os casos de violência doméstica e familiar contra a mulher.

Capítulo IV – Da Assistência Judiciária

Art. 27. Em todos os atos processuais, cíveis e criminais, a mulher em situação de violência doméstica e familiar deverá estar acompanhada de advogado, ressalvado o previsto no art. 19 desta Lei.

Art. 28. É garantido a toda mulher em situação de violência doméstica e familiar o acesso aos serviços de Defensoria Pública ou de Assistência Judiciária Gratuita, nos termos da lei, em sede policial e judicial, mediante atendimento específico e humanizado.

TÍTULO VII – DISPOSIÇÕES FINAIS

Art. 34. A instituição dos Juizados de Violência Doméstica e Familiar contra a Mulher poderá ser acompanhada pela implantação das curadorias necessárias e do serviço de assistência judiciária.

Art. 41. Aos crimes praticados com violência doméstica e familiar contra a mulher, independentemente da pena prevista, não se aplica a Lei nº 9.099, de 26 de setembro de 1995.

Art. 46. Esta Lei entra em vigor 45 (quarenta e cinco) dias após sua publicação.

Brasília, 7 de agosto de 2006; 185º da Independência e 118º da República.

Luiz Inácio Lula da Silva

DOU de 8.8.2006

17. LEI Nº 11.343, DE 23 DE AGOSTO DE 2006 (Excertos)

Institui o Sistema Nacional de Políticas Públicas sobre Drogas – SISNAD; prescreve medidas para prevenção do uso indevido, atenção e reinserção social de usuários e dependentes de drogas; estabelece normas para repressão à produção não autorizada e ao tráfico ilícito de drogas; define crimes e dá outras providências.

O Presidente da República,

Faço saber que o Congresso Nacional decreta e eu sanciono a seguinte Lei:

TÍTULO I – DISPOSIÇÕES PRELIMINARES

Art. 1º. Esta Lei institui o Sistema Nacional de Políticas Públicas sobre Drogas – SISNAD; prescreve medidas para prevenção do uso indevido, atenção e reinserção social de usuários e dependentes de drogas; estabelece normas para repressão à produção não autorizada e ao tráfico ilícito de drogas e define crimes.

Parágrafo único. Para fins desta Lei, consideram-se como drogas as substâncias ou os produtos capazes de causar dependência, assim especificados em lei ou relacionados em listas atualizadas periodicamente pelo Poder Executivo da União.

Art. 2º. Ficam proibidas, em todo o território nacional, as drogas, bem como o plantio, a cultura, a colheita e a exploração de vegetais e substratos dos quais possam ser extraídas ou produzidas drogas, ressalvada a hipótese de autorização legal ou regulamentar, bem como o que estabelece a Convenção de Viena, das Nações Unidas, sobre Substâncias Psicotrópicas, de 1971, a respeito de plantas de uso estritamente ritualístico-religioso.

Parágrafo único. Pode a União autorizar o plantio, a cultura e a colheita dos vegetais referidos no *caput* deste artigo, exclusivamente para fins medicinais ou científicos, em local e prazo predeterminados, mediante fiscalização, respeitadas as ressalvas supramencionadas.

TÍTULO II – DO SISTEMA NACIONAL DE POLÍTICAS PÚBLICAS SOBRE DROGAS

Art. 3º. O SISNAD tem a finalidade de articular, integrar, organizar e coordenar as atividades relacionadas com:

I – a prevenção do uso indevido, a atenção e a reinserção social de usuários e dependentes de drogas;

II – a repressão da produção não autorizada e do tráfico ilícito de drogas.

Capítulo I – Dos Princípios e dos Objetivos do Sistema Nacional de Políticas Públicas sobre Drogas

Art. 4º. São princípios do SISNAD:

I – o respeito aos direitos fundamentais da pessoa humana, especialmente quanto à sua autonomia e à sua liberdade;

II – o respeito à diversidade e às especificidades populacionais existentes;

III – a promoção dos valores éticos, culturais e de cidadania do povo brasileiro, reconhecendo-os como fatores de proteção para o uso indevido de drogas e outros comportamentos correlacionados;

IV – a promoção de consensos nacionais, de ampla participação social, para o estabelecimento dos fundamentos e estratégias do SISNAD;

V – a promoção da responsabilidade compartilhada entre Estado e Sociedade, reconhecendo a importância da participação social nas atividades do SISNAD;

312 | MANUAL DE POLÍCIA JUDICIÁRIA: DOUTRINA E PRÁTICA

VI – o reconhecimento da intersetorialidade dos fatores correlacionados com o uso indevido de drogas, com a sua produção não autorizada e o seu tráfico ilícito;

VII – a integração das estratégias nacionais e internacionais de prevenção do uso indevido, atenção e reinserção social de usuários e dependentes de drogas e de repressão à sua produção não autorizada e ao seu tráfico ilícito;

VIII – a articulação com os órgãos do Ministério Público e dos Poderes Legislativo e Judiciário visando à cooperação mútua nas atividades do SISNAD;

IX – a adoção de abordagem multidisciplinar que reconheça a interdependência e a natureza complementar das atividades de prevenção do uso indevido, atenção e reinserção social de usuários e dependentes de drogas, repressão da produção não autorizada e do tráfico ilícito de drogas;

X – a observância do equilíbrio entre as atividades de prevenção do uso indevido, atenção e reinserção social de usuários e dependentes de drogas e de repressão à sua produção não autorizada e ao seu tráfico ilícito, visando a garantir a estabilidade e o bem-estar social;

XI – a observância às orientações e normas emanadas do Conselho Nacional Antidrogas – Conad.

Art. 5º. O SISNAD tem os seguintes objetivos:

I – contribuir para a inclusão social do cidadão, visando a torná-lo menos vulnerável a assumir comportamentos de risco para o uso indevido de drogas, seu tráfico ilícito e outros comportamentos correlacionados;

II – promover a construção e a socialização do conhecimento sobre drogas no país;

III – promover a integração entre as políticas de prevenção do uso indevido, atenção e reinserção social de usuários e dependentes de drogas e de repressão à sua produção não autorizada e ao tráfico ilícito e as políticas públicas setoriais dos órgãos do Poder Executivo da União, Distrito Federal, Estados e Municípios;

IV – assegurar as condições para a coordenação, a integração e a articulação das atividades de que trata o art. 3º desta Lei.

TÍTULO IV
DA REPRESSÃO À PRODUÇÃO NÃO AUTORIZADA E AO TRÁFICO ILÍCITO DE DROGAS

Capítulo III – Do Procedimento Penal

Seção I – Da Investigação

Art. 50. Ocorrendo prisão em flagrante, a autoridade de polícia judiciária fará, imediatamente, comunicação ao juiz competente, remetendo-lhe cópia do auto lavrado, do qual será dada vista ao órgão do Ministério Público, em 24 (vinte e quatro) horas.

§ 1º. Para efeito da lavratura do auto de prisão em flagrante e estabelecimento da materialidade do delito, é suficiente o laudo de constatação da natureza e quantidade da droga, firmado por perito oficial ou, na falta deste, por pessoa idônea.

§ 2º. O perito que subscrever o laudo a que se refere o § 1º deste artigo não ficará impedido de participar da elaboração do laudo definitivo.

Art. 51. O inquérito policial será concluído no prazo de 30 (trinta) dias, se o indiciado estiver preso, e de 90 (noventa) dias, quando solto.

Parágrafo único. Os prazos a que se refere este artigo podem ser duplicados pelo juiz, ouvido o Ministério Público, mediante pedido justificado da autoridade de polícia judiciária.

Art. 52. Findos os prazos a que se refere o art. 51 desta Lei, a autoridade de polícia judiciária, remetendo os autos do inquérito ao juízo:

I – relatará sumariamente as circunstâncias do fato, justificando as razões que a levaram à classificação do delito, indicando a quantidade e natureza da substância ou do produto apreendido, o local e as condições em que se desenvolveu a ação criminosa, as circunstâncias da prisão, a conduta, a qualificação e os antecedentes do agente; ou

II – requererá sua devolução para a realização de diligências necessárias.

Parágrafo único. A remessa dos autos far-se-á sem prejuízo de diligências complementares:

I – necessárias ou úteis à plena elucidação do fato, cujo resultado deverá ser encaminhado ao juízo competente até 3 (três) dias antes da audiência de instrução e julgamento;

II – necessárias ou úteis à indicação dos bens, direitos e valores de que seja titular o agente, ou que figurem em seu nome, cujo resultado deverá ser encaminhado ao juízo competente até 3 (três) dias antes da audiência de instrução e julgamento.

Art. 53. Em qualquer fase da persecução criminal relativa aos crimes previstos nesta Lei, são permitidos, além dos previstos em lei, mediante autorização judicial e ouvido o Ministério Público, os seguintes procedimentos investigatórios:

I – a infiltração por agentes de polícia, em tarefas de investigação, constituída pelos órgãos especializados pertinentes;

II – a não atuação policial sobre os portadores de drogas, seus precursores químicos ou outros produtos utilizados em sua produção, que se encontrem no território brasileiro, com a finalidade de identificar e responsabilizar maior número de integrantes de operações de tráfico e distribuição, sem prejuízo da ação penal cabível.

Parágrafo único. Na hipótese do inciso II deste artigo, a autorização será concedida desde que sejam conhecidos o itinerário provável e a identificação dos agentes do delito ou de colaboradores.

Seção II – Da Instrução Criminal

Art. 54. Recebidos em juízo os autos do inquérito policial, de Comissão Parlamentar de Inquérito ou peças de informação, dar-se-á vista ao Ministério Público para, no prazo de 10 (dez) dias, adotar uma das seguintes providências:

I – requerer o arquivamento;

II – requisitar as diligências que entender necessárias;

III – oferecer denúncia, arrolar até 5 (cinco) testemunhas e requerer as demais provas que entender pertinentes.

Art. 55. Oferecida a denúncia, o juiz ordenará a notificação do acusado para oferecer defesa prévia, por escrito, no prazo de 10 (dez) dias.

§ 1º. Na resposta, consistente em defesa preliminar e exceções, o acusado poderá arguir preliminares e invocar todas as razões de defesa, oferecer documentos e justificações, especificar as provas que pretende produzir e, até o número de 5 (cinco), arrolar testemunhas.

§ 2º. As exceções serão processadas em apartado, nos termos dos arts. 95 a 113 do Decreto-Lei nº 3.689, de 3 de outubro de 1941 – Código de Processo Penal.

§ 3º. Se a resposta não for apresentada no prazo, o juiz nomeará defensor para oferecê-la em 10 (dez) dias, concedendo-lhe vista dos autos no ato de nomeação.

§ 4º. Apresentada a defesa, o juiz decidirá em 5 (cinco) dias.

§ 5º. Se entender imprescindível, o juiz, no prazo máximo de 10 (dez) dias, determinará a apresentação do preso, realização de diligências, exames e perícias.

Art. 56. Recebida a denúncia, o juiz designará dia e hora para a audiência de instrução e julgamento, ordenará a citação pessoal do acusado, a intimação do Ministério Público, do assistente, se for o caso, e requisitará os laudos periciais.

§ 1º. Tratando-se de condutas tipificadas como infração do disposto nos arts. 33, *caput* e § 1º, e 34 a 37 desta Lei, o juiz, ao receber a denúncia, poderá decretar o afastamento cautelar do denunciado de suas atividades, se for funcionário público, comunicando ao órgão respectivo.

§ 2º. A audiência a que se refere o *caput* deste artigo será realizada dentro dos 30 (trinta) dias seguintes ao recebimento da denúncia, salvo se determinada a realização de avaliação para atestar dependência de drogas, quando se realizará em 90 (noventa) dias.

Art. 57. Na audiência de instrução e julgamento, após o interrogatório do acusado e a inquirição das testemunhas, será dada a palavra, sucessivamente, ao representante do Ministério Público e ao defensor do acusado, para sustentação oral, pelo prazo de 20 (vinte) minutos para cada um, prorrogável por mais 10 (dez), a critério do juiz.

Parágrafo único. Após proceder ao interrogatório, o juiz indagará das partes se restou algum fato para ser esclarecido, formulando as perguntas correspondentes se o entender pertinente e relevante.

Art. 58. Encerrados os debates, proferirá o juiz sentença de imediato, ou o fará em 10 (dez) dias, ordenando que os autos para isso lhe sejam conclusos.

§ 1º. Ao proferir sentença, o juiz, não tendo havido controvérsia, no curso do processo, sobre a natureza ou quantidade da substância ou do produto, ou sobre a regularidade do respectivo laudo, determinará que se proceda na forma do art. 32, § 1º, desta Lei, preservando-se, para eventual contraprova, a fração que fixar.

§ 2º. Igual procedimento poderá adotar o juiz, em decisão motivada e, ouvido o Ministério Público, quando a quantidade ou valor da substância ou do produto o indicar, precedendo a medida a elaboração e juntada aos autos do laudo toxicológico.

Art. 59. Nos crimes previstos nos arts. 33, *caput* e § 1º, e 34 a 37 desta Lei, o réu não poderá apelar sem recolher-se à prisão, salvo se for primário e de bons antecedentes, assim reconhecido na sentença condenatória.

Capítulo IV – Da Apreensão, Arrecadação e Destinação de Bens do Acusado

Art. 60. O juiz, de ofício, a requerimento do Ministério Público ou mediante representação da autoridade de polícia judiciária, ouvido o Ministério Público, havendo indícios suficientes, poderá decretar, no curso do inquérito ou da ação penal, a apreensão e outras medidas assecuratórias relacionadas aos bens móveis e imóveis ou valores consistentes em produtos dos crimes previstos nesta Lei, ou que constituam proveito auferido com sua prática, procedendo-se na forma dos arts. 125 a 144 do Decreto-Lei nº 3.689, de 3 de outubro de 1941 – Código de Processo Penal.

§ 1º. Decretadas quaisquer das medidas previstas neste artigo, o juiz facultará ao acusado que, no prazo de 5 (cinco) dias, apresente ou requeira a produção de provas acerca da origem lícita do produto, bem ou valor objeto da decisão.

§ 2º. Provada a origem lícita do produto, bem ou valor, o juiz decidirá pela sua liberação.

§ 3º. Nenhum pedido de restituição será conhecido sem o comparecimento pessoal do acusado, podendo o juiz determinar a prática de atos necessários à conservação de bens, direitos ou valores.

§ 4º. A ordem de apreensão ou sequestro de bens, direitos ou valores poderá ser suspensa pelo juiz, ouvido o Ministério Público, quando a sua execução imediata possa comprometer as investigações.

Art. 61. Não havendo prejuízo para a produção da prova dos fatos e comprovado o interesse público ou social, ressalvado o disposto no art. 62 desta Lei, mediante autorização do juízo competente, ouvido o Ministério Público e cientificada a SENAD, os bens apreendidos poderão ser utilizados pelos órgãos ou pelas entidades que atuam na prevenção do uso indevido, na atenção e reinserção social de usuários e dependentes de drogas e na repressão à produção não autorizada e ao tráfico ilícito de drogas, exclusivamente no interesse dessas atividades.

Parágrafo único. Recaindo a autorização sobre veículos, embarcações ou aeronaves, o juiz ordenará à autoridade de trânsito ou ao equivalente órgão de registro e controle a expedição de certificado provisório de registro e licenciamento, em favor da instituição à qual tenha deferido o uso, ficando esta livre do pagamento de multas, encargos e tributos anteriores, até o trânsito em julgado da decisão que decretar o seu perdimento em favor da União.

Art. 62. Os veículos, embarcações, aeronaves e quaisquer outros meios de transporte, os maquinários, utensílios, instrumentos e objetos de qualquer natureza, utilizados para a prática dos crimes definidos nesta Lei, após a sua regular apreensão, ficarão sob custódia da autoridade de polícia judiciária, excetuadas as armas, que serão recolhidas na forma de legislação específica.

§ 1º. Comprovado o interesse público na utilização de qualquer dos bens mencionados neste artigo, a autoridade de polícia judiciária poderá deles fazer uso, sob sua responsabilidade e com o objetivo de sua conservação, mediante autorização judicial, ouvido o Ministério Público.

§ 2º. Feita a apreensão a que se refere o *caput* deste artigo, e tendo recaído sobre dinheiro ou cheques emitidos como ordem de pagamento, a autoridade de polícia judiciária que presidir o inquérito deverá, de imediato, requerer ao juízo competente a intimação do Ministério Público.

§ 3º. Intimado, o Ministério Público deverá requerer ao juízo, em caráter cautelar, a conversão do numerário apreendido em moeda nacional, se for o caso, a compensação dos cheques emitidos após a instrução do inquérito, com cópias autênticas dos respectivos títulos, e o depósito das correspondentes quantias em conta judicial, juntando-se aos autos o recibo.

§ 4º. Após a instauração da competente ação penal, o Ministério Público, mediante petição autônoma, requererá ao juízo competente que, em caráter cautelar, proceda à alienação dos bens apreendidos, excetuados aqueles que a União, por intermédio da SENAD, indicar para serem colocados sob uso e custódia da autoridade de polícia judiciária, de órgãos de inteligência ou militares, envolvidos nas ações de prevenção ao uso indevido de drogas e operações de repressão à produção não autorizada e ao tráfico ilícito de drogas, exclusivamente no interesse dessas atividades.

§ 5º. Excluídos os bens que se houver indicado para os fins previstos no § 4º deste artigo, o requerimento de alienação deverá conter a relação de todos os demais bens apreendidos, com a descrição e a especificação de cada um deles, e informações sobre quem os tem sob custódia e o local onde se encontram.

§ 6º. Requerida a alienação dos bens, a respectiva petição será autuada em apartado, cujos autos terão tramitação autônoma em relação aos da ação penal principal.

§ 7º. Autuado o requerimento de alienação, os autos serão conclusos ao juiz, que, verificada a presença de nexo de instrumentalidade entre o delito e os objetos utilizados para a sua prática e risco de perda de valor econômico pelo decurso do tempo, determinará a avaliação dos bens relacionados, cientificará a SENAD e intimará a União, o Ministério Público e o interessado, este, se for o caso, por edital com prazo de 5 (cinco) dias.

§ 8º. Feita a avaliação e dirimidas eventuais divergências sobre o respectivo laudo, o juiz, por sentença, homologará o valor atribuído aos bens e determinará sejam alienados em leilão.

§ 9º. Realizado o leilão, permanecerá depositada em conta judicial a quantia apurada, até o final da ação penal respectiva, quando será transferida ao FUNAD, juntamente com os valores de que trata o § 3º deste artigo.

§ 10. Terão apenas efeito devolutivo os recursos interpostos contra as decisões proferidas no curso do procedimento previsto neste artigo.

§ 11. Quanto aos bens indicados na forma do § 4º deste artigo, recaindo a autorização sobre veículos, embarcações ou aeronaves, o juiz ordenará à autoridade de trânsito ou ao equivalente órgão de registro e controle a expedição de certificado provisório de registro e licenciamento, em favor da autoridade de polícia judiciária ou órgão aos quais tenha deferido o uso, ficando estes livres do pagamento de multas, encargos e tributos anteriores, até o trânsito em julgado da decisão que decretar o seu perdimento em favor da União.

Art. 63. Ao proferir a sentença de mérito, o juiz decidirá sobre o perdimento do produto, bem ou valor apreendido, sequestrado ou declarado indisponível.

§ 1º. Os valores apreendidos em decorrência dos crimes tipificados nesta Lei e que não forem objeto de tutela cautelar, após decretado o seu perdimento em favor da União, serão revertidos diretamente ao FUNAD.

§ 2º. Compete à SENAD a alienação dos bens apreendidos e não leiloados em caráter cautelar, cujo perdimento já tenha sido decretado em favor da União.

§ 3º. A SENAD poderá firmar convênios de cooperação, a fim de dar imediato cumprimento ao estabelecido no § 2º deste artigo.

§ 4º. Transitada em julgado a sentença condenatória, o juiz do processo, de ofício ou a requerimento do Ministério Público, remeterá à SENAD relação dos bens, direitos e valores declarados perdidos em favor da União, indicando, quanto aos bens, o local em que se encontram e a entidade ou o órgão em cujo poder estejam, para os fins de sua destinação nos termos da legislação vigente.

Art. 64. A União, por intermédio da SENAD, poderá firmar convênio com os Estados, com o Distrito Federal e com organismos orientados para a prevenção do uso indevido de drogas, a atenção e a reinserção social de usuários ou dependentes e a atuação na repressão à produção não autorizada e ao tráfico ilícito de drogas, com vistas na liberação de equipamentos e de recursos por ela arrecadados, para a implantação e execução de programas relacionados à questão das drogas.

TÍTULO VI – DISPOSIÇÕES FINAIS E TRANSITÓRIAS

Art. 74. Esta Lei entra em vigor 45 (quarenta e cinco) dias após a sua publicação.

Art. 75. Revogam-se a Lei nº 6.368, de 21 de outubro de 1976, e a Lei nº 10.409, de 11 de janeiro de 2002.

Brasília, 23 de agosto de 2006; 185º da Independência e 118º da República.

Luiz Inácio Lula da Silva

DOU de 24.8.2006

18. LEI Nº 12.015, DE 7 DE AGOSTO DE 2009

Altera o Título VI da Parte Especial do Decreto-Lei nº 2.848, de 7 de dezembro de 1940 – Código Penal, e o art. 1º da Lei nº 8.072, de 25 de julho de 1990, que dispõe sobre os crimes hediondos, nos termos do inciso XLIII do art. 5º da Constituição Federal e revoga a Lei nº 2.252, de 1º de julho de 1954, que trata de corrupção de menores.

O Presidente da República, faço saber que o Congresso Nacional decreta e eu sanciono a seguinte Lei:

Art. 1º. Esta Lei altera o Título VI da Parte Especial do Decreto-Lei nº 2.848, de 7 de dezembro de 1940 – Código Penal, e o art. 1º da Lei nº 8.072, de 25 de julho de 1990, que dispõe sobre os crimes hediondos, nos termos do inciso XLIII do art. 5º da Constituição Federal.

Art. 2º. O Título VI da Parte Especial do Decreto-Lei nº 2.848, de 7 de dezembro de 1940 – Código Penal, passa a vigorar com as seguintes alterações:

• *Alterações já efetuadas no corpo do Código. Nesta edição.*

Art. 3º. O Decreto-Lei nº 2.848, de 1940, Código Penal, passa a vigorar acrescido dos seguintes arts. 217-A, 218-A, 218-B, 234-A, 234-B e 234-C:

• *Alterações já efetuadas no corpo do Código. Nesta edição.*

Art. 4º. O art. 1º da Lei nº 8.072, de 25 de julho de 1990, Lei de Crimes Hediondos, passa a vigorar com a seguinte redação:

• *Alterações já efetuadas no corpo da Lei. Nesta edição.*

Art. 5º. A Lei nº 8.069, de 13 de julho de 1990, passa a vigorar acrescida do seguinte artigo:

• *Alterações já efetuadas no corpo da Lei. Nesta edição.*

Art. 6º. Esta Lei entra em vigor na data de sua publicação.

Art. 7º. Revogam-se os arts. 214, 216, 223, 224 e 232 do Decreto-Lei nº 2.848, de 7 de dezembro de 1940 – Código Penal, e a Lei nº 2.252, de 1º de julho de 1954.

Brasília, 7 de agosto de 2009; 188º da Independência e 121º da República.

Luiz Inácio Lula da Silva

DOU de 10.8.2009

19. LEI Nº 12.037, DE 1º DE OUTUBRO DE 2009

Dispõe sobre a identificação criminal do civilmente identificado, regulamentando o art. 5º, inciso LVIII, da Constituição Federal.

O Vice-Presidente da República, no exercício do cargo de Presidente da República, faço saber que o Congresso Nacional decreta e eu sanciono a seguinte Lei:

Art. 1º. O civilmente identificado não será submetido a identificação criminal, salvo nos casos previstos nesta Lei.

Art. 2º. A identificação civil é atestada por qualquer dos seguintes documentos:

I – carteira de identidade;

II – carteira de trabalho;

III – carteira profissional;

IV – passaporte;

V – carteira de identificação funcional;

VI – outro documento público que permita a identificação do indiciado.

Parágrafo único. Para as finalidades desta Lei, equiparam-se aos documentos de identificação civis os documentos de identificação militares.

Art. 3º. Embora apresentado documento de identificação, poderá ocorrer identificação criminal quando:

I – o documento apresentar rasura ou tiver indício de falsificação;

II – o documento apresentado for insuficiente para identificar cabalmente o indiciado;

III – o indiciado portar documentos de identidade distintos, com informações conflitantes entre si;

IV – a identificação criminal for essencial às investigações policiais, segundo despacho da autoridade judiciária competente, que decidirá de ofício ou mediante representação da autoridade policial, do Ministério Público ou da defesa;

V – constar de registros policiais o uso de outros nomes ou diferentes qualificações;

VI – o estado de conservação ou a distância temporal ou da localidade da expedição do documento apresentado impossibilite a completa identificação dos caracteres essenciais.

Parágrafo único. As cópias dos documentos apresentados deverão ser juntadas aos autos do inquérito, ou outra forma de investigação, ainda que consideradas insuficientes para identificar o indiciado.

Art. 4º. Quando houver necessidade de identificação criminal, a autoridade encarregada tomará as providências necessárias para evitar o constrangimento do identificado.

Art. 5º. A identificação criminal incluirá o processo datiloscópico e o fotográfico, que serão juntados aos autos da comunicação da prisão em flagrante, ou do inquérito policial ou outra forma de investigação.

Parágrafo único. Na hipótese do inciso IV do art. 3º, a identificação criminal poderá incluir a coleta de material biológico para a obtenção do perfil genético. *(Incluído pela Lei nº 12.654/2012)*

Art. 5º-A. Os dados relacionados à coleta do perfil genético deverão ser armazenados em banco de dados de perfis genéticos, gerenciado por unidade oficial de perícia criminal. *(Incluído pela Lei nº 12.654/2012)*

§ 1º. As informações genéticas contidas nos bancos de dados de perfis genéticos não poderão revelar traços somáticos ou comportamentais das pessoas, exceto determinação genética de gênero, consoante as normas constitucionais e internacionais sobre direitos humanos, genoma humano e dados genéticos. *(Incluído pela Lei nº 12.654/2012)*

§ 2º. Os dados constantes dos bancos de dados de perfis genéticos terão caráter sigiloso, respondendo civil, penal e administrativamente aquele que permitir ou promover sua utilização para fins diversos dos previstos nesta Lei ou em decisão judicial. *(Incluído pela Lei nº 12.654/2012)*

§ 3°. As informações obtidas a partir da coincidência de perfis genéticos deverão ser consignadas em laudo pericial firmado por perito oficial devidamente habilitado. *(Incluído pela Lei n° 12.654/2012)*

Art. 6°. É vedado mencionar a identificação criminal do indiciado em atestados de antecedentes ou em informações não destinadas ao juízo criminal, antes do trânsito em julgado da sentença condenatória.

Art. 7°. No caso de não oferecimento da denúncia, ou sua rejeição, ou absolvição, é facultado ao indiciado ou ao réu, após o arquivamento definitivo do inquérito, ou trânsito em julgado da sentença, requerer a retirada da identificação fotográfica do inquérito ou processo, desde que apresente provas de sua identificação civil.

Art. 7°-A. A exclusão dos perfis genéticos dos bancos de dados ocorrerá no término do prazo estabelecido em lei para a prescrição do delito. *(Incluído pela Lei n° 12.654/2012)*

Art. 7°-B. A identificação do perfil genético será armazenada em banco de dados sigiloso, conforme regulamento a ser expedido pelo Poder Executivo. *(Incluído pela Lei n° 12.654/2012)*

Art. 8°. Esta Lei entra em vigor na data de sua publicação.

Art. 9°. Revoga-se a Lei n° 10.054, de 7 de dezembro de 2000.

Brasília, 1° de outubro de 2009; 188° da Independência e 121° da República.

José Alencar Gomes da Silva
DOU de 2.10.2009

20. LEI N° 12.527, DE 18 DE NOVEMBRO DE 2011

Regula o acesso a informações previsto no inciso XXXIII do art. 5°, no inciso II do § 3° do art. 37 e no § 2° do art. 216 da Constituição Federal; altera a Lei n° 8.112, de 11 de dezembro de 1990; revoga a Lei n° 11.111, de 5 de maio de 2005, e dispositivos da Lei n° 8.159, de 8 de janeiro de 1991; e dá outras providências.

A Presidenta da República, faço saber que o Congresso Nacional decreta e eu sanciono a seguinte Lei:

Capítulo I – Disposições Gerais

Art. 1°. Esta Lei dispõe sobre os procedimentos a serem observados pela União, Estados, Distrito Federal e Municípios, com o fim de garantir o acesso a informações previsto no inciso XXXIII do art. 5°, no inciso II do § 3° do art. 37 e no § 2° do art. 216 da Constituição Federal.

Parágrafo único. Subordinam-se ao regime desta Lei:

I – os órgãos públicos integrantes da administração direta dos Poderes Executivo, Legislativo, incluindo as Cortes de Contas, e Judiciário e do Ministério Público;

II – as autarquias, as fundações públicas, as empresas públicas, as sociedades de economia mista e demais entidades controladas direta ou indiretamente pela União, Estados, Distrito Federal e Municípios.

Art. 2°. Aplicam-se as disposições desta Lei, no que couber, às entidades privadas sem fins lucrativos que recebam, para realização de ações de interesse público, recursos públicos diretamente do orçamento ou mediante subvenções sociais, contrato de gestão, termo de parceria, convênios, acordo, ajustes ou outros instrumentos congêneres.

Parágrafo único. A publicidade a que estão submetidas as entidades citadas no *caput* refere-se à parcela dos recursos públicos recebidos e à sua destinação, sem prejuízo das prestações de contas a que estejam legalmente obrigadas.

Art. 3°. Os procedimentos previstos nesta Lei destinam-se a assegurar o direito fundamental de acesso à informação e devem ser executados em conformidade com os princípios básicos da administração pública e com as seguintes diretrizes:

I – observância da publicidade como preceito geral e do sigilo como exceção;

II – divulgação de informações de interesse público, independentemente de solicitações;

III – utilização de meios de comunicação viabilizados pela tecnologia da informação;

IV – fomento ao desenvolvimento da cultura de transparência na administração pública;

V – desenvolvimento do controle social da administração pública.

Art. 4º. Para os efeitos desta Lei, considera-se:

I – informação: dados, processados ou não, que podem ser utilizados para produção e transmissão de conhecimento, contidos em qualquer meio, suporte ou formato;

II – documento: unidade de registro de informações, qualquer que seja o suporte ou formato;

III – informação sigilosa: aquela submetida temporariamente à restrição de acesso público em razão de sua imprescindibilidade para a segurança da sociedade e do Estado;

IV – informação pessoal: aquela relacionada à pessoa natural identificada ou identificável;

V – tratamento da informação: conjunto de ações referentes à produção, recepção, classificação, utilização, acesso, reprodução, transporte, transmissão, distribuição, arquivamento, armazenamento, eliminação, avaliação, destinação ou controle da informação;

VI – disponibilidade: qualidade da informação que pode ser conhecida e utilizada por indivíduos, equipamentos ou sistemas autorizados;

VII – autenticidade: qualidade da informação que tenha sido produzida, expedida, recebida ou modificada por determinado indivíduo, equipamento ou sistema;

VIII – integridade: qualidade da informação não modificada, inclusive quanto à origem, trânsito e destino;

IX – primariedade: qualidade da informação coletada na fonte, com o máximo de detalhamento possível, sem modificações.

Art. 5º. É dever do Estado garantir o direito de acesso à informação, que será franqueada, mediante procedimentos objetivos e ágeis, de forma transparente, clara e em linguagem de fácil compreensão.

Capítulo II – Do Acesso a Informações e da sua Divulgação

Art. 6º. Cabe aos órgãos e entidades do poder público, observadas as normas e procedimentos específicos aplicáveis, assegurar a:

I – gestão transparente da informação, propiciando amplo acesso a ela e sua divulgação;

II – proteção da informação, garantindo-se sua disponibilidade, autenticidade e integridade; e

III – proteção da informação sigilosa e da informação pessoal, observada a sua disponibilidade, autenticidade, integridade e eventual restrição de acesso.

Art. 7º. O acesso à informação de que trata esta Lei compreende, entre outros, os direitos de obter:

I – orientação sobre os procedimentos para a consecução de acesso, bem como sobre o local onde poderá ser encontrada ou obtida a informação almejada;

II – informação contida em registros ou documentos, produzidos ou acumulados por seus órgãos ou entidades, recolhidos ou não a arquivos públicos;

III – informação produzida ou custodiada por pessoa física ou entidade privada decorrente de qualquer vínculo com seus órgãos ou entidades, mesmo que esse vínculo já tenha cessado;

IV – informação primária, íntegra, autêntica e atualizada;

V – informação sobre atividades exercidas pelos órgãos e entidades, inclusive as relativas à sua política, organização e serviços;

VI – informação pertinente à administração do patrimônio público, utilização de recursos públicos, licitação, contratos administrativos; e

VII – informação relativa:

320 | MANUAL DE POLÍCIA JUDICIÁRIA: DOUTRINA E PRÁTICA

a) à implementação, acompanhamento e resultados dos programas, projetos e ações dos órgãos e entidades públicas, bem como metas e indicadores propostos;

b) ao resultado de inspeções, auditorias, prestações e tomadas de contas realizadas pelos órgãos de controle interno e externo, incluindo prestações de contas relativas a exercícios anteriores.

§ 1º. O acesso à informação previsto no *caput* não compreende as informações referentes a projetos de pesquisa e desenvolvimento científicos ou tecnológicos cujo sigilo seja imprescindível à segurança da sociedade e do Estado.

§ 2º. Quando não for autorizado acesso integral à informação por ser ela parcialmente sigilosa, é assegurado o acesso à parte não sigilosa por meio de certidão, extrato ou cópia com ocultação da parte sob sigilo.

§ 3º. O direito de acesso aos documentos ou às informações neles contidas utilizados como fundamento da tomada de decisão e do ato administrativo será assegurado com a edição do ato decisório respectivo.

§ 4º. A negativa de acesso às informações objeto de pedido formulado aos órgãos e entidades referidas no art. 1º, quando não fundamentada, sujeitará o responsável a medidas disciplinares, nos termos do art. 32 desta Lei.

§ 5º. Informado do extravio da informação solicitada, poderá o interessado requerer à autoridade competente a imediata abertura de sindicância para apurar o desaparecimento da respectiva documentação.

§ 6º. Verificada a hipótese prevista no § 5º deste artigo, o responsável pela guarda da informação extraviada deverá, no prazo de 10 (dez) dias, justificar o fato e indicar testemunhas que comprovem sua alegação.

Art. 8º. É dever dos órgãos e entidades públicas promover, independentemente de requerimentos, a divulgação em local de fácil acesso, no âmbito de suas competências, de informações de interesse coletivo ou geral por eles produzidas ou custodiadas.

§ 1º. Na divulgação das informações a que se refere o *caput*, deverão constar, no mínimo:

I – registro das competências e estrutura organizacional, endereços e telefones das respectivas unidades e horários de atendimento ao público;

II – registros de quaisquer repasses ou transferências de recursos financeiros;

III – registros das despesas;

IV – informações concernentes a procedimentos licitatórios, inclusive os respectivos editais e resultados, bem como a todos os contratos celebrados;

V – dados gerais para o acompanhamento de programas, ações, projetos e obras de órgãos e entidades; e

VI – respostas a perguntas mais frequentes da sociedade.

§ 2º. Para cumprimento do disposto no *caput*, os órgãos e entidades públicas deverão utilizar todos os meios e instrumentos legítimos de que dispuserem, sendo obrigatória a divulgação em sítios oficiais da rede mundial de computadores (internet).

§ 3º. Os sítios de que trata o § 2º deverão, na forma de regulamento, atender, entre outros, aos seguintes requisitos:

I – conter ferramenta de pesquisa de conteúdo que permita o acesso à informação de forma objetiva, transparente, clara e em linguagem de fácil compreensão;

II – possibilitar a gravação de relatórios em diversos formatos eletrônicos, inclusive abertos e não proprietários, tais como planilhas e texto, de modo a facilitar a análise das informações;

III – possibilitar o acesso automatizado por sistemas externos em formatos abertos, estruturados e legíveis por máquina;

IV – divulgar em detalhes os formatos utilizados para estruturação da informação;

V – garantir a autenticidade e a integridade das informações disponíveis para acesso;

VI – manter atualizadas as informações disponíveis para acesso;

VII – indicar local e instruções que permitam ao interessado comunicar-se, por via eletrônica ou telefônica, com o órgão ou entidade detentora do sítio; e

VIII – adotar as medidas necessárias para garantir a acessibilidade de conteúdo para pessoas com deficiência, nos termos do art. 17 da Lei nº 10.098, de 19 de dezembro de 2000, e do art. 9º da Convenção sobre os Direitos das Pessoas com Deficiência, aprovada pelo Decreto Legislativo nº 186, de 9 de julho de 2008.

§ 4º. Os Municípios com população de até 10.000 (dez mil) habitantes ficam dispensados da divulgação obrigatória na internet a que se refere o § 2º, mantida a obrigatoriedade de divulgação, em tempo real, de informações relativas à execução orçamentária e financeira, nos critérios e prazos previstos no art. 73-B da Lei Complementar nº 101, de 4 de maio de 2000 (Lei de Responsabilidade Fiscal).

Art. 9º. O acesso a informações públicas será assegurado mediante:

I – criação de serviço de informações ao cidadão, nos órgãos e entidades do poder público, em local com condições apropriadas para:

a) atender e orientar o público quanto ao acesso a informações;

b) informar sobre a tramitação de documentos nas suas respectivas unidades;

c) protocolizar documentos e requerimentos de acesso a informações; e

II – realização de audiências ou consultas públicas, incentivo à participação popular ou a outras formas de divulgação.

Capítulo III – Do Procedimento de Acesso à Informação

Seção I – Do Pedido de Acesso

Art. 10. Qualquer interessado poderá apresentar pedido de acesso a informações aos órgãos e entidades referidos no art. 1º desta Lei, por qualquer meio legítimo, devendo o pedido conter a identificação do requerente e a especificação da informação requerida.

§ 1º. Para o acesso a informações de interesse público, a identificação do requerente não pode conter exigências que inviabilizem a solicitação.

§ 2º. Os órgãos e entidades do poder público devem viabilizar alternativa de encaminhamento de pedidos de acesso por meio de seus sítios oficiais na internet.

§ 3º. São vedadas quaisquer exigências relativas aos motivos determinantes da solicitação de informações de interesse público.

Art. 11. O órgão ou entidade pública deverá autorizar ou conceder o acesso imediato à informação disponível.

§ 1º. Não sendo possível conceder o acesso imediato, na forma disposta no *caput*, o órgão ou entidade que receber o pedido deverá, em prazo não superior a 20 (vinte) dias:

I – comunicar a data, local e modo para se realizar a consulta, efetuar a reprodução ou obter a certidão;

II – indicar as razões de fato ou de direito da recusa, total ou parcial, do acesso pretendido; ou

III – comunicar que não possui a informação, indicar, se for do seu conhecimento, o órgão ou a entidade que a detém, ou, ainda, remeter o requerimento a esse órgão ou entidade, cientificando o interessado da remessa de seu pedido de informação.

§ 2º. O prazo referido no § 1º poderá ser prorrogado por mais 10 (dez) dias, mediante justificativa expressa, da qual será cientificado o requerente.

§ 3º. Sem prejuízo da segurança e da proteção das informações e do cumprimento da legislação aplicável, o órgão ou entidade poderá oferecer meios para que o próprio requerente possa pesquisar a informação de que necessitar.

§ 4º. Quando não for autorizado o acesso por se tratar de informação total ou parcialmente sigilosa, o requerente deverá ser informado sobre a possibilidade de recurso, prazos e condições para sua interposição, devendo, ainda, ser-lhe indicada a autoridade competente para sua apreciação.

322 | MANUAL DE POLÍCIA JUDICIÁRIA: DOUTRINA E PRÁTICA

§ 5º. A informação armazenada em formato digital será fornecida nesse formato, caso haja anuência do requerente.

§ 6º. Caso a informação solicitada esteja disponível ao público em formato impresso, eletrônico ou em qualquer outro meio de acesso universal, serão informados ao requerente, por escrito, o lugar e a forma pela qual se poderá consultar, obter ou reproduzir a referida informação, procedimento esse que desonerará o órgão ou entidade pública da obrigação de seu fornecimento direto, salvo se o requerente declarar não dispor de meios para realizar por si mesmo tais procedimentos.

Art. 12. O serviço de busca e fornecimento da informação é gratuito, salvo nas hipóteses de reprodução de documentos pelo órgão ou entidade pública consultada, situação em que poderá ser cobrado exclusivamente o valor necessário ao ressarcimento do custo dos serviços e dos materiais utilizados.

Parágrafo único. Estará isento de ressarcir os custos previstos no *caput* todo aquele cuja situação econômica não lhe permita fazê-lo sem prejuízo do sustento próprio ou da família, declarada nos termos da Lei nº 7.115, de 29 de agosto de 1983.

Art. 13. Quando se tratar de acesso à informação contida em documento cuja manipulação possa prejudicar sua integridade, deverá ser oferecida a consulta de cópia, com certificação de que esta confere com o original.

Parágrafo único. Na impossibilidade de obtenção de cópias, o interessado poderá solicitar que, a suas expensas e sob supervisão de servidor público, a reprodução seja feita por outro meio que não ponha em risco a conservação do documento original.

Art. 14. É direito do requerente obter o inteiro teor de decisão de negativa de acesso, por certidão ou cópia.

Seção II – Dos Recursos

Art. 15. No caso de indeferimento de acesso a informações ou às razões da negativa do acesso, poderá o interessado interpor recurso contra a decisão no prazo de 10 (dez) dias a contar da sua ciência.

Parágrafo único. O recurso será dirigido à autoridade hierarquicamente superior à que exarou a decisão impugnada, que deverá se manifestar no prazo de 5 (cinco) dias.

Art. 16. Negado o acesso a informação pelos órgãos ou entidades do Poder Executivo Federal, o requerente poderá recorrer à Controladoria-Geral da União, que deliberará no prazo de 5 (cinco) dias se:

I – o acesso à informação não classificada como sigilosa for negado;

II – a decisão de negativa de acesso à informação total ou parcialmente classificada como sigilosa não indicar a autoridade classificadora ou a hierarquicamente superior a quem possa ser dirigido pedido de acesso ou desclassificação;

III – os procedimentos de classificação de informação sigilosa estabelecidos nesta Lei não tiverem sido observados; e

IV – estiverem sendo descumpridos prazos ou outros procedimentos previstos nesta Lei.

§ 1º. O recurso previsto neste artigo somente poderá ser dirigido à Controladoria-Geral da União depois de submetido à apreciação de pelo menos uma autoridade hierarquicamente superior àquela que exarou a decisão impugnada, que deliberará no prazo de 5 (cinco) dias.

§ 2º. Verificada a procedência das razões do recurso, a Controladoria-Geral da União determinará ao órgão ou entidade que adote as providências necessárias para dar cumprimento ao disposto nesta Lei.

§ 3º. Negado o acesso à informação pela Controladoria-Geral da União, poderá ser interposto recurso à Comissão Mista de Reavaliação de Informações, a que se refere o art. 35.

Art. 17. No caso de indeferimento de pedido de desclassificação de informação protocolado em órgão da administração pública federal, poderá o requerente recorrer ao Ministro de Estado da área, sem prejuízo das competências da Comissão Mista de Reavaliação de Informações, previstas no art. 35, e do disposto no art. 16.

§ 1º. O recurso previsto neste artigo somente poderá ser dirigido às autoridades mencionadas depois de submetido à apreciação de pelo menos uma autoridade hierarquicamente superior à autoridade que exarou a decisão impugnada e, no caso das Forças Armadas, ao respectivo Comando.

§ 2º. Indeferido o recurso previsto no *caput* que tenha como objeto a desclassificação de informação secreta ou ultrassecreta, caberá recurso à Comissão Mista de Reavaliação de Informações prevista no art. 35.

Art. 18. Os procedimentos de revisão de decisões denegatórias proferidas no recurso previsto no art. 15 e de revisão de classificação de documentos sigilosos serão objeto de regulamentação própria dos Poderes Legislativo e Judiciário e do Ministério Público, em seus respectivos âmbitos, assegurado ao solicitante, em qualquer caso, o direito de ser informado sobre o andamento de seu pedido.

Art. 19. (Vetado).

§ 1º. (Vetado).

§ 2º. Os órgãos do Poder Judiciário e do Ministério Público informarão ao Conselho Nacional de Justiça e ao Conselho Nacional do Ministério Público, respectivamente, as decisões que, em grau de recurso, negarem acesso a informações de interesse público.

Art. 20. Aplica-se subsidiariamente, no que couber, a Lei nº 9.784, de 29 de janeiro de 1999, ao procedimento de que trata este Capítulo.

Capítulo IV – Das Restrições de Acesso à Informação

Seção I – Disposições Gerais

Art. 21. Não poderá ser negado acesso à informação necessária à tutela judicial ou administrativa de direitos fundamentais.

Parágrafo único. As informações ou documentos que versem sobre condutas que impliquem violação dos direitos humanos praticada por agentes públicos ou a mando de autoridades públicas não poderão ser objeto de restrição de acesso.

Art. 22. O disposto nesta Lei não exclui as demais hipóteses legais de sigilo e de segredo de justiça nem as hipóteses de segredo industrial decorrentes da exploração direta de atividade econômica pelo Estado ou por pessoa física ou entidade privada que tenha qualquer vínculo com o poder público.

Seção II – Da Classificação da Informação quanto ao Grau e Prazos de Sigilo

Art. 23. São considerados imprescindíveis à segurança da sociedade ou do Estado e, portanto, passíveis de classificação as informações cuja divulgação ou acesso irrestrito possam:

I – pôr em risco a defesa e a soberania nacionais ou a integridade do território nacional;

II – prejudicar ou pôr em risco a condução de negociações ou as relações internacionais do País, ou as que tenham sido fornecidas em caráter sigiloso por outros Estados e organismos internacionais;

III – pôr em risco a vida, a segurança ou a saúde da população;

IV – oferecer elevado risco à estabilidade financeira, econômica ou monetária do País;

V – prejudicar ou causar risco a planos ou operações estratégicos das Forças Armadas;

VI – prejudicar ou causar risco a projetos de pesquisa e desenvolvimento científico ou tecnológico, assim como a sistemas, bens, instalações ou áreas de interesse estratégico nacional;

VII – pôr em risco a segurança de instituições ou de altas autoridades nacionais ou estrangeiras e seus familiares; ou

VIII – comprometer atividades de inteligência, bem como de investigação ou fiscalização em andamento, relacionadas com a prevenção ou repressão de infrações.

324 | Manual de polícia judiciária: doutrina e prática

Art. 24. A informação em poder dos órgãos e entidades públicas, observado o seu teor e em razão de sua imprescindibilidade à segurança da sociedade ou do Estado, poderá ser classificada como ultrassecreta, secreta ou reservada.

§ 1º. Os prazos máximos de restrição de acesso à informação, conforme a classificação prevista no *caput*, vigoram a partir da data de sua produção e são os seguintes:

I – ultrassecreta: 25 (vinte e cinco) anos;

II – secreta: 15 (quinze) anos; e

III – reservada: 5 (cinco) anos.

§ 2º. As informações que puderem colocar em risco a segurança do Presidente e Vice-Presidente da República e respectivos cônjuges e filhos(as) serão classificadas como reservadas e ficarão sob sigilo até o término do mandato em exercício ou do último mandato, em caso de reeleição.

§ 3º. Alternativamente aos prazos previstos no § 1º, poderá ser estabelecida como termo final de restrição de acesso a ocorrência de determinado evento, desde que este ocorra antes do transcurso do prazo máximo de classificação.

§ 4º. Transcorrido o prazo de classificação ou consumado o evento que defina o seu termo final, a informação tornar-se-á, automaticamente, de acesso público.

§ 5º. Para a classificação da informação em determinado grau de sigilo, deverá ser observado o interesse público da informação e utilizado o critério menos restritivo possível, considerados:

I – a gravidade do risco ou dano à segurança da sociedade e do Estado; e

II – o prazo máximo de restrição de acesso ou o evento que defina seu termo final.

Seção III – Da Proteção e do Controle de Informações Sigilosas

Art. 25. É dever do Estado controlar o acesso e a divulgação de informações sigilosas produzidas por seus órgãos e entidades, assegurando a sua proteção.

§ 1º. O acesso, a divulgação e o tratamento de informação classificada como sigilosa ficarão restritos a pessoas que tenham necessidade de conhecê-la e que sejam devidamente credenciadas na forma do regulamento, sem prejuízo das atribuições dos agentes públicos autorizados por lei.

§ 2º. O acesso à informação classificada como sigilosa cria a obrigação para aquele que a obteve de resguardar o sigilo.

§ 3º. Regulamento disporá sobre procedimentos e medidas a serem adotados para o tratamento de informação sigilosa, de modo a protegê-la contra perda, alteração indevida, acesso, transmissão e divulgação não autorizados.

Art. 26. As autoridades públicas adotarão as providências necessárias para que o pessoal a elas subordinado hierarquicamente conheça as normas e observe as medidas e procedimentos de segurança para tratamento de informações sigilosas.

Parágrafo único. A pessoa física ou entidade privada que, em razão de qualquer vínculo com o poder público, executar atividades de tratamento de informações sigilosas adotará as providências necessárias para que seus empregados, prepostos ou representantes observem as medidas e procedimentos de segurança das informações resultantes da aplicação desta Lei.

Seção IV – Dos Procedimentos de Classificação, Reclassificação e Desclassificação

Art. 27. A classificação do sigilo de informações no âmbito da administração pública federal é de competência:

I – no grau de ultrassecreto, das seguintes autoridades:

a) Presidente da República;

b) Vice-Presidente da República;

c) Ministros de Estado e autoridades com as mesmas prerrogativas;

d) Comandantes da Marinha, do Exército e da Aeronáutica; e

e) Chefes de Missões Diplomáticas e Consulares permanentes no exterior;

II – no grau de secreto, das autoridades referidas no inciso I, dos titulares de autarquias, fundações ou empresas públicas e sociedades de economia mista; e

III – no grau de reservado, das autoridades referidas nos incisos I e II e das que exerçam funções de direção, comando ou chefia, nível DAS 101.5, ou superior, do Grupo-Direção e Assessoramento Superiores, ou de hierarquia equivalente, de acordo com regulamentação específica de cada órgão ou entidade, observado o disposto nesta Lei.

§ 1º. A competência prevista nos incisos I e II, no que se refere à classificação como ultrassecreta e secreta, poderá ser delegada pela autoridade responsável a agente público, inclusive em missão no exterior, vedada a subdelegação.

§ 2º. A classificação de informação no grau de sigilo ultrassecreto pelas autoridades previstas nas alíneas "d" e "e" do inciso I deverá ser ratificada pelos respectivos Ministros de Estado, no prazo previsto em regulamento.

§ 3º. A autoridade ou outro agente público que classificar informação como ultrassecreta deverá encaminhar a decisão de que trata o art. 28 à Comissão Mista de Reavaliação de Informações, a que se refere o art. 35, no prazo previsto em regulamento.

Art. 28. A classificação de informação em qualquer grau de sigilo deverá ser formalizada em decisão que conterá, no mínimo, os seguintes elementos:

I – assunto sobre o qual versa a informação;

II – fundamento da classificação, observados os critérios estabelecidos no art. 24;

III – indicação do prazo de sigilo, contado em anos, meses ou dias, ou do evento que defina o seu termo final, conforme limites previstos no art. 24; e

IV – identificação da autoridade que a classificou.

Parágrafo único. A decisão referida no *caput* será mantida no mesmo grau de sigilo da informação classificada.

Art. 29. A classificação das informações será reavaliada pela autoridade classificadora ou por autoridade hierarquicamente superior, mediante provocação ou de ofício, nos termos e prazos previstos em regulamento, com vistas à sua desclassificação ou à redução do prazo de sigilo, observado o disposto no art. 24.

§ 1º. O regulamento a que se refere o *caput* deverá considerar as peculiaridades das informações produzidas no exterior por autoridades ou agentes públicos.

§ 2º. Na reavaliação a que se refere o *caput*, deverão ser examinadas a permanência dos motivos do sigilo e a possibilidade de danos decorrentes do acesso ou da divulgação da informação.

§ 3º. Na hipótese de redução do prazo de sigilo da informação, o novo prazo de restrição manterá como termo inicial a data da sua produção.

Art. 30. A autoridade máxima de cada órgão ou entidade publicará, anualmente, em sítio à disposição na internet e destinado à veiculação de dados e informações administrativas, nos termos de regulamento:

I – rol das informações que tenham sido desclassificadas nos últimos 12 (doze) meses;

II – rol de documentos classificados em cada grau de sigilo, com identificação para referência futura;

III – relatório estatístico contendo a quantidade de pedidos de informação recebidos, atendidos e indeferidos, bem como informações genéricas sobre os solicitantes.

§ 1º. Os órgãos e entidades deverão manter exemplar da publicação prevista no *caput* para consulta pública em suas sedes.

§ 2º. Os órgãos e entidades manterão extrato com a lista de informações classificadas, acompanhadas da data, do grau de sigilo e dos fundamentos da classificação.

Seção V – Das Informações Pessoais

Art. 31. O tratamento das informações pessoais deve ser feito de forma transparente e com respeito à intimidade, vida privada, honra e imagem das pessoas, bem como às liberdades e garantias individuais.

§ 1º. As informações pessoais, a que se refere este artigo, relativas à intimidade, vida privada, honra e imagem:

I – terão seu acesso restrito, independentemente de classificação de sigilo e pelo prazo máximo de 100 (cem) anos a contar da sua data de produção, a agentes públicos legalmente autorizados e à pessoa a que elas se referirem; e

II – poderão ter autorizada sua divulgação ou acesso por terceiros diante de previsão legal ou consentimento expresso da pessoa a que elas se referirem.

§ 2º. Aquele que obtiver acesso às informações de que trata este artigo será responsabilizado por seu uso indevido.

§ 3º. O consentimento referido no inciso II do § 1º não será exigido quando as informações forem necessárias:

I – à prevenção e diagnóstico médico, quando a pessoa estiver física ou legalmente incapaz, e para utilização única e exclusivamente para o tratamento médico;

II – à realização de estatísticas e pesquisas científicas de evidente interesse público ou geral, previstos em lei, sendo vedada a identificação da pessoa a que as informações se referirem;

III – ao cumprimento de ordem judicial;

IV – à defesa de direitos humanos; ou

V – à proteção do interesse público e geral preponderante.

§ 4º. A restrição de acesso à informação relativa à vida privada, honra e imagem de pessoa não poderá ser invocada com o intuito de prejudicar processo de apuração de irregularidades em que o titular das informações estiver envolvido, bem como em ações voltadas para a recuperação de fatos históricos de maior relevância.

§ 5º. Regulamento disporá sobre os procedimentos para tratamento de informação pessoal.

Capítulo V – Das Responsabilidades

Art. 32. Constituem condutas ilícitas que ensejam responsabilidade do agente público ou militar:

I – recusar-se a fornecer informação requerida nos termos desta Lei, retardar deliberadamente o seu fornecimento ou fornecê-la intencionalmente de forma incorreta, incompleta ou imprecisa;

II – utilizar indevidamente, bem como subtrair, destruir, inutilizar, desfigurar, alterar ou ocultar, total ou parcialmente, informação que se encontre sob sua guarda ou a que tenha acesso ou conhecimento em razão do exercício das atribuições de cargo, emprego ou função pública;

III – agir com dolo ou má-fé na análise das solicitações de acesso à informação;

IV – divulgar ou permitir a divulgação ou acessar ou permitir acesso indevido à informação sigilosa ou informação pessoal;

V – impor sigilo à informação para obter proveito pessoal ou de terceiro, ou para fins de ocultação de ato ilegal cometido por si ou por outrem;

VI – ocultar da revisão de autoridade superior competente informação sigilosa para beneficiar a si ou a outrem, ou em prejuízo de terceiros; e

VII – destruir ou subtrair, por qualquer meio, documentos concernentes a possíveis violações de direitos humanos por parte de agentes do Estado.

§ 1º. Atendido o princípio do contraditório, da ampla defesa e do devido processo legal, as condutas descritas no *caput* serão consideradas:

I – para fins dos regulamentos disciplinares das Forças Armadas, transgressões militares médias ou graves, segundo os critérios neles estabelecidos, desde que não tipificadas em lei como crime ou contravenção penal; ou

II – para fins do disposto na Lei nº 8.112, de 11 de dezembro de 1990, e suas alterações, infrações administrativas, que deverão ser apenadas, no mínimo, com suspensão, segundo os critérios nela estabelecidos.

§ 2º. Pelas condutas descritas no *caput*, poderá o militar ou agente público responder, também, por improbidade administrativa, conforme o disposto nas Leis nºs 1.079, de 10 de abril de 1950, e 8.429, de 2 de junho de 1992.

Art. 33. A pessoa física ou entidade privada que detiver informações em virtude de vínculo de qualquer natureza com o poder público e deixar de observar o disposto nesta Lei estará sujeita às seguintes sanções:

I – advertência;

II – multa;

III – rescisão do vínculo com o poder público;

IV – suspensão temporária de participar em licitação e impedimento de contratar com a administração pública por prazo não superior a 2 (dois) anos; e

V – declaração de inidoneidade para licitar ou contratar com a administração pública, até que seja promovida a reabilitação perante a própria autoridade que aplicou a penalidade.

§ 1º. As sanções previstas nos incisos I, III e IV poderão ser aplicadas juntamente com a do inciso II, assegurado o direito de defesa do interessado, no respectivo processo, no prazo de 10 (dez) dias.

§ 2º. A reabilitação referida no inciso V será autorizada somente quando o interessado efetivar o ressarcimento ao órgão ou entidade dos prejuízos resultantes e após decorrido o prazo da sanção aplicada com base no inciso IV.

§ 3º. A aplicação da sanção prevista no inciso V é de competência exclusiva da autoridade máxima do órgão ou entidade pública, facultada a defesa do interessado, no respectivo processo, no prazo de 10 (dez) dias da abertura de vista.

Art. 34. Os órgãos e entidades públicas respondem diretamente pelos danos causados em decorrência da divulgação não autorizada ou utilização indevida de informações sigilosas ou informações pessoais, cabendo a apuração de responsabilidade funcional nos casos de dolo ou culpa, assegurado o respectivo direito de regresso.

Parágrafo único. O disposto neste artigo aplica-se à pessoa física ou entidade privada que, em virtude de vínculo de qualquer natureza com órgãos ou entidades, tenha acesso a informação sigilosa ou pessoal e a submeta a tratamento indevido.

Capítulo VI – Disposições Finais e Transitórias

Art. 35. (Vetado).

§ 1º. É instituída a Comissão Mista de Reavaliação de Informações, que decidirá, no âmbito da administração pública federal, sobre o tratamento e a classificação de informações sigilosas e terá competência para:

I – requisitar da autoridade que classificar informação como ultrassecreta e secreta esclarecimento ou conteúdo, parcial ou integral da informação;

II – rever a classificação de informações ultrassecretas ou secretas, de ofício ou mediante provocação de pessoa interessada, observado o disposto no art. 7º e demais dispositivos desta Lei; e

III – prorrogar o prazo de sigilo de informação classificada como ultrassecreta, sempre por prazo determinado, enquanto o seu acesso ou divulgação puder ocasionar ameaça externa à soberania nacional ou à integridade do território nacional ou grave risco às relações internacionais do País, observado o prazo previsto no § 1º do art. 24.

§ 2º. O prazo referido no inciso III é limitado a uma única renovação.

§ 3º. A revisão de ofício a que se refere o inciso II do § 1º deverá ocorrer, no máximo, a cada 4 (quatro) anos, após a reavaliação prevista no art. 39, quando se tratar de documentos ultrassecretos ou secretos.

§ 4º. A não deliberação sobre a revisão pela Comissão Mista de Reavaliação de Informações nos prazos previstos no § 3º implicará a desclassificação automática das informações.

§ 5º. Regulamento disporá sobre a composição, organização e funcionamento da Comissão Mista de Reavaliação de Informações, observado o mandato de 2 (dois) anos para seus integrantes e demais disposições desta Lei.

Art. 36. O tratamento de informação sigilosa resultante de tratados, acordos ou atos internacionais atenderá às normas e recomendações constantes desses instrumentos.

Art. 37. É instituído, no âmbito do Gabinete de Segurança Institucional da Presidência da República, o Núcleo de Segurança e Credenciamento (NSC), que tem por objetivos:

I – promover e propor a regulamentação do credenciamento de segurança de pessoas físicas, empresas, órgãos e entidades para tratamento de informações sigilosas; e

II – garantir a segurança de informações sigilosas, inclusive aquelas provenientes de países ou organizações internacionais com os quais a República Federativa do Brasil tenha firmado tratado, acordo, contrato ou qualquer outro ato internacional, sem prejuízo das atribuições do Ministério das Relações Exteriores e dos demais órgãos competentes.

Parágrafo único. Regulamento disporá sobre a composição, organização e funcionamento do NSC.

Art. 38. Aplica-se, no que couber, a Lei nº 9.507, de 12 de novembro de 1997, em relação à informação de pessoa, física ou jurídica, constante de registro ou banco de dados de entidades governamentais ou de caráter público.

Art. 39. Os órgãos e entidades públicas deverão proceder à reavaliação das informações classificadas como ultrassecretas e secretas no prazo máximo de 2 (dois) anos, contado do termo inicial de vigência desta Lei.

§ 1º. A restrição de acesso a informações, em razão da reavaliação prevista no *caput*, deverá observar os prazos e condições previstos nesta Lei.

§ 2º. No âmbito da administração pública federal, a reavaliação prevista no *caput* poderá ser revista, a qualquer tempo, pela Comissão Mista de Reavaliação de Informações, observados os termos desta Lei.

§ 3º. Enquanto não transcorrido o prazo de reavaliação previsto no *caput*, será mantida a classificação da informação nos termos da legislação precedente.

§ 4º. As informações classificadas como secretas e ultrassecretas não reavaliadas no prazo previsto no *caput* serão consideradas, automaticamente, de acesso público.

Art. 40. No prazo de 60 (sessenta) dias, a contar da vigência desta Lei, o dirigente máximo de cada órgão ou entidade da administração pública federal direta e indireta designará autoridade que lhe seja diretamente subordinada para, no âmbito do respectivo órgão ou entidade, exercer as seguintes atribuições:

I – assegurar o cumprimento das normas relativas ao acesso a informação, de forma eficiente e adequada aos objetivos desta Lei;

II – monitorar a implementação do disposto nesta Lei e apresentar relatórios periódicos sobre o seu cumprimento;

III – recomendar as medidas indispensáveis à implementação e ao aperfeiçoamento das normas e procedimentos necessários ao correto cumprimento do disposto nesta Lei; e

IV – orientar as respectivas unidades no que se refere ao cumprimento do disposto nesta Lei e seus regulamentos.

Art. 41. O Poder Executivo Federal designará órgão da administração pública federal responsável:

I – pela promoção de campanha de abrangência nacional de fomento à cultura da transparência na administração pública e conscientização do direito fundamental de acesso à informação;

II – pelo treinamento de agentes públicos no que se refere ao desenvolvimento de práticas relacionadas à transparência na administração pública;

III – pelo monitoramento da aplicação da lei no âmbito da administração pública federal, concentrando e consolidando a publicação de informações estatísticas relacionadas no art. 30;

IV – pelo encaminhamento ao Congresso Nacional de relatório anual com informações atinentes à implementação desta Lei.

Art. 42. O Poder Executivo regulamentará o disposto nesta Lei no prazo de 180 (cento e oitenta) dias a contar da data de sua publicação.

Art. 43. O inciso VI do art. 116 da Lei nº 8.112, de 11 de dezembro de 1990, passa a vigorar com a seguinte redação:

"Art. 116. (...) VI – levar as irregularidades de que tiver ciência em razão do cargo ao conhecimento da autoridade superior ou, quando houver suspeita de envolvimento desta, ao conhecimento de outra autoridade competente para apuração; (...)" (NR)

Art. 44. O Capítulo IV do Título IV da Lei nº 8.112, de 1990, passa a vigorar acrescido do seguinte art. 126-A:

"Art. 126-A. Nenhum servidor poderá ser responsabilizado civil, penal ou administrativamente por dar ciência à autoridade superior ou, quando houver suspeita de envolvimento desta, a outra autoridade competente para apuração de informação concernente à prática de crimes ou improbidade de que tenha conhecimento, ainda que em decorrência do exercício de cargo, emprego ou função pública."

Art. 45. Cabe aos Estados, ao Distrito Federal e aos Municípios, em legislação própria, obedecidas as normas gerais estabelecidas nesta Lei, definir regras específicas, especialmente quanto ao disposto no art. 9º e na Seção II do Capítulo III.

Art. 46. Revogam-se:

I – a Lei nº 11.111, de 5 de maio de 2005; e

II – os arts. 22 a 24 da Lei nº 8.159, de 8 de janeiro de 1991.

Art. 47. Esta Lei entra em vigor 180 (cento e oitenta) dias após a data de sua publicação.

Brasília, 18 de novembro de 2011; 190º da Independência e 123º da República.

Dilma Rousseff

DOU de 18.11.2011 – Edição Extra

21. LEI Nº 12.529, DE 30 DE NOVEMBRO DE 2011 (Excertos)

Estrutura o Sistema Brasileiro de Defesa da Concorrência; dispõe sobre a prevenção e repressão às infrações contra a ordem econômica; altera a Lei nº 8.137, de 27 de dezembro de 1990, o Decreto-Lei nº 3.689, de 3 de outubro de 1941 – Código de Processo Penal, e a Lei nº 7.347, de 24 de julho de 1985; revoga dispositivos da Lei nº 8.884, de 11 de junho de 1994, e a Lei nº 9.781, de 19 de janeiro de 1999; e dá outras providências.

A Presidenta da República, faço saber que o Congresso Nacional decreta e eu sanciono a seguinte Lei:

....

TÍTULO VI – DAS DIVERSAS ESPÉCIES DE PROCESSO ADMINISTRATIVO

....

Capítulo VII – Do Programa de Leniência

Art. 86. O CADE, por intermédio da Superintendência-Geral, poderá celebrar acordo de leniência, com a extinção da ação punitiva da administração pública ou a redução de 1 (um) a 2/3 (dois terços) da penalidade aplicável, nos termos deste artigo, com pessoas físicas e jurídicas que forem autoras de infração à ordem econômica, desde que colaborem efetivamente com as investigações e o processo administrativo e que dessa colaboração resulte:

I – a identificação dos demais envolvidos na infração; e

II – a obtenção de informações e documentos que comprovem a infração noticiada ou sob investigação.

§ 1º. O acordo de que trata o *caput* deste artigo somente poderá ser celebrado se preenchidos, cumulativamente, os seguintes requisitos:

I – a empresa seja a primeira a se qualificar com respeito à infração noticiada ou sob investigação;

II – a empresa cesse completamente seu envolvimento na infração noticiada ou sob investigação a partir da data de propositura do acordo;

III – a Superintendência-Geral não disponha de provas suficientes para assegurar a condenação da empresa ou pessoa física por ocasião da propositura do acordo; e

IV – a empresa confesse sua participação no ilícito e coopere plena e permanentemente com as investigações e o processo administrativo, comparecendo, sob suas expensas, sempre que solicitada, a todos os atos processuais, até seu encerramento.

§ 2º. Com relação às pessoas físicas, elas poderão celebrar acordos de leniência desde que cumpridos os requisitos II, III e IV do § 1º deste artigo.

§ 3º. O acordo de leniência firmado com o CADE, por intermédio da Superintendência-Geral, estipulará as condições necessárias para assegurar a efetividade da colaboração e o resultado útil do processo.

§ 4º. Compete ao Tribunal, por ocasião do julgamento do processo administrativo, verificado o cumprimento do acordo:

I – decretar a extinção da ação punitiva da administração pública em favor do infrator, nas hipóteses em que a proposta de acordo tiver sido apresentada à Superintendência-Geral sem que essa tivesse conhecimento prévio da infração noticiada; ou

II – nas demais hipóteses, reduzir de 1 (um) a 2/3 (dois terços) as penas aplicáveis, observado o disposto no art. 45 desta Lei, devendo ainda considerar na gradação da pena a efetividade da colaboração prestada e a boa-fé do infrator no cumprimento do acordo de leniência.

§ 5º. Na hipótese do inciso II do § 4º deste artigo, a pena sobre a qual incidirá o fator redutor não será superior à menor das penas aplicadas aos demais coautores da infração, relativamente aos percentuais fixados para a aplicação das multas de que trata o inciso I do art. 37 desta Lei.

§ 6º. Serão estendidos às empresas do mesmo grupo, de fato ou de direito, e aos seus dirigentes, administradores e empregados envolvidos na infração os efeitos do acordo de leniência, desde que o firmem em conjunto, respeitadas as condições impostas.

§ 7º. A empresa ou pessoa física que não obtiver, no curso de inquérito ou processo administrativo, habilitação para a celebração do acordo de que trata este artigo, poderá celebrar com a Superintendência-Geral, até a remessa do processo para julgamento, acordo de leniência relacionado a uma outra infração, da qual o Cade não tenha qualquer conhecimento prévio.

§ 8º. Na hipótese do § 7º deste artigo, o infrator se beneficiará da redução de 1/3 (um terço) da pena que lhe for aplicável naquele processo, sem prejuízo da obtenção dos benefícios de que trata o inciso I do § 4º deste artigo em relação à nova infração denunciada.

§ 9º. Considera-se sigilosa a proposta de acordo de que trata este artigo, salvo no interesse das investigações e do processo administrativo.

§ 10. Não importará em confissão quanto à matéria de fato, nem reconhecimento de ilicitude da conduta analisada, a proposta de acordo de leniência rejeitada, da qual não se fará qualquer divulgação.

§ 11. A aplicação do disposto neste artigo observará as normas a serem editadas pelo Tribunal.

§ 12. Em caso de descumprimento do acordo de leniência, o beneficiário ficará impedido de celebrar novo acordo de leniência pelo prazo de 3 (três) anos, contado da data de seu julgamento.

Art. 87. Nos crimes contra a ordem econômica, tipificados na Lei nº 8.137, de 27 de dezembro de 1990, e nos demais crimes diretamente relacionados à prática de cartel, tais como os tipificados na Lei nº 8.666, de 21 de junho de 1993, e os tipificados no art. 288 do Decreto-Lei nº 2.848, de 7 de dezembro de 1940 – Código Penal, a celebração de acordo de leniência, nos termos desta Lei, determina a suspensão do curso do prazo prescricional e impede o oferecimento da denúncia com relação ao agente beneficiário da leniência.

Parágrafo único. Cumprido o acordo de leniência pelo agente, extingue-se automaticamente a punibilidade dos crimes a que se refere o *caput* deste artigo.

....

Art. 127. Ficam revogados a Lei nº 9.781, de 19 de janeiro de 1999, os arts. 5º e 6º da Lei nº 8.137, de 27 de dezembro de 1990, e os arts. 1º a 85 e 88 a 93 da Lei nº 8.884, de 11 de junho de 1994.

Art. 128. Esta Lei entra em vigor após decorridos 180 (cento e oitenta) dias de sua publicação oficial.

Brasília, 30 de novembro de 2011; 190º da Independência e 123º da República.

Dilma Rousseff

DOU de 1º.11.2011 – Retificação DOU de 2.12.2011

22. LEI Nº 12.830, DE 20 DE JUNHO DE 2013

Dispõe sobre a investigação criminal conduzida pelo delegado de polícia.

A Presidenta da República, faço saber que o Congresso Nacional decreta e eu sanciono a seguinte Lei:

Art. 1º. Esta Lei dispõe sobre a investigação criminal conduzida pelo delegado de polícia.

Art. 2º. As funções de polícia judiciária e a apuração de infrações penais exercidas pelo delegado de polícia são de natureza jurídica, essenciais e exclusivas de Estado.

§ 1º. Ao delegado de polícia, na qualidade de autoridade policial, cabe a condução da investigação criminal por meio de inquérito policial ou outro procedimento previsto em lei, que tem como objetivo a apuração das circunstâncias, da materialidade e da autoria das infrações penais.

§ 2º. Durante a investigação criminal, cabe ao delegado de polícia a requisição de perícia, informações, documentos e dados que interessem à apuração dos fatos.

§ 3º. (Vetado).

§ 4º. O inquérito policial ou outro procedimento previsto em lei em curso somente poderá ser avocado ou redistribuído por superior hierárquico, mediante despacho fundamentado, por motivo de interesse público ou nas hipóteses de inobservância dos procedimentos previstos em regulamento da corporação que prejudique a eficácia da investigação.

§ 5º. A remoção do delegado de polícia dar-se-á somente por ato fundamentado.

§ 6º. O indiciamento, privativo do delegado de polícia, dar-se-á por ato fundamentado, mediante análise técnico-jurídica do fato, que deverá indicar a autoria, materialidade e suas circunstâncias.

Art. 3º. O cargo de delegado de polícia é privativo de bacharel em Direito, devendo-lhe ser dispensado o mesmo tratamento protocolar que recebem os magistrados, os membros da Defensoria Pública e do Ministério Público e os advogados.

Art. 4º. Esta Lei entra em vigor na data de sua publicação.

Brasília, 20 de junho de 2013; 192º da Independência e 125º da República.

Dilma Rousseff

DOU de 21.6.2013

23. LEI Nº 12.850, DE 2 DE AGOSTO DE 2013

Define organização criminosa e dispõe sobre a investigação criminal, os meios de obtenção da prova, infrações penais correlatas e o procedimento criminal; altera o Decreto-Lei nº 2.848, de 7 de dezembro de 1940 (Código Penal); revoga a Lei nº 9.034, de 3 de maio de 1995; e dá outras providências.

A Presidenta da República, faço saber que o Congresso Nacional decreta e eu sanciono a seguinte Lei:

Capítulo I – Da Organização Criminosa

Art. 1º. Esta Lei define organização criminosa e dispõe sobre a investigação criminal, os meios de obtenção da prova, infrações penais correlatas e o procedimento criminal a ser aplicado.

§ 1º. Considera-se organização criminosa a associação de 4 (quatro) ou mais pessoas estruturalmente ordenada e caracterizada pela divisão de tarefas, ainda que informalmente, com objetivo de obter, direta ou indiretamente, vantagem de qualquer natureza, mediante a prática de infrações penais cujas penas máximas sejam superiores a 4 (quatro) anos, ou que sejam de caráter transnacional.

§ 2º. Esta Lei se aplica também:

I – às infrações penais previstas em tratado ou convenção internacional quando, iniciada a execução no País, o resultado tenha ou devesse ter ocorrido no estrangeiro, ou reciprocamente;

II – às organizações terroristas internacionais, reconhecidas segundo as normas de direito internacional, por foro do qual o Brasil faça parte, cujos atos de suporte ao terrorismo, bem como os atos preparatórios ou de execução de atos terroristas, ocorram ou possam ocorrer em território nacional.

Art. 2º. Promover, constituir, financiar ou integrar, pessoalmente ou por interposta pessoa, organização criminosa:

Pena – reclusão, de 3 (três) a 8 (oito) anos, e multa, sem prejuízo das penas correspondentes às demais infrações penais praticadas.

§ 1º. Nas mesmas penas incorre quem impede ou, de qualquer forma, embaraça a investigação de infração penal que envolva organização criminosa.

§ 2º. As penas aumentam-se até a metade se na atuação da organização criminosa houver emprego de arma de fogo.

§ 3º. A pena é agravada para quem exerce o comando, individual ou coletivo, da organização criminosa, ainda que não pratique pessoalmente atos de execução.

§ 4º. A pena é aumentada de 1/6 (um sexto) a 2/3 (dois terços):

I – se há participação de criança ou adolescente;

II – se há concurso de funcionário público, valendo-se a organização criminosa dessa condição para a prática de infração penal;

III – se o produto ou proveito da infração penal destinar-se, no todo ou em parte, ao exterior;

IV – se a organização criminosa mantém conexão com outras organizações criminosas independentes;

V – se as circunstâncias do fato evidenciarem a transnacionalidade da organização.

§ 5º. Se houver indícios suficientes de que o funcionário público integra organização criminosa, poderá o juiz determinar seu afastamento cautelar do cargo, emprego ou função, sem prejuízo da remuneração, quando a medida se fizer necessária à investigação ou instrução processual.

§ 6º. A condenação com trânsito em julgado acarretará ao funcionário público a perda do cargo, função, emprego ou mandato eletivo e a interdição para o exercício de função ou cargo público pelo prazo de 8 (oito) anos subsequentes ao cumprimento da pena.

§ 7º. Se houver indícios de participação de policial nos crimes de que trata esta Lei, a Corregedoria de Polícia instaurará inquérito policial e comunicará ao Ministério Público, que designará membro para acompanhar o feito até a sua conclusão.

Capítulo II – Da Investigação e dos Meios de Obtenção da Prova

Art. 3º. Em qualquer fase da persecução penal, serão permitidos, sem prejuízo de outros já previstos em lei, os seguintes meios de obtenção da prova:

I – colaboração premiada;

II – captação ambiental de sinais eletromagnéticos, ópticos ou acústicos;

III – ação controlada;

IV – acesso a registros de ligações telefônicas e telemáticas, a dados cadastrais constantes de bancos de dados públicos ou privados e a informações eleitorais ou comerciais;

V – interceptação de comunicações telefônicas e telemáticas, nos termos da legislação específica;

VI – afastamento dos sigilos financeiro, bancário e fiscal, nos termos da legislação específica;

VII – infiltração, por policiais, em atividade de investigação, na forma do art. 11;

VIII – cooperação entre instituições e órgãos federais, distritais, estaduais e municipais na busca de provas e informações de interesse da investigação ou da instrução criminal.

Seção I – Da Colaboração Premiada

Art. 4º. O juiz poderá, a requerimento das partes, conceder o perdão judicial, reduzir em até 2/3 (dois terços) a pena privativa de liberdade ou substituí-la por restritiva de direitos daquele que tenha colaborado efetiva e voluntariamente com a investigação e com o processo criminal, desde que dessa colaboração advenha um ou mais dos seguintes resultados:

I – a identificação dos demais coautores e partícipes da organização criminosa e das infrações penais por eles praticadas;

II – a revelação da estrutura hierárquica e da divisão de tarefas da organização criminosa;

III – a prevenção de infrações penais decorrentes das atividades da organização criminosa;

IV – a recuperação total ou parcial do produto ou do proveito das infrações penais praticadas pela organização criminosa;

V – a localização de eventual vítima com a sua integridade física preservada.

§ 1º. Em qualquer caso, a concessão do benefício levará em conta a personalidade do colaborador, a natureza, as circunstâncias, a gravidade e a repercussão social do fato criminoso e a eficácia da colaboração.

§ 2º. Considerando a relevância da colaboração prestada, o Ministério Público, a qualquer tempo, e o delegado de polícia, nos autos do inquérito policial, com a manifestação do Ministério Público, poderão requerer ou representar ao juiz pela concessão de perdão judicial ao colaborador, ainda que esse benefício não tenha sido previsto na proposta inicial, aplicando-se, no que couber, o art. 28 do Decreto-Lei nº 3.689, de 3 de outubro de 1941 (Código de Processo Penal).

§ 3º. O prazo para oferecimento de denúncia ou o processo, relativos ao colaborador, poderá ser suspenso por até 6 (seis) meses, prorrogáveis por igual período, até que sejam cumpridas as medidas de colaboração, suspendendo-se o respectivo prazo prescricional.

§ 4º. Nas mesmas hipóteses do *caput*, o Ministério Público poderá deixar de oferecer denúncia se o colaborador:

I – não for o líder da organização criminosa;

II – for o primeiro a prestar efetiva colaboração nos termos deste artigo.

§ 5º. Se a colaboração for posterior à sentença, a pena poderá ser reduzida até a metade ou será admitida a progressão de regime ainda que ausentes os requisitos objetivos.

§ 6º. O juiz não participará das negociações realizadas entre as partes para a formalização do acordo de colaboração, que ocorrerá entre o delegado de polícia, o investigado e o defensor, com a manifestação do Ministério Público, ou, conforme o caso, entre o Ministério Público e o investigado ou acusado e seu defensor.

§ 7º. Realizado o acordo na forma do § 6º, o respectivo termo, acompanhado das declarações do colaborador e de cópia da investigação, será remetido ao juiz para homologação, o qual deverá verificar sua regularidade, legalidade e voluntariedade, podendo para este fim, sigilosamente, ouvir o colaborador, na presença de seu defensor.

§ 8º. O juiz poderá recusar homologação à proposta que não atender aos requisitos legais, ou adequá-la ao caso concreto.

§ 9º. Depois de homologado o acordo, o colaborador poderá, sempre acompanhado pelo seu defensor, ser ouvido pelo membro do Ministério Público ou pelo delegado de polícia responsável pelas investigações.

§ 10. As partes podem retratar-se da proposta, caso em que as provas autoincriminatórias produzidas pelo colaborador não poderão ser utilizadas exclusivamente em seu desfavor.

§ 11. A sentença apreciará os termos do acordo homologado e sua eficácia.

§ 12. Ainda que beneficiado por perdão judicial ou não denunciado, o colaborador poderá ser ouvido em juízo a requerimento das partes ou por iniciativa da autoridade judicial.

§ 13. Sempre que possível, o registro dos atos de colaboração será feito pelos meios ou recursos de gravação magnética, estenotipia, digital ou técnica similar, inclusive audiovisual, destinados a obter maior fidelidade das informações.

§ 14. Nos depoimentos que prestar, o colaborador renunciará, na presença de seu defensor, ao direito ao silêncio e estará sujeito ao compromisso legal de dizer a verdade.

§ 15. Em todos os atos de negociação, confirmação e execução da colaboração, o colaborador deverá estar assistido por defensor.

§ 16. Nenhuma sentença condenatória será proferida com fundamento apenas nas declarações de agente colaborador.

Art. 5º. São direitos do colaborador:

I – usufruir das medidas de proteção previstas na legislação específica;

II – ter nome, qualificação, imagem e demais informações pessoais preservados;

III – ser conduzido, em juízo, separadamente dos demais coautores e partícipes;

IV – participar das audiências sem contato visual com os outros acusados;

V – não ter sua identidade revelada pelos meios de comunicação, nem ser fotografado ou filmado, sem sua prévia autorização por escrito;

VI – cumprir pena em estabelecimento penal diverso dos demais corréus ou condenados.

Art. 6º. O termo de acordo da colaboração premiada deverá ser feito por escrito e conter:

I – o relato da colaboração e seus possíveis resultados;

II – as condições da proposta do Ministério Público ou do delegado de polícia;

III – a declaração de aceitação do colaborador e de seu defensor;

IV – as assinaturas do representante do Ministério Público ou do delegado de polícia, do colaborador e de seu defensor;

V – a especificação das medidas de proteção ao colaborador e à sua família, quando necessário.

Art. 7º. O pedido de homologação do acordo será sigilosamente distribuído, contendo apenas informações que não possam identificar o colaborador e o seu objeto.

§ 1º. As informações pormenorizadas da colaboração serão dirigidas diretamente ao juiz a que recair a distribuição, que decidirá no prazo de 48 (quarenta e oito) horas.

§ 2º. O acesso aos autos será restrito ao juiz, ao Ministério Público e ao delegado de polícia, como forma de garantir o êxito das investigações, assegurando-se ao defensor, no interesse do representado, amplo acesso aos elementos de prova que digam respeito ao exercício do direito de defesa, devidamente precedido de autorização judicial, ressalvados os referentes às diligências em andamento.

§ 3º. O acordo de colaboração premiada deixa de ser sigiloso assim que recebida a denúncia, observado o disposto no art. 5º.

Seção II – Da Ação Controlada

Art. 8º. Consiste a ação controlada em retardar a intervenção policial ou administrativa relativa à ação praticada por organização criminosa ou a ela vinculada, desde que mantida sob observação e acompanhamento para que a medida legal se concretize no momento mais eficaz à formação de provas e obtenção de informações.

§ 1º. O retardamento da intervenção policial ou administrativa será previamente comunicado ao juiz competente que, se for o caso, estabelecerá os seus limites e comunicará ao Ministério Público.

§ 2º. A comunicação será sigilosamente distribuída de forma a não conter informações que possam indicar a operação a ser efetuada.

§ 3º. Até o encerramento da diligência, o acesso aos autos será restrito ao juiz, ao Ministério Público e ao delegado de polícia, como forma de garantir o êxito das investigações.

§ 4º. Ao término da diligência, elaborar-se-á auto circunstanciado acerca da ação controlada.

Art. 9º. Se a ação controlada envolver transposição de fronteiras, o retardamento da intervenção policial ou administrativa somente poderá ocorrer com a cooperação das autoridades dos países que figurem como provável itinerário ou destino do investigado, de modo a reduzir os riscos de fuga e extravio do produto, objeto, instrumento ou proveito do crime.

Seção III – Da Infiltração de Agentes

Art. 10. A infiltração de agentes de polícia em tarefas de investigação, representada pelo delegado de polícia ou requerida pelo Ministério Público, após manifestação técnica do delegado de polícia quando solicitada no curso de inquérito policial, será precedida de circunstanciada, motivada e sigilosa autorização judicial, que estabelecerá seus limites.

§ 1º. Na hipótese de representação do delegado de polícia, o juiz competente, antes de decidir, ouvirá o Ministério Público.

§ 2º. Será admitida a infiltração se houver indícios de infração penal de que trata o art. 1º e se a prova não puder ser produzida por outros meios disponíveis.

§ 3º. A infiltração será autorizada pelo prazo de até 6 (seis) meses, sem prejuízo de eventuais renovações, desde que comprovada sua necessidade.

§ 4º. Findo o prazo previsto no § 3º, o relatório circunstanciado será apresentado ao juiz competente, que imediatamente cientificará o Ministério Público.

§ 5º. No curso do inquérito policial, o delegado de polícia poderá determinar aos seus agentes, e o Ministério Público poderá requisitar, a qualquer tempo, relatório da atividade de infiltração.

Art. 11. O requerimento do Ministério Público ou a representação do delegado de polícia para a infiltração de agentes conterá a demonstração da necessidade da medida, o alcance das tarefas dos agentes e, quando possível, os nomes ou apelidos das pessoas investigadas e o local da infiltração.

Art. 12. O pedido de infiltração será sigilosamente distribuído, de forma a não conter informações que possam indicar a operação a ser efetivada ou identificar o agente que será infiltrado.

§ 1º. As informações quanto à necessidade da operação de infiltração serão dirigidas diretamente ao juiz competente, que decidirá no prazo de 24 (vinte e quatro) horas, após manifestação do Ministério Público na

336 | Manual de polícia judiciária: doutrina e prática

hipótese de representação do delegado de polícia, devendo-se adotar as medidas necessárias para o êxito das investigações e a segurança do agente infiltrado.

§ 2º. Os autos contendo as informações da operação de infiltração acompanharão a denúncia do Ministério Público, quando serão disponibilizados à defesa, assegurando-se a preservação da identidade do agente.

§ 3º. Havendo indícios seguros de que o agente infiltrado sofre risco iminente, a operação será sustada mediante requisição do Ministério Público ou pelo delegado de polícia, dando-se imediata ciência ao Ministério Público e à autoridade judicial.

Art. 13. O agente que não guardar, em sua atuação, a devida proporcionalidade com a finalidade da investigação, responderá pelos excessos praticados.

Parágrafo único. Não é punível, no âmbito da infiltração, a prática de crime pelo agente infiltrado no curso da investigação, quando inexigível conduta diversa.

Art. 14. São direitos do agente:

I – recusar ou fazer cessar a atuação infiltrada;

II – ter sua identidade alterada, aplicando-se, no que couber, o disposto no art. 9º da Lei nº 9.807, de 13 de julho de 1999, bem como usufruir das medidas de proteção a testemunhas;

III – ter seu nome, sua qualificação, sua imagem, sua voz e demais informações pessoais preservadas durante a investigação e o processo criminal, salvo se houver decisão judicial em contrário;

IV – não ter sua identidade revelada, nem ser fotografado ou filmado pelos meios de comunicação, sem sua prévia autorização por escrito.

Seção IV – Do Acesso a Registros, Dados Cadastrais, Documentos e Informações

Art. 15. O delegado de polícia e o Ministério Público terão acesso, independentemente de autorização judicial, apenas aos dados cadastrais do investigado que informem exclusivamente a qualificação pessoal, a filiação e o endereço mantidos pela Justiça Eleitoral, empresas telefônicas, instituições financeiras, provedores de internet e administradoras de cartão de crédito.

Art. 16. As empresas de transporte possibilitarão, pelo prazo de 5 (cinco) anos, acesso direto e permanente do juiz, do Ministério Público ou do delegado de polícia aos bancos de dados de reservas e registro de viagens.

Art. 17. As concessionárias de telefonia fixa ou móvel manterão, pelo prazo de 5 (cinco) anos, à disposição das autoridades mencionadas no art. 15, registros de identificação dos números dos terminais de origem e de destino das ligações telefônicas internacionais, interurbanas e locais.

Seção V – Dos Crimes Ocorridos na Investigação e na Obtenção da Prova

Art. 18. Revelar a identidade, fotografar ou filmar o colaborador, sem sua prévia autorização por escrito:

Pena – reclusão, de 1 (um) a 3 (três) anos, e multa.

Art. 19. Imputar falsamente, sob pretexto de colaboração com a Justiça, a prática de infração penal a pessoa que sabe ser inocente, ou revelar informações sobre a estrutura de organização criminosa que sabe inverídicas:

Pena – reclusão, de 1 (um) a 4 (quatro) anos, e multa.

Art. 20. Descumprir determinação de sigilo das investigações que envolvam a ação controlada e a infiltração de agentes:

Pena – reclusão, de 1 (um) a 4 (quatro) anos, e multa.

Art. 21. Recusar ou omitir dados cadastrais, registros, documentos e informações requisitadas pelo juiz, Ministério Público ou delegado de polícia, no curso de investigação ou do processo:

Pena – reclusão, de 6 (seis) meses a 2 (dois) anos, e multa.

Parágrafo único. Na mesma pena incorre quem, de forma indevida, se apossa, propala, divulga ou faz uso dos dados cadastrais de que trata esta Lei.

Capítulo III – Disposições Finais

Art. 22. Os crimes previstos nesta Lei e as infrações penais conexas serão apurados mediante procedimento ordinário previsto no Decreto-Lei nº 3.689, de 3 de outubro de 1941 (Código de Processo Penal), observado o o disposto no parágrafo único deste artigo.

Parágrafo único. A instrução criminal deverá ser encerrada em prazo razoável, o qual não poderá exceder a 120 (cento e vinte) dias quando o réu estiver preso, prorrogáveis em até igual período, por decisão fundamentada, devidamente motivada pela complexidade da causa ou por fato procrastinatório atribuível ao réu.

Art. 23. O sigilo da investigação poderá ser decretado pela autoridade judicial competente, para garantia da celeridade e da eficácia das diligências investigatórias, assegurando-se ao defensor, no interesse do representado, amplo acesso aos elementos de prova que digam respeito ao exercício do direito de defesa, devidamente precedido de autorização judicial, ressalvados os referentes às diligências em andamento.

Parágrafo único. Determinado o depoimento do investigado, seu defensor terá assegurada a prévia vista dos autos, ainda que classificados como sigilosos, no prazo mínimo de 3 (três) dias que antecedem ao ato, podendo ser ampliado, a critério da autoridade responsável pela investigação.

Art. 24. O art. 288 do Decreto-Lei nº 2.848, de 7 de dezembro de 1940 (Código Penal), passa a vigorar com a seguinte redação:

*"**Associação Criminosa***

***Art. 288.** Associarem-se 3 (três) ou mais pessoas, para o fim específico de cometer crimes:*

Pena – reclusão, de 1 (um) a 3 (três) anos.

Parágrafo único. A pena aumenta-se até a metade se a associação é armada ou se houver a participação de criança ou adolescente." (NR)

Art. 25. O art. 342 do Decreto-Lei nº 2.848, de 7 de dezembro de 1940 (Código Penal), passa a vigorar com a seguinte redação:

*"**Art. 342**. (...)*

Pena – reclusão, de 2 (dois) a 4 (quatro) anos, e multa. (...)" (NR)

Art. 26. Revoga-se a Lei nº 9.034, de 3 de maio de 1995.

Art. 27. Esta Lei entra em vigor após decorridos 45 (quarenta e cinco) dias de sua publicação oficial.

Brasília, 2 de agosto de 2013; 192º da Independência e 125º da República.

Dilma Rousseff

DOU de 5.8.2013 – Edição Extra

GLOSSÁRIO
DE EXPRESSÕES JURÍDICAS EM LATIM

A

Ab aeterno – desde a eternidade.

Aberratio delicti – erro quanto à pessoa que é vítima do delito.

Aberratio ictus – erro de cálculo. Prática de ilícito diverso do pretendido pelo agente.

Aberratio personae – erro de pessoa.

Ab initio – desde o princípio.

Ab intestato – sem testamento.

Ab irato – em estado de cólera, impensadamente.

Ab origine – desde a origem.

Ab ovo – desde o começo.

Ab reo dicere – falar em favor do réu.

Absente reo – estando ausente o réu.

Absolvere debet judex potius in dubio quam condemnare – na dúvida, deve o juiz antes absolver que condenar.

Abusus non tollit usum – o fato de ter ocorrido abuso, não deve prejudicar o uso.

Accessio cedit principali ou *accessorium sequitur principale* – o acessório segue o principal; o acessório está compreendido no principal.

Accessio temporis – acréscimo de tempo ou prazo permitido por lei ou previsto em contrato; acessão do tempo.

Accidentalia negotii – coisas acidentais do negócio.

A contrario sensu – em sentido contrário. Argumento de interpretação que considera válido ou permitido o contrário do que tiver sido proibido ou limitado.

Actio communi dividundo – ação de divisão.

Actio finium regundorum – ação de demarcação.

Actio furti et damni – ação de furto e dano.

Actio in rem verso – ação destinada a recuperar o que obtido à sua custa com locupletamento alheio, ação de locupletamento indevido contra quem o obteve.

Actio judicati – ação que tem por fundamento a coisa julgada.

Actio libera in causa – ação livre de causa.

Actio personalis moritur cum persona – a ação pessoal extingue-se com o indivíduo.

Actio quanti minoris – ação de diminuição de preço.

Actori onus probandi incumbit – cabe ao autor o ônus da prova.

Actum est – acabou-se, está terminado.

Actus corruit omissa forma legis – o ato é nulo quando se omite a forma da lei.

Ad arbitrium – segundo a vontade de alguém.

Ad argumentandum – para argumentar.

Ad cautelam – por cautela, por precaução.

Addenda – que se deve juntar.

Ad diem – até o dia, dia em que termina o prazo.

Ad extremum – até o fim, até o extremo.

Ad hoc – para isto, para um determinado ato.

A digito cognoscitur leo – pelo dedo se conhece o leão.

Ad impossibilia nemo tenetur – ninguém está obrigado ao impossível.

Ad instar – à semelhança, à maneira de, a molde de.

Ad intra – por dentro, interiormente, no interior.

Ad judicem dicere – falar na presença do juiz.

Ad judicia – para o foro judicial.

Ad judicium – ao julgamento, à razão.

Ad libitum – à escolha, à vontade.

Ad litem – para o processo.

Ad locum – sem demora, logo.

Ad modum – conforme a maneira, segundo o modo.

Ad nutum – por um aceno de cabeça, à ordem, à vontade, sendo a vontade, a decisão de alguém, ao arbítrio de.

Ad perpetuam rei memoriam – para que se perpetue a verificação de uma coisa ou fato.

Ad probationem – para prova.

Ad quem – termo final ou ponto de chegada.

Ad referendum – para apreciação.

Ad satiem ou *ad satiatem* – em grande número, a fartar.

Ad solemnitatem – formalidade exigida por lei para a validade de um ato ou negócio.

Ad terrorem – para atemorizar.

Ad unquem – à unha, com esmero.

Ad valorem – pelo valor.

Ad vindictam – por vingança.

A facto ad jus non datur consequentia – não se dá consequência do fato para o direito.

Affectio societatis – vontade de constituir e manter uma sociedade e sem a qual, nas sociedades de pessoas, não pode ela subsistir.

A fortiori – por mais forte razão, por maior razão. Quando um dispositivo legal, por razões que se acrescem as nele previstas, deve ser aplicado extensivamente.

A inclusione unius ad exclusionem alterius – da inclusão de um à exclusão do outro.

A latere – de lado. Argumentação não ligada necessariamente ao fato principal, mas que se acrescenta em reforço.

A limine – desde o início.

Alter ego – um outro eu.

Animus bellandi –intenção de guerrear, disposição de lutar por algo.

Animus calumniandi – intenção de caluniar.

Animus celandi – intenção de ocultar.

Animus corrigendi – intenção de corrigir.

Animus delinquendi – vontade de fazer o mal, intenção de delinquir, impulso de cometer o crime.

Animus domini – com intenção de ser o dono, ter a posse.

Animus habendi – intenção de ter, de possuir.

Animus injuriandi – com a intenção de injuriar.

Animus jocandi – intenção de gracejar.

Animus laedendi – intenção de ofender, ferir.

Animus manendi – com a intenção de permanecer, isto é, com o propósito de se conservar alguém onde está.

Animus necandi – com a intenção de matar.

Animus nocendi – com a intenção de prejudicar, fazer mal, ferir.

Animus novandi – com a intenção de inovar uma obrigação.

Animus rem sibi habendi – com a intenção de ter a coisa para si.

Animus simulandi – intenção de simular.

Animus tenendi – intenção de ter.

Animus violandi – intenção de violar.

Anno domini – no ano do Senhor.

A non domino – sem título de domínio ou de propriedade. De não proprietário. De quem não é proprietário.

A novo – de novo, novamente. Processo que se inicia *a novo,* perante outro tribunal.

A pari – por paridade, por igual razão.

A posteriori – método que conclui pelos efeitos e consequências.

GLOSSÁRIO DE EXPRESSÕES JURÍDICAS EM LATIM | 341

A priori – método que conclui pelas causas e princípios.

Apud acta – junto aos autos.

Apud – ao pé, junto de, à vista de.

A quo – termo inicial ou ponto de partida. Juízo *a quo*, juízo do qual se recorre, em oposição a juízo *ad quem*, ao qual se recorre. *Dies a quo* é o termo inicial de um prazo.

A radice – da raiz.

Arbitrium judicis – arbítrio do juiz.

Aura popularis – a aura popular.

Aura sacra fames – a ambição do ouro, ambição do dinheiro.

B

Beneficium fortunae – circunstância favorável.

Bis de eadem re ne sit actio – não haja ação duas vezes sobre a mesma causa.

Bis – duas vezes.

Bis in eadem – duas vezes a mesma coisa.

Bis peccat qui crimen negat – é duas vezes culpado quem nega o crime (se o agente confessar espontaneamente o crime, terá sua pena atenuada).

Bona fide – de boa-fé.

Bonis nocet qui malis parcit – quem poupa os maus, prejudica os bons.

Bonus pater familiae – bom pai de família. Homem cumpridor de seus deveres.

C

Capitis diminutio – perda dos direitos civis; redução de direito.

Caput – cabeça de artigo que inclui parágrafos, itens ou alíneas.

Casus foederis – caso de aliança, caso de pacto, caso de tratado.

Causa criminalis non praejudicat civilis – a ação criminal não prejudica a civil.

Causa debendi – causa da dívida.

Causa detentionis – causa da detenção.

Causa mortis – causa determinante da morte.

Causa petendi – o fundamento do pedido.

Causa sine qua non – causa sem a qual a coisa (ato) não pode ser feita.

Cautio fideijussoria – caução fidejussória.

Cessanet causa, tollitur effectus – cessando a causa, tira-se o efeito.

Cessante causa, cessat effectus – cessando a causa, cessa o efeito.

Cessio in jure – cessão em juízo.

Citra petita – aquém do pedido.

Communi consensu – com unanimidade de votos, com assentimento geral, com consentimento de todos.

Concursus delictorum – concurso de crimes.

Concursus delinquentium – concurso de criminosos.

Conditio juris – condição de direito.

Conditio sine qua non – condição indispensável.

Consilium fraudis – conluio fraudulento.

Contra legem – contrário à lei.

Coram lege – ante a lei.

Corpus delicti – corpo de delito.

Crimen privilegiatum – crime privilegiado.

Culpa in abstracto – culpa em abstrato.

Culpa in concreto – culpa em concreto.

Culpa in contrahendo – culpa no contratar.

Culpa in eligendo – culpa pela escolha da pessoa que deve prestar a obrigação.

Culpa in faciendo – culpa na forma de prestar a obrigação.

Culpa in vigilando – culpa em vigiar a execução de que outrem ficou encarregado.

Cum laude – com louvor.

Currente calamo – ao correr da pena.

D

Da mihi factum dabo tibi jus – dá-me o fato, dar-te-ei o direito.

Damnum emergens – dano emergente.

Damnum injuria datum – dano produzido pela injúria.

Data venia – com respeito, com licença.

De auditi – por ouvir dizer.

Decisorium litis – ato decisório da lide.

De cujus – o falecido.

De facto – de fato (opõe-se a *de jure*).

De integro – inteiramente, fielmente.

De jure constituto – pelo direito vigente.

De jure – de direito, conforme o direito.

De lege ferenda – pela lei ainda a ser promulgada.

De lege lata – pela lei existente.

Delicta omissionis – crime de omissão.

De meo – às minhas expensas, por minha conta.

De meritis – do mérito.

De minimis non curat lex – a lei não cuida de coisas mínimas.

De minimis non curat praetor – o magistrado não deve preocupar-se com as questões insignificantes.

De more – segundo o costume.

De more uxorio – no costume do matrimônio. Concubinato em que os concubinos convivem como se casados fossem.

De plano – sumariamente, por direito evidente, sem dificuldade.

Desideratum – o que se deseja.

Dies a quo – termo inicial em contraposição ao *dies ad quem*.

Dies incertus – dia incerto.

Dies venit – dia do vencimento.

Diminutio patrimonii – diminuição do patrimônio.

Disjecta membra – elementos dispersos.

Dolus velatus – dolo disfarçado.

Dominus litis – dono da lide, autor.

Dura lex, sed lex – A lei é dura, mas é a lei.

E

Eadem ratione – da mesma maneira, do mesmo modo, pela mesma razão.

Ea de re – por este motivo, por isto, por esta causa.

Elementa essentialia communia delicti – os elementos essenciais comuns do delito.

E re nata – conforme as circunstâncias.

E re publica – no interesse público.

Ergo – logo, portanto.

Errata – erros, corrigenda.

Error facti – erro de fato.

Error in persona – erro sobre a pessoa visada.

Erroris causae probatio – prova da causa do erro.

Error juris – erro de direito.

Essentiali negotii – os requisitos essenciais do negócio.

Et caetera – abrev.: etc.; e o resto.

Et reliqua – e o que segue, e as coisas restantes, e o resto.

Ex abrupto – abruptamente, sem preparação.

Ex adverso – parte contrária.

Exceptio veritatis – exceção da verdade.

Ex consensu – com assentimento.

Ex consuetudine – conforme o costume.

Ex convento – conforme o contrato, conforme o ajuste.

Ex decreto – consoante um decreto.

Ex die – termo inicial.

Ex dispositione juris – por disposição do direito.

Exempli gratia – abrev.: *e. g.;* por exemplo.

Exequatur – cumpra-se.

Ex facto oritur jus – o direito nasce do fato.

Ex improviso – de improviso.

Ex insidiis – à traição.

Ex lege – de acordo com a lei.

Ex nunc – desde agora. Efeitos futuros, a partir da declaração da nulidade.

Ex officio – por dever de ofício.

Ex positis – do que ficou assentado, do que ficou exposto.

Expressis verbis – em palavras categóricas, de maneira expressa.

Ex professo – por sua autoridade ou experiência.

Ex proprio jure – por direito próprio.

Ex proprio marte – por força própria.

Extra muros – fora dos limites.

Extra petita – fora do pedido. Sentença que concedeu o que não constituiu objeto do pedido.

Ex tunc – desde então, a partir daquele momento, com efeitos retroativos ao tempo do fato declarado nulo.

Ex vi – consoante o disposto; pela força; por determinação de; em decorrência do que preceitua a lei.

Ex vi contractus – por força do contrato.

Ex vi legis – em virtude da lei; por efeito da lei.

F

Factum jus inter partes – faz direito entre as partes.

Facultas agendi – faculdade de agir.

Fallendi ars – arte de enganar.

Falsa demonstratio non nocet – a demonstração errada ou imprópria não deve prejudicar o direito alegado.

Forum rei sitae – regra de competência do foro de situação da coisa.

Fraus omnia corrumpit – a fraude tudo corrompe, ou produz nulidade.

Fumus boni juris – fumaça do bom direito.

Fumus commissi delicti – aparente existência de um fato punível.

G

Generalistas parit obscuritatem – a geneladidade gera obscuridade.

Genera per speciem derogantur – os gêneros derrogam-se pela espécie.

Grammatica falsa non vitiat instrumentum – os erros gramaticais não viciam o instrumento.

Gratia argumentandi – para argumentar.

Grave est fidem fallere – é grave faltar à fidelidade.

Gravis testis – testemunha fidedigna.

H

Habeas corpus – que tenhas o teu corpo. Meio extraordinário de garantir e proteger com presteza quem sofre violência ou ameaça de constrangimento ilegal na sua liberdade de locomoção por parte de autoridade.

Hic et nunc – aqui e agora.

Hoc ipsum est – eis o caso.

Hoc modo – deste modo, desta maneira.

Hominis – presunção humana, suposta da conduta normal aplicada ao caso particular e sujeita a prova contrária.

Honeste vivere neminem laedere suum cuique tribuere – viver honestamente, não lesar ninguém, dar a cada um o que é seu.

Honoris causa – por título honorífico.

I

Ib – aí, ali (lugar).

Ibidem – no mesmo lugar.

Idem – o mesmo.

Id est – isto é, ou seja.

Ignorantia juris neminem excusat – a ignorância da lei não escusa ninguém.

Imprimatur – imprima-se.

Imputatio facti – imputação de um fato.

Imputatio juris – imputação de um direito.

In acto – no ato.

In aeternum – eternamente; para sempre.

In albis – em branco.

In ambiguo – na dúvida.

In articulo mortis – no momento da morte.

In breve – em breve, brevemente.

In casu – no caso, na espécie em julgamento.

Incipt – começa. Usa-se esta voz verbal para indicar o começo de algo.

In claris non fit interpretatio – as leis claras interpretam-se por si mesmas.

In continenti – imediatamente, sem demora, sem perda de tempo.

In diem – para um dia não determinado.

In dubio pro reo – a dúvida interpreta-se em favor do acusado.

In extremis – no último momento.

In fine – no fim.

Informatio delicti – investigação criminal.

In fraudem legis – em fraude da lei.

In illo tempore – naquele tempo.

In limine litis – no limiar do processo.

In limine – no começo.

In loco – no lugar.

In mancipio – em servidão, como escravo.

In manu – no poder de alguém.

In medias res – no meio da coisa, no meio da ação.

In memoriam – em lembrança.

In natura – em estado natural; na natureza.

In pari materia – em matéria idêntica.

In pector – secretamente.

In radice – na raiz, no começo, no princípio.

In re – na coisa, no tato, na ação.

In situ – no lugar determinado, no local próprio.

In speciem – na aparência.

Instar omnium – como faz toda a gente.

Instrumenta sceleris – os instrumentos utilizados na prática do crime.

Inter alia – entre outras coisas.

Interna corporis – questão interna, de competência exclusiva de determinada organização ou instituição.

Interposta persona – por meio de um intermediário.

Inter vivos – entre os vivos.

In totum – no todo, na totalidade.

Intra muros – entre os limites internos; dentro dos muros.

Ipsis litteris – exatamente igual, com as mesmas letras.

Ipsis verbis – exatamente igual, com as mesmas palavras.

Ipso facto – pelo próprio fato, por isso mesmo; consequentemente.

Ipso jure – em razão do próprio direito, sem intervenção da parte.

Ita lex dicit – assim diz a lei.

Ita speratur – assim se espera.

Iter criminis – caminho do crime – atos que se encadeiam desde a mera cogitação até o exaurimento do ilícito.

J

Judicium accusationis – juízo de acusação.

Judicium causae – juízo da causa.

Jura novit curia – o tribunal (o juiz) conhece o direito (a lei).

Jure constituendo – pelo direito a constituir.

Jure et de facto – por direito e de fato.

Jure et de jure – de direito e por direito, presunção que não admite prova em contrário, presunções legais absolutas.

Jure proprio – por direito próprio.

Juris tantum – somente pelo direito, a admitir prova em contrário, presunção estabelecida pela lei, mas que admite prova contrária.

Jus abutendi – direito de abusar.

Jus acusationis – direito de acusar.

Jus belli – direito de guerra.

Jus cogens – direito cuja aplicação é obrigatória pela parte e não pode ser afastado pela vontade de particulares.

Jus constituendum – direito a se constituir.

Jus constitutum – direito constituído.

Jus est ars boni et aequi – o direito é a arte do bom e do justo.

Jus est norma agendi – o direito é a norma de agir.

Jus eundi – direito de ir e vir.

Jus ex facto oritur – o direito nasce do fato.

Jus facit judex – o juiz faz o direito.

Jus fruendi – direito de fruir ou usufruir.

Jus gentium – direito das gentes, Direito Público Internacional.

Jus imperii – direito do governo, direito da autoridade, direito do que tem o poder.

Jus in re aliena – direito sobre a coisa alheia.

Jus in re – direito sobre a coisa.

Jus in re propria – direito sobre a coisa própria.

Jus libertatis – direito à liberdade.

Jus mancipii – direito de propriedade.

Jus possidendi – direito de posse.

Jus puniendi – direito de punir.

Jus strictum – direito de aplicação estrita ou rígida.

Jus utendi – direito de usar.

Jus vitae et necis – direito de vida e de morte.

Juxta legem – segundo a lei, conforme a lei.

L

Lana caprina – questão insignificante.

Lapsus calami – erro de escrita.

Lapsus linguae – erro de linguagem, isto é, os enganos que cometemos na linguagem falada.

Lapsus loquendi – um lapso no falar, o mesmo que *lapsus linguae*.

Lapsus scribendi – um lapso no escrever.

Lato sensu – em sentido geral, sentido amplo.

Legis quo volet dixit, quod non volet tacet – a lei diz o que quer exprimir e se cala sobre aquilo que não quer dizer.

Lex fori – lei do foro.

Lex loci – a lei do lugar.

Lex mitior – a lei mais benigna.

Lex posterior derogat priori – a lei posterior derroga a anterior.

Libenter – de boa vontade, voluntariamente, de bom grado.

Litigare cum ventis – brigar com o vento.

Litis contestatio – contestação da lide.

Locus delicti commissi – lugar onde o delito foi cometido.

Locus regit actum – o lugar rege o ato.

M

Magis aequo – mais do que justo.

Magister dixit – o mestre disse.

Mandatum solvitur morte – com a morte se resolve o mandato.

Manu militari – com poder militar. Ação executada à força.

Maxime – principalmente, mormente, de modo especial.

Me ignaro – sem eu saber.

Mens legis – o espírito, a intenção da lei.

Meta optata – resultado desejado; o fim colimado pelo transgressor da lei, alvo desejado.

Mirabile dictu – coisa admirável.

Modus faciendi – modo de fazer.

Modus operandi – modo de operar, de agir.

Modus vivendi – maneira de viver.

Mortis causa – por causa da morte, obrigações e direitos consequentes da morte e que se transmitem aos herdeiros.

Motu proprio – por própria iniciativa.

Munus publicum – encargo público.

Mutatis mutandis – mudado o que deve ser mudado.

N

Naturali jure – por direito natural.

Naturalis ratio – a razão natural.

Necesse erat – era necessário.

Negatio facit rem dubiam – uma negativa torna a causa duvidosa.

Ne hilum quidem – nem sequer um fio, absolutamente nada.

Nemine discrepante – sem discrepância.

Neminem ignorantia legis excusat – a ignorância da lei não escusa ninguém.

Nemo auditur propriam turpitudinem allegans – a ninguém é dado alegar a própria torpeza em seu proveito.

Nemo dat quod non habet – ninguém dá o que não tem.

Nemo tenetur se detegere – ninguém está obrigado a se mostrar. Liga-se ao princípio segundo o qual ninguém está obrigado a produzir prova contra si mesmo.

Nemo tenetur se ipsum accusare – ninguém é obrigado a acusar a si mesmo.

Nihil obstat – nada impede.

Nomen juris – denominação legal.

Non bis in idem – não duas vezes pela mesma coisa.

Non decet – não convém, não está adequado, não é permitido.

Non dominus – não dono, quando nos referimos àquele que não é proprietário de coisa de que se cogita.

Non liquet – não está julgado, não convence.

Norma agendi – norma de conduta.

Notitia criminis – comunicação do crime.

Nulla poena sine lege – não há castigo sem lei.

Nullum crimen sine lege – não há crime sem lei.

Nunc et semper – agora e sempre.

O

Obligatio ad diligentiam – (nos delitos culposos) obrigação de ser diligente.

Occasio legis – ocasião da lei, antecedentes que motivaram a lei.

Omissis – omitido, trecho omitido.

Omne nimium vertitur in vitium – todo excesso transforma-se em vício, isto é, todo excesso degenera em mal.

Omni ope – com maior reforço, com todo empenho.

Omnium consensu – pelo consenso de todos.

Onus probandi – o encargo da prova.

Oportune tempore – no tempo oportuno.

Ordinatorium litis – instrução do processo.

P

Pacta adjecta – pacto adjeto; pacto acrescentado.

Pacta sunt servanda – os contratos devem ser cumpridos.

Pari passu – simultaneamente.

Passim – aqui e ali (fórmula para indicar que, após uma citação, há outra igualmente encontrável).

Peractis peragenda – feito aquilo que se deve fazer.

Per capita – por cabeça.

Per dolum – por dolo, dolosamente, por meio de fraude.

Per fas et per nefas – por todos os meios, por meios lícitos e ilícitos.

Per legem terrae – pela lei da terra, pela lei do país, de acordo com a lei do lugar.

Persecutio criminis – persecução criminal.

Per se – por si mesmo.

Persona grata – pessoa bem recebida.

Per summa capita – sucintamente, tocando apenas nos pontos principais.

Per tempus – a tempo; em tempo.

Petitio principii – petição de princípio, sofisma que supõe verdadeiro o que ainda deve ser provado.

Placet – agrada, aprova.

Pleno jure – de pleno direito.

Plerumque fit – o que mais vezes acontece, o que comumente ocorre.

Plus justo – além da medida, excessivamente.

Plus ultra – mais além.

Possessio bonae fidei – posse de boa-fé.

Post mortem – depois da morte.

Post scriptum – depois de escrito.

Praeter haec – depois dessas coisas, além disso.

Praeter modum – além da medida, imoderadamente.

Prima facie – à primeira vista.

Primus inter pares – o primeiro entre seus semelhantes.

Pro derelicto – em completo abandono, em desamparo.

Pro domo sua – em seu próprio benefício.

Producta sceleris – produto do crime.

Pro forma – por mera formalidade.

Pro rata – em proporção.

Pro re nata – conforme as circunstâncias.

Pro soluto – a título de pagamento, para valer como pagamento.

Pro solvendo – destinado ao pagamento.

Q

Quaestio facti – questão de fato.

Quaestio juris – questão de direito.

Quantum deabetur – o quanto devido apurado.

Quantum – quanto, quantia.

Quantum satis – o quanto suficiente.

Quid juris? – qual a solução de direito? Qual a jurisprudência?

Qui inde? – e daí? O que resulta do alegado?

Qui prodest? – a que isto serviu? a quem isto aproveitou?

Qui pro quo – uma coisa por outra.

Quorum – dos que, dos quais, número mínimo para funcionamento de um órgão colegiado.

Quot capita, tot sententiae – tantas cabeças, tantas sentenças.

R

Ratio agendi – o motivo determinante da ação, razão de agir.

Ratio legis – a razão da lei.

Ratione loci – em razão do lugar.

Ratione materiae – em razão da matéria.

Ratione personae – em razão da pessoa.

Rebus sic stantibus – estando assim as coisas, mesmo estado das coisas.

Reformatio in pejus – reforma para pior.

Rei sitae – onde a coisa se encontra.

Rem gerere – administrar seus bens.

Res adversae – coisas adversas, infortúnio.

Res communis omnium – coisa comum a todos.

Res furtiva – coisa objeto do furto.

Res juris – estado de direito.

Res nullius – coisa de ninguém.

Restitutio in integrum – restituição por inteiro, recuperação no estado original da coisa.

Rogatio legis – propositura da lei.

S

Salus populi suprema lex est – que o bem-estar do povo seja a lei suprema.

Sapientis est mutare consilium – é próprio do sábio mudar de opinião.

Scilicet – a saber, isto é, na verdade, efetivamente, está visto, deveras.

Scripta manent – o que se escreveu fica.

Servatis servandis – conservando-se o que deve ser conservado.

Setentia est – esta é a sentença.

Sic lex, sic judex – assim como é a lei, será o juiz.

Sic – vocábulo consignado entre parênteses, para indicar que a referência está feita como no original, ainda que errônea ou singular.

Si et in quantum – agora e enquanto perdurar a mesma situação.

Sine capite fabula – história sem pé nem cabeça.

Sine cura – sem preocupação, sem cuidados.

Sine die – sem fixar dia certo.

Sine qua non – sem o que não.

Sit venia verbo – desculpe a expressão, com perdão da palavra.

Si vera sunt exposita – se são verdadeiras as coisas narradas, se é verdade o que dizem.

Societas criminis – sociedade criminosa, quadrilha.

Solutio indebiti – pagamento indevido.

Solutus a vinculo – livre de vínculo.

Specialia derogant generalii – as coisas especais derogam as gerais.

Sponte sua – espontaneamente.

Statu quo – no estado em que se encontrava.

Status civitatis – direito de cidadão, de cidadania.

Streptus – escândalo, constrangimento moral.

Stricto sensu – em sentido estrito.

Sub conditione – sob condição.

Sub judice – em juízo.

Sub lege libertas – a liberdade sob a égide da lei.

Substractum – a essência, o fundo, o princípio das coisas.

Sufficit – é bastante, basta, é assaz.

Sui generis – especial, único.

Suscito – levantar, erguer, elevar.

Suspicio – suspeita.

Supra summum – o mais alto grau.

Supra vires – acima das forças, além das forças.

Suum cuique – a cada um o que é seu.

T

Tacere nescit idem qui nescit loqui – não se pode fazer tacitamente o que expressamente se proibiu.

Tempus regit actum – o tempo rege o ato.

Terminus a quo – termo a partir do qual.

Testis unus, testis nullus – uma testemunha, nenhuma testemunha.

Thema decidendum – tema a decidir.

Tollitur quaestio – acabou-se a questão.

Totum qui dicit, nihil excludit – quem diz tudo nada exclui.

U

Ubi eadem est ratio, ibi idem jus – a mesma razão autoriza o mesmo direito.

Ubi lex, ibi jus – onde há lei, aí há direito.

Ubi lex non distinguit nec nos distinguere debemus – onde a lei não distingue, a ninguém é dado distinguir.

Ultima ratio – a última razão.

Ultra modum, sine causa – além dos limites, sem motivos.

Ultra petita – além do pedido.

Ultra posse, nemo obligatur – ninguém é obrigado além do que pode.

Una voce – a uma voz, sem discrepância de opinião.

Unicuique suum – o seu a seu dono, a cada um o seu.

Usque ad finem – até o fim.

Usus fori – uso do foro.

Ut fama est – como é fama, segundo consta.

Utilitas publica praefertur privatae – a utilidade pública prevalece sobre a privada.

Uti non abuti – usar, não abusar.

Uti possidetis – como possuis agora.

Ut par est – como é justo.

Utrique fures sunt, et qui recipit, et qui furatur – um e outro são ladrões, não só o que furta como também o que recebe.

Ut supra – como acima.

V

Vacatio legis – tempo vago que medeia entre a publicação de uma lei e sua entrada em vigor.

Vade mecum – vem comigo, livro para consultas constantes.

Velle est posse – querer é poder.

Velle suum cuique est – cada qual é senhor de sua vontade.

Verba legis – as palavras da lei.

Verbatim – literalmente, palavra por palavra.

Verbi gratia (*v. g.*) – por exemplo.

Verbis tantum – somente nas palavras, somente com palavras.

Verbis – textual.

Verbo ad verbum – palavra por palavra.

Versus – contra.

Vexata quaestio – questão em debate.

Vide – veja, confira.

Vim, clam et precaria – posse violenta, clandestina e precária.

Vincit omnia veritas – a verdade vence tudo.

Vinculum juris – vínculo jurídico.

Virtus probandi – a força da prova.

Vis absoluta – violência física.

Vis adjuvat aequum – a força protege a justiça.

Vis attractiva – força atrativa.

REFERÊNCIAS

ACOSTA, Walter P. *O Processo Penal*: teoria, prática, jurisprudência, organogramas. 14. ed. Rio de Janeiro: Editora do Autor, 1979.

ALMEIDA, Cândido Mendes de. *Código Filipino*. Rio de Janeiro, 1870.

BARBOSA, Manoel Messias. *Inquérito Policial*. Capinas: Leud, 1990.

BIELSA, Rafael. Derecho administrativo. 5. ed. 4 v. Buenos Aires: Depalma, 1955.

BONFIM, Edilson Mougenot. *Curso de Processo Penal*. 7. ed. São Paulo: Saraiva, 2011.

BRÁS, Florentino. *Lições de Direitos Criminal*. Recife: Progresso, 1872.

BRUNO, Aníbal. *Direito Penal*. t. 1. 4. ed. Rio de Janeiro: Forense, 1984.

CANOTILHO, J. J. Gomes. *Direito Constitucional e Teoria da Constituição*. 3. ed. Coimbra: Almedina, 1999.

CAPEZ, Fernando. *O Direito Penal e Processual Penal na Visão dos Tribunais*. São Paulo: Saraiva, 2002.

COOLEY, Thomas M. *A treatise on the constitutional limitations which rest upon the Legislative Power of the States of the American Union*. Boston: Little, Brown and Company, 1903.

DE PLÁCIDO E SILVA. *Vocabulário Jurídico*. v. II. Rio de Janeiro: Forense, 2006.

DEL PERCIO, Enrique. *La condición social*. 2. ed. Buenos Aires: Jorge Baudino Ediciones, 2010.

FERNANDES, Antonio Scarance. *Processo Penal Constitucional*. 3. ed. São Paulo: Atlas, 2002.

FERREIRA FILHO, Manoel Gonçalves. *Comentários à Constituição de 1988*. São Paulo: Saraiva, 1990.

GOLDSCHMIDT, Werner. *Problemas Jurídicos y Políticos del Proceso Penal*. Barcelona: Bosh, 1935.

GOMES, Amintas Vidal. *Manual do Delegado*: teoria e prática. 6. ed. rev. e atual. por Rodolfo Queiroz Laterza. Rio de Janeiro: Forense, 2011.

GOMES, Luiz Flávio. *Lei de Drogas Comentada*. 2. ed. São Paulo: Revista dos Tribunais, 2007.

GRECO, Rogério. *Direitos Humanos*: sistema prisional e alternativas à privação da liberdade. São Paulo: Saraiva, 2011.

JARDIM, Afranio Silva. *Direito Processual Penal*. 11. ed. rev e atual. Rio de Janeiro: Forense, 2002.

JESUS, Damásio E. *Direito Penal:* parte geral. v. 1. 15. ed. São Paulo: Saraiva, 1991.

KOONTZ, Harold; O'DONNEL, Cyril. *Princípios de Administração*: uma análise das funções administrativas. São Paulo: Pioneira, 1989.

LENZA, Pedro. *Direito Constitucional Esquematizado*. 13. ed. São Paulo: Saraiva, 2009.

LOPES Jr., Aury. *Sistemas de Investigação Preliminar no Processo Penal*. 2. ed. Rio de Janeiro: Lumen Juris, 2003.

MAGALHÃES NORONHA, Edgard. *Direito Penal*. 10. ed. Rio de Janeiro: Forense, 1978.

——————. *Direito Penal*. v. 1. São Paulo: Saraiva, 1968.

MARQUES, José Frederico. *Elementos de Direito Processual Penal*. 3. ed. rev. e ampl. por Eduardo Reale Ferrari. Campinas: Millennium, 2009.

——————. *Elementos de Direito Processual Penal*. 2. ed. Campinas: Millennium, 2000.

MAZINI, Vicenzo. *Tratado de Derecho Procesal Penal*. Trad. Santiago Sentis Melendo y Marino Ayerra Redin. 5 t. Barcelona: Ediciones Jurídicas Europa-America, 1951.

MEIRELLES, Hely Lopes. *Direto Administrativo Brasileiro*. 12. ed. São Paulo: Revista dos Tribunais, 1986.

MIRABETE, Julio Fabrini. *Código de Processo Penal Interpretado*. 11. ed. São Paulo: Atlas, 2003.

——————. *Manual de Direito Penal*. 4. ed. São Paulo: Atlas, 1989.

RANGEL, Paulo. *Direito Processual Penal*. 13. ed. Rio de Janeiro: Lumen Juris, 2007.

RIOS, Carlos Alberto. *Teoria e Prática do Inquérito Policial*. 2. ed. Bauru: Jalovi, 2000.

SILVA, Paulo Napoleão Nogueira da. *Curso de Direito Constitucional*. 2. ed. São Paulo: Revista dos Tribunais, 1999.

SOUSA, Antonio Francisco. *Polícia no Estado de Direito*. São Paulo: Saraiva, 2009.

TÁVORA, Nesto; ALENCAR, Rosmar Rodrigues. *Curso de Direito Processual Penal*. 7. ed. rev., ampl. e atual. Salvador: Juspodivm, 2012.

TOLEDO, Francisco de Assis. *Princípios Básicos de Direito Penal*. 5. ed. São Paulo: Saraiva, 1994.

TORNAGHI, Hélio. *Curso de Processo Penal*. 6. ed. São Paulo: Saraiva, 1989.

TOURINHO FILHO, Fernando da Costa. *Processo Penal*. v. 1. 12. ed. Bauru: Jalovi, 1990.

——————. *Manual de Processo Penal*. 14. ed. São Paulo: Saraiva, 2011.

VIEIRA, Jair Lot (supervisão editorial). *Código de Defesa do Consumidor*: Lei nº 8.078, de 11 de setembro de 1990 – legislação correlata e complementar. 9. ed. São Paulo: Edipro, 2013. (Série Legislação).

——————. *Código Eleitoral Brasileiro e Legislação Complementar*. 14. ed. São Paulo: Edipro, 2012. (Série Legislação).

——————. *Constituição da República Federativa do Brasil*. 22. ed. atual. até EC nº 72/2013. São Paulo: Edipro, 2013. (Série Legislação).